# 고대한국 초기국가의 왕과 전쟁

박대재 저

景仁文化社

## 책을 내면서


 한국 고대사의 원전인 『三國史記』와 『三國遺事』에는 현대인들의 시관 관념과는 다른 흐름의 시간이 등장한다. 현대인들은 시간의 흐름을 대체로 "과거 → 현재 → 미래"의 방향으로 생각하고 있다. 길을 가고 있는 자가 지나 온 길을 뒤로 하고 앞을 보며 걸어 나가듯이 進步(→)하는 방향에서 시간을 인식하는 것이다.
 반면 『삼국사기』와 『삼국유사』에서는 고대사의 흐름을 "상대 → 중대 → 하대" 또는 "상고 → 중고 → 하고"와 같이 상-중-하의 下降(↓)하는 방향에서 시간을 인식하고 있다. 고전에 나타난 상-중-하의 시간 흐름은 족보 속의 시간과도 같은데, 시초의 시조에서 출발하여 세대가 하나씩 내려갈수록 그 저변이 점차 확대되면서 시간은 밑으로 밑으로 끊임없이 이어지게 된다.
 현대인과 고전 사이의 시간에 대한 관념의 차이를 '길의 시간'과 '줄의 시간'이라고 생각해 보면 어떨까? 길을 가고 있는 자는 가끔 지난 온 길을 돌아보기는 하지만 그의 시선은 보통 앞을 향해 있다. 이에 비해 줄을 타고 내려오는 자는 목적지를 등 뒤에 두고 줄이 묶여 있는 곳을 응시하며 조심스럽게 천천히 내려간다.
 길을 가고 있는 현대인들에게 관심의 대상은 지나간 과거보다 현재와 앞으로 다가올 미래의 시간이다. 반면 고전에서는 시초에서부터 면면히 후세로 이어지는 과정 속에서 시간을 인식하고, 다가올 미래보다 거쳐 온 시간 특히 그 시원에 많은 관심을 가지고 있다.

고전 속에 나타난 '줄의 시간'에 의하면 고대인들은 오히려 시원에서 멀어질수록 위험하다고 생각했고, 전통이 끊이지 않고 이어질 수 있도록 유지하는 데 역점을 두었다.

이 책에서 다루는 내용은 바로 우리 역사의 시원에 가까운 상고시대의 역사다. 한국사에서 최초의 국가인 고조선과 대한민국 국호의 역사적 기원인 삼한(마한, 진한, 변한). 이들은 앞을 바라보고 달려가기에도 바쁜 현대인들에게는 너무나도 요원한 태고의 역사다.

그러나 우리 역사의 줄이 묶여 있는 이 시초의 시대가 탄탄하지 못하다면 그 아래에 매달려 있는 우리 민족의 역사는 금방 땅으로 곤두박질치게 될 것이다. 상고사의 중요성은 최근 중국의 동북공정이라는 외부의 도전에 직면하면서 더욱더 실감하게 된다. 우리 역사의 줄이 묶여 있는 시원의 상고사가 解弛해지지 않도록 우리 모두가 되돌아보아야 할 때다.

이 책은 필자가 1997년부터 발표했던 15편의 글들을 기초로 새롭게 엮은 것이다. 구슬이 서 말이라도 꿰어야 보배라고 했던가. 그동안 두서없이 쓴 글들이라 하나로 묶는 데 생각보다 많은 시일이 걸렸다. 그러나 아직도 메우지 못한 결함들이 여러 곳에 남아 있다. 독자들의 넓은 아량으로 惠鑑해주시길 바랄 뿐이다.

이 책의 부족함이 그동안 도와주신 많은 분들의 은혜에 누가 되지 않기를 바란다. 은사이신 金貞培 전 고려대 총장님과 지도교수이신 崔光植 고려대 교수님, 박사학위논문를 살펴주셨던 고려대 朴龍雲 교수님, 동국대 李基東 교수님, 서울대 盧泰敦 교수님, 고려대 鄭雲龍 교수님, 그리고 이 책이 나올 수 있도록 옆에서 독려해주고 배려해주셨던

李萬烈 전 국사편찬위원회 위원장님과 柳永烈 현 국사편찬위원회 위원장님. 실로 이 분들이 안 계셨다면 이 책은 나올 수가 없었을 것이다. 이 자리를 빌려 그동안 여러분이 보내주신 厚意에 진심으로 감사의 말씀을 드리고 싶다. 그리고 이 책을 흔쾌히 총서의 하나로 출간해주신 고려사학회의 李鎭漢 교수님께도 감사의 인사를 드린다.

  끝으로 늘 보이지 않는 곳에서 나를 보살펴 주고 있는 우리 가족들에게 이 책을 바치고 싶다.

2006년 12월

果川 國史館에서 **박 대 재**

## <목 차>

책을 내면서

서 론 ················································································· 1

### 제1장 전쟁의 기원과 왕의 탄생 ·········································· 21
1. 전쟁의 기원 ································································ 21
2. 전쟁의 변화·발전과 대외교역체계 ································ 29
3. 왕의 탄생과 국가의 형성 ············································ 36

### 제2장 古朝鮮의 왕과 燕과의 전쟁 ······································ 45
1. 古朝鮮의 국가형성과 '朝鮮王' ······································ 45
2. 朝鮮과 燕·齊의 상호관계 ············································ 57
3. 齊와 朝鮮의 燕 침공 ·················································· 63
4. 燕의 팽창과 朝鮮의 약화 ············································ 70

### 제3장 馬韓의 왕과 中國郡縣과의 전쟁 ································ 83
1. 마한의 기원과 '韓王' 문제 ·········································· 83
2. 마한 '辰王'의 성격과 目支國 ······································ 92
3. 馬韓과 中國郡縣의 전쟁 ············································ 117
4. 백제의 국가형성과 '馬韓王' ······································ 138

### 제4장 辰韓의 왕과 諸國 복속 전쟁 ·································· 155
1. 진한의 기원과 '辰國' 문제 ········································ 155
2. 진한의 '辰王' 문제 ·················································· 164

3. 斯盧國의 諸國 복속 전쟁 ················· 173
　4. 신라의 국가형성과 '辰韓王' ················· 187

**제5장 弁韓의 왕과 浦上八國 전쟁** ················· 201
　1. 변한의 집합 정체성 문제 ················· 201
　2. 변한의 왕과 渠帥 ················· 210
　3. 변한의 '大國'과 浦上八國의 전쟁 ················· 220
　4. '弁韓王'의 존재양태와 '은하정치체' ················· 229

　결　론 ················· 241

　참고문헌 ················· 255
　찾아보기 ················· 287

# 서 론

## 1. 새로운 패러다임의 이해

　현대 사회과학자들에 따르면, '국가(state)'의 출현은 인류가 정착생활과 농경을 시작한 '신석기혁명(neolithic revolution)' 이래의 가장 큰 도약, 즉 인류 역사에서 제2의 혁명으로 여겨지고 있다. 오늘날까지 꾸준히 이어지고 있는 국가라는 사회 조직은 아마도 인류의 역사가 계속되는 한 쉽게 소멸되지 않을 것이다.
　현대인들에게 국가는 필요악과 같은 사회적 기구로 인식되고 있다. 즉 국가는 구성원의 안정과 자유를 보장하기도 하지만 다른 한편으로는 제도와 구조를 통해 개인을 구속하고 강제로 법의 테두리 안에 가두기도 한다. 현대 학자들이 국가를 이해하는 시각도 바로 이러한 국가의 이중적인 성격과 깊이 관련되어 있다.
　일반적으로 정치학, 사회학, 경제학 등 同時代를 다루는 학문에서 '국가'라고 하면 19세기 근대 국민국가(nation-state) 이래의 국가 개념을 떠올린다. 그러나 역사학, 인류학, 고고학 등 通時代를 다루는 학문에서는 근대 이전의 정치체(polity)도 일정한 수준에 이르면 '국가(state)'라고 부르고 있다. 특히 고대의 국가에 대해선 원시국가(primitive state), 초기국가(early state), 고대국가(archaic state)라 하여, 중세와 근세의 국가와 구별해 부르기도 한다.

1980년대까지 고대의 국가에 대한 패러다임은 크게 기능설(통합설)과 강제설(갈등설)의 두 흐름이었다.[1] 먼저 기능설은 사회적 계약과 기능주의의 관점에서 국가를 사회 진화의 과정에서 적응과 필요에 의해 자연스럽게 등장한, 인민에게 다양한 이익을 제공하고, 그들의 위기를 해결해줌으로써 사회의 통합과 안정을 보장하는 하나의 유기적인 체계(조직)라고 바라보며, 국가의 유기적 기능과 관련해 재분배, 인구, 무역, 관개, 행정제도, 사회시설, 법, 합법적 권력 등을 강조한다.[2] 특히 일원적인(중앙집권적인) 제도화와 조직화를 국가의 지표로 보는 체계(조직)이론(system theory)[3]이 대표적인 입장이라 할 수 있다.

한편 강제설은 사회적 갈등과 마르크스주의의 입장에서 국가를 계급간의 갈등과 계급 분화의 과정에서 창출되었으며 지배자의 전제적

---

1) W. L. Rathje・R. H. McGuire, 1982, "Rich Men Poor Men", *American Behavioral Scientist*, vol.25, pp.705-706.
   E. R. Service, 1985, *A Century of Controversy*, Orlando: Academic Press, pp.177-199.
   崔光植, 1987, 「古代 國家形成에 대한 理論的 檢討」 『新羅文化』 3・4합.
   S. K. Sanderson, 1999, *Social Transformations: A General Theory of Historical Development*, Lanham: Rowman & Little-field Publishers, pp.82-86.
2) E. R. Service, 1971, *Primitive Social Organization: An Evolutionary Perspective* (2nd ed.), New York: Random House; 1975, *Origins of the State and Civilization: The Process of Cultural Evolution*, New York: W. W. Norton & Co.
   K. V. Flannery, 1972, "The Cultural Evolution of Civilizations", *Annual Review of Ecology and Systematics*, vol.3, pp.399-426.
   C. Renfrew, 1972, *The Emergence of Civilization*, London: Methuen.
   M. N. Cohen, 1981, "The Ecological Basis of New World State Formation: General and Local Model Building", *The Transition to Statehood in the New World*, (eds.) G. D. Jones・R. R. Kautz, New York: Cambridge Univ. Press, pp.105-122.
   A. W. Johnson・T. K. Earle, 1987, *The Evolution of Human Societies*, Stanford: Stanford Univ. Press.
3) K. V. Flannery, 1972, ibid.
   C. Renfrew, 1972, ibid.

권력과 경제적 착취 그리고 사회의 강제적 제도에 의해 형성되고 유지되는 지배를 위한 기구로 이해하며, 계급분화(계급구조), 인구압력, 생계자원, 생산력, 전쟁, 영역, 지배 기구, 재정(조세), 전제적 권력 등의 요소를 강조한다.[4] 여러 환경적 한계에서 비롯된 인구 압력을 해결하기 위해 전쟁이 일어나고 그 전쟁을 통해 국가가 발생한다고 보는 한계이론(circumscription theory)[5]이 가장 대표적이다.

 기존 패러다임은 문화생태학, 신진화론, 과정주의 고고학, 문화유물론 등에서 많은 영향을 받아 환경, 물질, 체계(제도) 등의 요소를 국가 형성의 주요 동인으로 이해하고 있었다. 따라서 사회 전체의 체계와 구조를 강조하는 거시적이고 보편적인 접근을 우선하다보니, 사회의 구성 인자(agent)와 그들의 행위능력(agency)을 무시하고 있었다는 비판을 받게 된다.[6]

 또한 기존 패러다임은 국가의 동인으로 체계(구조)의 운영에 요구되는 물질(material) 요소(자원, 인구, 무역, 생산, 영역, 재정)를 지나치게

---

4) M. H. Fried, 1967, *The Evolution of Political Society*, New York: Random House.
 R. L. Carneiro, 1970, "A Theory of the Origin of the State", *Science*, vol.169, pp.733-738.
 J. Friedman, 1975, "Tribes, states, and transformations", *Marxist Analyses and Social Anthropology*, (ed.) M. Bloch, New York: John Wiley and Sons, pp.161-202.
 J. Haas, 1982, *The Evolution of the Prehistoric State*, New York: Columbia Univ. Press.
 E. M. Brumfiel·T. K. Earle (eds.), 1987, *Specialization, Exchange and Complex Societies*, Cambridge: Cambridge Univ. Press.
5) R. L. Carneiro, 1970, ibid; 1988, "The Circumscription Theory", *American Behavioral Scientist*, vol.31 No.4, pp.497-511.
6) A. Giddens, 1977, *Studies in Social and Political Theory*, New York: Basic Books, pp.96-129.
 A. Gilman, 1981, "The development of social stratification in Bronze Age Europe", *Current Anthropology*, vol.22, pp.1-23.

강조하면서, 사회를 구성하는 인자들의 認知, 신앙 등 심성(mentality) 요소와 그의 발현인 상징, 儀式(ritual) 등 문화 요소에 대해서도 주목하지 못했다는 지적을 받기도 하였다.[7]

반면 1990년대 이후의 새로운 패러다임은 환경과 물질 요소의 사회구조 결정성을 낮게 평가하며, 오히려 사회 구성 인자의 심성, 문화 등의 요소가 사회구조에 미치는 영향에 주목하였다. 기존의 유물론적 시각에서 벗어나, 이데올로기와 상징체계 등이 과거 사회를 구조화하고 변화시키는 데 실질적이고 결정적인 역할을 했다고 이해한 것이다.

이러한 새로운 패러다임에 의해 인지고고학(cognitive archaeology),[8] 심성사(history of mentalities)[9]와 같은 새로운 연구경향이 대두하였던 것이다. 이처럼 20세기 말 후기구조주의의 영향 아래 대두한 새로운 패러다임은 구성 인자의 행위능력을 강조하면서, 개인과 사회 사이의 상호작용(interaction)에 의해 구조가 재생산되는 이른바 '구조화(structuration)'[10]의 과정에 주목하게 된다.[11]

---

7) M. Shanks·C. Tilley, 1988, *Social Theory and Archaeology*, Albuquerque: Univ. of New Mexico Press, pp.61-78.
I. Hodder, 1991, *Reading the past*, Cambridge: Cambridge Univ. Press, pp.27-32.
P. B. Roscoe, 1993, "Practice and Political Centralisation: A New Approach to Political Evolution", *Current Anthropology*, vol.34, pp.111-115.
8) C. Renfrew·P. Bahn, 1991, "What did they think? cognitive archaeology, art, and religion", *Archaeology: theories, methods, and practice*, New York: Thames and Hudson, pp.339-370.
C. Renfrew·E. B. W. Zubrow(eds.), 1994, *The ancient mind: Elements of cognitive archaeology*, Cambridge: Cambridge Univ. Press.
9) J. Le Goff, 1985, "Mentalities: a history of ambiguities", *Constructing the Past: Essays in Historical Methodology*, (eds.) J. Le Goff·P. Nora, Cambridge: Cambridge Univ. Press, pp.166-180.
P. H. Hutton, 1981, "The History of Mentalities: The New Map of Cultural History", *History and Theory*, vol.20, pp.237-259.
10) A. Giddens, 1977, "Notes on the Theory of Structuration", *Studies in Social*

기존 패러다임에서 고대의 국가는 왕권, 관료제도, 율령, 군대 등의 일원적인 체계와 강제적인 제도에 의해 구성된 중앙집권적 정부로 이해되었다. 혈연과 연합의 사회관계를 청산하고 왕권과 중앙집권의 정치체계로 전환한 일원적인 정치체 단계를 국가라고 보았던 것이다.12)

 그러나 원시사회와 국가를 혈연(연합) 대 왕권(중앙집권)으로 이분해 보거나, 국가를 배타적 통치 영역 내의 중앙집권적 단일 정치체로 보는 시각은 근세 유럽의 정치론 즉 마키아벨리즘(Machiavellism) 또는 전제주의(absolutism)에 의해 만들어진 국가관이다.13) 영어에서 'state'가 '국가'라는 의미를 가지게 된 계기도 바로 16세기 이탈리아의 정치이론가 마키아벨리(Niccolò Machiavelli)와 프랑스의 정치사상가 보댕(Jean Bodin)에 의해서였다.14)

 이러한 근세 유럽의 정치이론을 통해 국가는 중세의 종교로부터 독

---

    *and Political Theory*, New York: Basic Books, pp.129-134; 1984, *The Constitution of Society: Outline of a Theory of Structuration*, Berkeley: Univ. of California Press, pp.284-304.

11) M. Stuart-Fox, 1999, "Evolutionary Theory of History", *History and Theory*, vol.38, pp.33-51.
    J. C. Barrett, 2002, "Agency, the Duality of Structure, and the Problem of the Archaeological Record", *Archaeological Theory Today*, (ed.) I. Hodder, Cambridge: Polity, pp.141-164.

12) M. H. Fried, 1968, "State: The Institution", *International Encyclopedia of the Social Sciences*, (ed.) D. L. Sills, New York: The Macmillan Company & The Free Press, pp.143-150.
    E. R. Service, 1993, "Political Power and the Origin of Social Complexity", *Configurations of Power*, (eds.) J. S. Henderson · P. J. Netherly, Ithaca: Cornell Univ. Press, pp.131-133.

13) E. Cassirer, 1946, *The Myth of the State*, New Heaven: Yale Univ. Press, pp.133~137, pp.140-141.

14) F. M. Watkins, 1968, "State: The Concept", *International Encyclopedia of the Social Sciences*, (ed.) D. L. Sills, New York: The Macmillan Company & The Free Press, pp.151-152.

립할 수 있었고 이로 말미암아 근대 국민국가(nation-state)의 시대가 열리게 된 것이다. 그러나 근세 유럽의 국가이론이 가지는 지나친 정치성은 사회조직 전체의 유기적 상호관계를 강조하던 고전적 국가이론의 전통을 단절시켰고, 이에 따라 근대 국가는 완전한 독립과 동시에 완전한 고립을 얻게 되었다. 근세의 정치이론에 따라 국가는 종교(형이상학)와의 공존 고리를 잃어버렸고 인간의 윤리, 문화와도 단절되었던 것이다.

예컨대 근세 유럽의 중앙집권적인 국가이론에서 종교는 국가의 구조와 권력을 더욱 안정적으로 유지하기 위해 국가(정부)에 예속되어 있었다. 그러나 새로운 패러다임에서 종교는 반드시 국가의 구조를 안정적으로 유지하기 위해서만 존재하는 것이 아니라 국가의 구조가 극단화(독재화)되는 것을 방지하거나 구성 인자의 입장에서 구조를 변혁(혁명)하는 동력으로 작용하기도 한다고 본다. 즉 국가와 종교를 주종적인 관계에서만 분석하지 말고, 종교 자체의 행위능력과 종교와 국가 이외 사회구성 인자와의 관계 속에서 다시 검토해야 한다는 것이다.[15]

이렇듯 영어의 'state' 용어가 가지고 있는 유럽적·근세적·정치편향적 성격을 감안하여, 고대의 국가를 근세 이후의 국가(state)와 구분하여 'polity'라고 불러야 한다고 주장하는 견해가 있기도 하다.[16]

---

[15] B. G. Trigger, 1993, "The State-Church Reconsidered", *Configurations of Power*, (eds.) J. S. Henderson·P. J. Netherly, Ithaca: Cornell Univ. Press, pp.74-105.

[16] P. Skalník, 1989, "Outwitting the State: An Introduction", *Outwitting the State*, (ed.) P. Skalník, New Brunswick: Transaction Publishers, pp.8-19.
P. L. Kohl, 1992, "State Formation: Useful Concept or Idée Fixe?", *Power Relations and State Formation*, (eds.) T. C. Patterson·C. W. Gailey, Salem: Sheffield Publishing Company, pp.27-34.
J. Gledhill, 1995, "Introduction : the comparative analysis of social and political transitions", *State and Society: The Emergence and Development of*

기존 패러다임의 중앙집권국가 모델은 미국의 사회학자 비트포겔(Karl August Wittfogel)이 제시한 동양적 전제주의(oriental despotism)[17)]의 밑그림에 의해 더욱 구체화되어, 세계 각지의 고대 국가 연구에 연역적으로 적용되어나갔다. 하나의 보편 법칙을 각각의 여러 사례에 연역적으로 대입해가는 이러한 인류학적 방법론은, 유럽과 아시아뿐만 아니라 아프리카, 아메리카 등지에까지 중앙집권국가 모델을 확대 적용해 나갔다.

그러나 유럽적・근대적 국가 모델에 바탕을 둔 인류학적 방법론은 각 지역의 역사적 맥락과 문화적 다양성을 발견하는 데 한계를 지닌다는 비판을 받았다.[18)] 새로운 패러다임의 연구자들은 보편 법칙보다 문화의 다양성과 역사의 맥락을 중시하는 민족학적 방법론으로 고대 국가에 접근하기 시작했다.

그런데 역설적으로, 새로운 패러다임과 방법론에 의한 대안 모색은 동양적 전제주의의 중심 무대였던 아시아의 인도에서 시작되었다. '分權國家(segmentary/decentralized state)' 모델이 인도로부터,[19)] 고대 마야문명,[20)] 고대 메소포타미아 문명[21)] 등에 이르기까지 아시아・아

---

    *Social Hierarchy and Political Centralization*, (eds.) J. Gledhill et al., New York: Routledge, pp.1-29.
17) K. A. Wittfogel, 1957, *Oriental despotism*, New Heaven: Yale Univ. Press.
18) P. Skalník, 1983, "Questioning the Concept of the State in Indigenous Africa", *Social Dynamics*, vol.9, pp.11-28.
19) B. Stein, 1977, "The segmentary state in South Indian history", *Realm and region in traditional India*, (ed.) R. G. Fox, Durham: Duke Univ. Press, pp.3-51.
    R. G. Fox, 1977, *Urban anthropology: Cities in their cultural setting*, Englewood Cliffs: Prentice-Hall.
20) R. M. Carmack, 1981, *The Quich Mayas of Utatlan*, Norman: Univ. of Oklahoma Press.
    J. W. Fox, 1987, *Maya Postclassic state formation*, Cambridge: Cambridge Univ. Press; 1995, "Hierarchization in Maya segmentary states", *State and society: The Emergence and Development of Social Hierarchy and Political*

메리카에서 새롭게 조명되고, 동남아시아와 아프리카에서는 분권국가의 유형인 '은하정치체(galactic polity)',[22] '극장국가(theatre state)',[23] '합동국가(congruent state)'[24] 모델이 제안되었다. 새로운 패러다임의 분권국가는 1960년대에 국가의 기원적 단계로 제안되었던 군장사회(chiefdom)와 달리 중앙집권국가의 대안으로 제시된 본격적인 고대 국가 모델이라는 데 그 특징이 있다.[25]

분권국가는 독점적인 중앙집권과 강제적인 권력에 기반 하지 않고 중앙에서 부분적으로 독립된 지방의 정치집단들로 구성되며, 이들은 정치제도와 군사력의 강제에 의해서가 아니라 의식(ritual)이나 신앙의 이데올로기와 혈연을 통해 중앙의 국왕에게 묶여 있다. 국가를 단일한(unitary) 구조로 이해하는 중앙집권국가 모델과 달리 분권국가 모델은 중앙과 지방세력, 정부(왕)와 정치집단 사이의 상호관계를 다양한 각도에서 역동적으로 파악하려 한다. 분권국가 모델을 제안하는 연구

---

*Centralization*, (eds.) J. Gledhill et al., New York: Routledge, pp.103-112.
J. W. Fox et al., 1996, "Questions of Political and Economic Integration: Segmentary versus Centralized States among the Ancient Maya", *Current Anthropology*, vol.37.

21) G. Stein, 1994, "Segmentary States and Organizational Variation in Early Complex Societies: A Rural Perspective", *Archaeology Views from the Countryside: Village communities in early complex societies*, (eds.) G. M. Schwartz·S. E. Falconer, Washington: Smithsonian Institution Press, pp.10-18.

22) S. J. Tambiah, 1977, "The galactic polity: The structure of traditional kingdoms in Southeast Asia", *Annual of the New York Academy of Sciences*, vol.293, pp.69-97.

23) C. Geertz, 1980, *Negara: The Theatre state in nineteenth-century Bali*, Princeton: Princeton Univ. Press.

24) S. N. Eisenstadt et al.(eds.), 1988, *Early state in African Perspective*, Leiden: E. J. Brill.

25) A. Southall, 1974, "State formation in Africa", *Annual Review of Anthropology*, vol.3, pp.155-156.

자들은 고대국가의 보편적 형태가 중앙집권국가가 아니라 오히려 분권국가였으며, 정치적으로 진정한 중앙집권을 이룩한 고대 국가는 역사에서 매우 드물고, 대부분 의식과 혈연에 의해 중앙에 느슨하게 통합되어 있는 분권(분산)적 구조였다고 이해한다.[26]

새로운 패러다임은 20세기 말의 후기구조주의와 민족학적 방법론에 깊게 맞물려 있다. 물질 체계와 중앙 권력에 주목하던 전통적인 시각에서 벗어나, 이데올로기와 인자(개인, 집단, 지방)의 행위능력(agency)에 주목하면서 의식(ritual)과 혈연집단에 기반을 둔 분권국가 모델을 제안하기에 이른 것이다.

분권국가 모델은 막스 베버(Max Weber)가 제시한, 상호 필수적인 관계에 있는 '연합집단의 조직(organization of corporate groups)'[27]과도 연결해 설명할 수 있다. 즉 분권국가는 중앙 정부와 지방 세력이 상호 필수적인 관계에 의해 묶여 있는 연합집단의 조직 특성을 보여주는 것이다.[28]

전통적인 중앙집권국가 모델이 근세 유럽의 국가론을 바탕으로 성립된 것이라면, 20세기 후반의 새로운 분권국가 모델은 중세 유럽의 봉건제(Feudalism)에서 출발한 것이었다.[29] 따라서 중앙집권국가와 분권국가 모델 모두 고대가 아닌 근세와 중세의 틀에서 출발했다는 점에서 고대 국가의 실제를 묘사하는 데 일정한 한계를 안고 있는 셈이다.

그런데 실제 고전 기록에 보이는 고대 국가의 유형은 중앙집권이나

---

26) A. Southall, 1991, "The Segmentary State: From the Imaginary to the Material Means of Production", *Early State Economics*, (eds.) H. J. M. Claessen·P. van de Velde, New Brunswick: Transaction Publishers, pp.81-82, pp.88-89.
27) Max Weber, 1947, *The Theory of Social and Economic Organization*, (trans.) A. R. Henderson·T. Parsons, London: William Hodge and Company, pp.133-144.
28) 분권국가 모델에 대한 더 자세한 설명은 박대재, 2003, 『의식과 전쟁-고대 국가를 바라보는 새로운 시각』, 책세상, 27~33쪽을 참조하라.
29) 박대재, 2003, 앞의 책, 65쪽.

분권의 틀을 벗어나기도 한다. 무엇보다도 고전 그리스 시대의 아리스토텔레스는, 당시 실재하던 158개의 정치체에 대한 경험적 분석에서, 고대의 정치체제(constitution)를 君主制(monarchy), 貴族制(aristocracy), '國人制(politeia)' 등의 세 유형으로 분류하였다.30) 즉 국가의 통치권이 국왕 한 사람에게 독점되는지, 소수의 귀족에게 분산되는지, 또는 다수의 國人에게 확산되어 있는지 등의 권력 집중 정도에 따라 세 가지 체제가 나타난다고 본 것이다.

고대 그리스어의 'politeia'는 다수의 선발된 公民(citizen)이 번갈아 집정하는 정치 체제로, 국가의 공민 가운데 정치에 참여할 만한 경제적인 여유와 도덕적인 소양을 갖춘 '공민의 대표자'로 선출된 자들이 집권하는 정치체제다. 고전 그리스 아테네의 위원회(council)와 내각(magistracies)의 구성원으로 선출되었던 공민들이 여기에 해당하는데 영어권에서는 이들을 'statesmen'으로 개념화하고 있다.31)

『삼국지』 동이전, 『삼국사기』 등 한국 고대사 관련 사서에서, 중앙의 유력한 정치세력을 가리키는 용어로 '國人'이 자주 보이는데, 이 '국인' 용어가 영어의 'statesman'과 부합하기 때문에 고대 그리스 'politeia'의 대역을 '국인제'로 개념화해 보았다.

아리스토텔레스는 세 가지 정치체제 가운데 특히 국인제에 가장 많은 관심을 보였다. 그 자신이 속해 있던 기원전 4세기의 아테네가 바로 국인제의 폴리스(polis)였기 때문이다. 그런데 국인제와 폴리스는 기존의 중앙집권국가나 분권국가의 모델로는 설명할 수 없는 정치(국가) 유형이다. 중앙집권국가와 분권국가는 중앙과 지방의 관계가 존재하는 비교적 넓은 지역의 영역국가를 전제로 한 모델인데 반해, 폴

---

30) C. C. W. Taylor, 1999, "Politics", *The Cambridge Companion to Aristotle*, (ed.) J. Barnes, Cambridge: Cambridge Univ. Press, pp.243-244.

31) M. P. Nichols, 1992, *Citizens and Statesmen: A Study of Aristotle's Politics*, Savage: Rowman & Littlefield Publishers.

리스는 중앙과 지방의 관계라고 할 만한 영역을 가지고 있지 않았고, 도시와 그 변두리로 구성된 좁은 지역의 도시국가(city-state) 형태를 띠고 있었다. 그리고 폴리스가 작은 규모의 도시국가였기 때문에 공민의 대표자들이 집권하는 국인제의 시행이 가능했던 것이다.

이처럼 고전 고대 그리스의 폴리스를 典型으로 하는 도시국가는 중앙집권국가나 분권국가의 모델로는 설명할 수 없는 제3의 고대 국가 유형이다. 기존 패러다임의 연구자들은 중앙집권국가나 분권국가와 같은 비교적 넓은 지역의 영역국가만을 고려했으며, 비교적 좁은 지역의 도시국가에 대해서는 관심이 부족했다.

일반적으로 도시국가는 중심의 도시와 주변의 변두리가 경제·사회적으로 통합된 비교적 좁은 지역의 독립 국가를 가리킨다.32) 이러한 도시국가가 고대 그리스뿐만 아니라 세계의 보편적인 국가 모델로 주목받기 시작한 것도 중앙집권국가 모델에 대한 문제제기로서 새로운 패러다임이 대두하기 시작한 1980년대부터다.

1980년대 초에 도시국가의 기원과 성격을 고대 수메르, 고대 그리스, 중세와 근대 유럽, 근대 아프리카의 사례를 중심으로 통시적으로 종합하고 비교한 연구 결과가 나오면서 도시국가에 대한 연구는 실로 새로운 전기를 맞게 되었다.33)

이후 중앙 멕시코, 마야 문명, 아즈텍 문명, 메소포타미아, 중국, 일본 등지에서 발굴된 도시국가에 관한 사례 연구가 폭넓게 이루어지면서 도시국가를 본격적인 고대 국가의 모델로 인식하기에 이르렀다. 그래서 1980~90년대의 연구에서는 도시국가를 촌락국가(village state)

---

32) T. H. Charlton·D. L. Nichols, 1997, "The City-State Concept: Development and Applications", *The Archaeology of City-States: Cross-Cultural Approaches*, (eds.) D. L. Nichols·T. H. Charlton, Washington: Smithsonian Institution Press, p.1.

33) R. Griffeth·C. G. Thomas (eds.), 1981, *The City-State in Five Cultures*, Santa Barbara: ABC-Clio.

와 대비하거나,34) 또는 영역국가(territorial state)와 대조하여35) 고대 국가의 두 모델 가운데 하나로 파악하게 된 것이다.

그런데 여기서 도시국가와 대비되고 있는 촌락국가나 영역국가는 모두 전통적인 중앙집권국가 모델에 해당한다. 이는 도시국가를 새롭게 주목한 연구자들이 새로운 분권국가 모델에 대한 이해는 결여되어 있음을 시사해준다.

이와 같이 1980년대 이후 고대 국가의 유형에 관한 연구는 전통적인 중앙집권국가의 모델을 벗어나 분권국가 모델과 도시국가 모델이라는 새로운 성과를 얻었지만, 연구자들의 중심 주제에 따라 특정 유형에 한정되는 한계를 보여주었다. 즉 분권국가 모델을 제안한 연구자들은 도시국가에 대한 이해는 부족했으며, 도시국가 모델을 강조한 연구자들은 새로운 분권국가 모델은 고려하지 못하고 있었다.

이상에서 살펴본 1980년대 이후 새로운 패러다임의 이해를 정리해 보면, 고대 국가의 유형은 ①도시국가, ②분권국가, ③중앙집권국가 등의 세 유형으로 분류할 수 있을 것이다.

고대 국가의 유형에는 기존 패러다임의 중앙집권국가뿐만 아니라 새로운 패러다임의 분권국가와 도시국가 모델 등도 함께 존재한다. 인류 문명에서 국가라는 사회 조직이 처음 발생했던 고대에는 도시국가, 분권국가, 중앙집권국가 등의 다양한 국가 유형이 공존하고 있었던 것이다.

그런데 여기서 고대 국가의 진화를 "도시국가 → 분권국가 → 중앙집권국가"의 단선적인 발전과정으로 도식화하여 이해해서는 곤란하다. 도시국가는 분권국가나 중앙집권국가의 선행 단계로 올 수도 있

---

34) C. K. Maisels, 1987, "Model of social evolution: trajectories from the Neolithic to the State", MAN, vol.22(new series), pp.331-359.
35) B. G. Trigger, 1993, Early Civilizations: Ancient Egypt in Context, Cairo: The American Univ. in Cairo Press, pp.8-14.

지만, 다른 한편 중앙집권국가의 해체 이후에 나타날 수도 있다.[36] 고대 중국의 商 왕조와 같이 도시국가에서 기원해 분권국가로 발전할 수도 있지만,[37] 또한 고대 로마 제국과 같이 도시국가에서 중앙집권국가로 발전한 경우도 있다.[38] 모든 도시국가가 분권국가나 중앙집권국가로 발전하는 것도 아니며, 모든 영역국가(분권국가, 중앙집권국가)가 반드시 도시국가를 전제로 하는 것도 아니다.

결국 중앙집권국가의 유형이 반드시 도시국가나 분권국가보다 발전된 단계의 국가라고 규정할 수 없다. 현대사회에도 중앙집권국가, 분권국가, 도시국가의 유형은 서로 공존하고 있다. 예컨대 미국과 같은 분권적인 국가 구조를 다른 일원적인 국가구조보다 미개하거나 미숙하다고 어느 누구도 보지 않으며, 마찬가지로 도시국가(싱가포르, 쿠웨이트 등)의 발전 단계가 분권국가 내지 중앙집권국가보다 미개하다고 이야기하지도 않는다. 마찬가지로 고대에서도 도시국가, 분권국가, 중앙집권국가 유형은 시간의 선후 관계를 따라 순차적으로 발전하는 것이 아니라, 서로 공존하면서 상호 작용하는 대등한 정치체의 관계라고 보아야 한다.

다시 말해 고대 국가의 세 유형 사이에는 국가 구조의 '차이'가 있는 것이지 발전 단계(수준)의 '차등'이 있었던 것은 아니다. 따라서 고대 국가의 진화는 "도시국가-분권국가-중앙집권국가"와 같은 일정한 아젠다(agenda)를 따라 진행되는 '단선 진화'가 아니라, 다양한 방향으로 전개되는 '다선 진화(multilinear evolution)'[39]의 범주에서 설명

---

36) R. Griffeth · C. G. Thomas (eds.), 1981, *ibid*, p.xvii.
37) A. W. Southall, 1998, *The City in Time and Space*, Cambridge: Cambridge Univ. Press, p.126.
38) K. Raaflaub, 1991, "City-State, Territory, and Empire in Classical Antiquity", *City-States in Classical Antiquity and Medieval Italy*, (eds.) A. Molho et al., Ann Arbor: Univ. of Michigan Press, pp.565-583.
39) 다선 진화(multilinear evolution)는 미국의 인류학자 스튜어드(Julian H. Steward, 1955, *The theory of culture change: the methodology of multilinear*

되어야 하는 것이다.

 이 책에서는 1980년대 이후 새로운 패러다임의 이해를 받아들여, 고대 국가의 유형을 기존의 중앙집권국가 모델에서 벗어나 분권국가, 도시국가 모델에까지 확대해 살펴보고자 한다. 따라서 기존의 연구에서는 고대 국가(중앙집권국가) 이전 단계로 파악했었던, 연합적인 또는 연맹적인 구조의 '복합 정치체', 또는 특정 지역에 국한하여 세력을 미치고 있었던 '지역 정치체' 등의 사례도 고대 국가의 분권국가 내지 도시국가의 유형과 관련하여 검토될 것이다.

 이러한 검토를 통해 고대 한국의 초기국가는 중앙집권국가가 등장하기 이전의 시대로부터 기원하였다는 사실이 자연스럽게 드러나게 될 것이다. 여기서 고대 한국의 초기국가란 위만조선, 고구려, 백제, 신라, 가야 등 고대 국가의 기원이 된 고조선, 부여, 삼한 등 초기의 원초적 국가를 가리키는 것이다.

 이 책에서는 이 가운데 고조선과 삼한에 대하여 살펴보고자 하며, 부여에 대해서는 향후 별도의 연구를 통해 보완하고자 한다.

## 2. 새로운 연구방법론의 모색

 일반적으로 인류의 역사는 선사시대와 역사시대로 구분되며, 가장 큰 구분 기준은 문자 기록의 존재 여부다. 그런데 문자 기록이라는 것은 따지고 보면 국가의 기록, 즉 國史를 가리킨다. 따라서 인류의 역사시대는 바야흐로 국가의 출현과 함께 문을 열었다고 해도 과언이

---

evolution, Urban: Univ. of Illinois Press)에 의해 1950년대에 제안된 것으로, 1980년대 새로운 패러다임의 대두 이후 새로운 사회진화 모델로 재조명되고 있다. 근래 다선 진화 모델에 대한 설명은 다음 책을 참조할 만하다. N. Yoffee · A. Sherratt (eds.), 1997, *Archaeological theory: who sets the agenda?*, Cambridge: Cambridge Univ. Press.

아니다.

　19세기 전통 역사학은 역사 연구에 역대 국가의 문자 기록 즉 역사서를 주로 이용했다. 한편 20세기에 들어서서 新史學은 문헌 사료 이외 인류학, 사회학 등 사회과학의 방법론을 원용해 연구 방법의 지평을 넓혀왔다. 문헌 사료에 입각한 전통적인 정치사 중심의 역사 연구 방법론은 장기적인 지속과정을 묘사하는 데 많은 한계를 보여 왔다.[40] 이러한 한계를 극복하기 위해 프랑스 아날학파(Annales)의 토대에서 성장한 '사회사'는 역사학과 사회과학(사회학, 경제학, 인류학, 지리학)의 방법론을 폭넓게 종합하였다.[41] 전통사학의 대안으로 대두한 이러한 신사학의 방법론은 20세기 후반 세계 역사학계에 널리 확산되면서 발달하게 된다.[42]

　이러한 신사학의 연구 방법론과 관련하여 국내 학계에서도 인류학의 성과를 고대사 연구에 접목한 연구 방법론이 한때 성장하였다. 1960~70년대 인류학의 신진화론을 고대 국가 연구에 접목한 방법론이 시도되면서,[43] 20세기 후반 국내 고대사학계에서 문헌사학, 인류학, 고고

---

40) F. Braudel, 1980, "Toward a Serial History: Seville and the Atlantic, 1504-1650", *On History*, Chicago: The Univ. of Chicago Press, pp.91-104.
41) F. Braudel, 1980, "On a Concept of Social History", *ibid.*, pp.120-131.
J. A. Henretta, 1979, "Social History as Lived and Written", *The American Historical Review*, vol.84, pp.1293-1322.
42) G. Himmelfarb, 1987, *The New History and the Old*, Cambridge: The Belknap Press of Harvard Univ. Press, pp.1-3.
P. R. Campbell, 1998, " The new history: the Annales school of history and modern historiography", *Historical controversies and historians*, (ed.) W. Lamont, London: UCL Press, pp.189-199.
43) 金哲埈, 1964,「韓國古代國家發達史」『韓國文化史大系』Ⅰ, 고려대 민족문화연구소 ; 1975,『韓國古代國家發達史』, 춘추문고: 한국일보사.
金貞培, 1973,「韓國古代國家起源論」『白山學報』14 ; 1986,『韓國古代의 國家起源과 形成』, 고려대 출판부.
千寬宇 편, 1975,『韓國上古史의 爭點』(新東亞 심포지엄), 일조각.
李鍾旭, 1982,『新羅國家形成史研究』, 일조각.

학을 종합한 연구 방법론이 대두하였던 것이다.

그런데 당시 국내 학계의 연구들은 고대 국가 자체보다 그 직전의 원형(proto-type)에 초점을 맞춰, '部族國家', '치프덤'(chiefdom, '군장사회' '추장사회' '수장사회'), '城邑國家', '邑落國家', '小國', '部體制' 등을 고대 국가의 기원적 단계로 제시하였다.[44] 그러다가 1980년대 후반 인류학 이론을 한국 고대사에 적용하는 문제에 적합성 논란이 일어나면서,[45] 이러한 종합적 방법론에 의한 연구는 본격적인 고대 국가 단계 자체에 대한 연구로 진전되지 못하고, 이후 주로 외국 인류학계의 이론을 소개하는 상황에 머물고 있는 형편이다.[46]

전통사학(문헌사학)이 역사의 인문학적 설명을 중시하는 데 반해, 종합적인 방법론의 신사학은 역사의 사회과학적 해석에 비중을 두어 왔다. 그러나 신사학의 방법론 역시 20세기 말 해체주의와 포스트모더니즘의 시대를 거치면서 거시적이고 연역적인 연구 방법론에 문제가 있었음을 확인하게 된다.

앞서 살펴본 바와 같이, 1980년대 이후 하나의 보편 법칙(이론)을

---

崔夢龍, 1983, 「韓國古代國家形成에 대한 一考察-衛滿朝鮮의 例」『金哲埈博士華甲紀念史學論叢』, 지식산업사.
44) 한국고대사연구회 편, 1990, 『한국 고대국가의 형성』, 민음사.
김태식, 2003, 「초기 고대국가론」『강좌 한국고대사』2(고대국가의 구조와 사회1), 가락국사적개발연구원.
최광식, 2006, 「한국의 고대국가형성론」『한국고대사입문』1, 신서원.
45) 金光億, 1985, 「국가형성에 관한 인류학적 이론과 한국고대사」『韓國文化人類學』 17.
全京秀, 1988, 「新進化論과 國家形成論-人類學理論의 올바른 적용을 위하여」『韓國史論』 19(金哲埈博士停年紀念號), 서울대.
李賢惠, 1989, 「三韓研究의 방법론적 문제」『韓國上古史-연구현황과 과제』(韓國上古史學會 편), 민음사.
李基東, 1989, 「韓國 古代國家形成史 研究의 現況과 課題-新進化論의 援用問題를 중심으로」『汕耘史學』 3.
46) 崔夢龍・崔盛洛 편저, 1997, 『韓國古代國家形成論-考古學上으로 본 國家』, 서울대 출판부.

다양한 여러 사례에 연역적으로 대입해 나가는 '인류학적 방법론(anthropological methodology)'에 반론이 대두하게 된 것이다. 특정 모델을 바탕으로 한 이론을 여러 지역에 연역적으로 적용해 보는 인류학적 방법론은 각 지역의 역사적 맥락과 문화적 다양성을 발견하는 데 한계를 지니고 있다는 비판을 받게 된다.[47]

새로운 패러다임의 연구자들은 보편 법칙보다 문화의 다양성과 역사의 맥락을 중시하는 '민족학적 방법론(ethnological methodology)'으로 접근하기 시작했다. 민족학적 방법론은 유럽 중심주의에서 벗어나려는 후기식민주의와 포스트모더니즘의 조류와 맞물리면서 더욱 확산되었는데,[48] 민족고고학(ethnoarchaeology)[49]과 민족역사학(ethnohistory)[50] 등이 대표적 분야라 할 수 있다.

특히 20세기 말 역사학 내부에서 미시사, 생활사, 계열사 등 새로운 '後期史學(post-history)'[51]의 도전을 받으면서, 역사학계는 한 단계 진전된 새로운 연구 방법론의 모색을 더욱 필요로 하게 되었다. 이러한 20세기 말 후기적 조류를 종합하며 대두한 역사 연구 방법론의 새로

---

47) P. Skalník, 1983, "Questioning the Concept of the State in Indigenous Africa", *Social Dynamics*, vol.9, pp.11-28.
48) A. Dirlik, 2000, "Is There History after Eurocentrism? Globalism, Postcolonialism, and the Disavowal of History", *History after the Three Worlds: Post-Eurocentric Historiographies*, (eds.) A. Dirlik et al., Lanham: Rowman & Littlefield Publishers, pp.25-47.
49) R. A. Gould, 1978, "From Tasmania to Tucson: New Directions in Ethnoarchaeology", Explorations in Ethnoarchaeology, (ed.) R. A. Gould, Albuquerque: Univ. of New Mexico Press, pp.1-10.
50) B. G. Trigger, 1986, "Ethnohistory: The Unfinished Edifice", *Ethnohistory*, vol.33, pp.243-267.
51) F. R. Ankersmit, 1994, "The Origins of Postmodernist Historiography", *Historiography Between Modernism and Postmodernism: Contributions to the Methodology of the Historical Research*, (ed.) J. Topolski, Amsterdam: Rodopi B. V., pp.87-117.

운 대안이 바로 '新文化史'[52] 또는 '문화사 지향의 새로운 역사학'이라고도 불리는 '역사인류학'[53]의 흐름이다.

'새로운 문화사' 또는 '역사인류학'은 물질 요소를 역사의 동인(토대)으로 파악하던 기존 사회사의 유물론에 반대하면서, 문화의 개체성을 강조하고 오히려 문화의 사회적 결정성을 강조하거나,[54] 또는 문화와 물질 사이의 뫼비우스의 띠와 같은 상호 작용의 관계를 주목한다.[55] 예컨대 계급의 구분에서 중요한 것은 생산 수단의 소유 여부가 아니라 삶의 과정에서 주관적으로 형성된 계급의식 내지 문화적 경험의 차이라는 것이다.[56] 즉 부르주아가 부르주아인 것은 생산 수단을 소유하고 있기 때문이 아니라 그들이 특유한 생활양식 내지 자기의 세계관을 발전시켜 그것을 소유했기 때문이라는 것이다.[57]

사실 문화사는 이미 19세기 말~20세기 초에 활약한 부르크히르트(Jacob C. Burckhardt), 호이징가(Johan Huizinga) 등의 연구 방법론에서 제시되고 있었다. 그러나 20세기 중엽 사회사를 경험하면서 그에 대한 문제 제기로 두껍게 읽기, 다르게 읽기, 작은 것을 통해 읽기, 깨뜨리기 등의 다양한 방식이 시도되면서 '새로운 문화사'라는 이름으로 묶이게 된 것이다.[58]

사회사가 역사학의 사회과학화에 주력하였다면, 새로운 문화사는 거기에 더해 역사학의 본래 인문학으로서의 본질을 보완하고자 한다.

---

52) L. Hunt (ed.), 1989, *The New Cultural History*, Berkeley: Univ. of California Press; 린 헌트 편, 1996, 『문화로 본 새로운 역사』, 소나무.
   P. Burke, 1997, *Varieties of Cultural History*, Ithaca: Cornell Univ. Press.
53) 리햐르트 반 뒬멘, 2001, 『역사인류학이란 무엇인가』, 푸른역사.
54) 미셸 푸코, 2003, 『광기의 역사』, 나남.
55) 린 헌트, 1996, 앞의 책.
56) E. P. 톰슨, 2000, 『영국 노동계급의 형성』, 창작과 비평사.
57) 로버트 단턴, 1996, 「한 부르주아는 그의 세계에 질서를 부여한다-텍스트로서의 도시」, 『고양이 대학살』, 문학과 지성사.
58) 조한욱, 2000, 『문화로 보면 역사가 달라진다』, 책세상.

'역사적 사회과학'에서 성장한 역사인류학 역시 사회과학 중심의 '단단한' 사회사에 인류학, 민속학 등의 접목을 통해 '부드러운' 문화사의 입김을 불어넣는 방법론이었다. 말하자면 새로운 문화사나 역사인류학은 기존의 사회과학 중심의 딱딱했던 역사학에 인문학의 문학성 내지 인류학의 문화성을 가미하여 유화시키는 작업이다. 그래서 이러한 새로운 관점에서 역사학을 '문학의 사회학'이라 정의하기도 하는 것이다.59)

20세기 말 이후 사회과학과 인문학이 사회(구조)와 개인(인자), 거시와 미시, 모더니즘과 포스트모더니즘의 광범위한 통합을 추구하듯이,60) 현재의 역사학은 사회과학적 방법론과 인문학적 방법론의 통합적 연구를 지향하고 있다.61)

기존의 전통사학과 신사학의 평행 관계에서 벗어나, 전통사학의 연구 방법론을 재평가하고 새로운 후기사학의 도전을 바탕으로 신사학의 거시적·연역적 방법론의 문제점을 보완하면서, 인문학적 방법론과 사회과학적 방법론이 역사학을 통해 통합되고 있는 것이다.62)

---

59) 박대재, 2003, 앞의 책, 111쪽.
60) T. Fararo·J. Skvoretz, 2002, "Theoretical Integration and Generative Structuralism", *New Directions in Contemporary Sociological Theory*, (eds.) J. Berger·Jr. M. Zelditch, Oxford: Rowman & Littlefield Publishers, pp.295-316.
61) F. R. Ankersmit, 2001, *Historical Representation*, Stanford: Stanford Univ. Press.
J. L. Gaddis, 2002, *The Landscape of History: How Historians Map the Past*, Oxford: Oxford Univ. Press; 존 루이스 개디스, 2004, 『역사의 풍경-역사가는 과거를 어떻게 그리는가』, 에코리브르.
62) G. G. Iggers, 1997, *Historiography in the Twentieth Century: From Scientific Objectivity to the Postmodern Challenge*, Hanover: Wesleyan Univ. Press, pp.141-147.
P. Burke, 2001, "History of Events and the Revival of Narrative", *New Perspectives on Historical Writing*, (ed.) P. Burke, University Park: The Pennsylvania State Univ. Press, pp.283-300.

역사학 가운데서도 고대사처럼 문헌 기록이 상대적으로 빈약한 분야에서는 전통사학(문헌사학)의 인문학적 방법론만으로는 역사의 실제를 제대로 묘사하기 어려우며, 이 때문에 고대사에서는 인류학, 사회학 등 사회과학적 방법론이 더욱 절실하게 요구되는 것이다.

　그러나 20세기 후반의 신사학이나 인류학적 방법론이 그랬듯이, 서양 중심의 연구 성과를 한국 고대사에 연역적으로 적용해 볼 수는 없을 것이다. 20세기 말에 대두했던 후기사학과 민족학적 방법론의 교훈이 여기에 있는 것이다. 한국사의 역사적 맥락과 문화적 특성에 주의하면서, 사회과학적 방법론의 원용을 통해 문헌사료의 여백을 채워 묘사해 나가야 할 것이다.

　이 책에서는 최근 세계학계에서 역사학을 통해 인문학과 사회과학의 통합을 추구하는 연구 방법론에 주목하며, 전통사학의 인문학적 측면과 신사학의 사회과학적 측면(인류학적 방법론)을 종합하여 고대 한국 초기국가(고조선, 삼한)의 보편성과 특수성에 접근해 보고자 한다. 고대 한국이라는 역사적 시·공간 위에서, 전쟁, 왕, 그리고 국가라는 인류학적 요소가 어떻게 기원, 형성되었는지를 살펴보게 될 것이다.

## 제1장

# 전쟁의 기원과 왕의 탄생

## 1. 전쟁의 기원

　문명(국가) 이전의 원시사회가 전쟁 없는 평화로운 시대였는지 아니면 선사시대부터 인류가 전쟁에 종사하여 왔는지에 대한 논쟁은 아직도 인류학에서 뜨겁게 진행되고 있다.[1] '평화로운 선사시대'(pacified past, peaceful savage)를 주장하는 고전적 입장에선, 설사 부족(tribe) 사이에 전쟁이 일어난다 할지라도 그것은 의식적(ritualistic)이고 게임 같은(game-like) 소박한 결투였다고 파악하고 있다.[2]
　그러나 원시전쟁의 성격을 儀式的인 전쟁(ritual war)으로 제한해 보는 것은 지나친 단순화인 것 같다.[3] 儀式이 원시전쟁의 중요한 요소

---

1) K. F. Otterbein, 1999, "A History of Research on Warfare in Anthropology", *American Anthropologist* vol.101, pp.794-805.
2) E. Chapple and C. S. Coon, 1942, *Principles of Anthropology*, New York: Henry Holt, pp.628-635.
3) L. H. Keeley, 1996, *War Before Civilization: The Myth of the peaceful savage*,

였다는 것은 인정되지만, 의식과 전쟁이 깊이 관련되는 것은 비단 원시사회뿐만 아니라 문명사회에서도 확인되는 齊一的인 현상이다.[4]

그동안 전쟁의 기원에 대해서는 인간의 본능적 공격성 때문이냐 아니면 주위의 환경에 의한 불가피한 선택이냐를 두고 많은 논쟁이 있어 왔다.[5] 전쟁은 인간의 본능(instinct)인가 아니면 생존을 위한 발명품(invention)인가?

이 문제는 전쟁을 공격자의 입장에서 바라볼 것인가, 아니면 방어자의 입장에서 볼 것인가라는 관점과 관련되어 있다. 인간의 본능을 강조하는 연구자들은 대체로 침략을 유발하는 공격자의 입장에서 생물학적으로 접근한다. 반면 전쟁을 불가피한 선택이라고 보는 입장에선 전쟁을 동물세계와 달리 인간사회만의 특성이라 보고 침략에 대한 자기방어의 측면을 설명하고자 한다.

전쟁이 일방적인 침략 행위와 다른 것은 공격자와 방어자의 결투의지가 충돌한다는 데 있다. 방어자의 항전 의지가 없다면 약탈만 나타날 뿐 전쟁으로 확대되지 않는다. 따라서 선사시대 초기부터 있었던 약탈(plunder) 행위와 거기에 맞서면서 규모가 확대된 전쟁(war)과는 구분해 보아야 한다. 전쟁은 공격자와 방어자의 심리적 모순관계가 표출된 집단 사이의 폭력 행위라고 할 수 있다.

1952~58년 요르단의 예리코(Jericho) 지역에서 기원전 7,000년경의 城壁 유적이 발견되면서,[6] 인류의 전쟁은 '定着農耕'이 시작된 신석기시대부터 기원하였을 것이라 이해되고 있다.[7]

---

New York: Oxford Univ. Press, pp.32-39.
4) 박대재, 2003, 앞의 책, 54~61쪽 참조.
5) 전쟁의 기원에 대한 연구사는 "아더 훼릴, 1990, 『전쟁의 기원』, 인간사랑"과 "R. C. Kelly, 2000, *Warless Societies and the Origin of War*, Ann Arbor: The Univ. of Michigan Press"을 참조하라.
6) J. Mellaert, 1979, "Early Urban Communities in the Near East, 9000-3400 BC", *The Origins of Civilisation*, (ed.) P. Moorey, Oxford, pp.22-25.
7) 존 키건, 1996, 『세계전쟁사』, 까치, 186~190쪽; 2004, 『전쟁과 우리가 사

온대 지방의 물을 구할 수 있었던 곳들을 중심으로 새롭게 형성된 농경공동체는 기존의 수렵사회와 갈등을 빚게 되었다. 육식을 즐기던 사냥꾼들에게 농경민들이 저장한 곡식은 처음에는 그다지 매력적으로 보이지 않았을 것이다. 그러나 농경민들이 기르던 가축은 사냥꾼들에게 빼앗기 손쉬운 식량으로 보였을 것이다. 또한 농경을 통해 얻어진 잉여생산물을 저장하고 그에 따라 식량의 장기적인 비축이 이루어지면서, 그것을 노린 외부 집단의 침략이 발생하기에 이른다.

초기 농경사회의 인간집단이 정해진 영역을 지속적으로 사용하게 되면서, 취락을 중심으로 공간적 정체성이 나타나게 된다. 농경생활은 정착성을 강화하고 이전 단계와는 다른 의미가 부여된 공간의 구획을 시도하는 계기를 마련해 주는 것이다. 이런 맥락에서 전쟁의 기원은 木柵, 環濠(環壕, 隍) 등 '防禦施設'이 갖추어진 農耕聚落의 출현과 관련하여 이해될 수 있다.[8]

1990년 이후 국내에서도 취락을 방어하기 위한 木柵, 環濠 등의 방어시설이 울산 檢丹里, 부여 松菊里 등 청동기시대 유적을 중심으로 확인되면서, 정착농경과 방어취락의 상관관계가 주목되고 있다.[9]

---

는 세상』, 지호, 69~70쪽.
P. Brewer, 1999, *Warfare in the Ancient World: History of Warfare*, Austin: Raintree Steck-Vaughn Publishers, p.5.
8) 佐原眞, 1988,「初め戰爭はなかった: 考古學からみた戰爭の歷史」『戰爭と平和と考古學』, 反核考古學硏究者の會.
都出比呂志, 1989,『日本農耕社會の成立過程』, 岩波書店.
松木武彦, 1998,「'戰い'から'戰爭'へ」『古代國家はこうして生まれた』(都出比呂志 編), 角川書店, 164쪽.
9) 崔鍾圭, 1993,「東洋의 防禦集落」『松菊里Ⅴ-木柵(1)』, 국립공주박물관 ; 1996,「韓國 原始의 防禦集落의 出現과 展望」『韓國古代史論叢』8.
金在弘, 1995,「농경사회의 형성과 고대의 촌락」『역사비평』28.
沈奉謹, 1997,「韓國의 環濠遺蹟」『東アジアの環壕集落』, 橿原考古學硏究所 日韓古代심포지움 자료집.
李盛周, 1998,「韓國의 環濠聚落」『환호취락과 농경사회의 형성』, 嶺南考

중국의 경우는 청동기시대에 앞서 신석기시대 농경사회 단계부터 수십 동의 주거지가 둥근 도랑으로 둘러진 방어성 환호취락이 등장하기 시작한 것으로 알려져 있다.[10] 국내에서도 최근 신석기시대 후기의 晉州 上村里 유적에서 환호유적이 발굴되면서,[11] 방어취락이 청동기시대 이전에 출현하였을 가능성도 제기되고 있다.

環濠는 경계(공간)를 구분 짓기 위해 파놓은 도랑 시설을 말한다. 용어만으로 보자면 환호는 '圓形의 물이 담긴 도랑'을 뜻하지만, 원형만 발견되는 것도 아니며 물을 채웠던 흔적도 잘 확인되지 않아 '濠' 대신 '壕'를 사용하기도 한다. 木柵은 나무 기둥을 일정한 간격으로 열지어 땅에 박아 설치한 방어시설로 그 규모가 城과 같은 경우엔 '城柵'이라 부르기도 한다.

목책의 방어적 성격에 대해선 재론할 필요가 없지만, 환호의 성격에 대해서는 현재 상이한 시각이 제기되고 있다. 기존에는 환호를 목책과 같이 기본적으로 방어시설로 보았으나,[12] 최근에 방어적 기능보다 청동기시대의 儀禮와 관련된 시설로 보는 시각이 제기되었다.[13]

환호는 특정 구역의 둘레를 구획하기 위해 둥글게 파 놓은 도랑 시설인데, 현재까지 조사된 대부분의 환호 유적은 다른 방어시설과 결합되지 않으면 효과적인 방어기능을 발휘하기 힘든 정도의 소규모이

---

古學會・九州考古學會 제3회 합동고고학대회 자료집.
10) 岡村秀典, 1992,「先史時代中國東北地方の集落と墓地」『東北亞文化의 源流와 展開』, 제11회 마한・백제문화 국제학술회의 자료집, 63~64쪽.
徐光輝, 1998,「中國新石器時代の環濠集落」『환호취락과 농경사회의 형성』, 嶺南考古學會・九州考古學會 제3회 합동고고학대회 자료집, 1~30쪽.
11) 東亞大學校 博物館, 2003,「晉州 上村里 遺蹟」『發掘遺蹟과 遺物』, 14~23쪽.
12) 閔德植, 1994,「三國時代 以前의 城郭에 관한 試考」『韓國上古史學報』 16.
崔鍾圭, 1996, 앞의 논문.
13) 李相吉, 2000,『青銅器時代 儀禮에 관한 考古學的 研究』, 대구효성가톨릭대 박사학위논문, 26~29쪽.
鄭義道, 2002,「南江流域의 環濠遺蹟」『晉州 南江遺蹟과 古代日本』(인제대 가야문화연구소 편), 신서원, 128~130쪽.

기 때문에 환호 자체만의 내구성과 효율성으로 평가했을 때 그 자체 단독적으로 효과적인 방어시설이라고 보기는 어렵다.14)

그런데 환호가 이중·삼중으로 설치된 유적이나 환호가 土壘나 木柵과 결합된 유적이 다수 존재하는 것을 미루어 보면, 본래 환호 자체에도 방어적 기능이 있었다는 사실을 부인하기는 힘들다. 그러므로 환호는 초기에는 방어적 기능이 미약한 공간 구획 시설이었으나, 목책 등의 다른 방어시설과 결합하면서 효과적인 방어시설로 발전하였다고 이해해두면 어떨까 한다.

현재까지 조사된 선사시대의 방어취락 유적을 살펴보면, 신석기시대 후기의 진주 상촌리 유적에서 시작하여, 부여 송국리, 울산 검단리, 울산 방기리, 대구 팔달동, 경주 석장동, 창원 남산, 창원 덕천리, 창원 상남동, 진주 대평리 옥방, 산청 사월리, 합천 영창리, 인천 문학동, 부천 고강동, 강릉 방동리 등지의 청동기시대 유적을 거쳐, 양산 다방리 패총, 양산 평산리, 경산 임당, 김해 봉황대, 김해 대성동, 창원 가음정동 등지의 삼국시대 초기 유적에 이르기까지 통시대적으로 확인되고 있다. 그러나 현재까지의 통계로 보면 방어취락의 존재는 '청동기시대'에 단연 집중되는 양상을 보여준다.

국내에서 방어취락의 존재가 주목되기 시작한 것은 1990년에 울산 검단리 마을유적에서 청동기시대 환호가 전면 발굴되면서부터이다. 검단리 유적의 환호는 그 안쪽에 토루가 결합된 형태인데, 그 규모는 장경 118m, 단경 70m의 타원형으로 총길이 298m, 내부면적 약 5,974㎡이며, 그 깊이는 20cm~110cm이고, 가장 넓은 곳의 폭이 2m 정도이다. 출입구는 남북에 각 1개소씩 2곳에 설치하였는데, 이 부분은 溝를 파지 않고 원래의 지면을 그대로 남겨두어 안팎을 다리처럼 연결하는 육교로 만들었다. 출입구 폭은 남쪽 출입구가 300cm, 북쪽 출입구가 275cm이다. 출입구 쪽의 구가 비교적 깊게 남아 있는데, 그것은 출입

---

14) 李盛周, 1998, 앞의 논문, 66~67쪽.

구 쪽의 방어를 더욱 효율적으로 하기 위해서 입구 부분을 더 깊게 팠기 때문이라 추정된다.15)

한편 木柵이 설치된 청동기시대의 방어취락으로는 부여 송국리 유적이 대표적이다. 송국리 유적에서 목책은 총 430여m 조사되었지만, 목책열의 진행방향이나 현지의 지형적 여건을 고려하면 목책으로 둘러진 취락의 규모를 어느 정도 추정 가능하다고 한다. 송국리 유적의 목책 시설은 커다란 하나의 골짜기를 포괄하는 형태로 총연장 길이는 약 2.5km 정도였던 것으로 추정되며, 목책으로 둘러싸인 취락 내부의 총면적은 약 61ha에 이르는 것으로 추정되고 있다. 송국리 유적의 목책 시설은 이후에 환호로 추정되는 濠狀 유구에 의해 파괴된 것으로 확인되어, 목책의 기능이 상실된 이후 환호에 의해 구획된 소규모 취락들이 다시 형성되었던 것으로 추정된다. 한편 송국리 유적에선 취락의 출입구에 대한 방어를 강화하기 위하여 목책 외곽에 鹿砦 시설을 설치한 흔적도 확인된다.16) 이처럼 木柵과 鹿砦 시설이 이중으로 사용된 점으로 보아 당시 송국리 유적은 외부의 침입에 대한 방어의 필요성이 높았음을 짐작할 수 있다.

청동기시대 취락 유적 가운데는 방어의 효율성을 더욱 높이기 위하여 환호와 목책을 결합하여 이중으로 설치한 경우도 있는데, 진주 大坪里 玉房 유적이 대표적인 사례라 할 수 있다. 옥방 유적 7지구에선 二重으로 환호가 발견되었는데, 환호의 길이는 75m, 폭 170~200㎝, 깊이 170㎝, 환호와 환호 사이의 간격은 250~350㎝ 정도이다. 木柵列은 환호의 장축방향을 따라서 길이 약 12m 정도 확인되었는데, 기둥구멍의 크기는 20×15㎝ 정도이고 간격은 150㎝ 내외이다. 결국 환호와 목책을 모두 묶어서 보면 3중의 방어시설이 취락 주위에 설치되었던 셈인 것이다.17)

---

15) 釜山大學校 博物館, 1995,『蔚山檢丹里마을遺蹟』, 211~212쪽.
16) 金吉植, 1993,『松菊里 Ⅴ-木柵(1)』, 국립공주박물관, 82~87쪽.

이상과 같이 환호, 목책, 토루 등 방어시설이 갖추어진 취락이 청동기시대에서 집중 확인된다는 사실을 통해 볼 때, 한반도 남부지방에서 전쟁이 개시된 시기는 청동기시대라고 판단할 수 있다. 한반도의 청동기시대는 본격적인 정착농경이 시작된 시기이기도 하므로, 여기서 농경과 전쟁의 보편적인 상관관계를 다시 한 번 확인해 볼 수 있다.

그러나 청동기시대의 전쟁이라 하여 무기의 주요 재료가 청동기로 만들어졌을 것이라고 생각해서는 곤란하다. 청동기시대에도 동검, 동모 등의 금속무기가 사용된 것은 분명하다.[18] 그러나 극소수 지배자의 무덤에서 나온 금속무기가 당시 무기의 골자를 이루고 있었다고 볼 수 있을까?

한국의 청동유물 가운데 제사장의 권위를 상징하는 거울, 방울, 異形銅器 등 각종 청동제 儀器類가 대종을 차지하고 있으며,[19] 청동제 무기의 대표격인 銅劍조차도 실전 무기보다는 수장의 권위를 상징하는 儀仗으로서의 성격을 더 강하게 지니고 있었다.[20]

청동기시대라 할지라도 實戰에 사용된 주요 무기는 청동기가 아니라 石器時代부터 사용해 오던 돌과 나무들이었다. 무기 제작에 적합한 실용적 금속인 鐵器가 보편화되기 이전까지는 石器가 전쟁의 주력무기였던 것이다.[21]

돌을 주요 무기로 사용했던 청동기시대 전쟁은 어떤 풍경이었을까?

---

17) 鄭義道, 2002, 앞의 논문, 103~108쪽.
18) 송계현, 2001, 「전쟁의 유형과 사회의 변화」『고대의 전쟁과 무기』, 제5회 부산복천박물관 학술발표대회 자료집.
19) 李健茂, 1992, 「韓國 靑銅儀器의 硏究」『韓國考古學報』 28.
20) 吉田廣, 1993, 「銅劍生産の展開」『史林』 76-6.
   銅劍이 가지던 儀仗으로서의 기능은 鐵器時代 및 三國時代에 들어오면 鐵斧[鉞]나 環頭大刀 등으로 이어지게 된다.(趙源昌, 2000, 「三國時代 鉞에 대한 認識」『百濟文化』 29; 李漢祥, 2004, 「三國時代 環頭大刀의 製作과 所有方式」『韓國古代史硏究』 36 참조)
21) 존 키건, 1996, 앞의 책, 121~203쪽.

돌은 그 흔함 때문에 유물을 다루는 고고학 보고서에서조차 금속에 밀려 그 가치를 제대로 평가받지 못하고 있다. 그래서 돌을 주요 무기로 사용했던 청동기시대 전쟁의 풍경을 상상할 만한 자료를 찾기가 쉽지 않은 것이다.

그런데 이와 관련하여 『三國史記』 南解次次雄 11년(A.D. 14)조에 돌을 무기로 이용한 전쟁의 풍경을 상상해 보는 데 도움이 될 만한 기록이 하나 있다.

> 倭人들이 兵船 100여 척을 타고 와 해변의 민가를 약탈하니, 6部의 힘센 군사들을 보내 이들을 막았다. 이 때 樂浪이 나라 안이 비었다고 여기고 金城을 갑자기 공격하여 왔으나, 밤에 流星이 敵陣에 떨어지자 적군이 두려워하여 후퇴했다. 적군이 閼川가에 머물며 돌무지(石堆) 20개를 만들어 놓고 떠났는데, 6部의 병사 1,000명이 토함산 동쪽에서 알천에 이르러 그들이 만들어 놓은 돌무지를 보고 적군이 많다고 판단하여 더 이상 추격하지 않았다.[22]

위 기록의 '石堆'는 돌을 쌓아올린 돌무지를 가리키는데, 이것이 군사력의 정도를 측정할 수 있는 지표로 나오고 있다. 석퇴의 규모가 군사력의 정도를 나타낸다는 사실은 당시에 돌을 이용한 전투가 실시되고 있었다는 것을 말해준다. 1세기 초는 아직까지 철제 무기가 보편화되지 않은 단계이기 때문에, 당시 전쟁에서 돌은 구하기 쉬운 중요한 무기로 사용되었을 것이다. 그렇다면 석퇴는 당시 전쟁에서 일종의 무기고 내지 전투기지와 같은 역할을 하였을 것이라 추정해 볼 수 있다.

그동안 고고학 조사에서 간과되었던 성격 불명의 돌무지(積石) 가운데는 이와 같은 군사적 성격의 돌무지 유적도 상당수 포함되어 있었을 것이라 생각된다. 대표적인 예로 최근 晉州 上村里 유적에서 환

---

22) 『三國史記』 卷1, 新羅本紀 南解次次雄 11년.

호로 둘러싸인 유적 내부에서 積石 시설이 조사되었는데23), 이러한 적석이 선사시대의 信仰(儀禮)과 관련된 돌무지(서낭, 累石壇)일 수도 있으나, 환호와 관련되었다는 점에서 보면 전쟁을 위한 시설이었을 가능성이 높아 보인다.

이상의 사실을 종합하면, 고대 한국의 경우는 고대 중국 문명이나 메소포타미아 문명과 같은 세계 4대문명 발상지역과 달리, 본격적인 정착농경이 시작된 청동기시대에 들어서야 전쟁이 기원한 것으로 볼 수 있다. 일반적으로 세계 4대문명 지역에서는 농경과 전쟁이 신석기시대에 기원하면서,24) 그 다음 청동기시대에는 문명(국가)이 출현하기에 이른다.25)

그러나 우리의 경우는 청동기시대에 들어와서 정착농경과 전쟁이 시작되면서 자연스레 국가의 출현은 다음 단계인 철기시대의 몫으로 넘어가게 된다. 국내에서 출토된 주요 청동기의 종류가 실전용의 무기류가 아니라 수장의 종교적·주술적 권위를 위한 儀式用이라는 점은, 청동시시대가 아직까지 의식에 비해 상대적으로 전쟁이 덜 발달한 제사(의식) 중심의 사회라는 사실을 말해준다.

## 2. 전쟁의 변화·발전과 대외교역체계

앞서 살펴본 바와 같이 고대 한국의 경우는 세계 4대문명과 달리 신석기시대가 아니라 청동기시대에 전쟁이 기원하며, 그에 따라 전쟁

---

23) 東亞大學校 博物館, 1999,「上村里遺蹟 B」『南江流域文化遺蹟發掘圖錄』, 경상남도·동아대학교 박물관, 32~34쪽.
24) P. Brewer, 1999, ibid.
25) K. C. Chang, 1983, "Sandai Archaeology and the Formation of States in Ancient China: Processual Aspects of the Origins of Chinese Civilization", *The Origins of Chinese Civilization,* (ed.) D. N. Keightley, Berkeley: Univ. of California Press, pp.495-521.

이 한층 격화되어 사회 변화를 일으키는 동인으로 발전하는 시대도 자연스럽게 다음 단계인 철기시대로 넘어가게 된다. 이러한 사실은 철기시대에 들어서서 실전용의 철제 무기류가 차지하는 비중이 획기적으로 높아진다는 현상을 통해서도 쉽게 확인할 수 있다.[26]

그렇다면 철기시대에 들어와 어떤 요인이 전쟁의 심화를 유발했던 것일까? 전쟁 심화의 誘因에 대해 고고학에선 농경사회가 인근 지역의 자원에 의지하던 자급적 지역 경제체계에서 벗어나 '장거리 교역(long-distance trade)'을 통해 외부로부터 들어오는 자원이나 물자에 의존하는 광역의 경제체계로 전환되는 단계에서, 새로운 경제체계의 주도권을 놓고 지역세력 간에 전쟁이 격화・광역화되고, 결과적으로 지역간의 전쟁을 통해 광역의 유통망이 통합・정비되면서, 그 유통망의 優位를 점한 유력한 수장의 경제력과 정치권력이 급속도로 강해져 國家(王權)의 형성으로 연결된다고 설명한다.[27]

이러한 설명은 기본적으로 농경사회 단계의 전쟁과 장거리 교역에 의해 경제체계가 확대된 국가 단계의 전쟁을 구분해 보아야 한다는 제언[28]에 입각하고 있으며, 또한 국가(왕권)의 형성과정에서 전쟁과 교역의 상호작용(interaction)을 주목해 보는 시각[29]과도 깊이 관련되어 있다.

청동기시대에도 銅鑛石, 玉石類 등을 중심으로 교역이 이루어졌을 것으로 추정되지만,[30] 이 단계는 아직 한반도를 벗어난 광역의 장거

---

26) 송계현, 2001, 앞의 논문.
27) 松木武彦, 1998, 앞의 눈문, 240~242쪽.
28) 都出比呂志, 1997,「都市の形成と戰爭」『考古學研究』173.
29) M. C. Webb, 1975, "The Flag Follows Trade: An Essay on the Nesessary Interaction of Military and Commercial Factors in State Formation", *Ancient Civilization and Trade*, (eds.) J.A. Sabloff and C.C. Lamberg-Karlovsky, Albuquerque: Univ. of New Mexico Press, pp.189-190.
30) 李賢惠, 1988,「韓半島 靑銅器文化의 경제적 배경」『韓國史硏究』56 ; 1998, 『韓國 古代의 생산과 교역』, 일조각, 92~101쪽.

리 교역이라고 할 수는 없으며 대체로 지역범위의 物流에 해당한다고 볼 수 있을 것이다.

장거리 교역은 馬韓과 辰韓이 3세기 후반 中國 西晉과의 원거리교역을 개시하면서 발단한 것으로 보는 시각도 있다.[31] 그러나『三國志』동이전에 의하면, 3세기 전반에 이미 진변한의 철이 帶方郡·樂浪郡, 倭, 濊 등지의 해외까지 교역되고 있었다. 진변한의 철은 지역적 범위를 벗어나 中國(魏)과 倭의 수요에 부응하여 동북아시아 차원에서 교역되던 자원이었다.[32] 따라서 장거리 교역 체계는 대방군이 설치되었던 3세기 초에 이미 형성되어 있었으며, 그 시기는 삼한에서 철을 직접 생산하기 시작한 시점까지 올라갈 수 있을 것이다.

삼한에서 鐵의 생산과 유통은 2세기 후반이 되면서 본격화된 것으로 알려져 있다. 2세기 후반 弁·辰韓은 자체적인 철 생산이 시작되고 새로운 철기제작기술과 제련기술이 유입되면서 본격적인 철 생산 체계가 확립되었다고 한다.[33] 2세기 후반 삼한사회 내부에서 자체적으로 철을 생산할 수 있게 되었다는 것은 전쟁 심화의 물질적 배경이 된다. 2세기 말 金海지역에서 鐵製 武器類의 副葬이 증가하면서, 環頭大刀·長莖式長劍·有莖式鐵鏃 등과 같은 새로운 무기체계가 출현[34]하게 되는 것도 전쟁의 격화를 시사한다. 검·모가 중심을 이루던 1~2세기의 '近接戰' 단계를 벗어나, 3세기가 되면 大刀의 출현과 함께 有莖式鐵鏃 등 원거리 공격용무기가 증가하면서 '원거리 전투' 단계로

---

31) 李賢惠, 1998, 앞의 책, 284~289쪽.
32) 尹龍九, 1999,「三韓의 朝貢貿易에 대한 一考察」『歷史學報』162.
　　武末純一, 1997,「考古學からみた弁韓·辰韓と倭」『新羅文化』14.
33) 孫明助, 1998,「弁辰韓 鐵器의 初現과 展開」『伽倻文化』11, 253~260쪽. 여기서 '철기 제작'과 '철 생산'은 구분되어 인식된다. 철기의 제작은 자체적인 철 생산 없이도 외부로부터 유입된 鐵素材를 이용해 鍛冶하는 공정을 통해 이루어질 수 있기 때문이다.
34) 金斗喆, 2003,「무기·무구 및 마구를 통해 본 가야의 전쟁」『가야 고고학의 새로운 조명』(부산대 한국민족문화연구소 편), 혜안, 144쪽.

전쟁 양상이 변화한다.35)

　이처럼 2세기 후반이 되면서 한반도 중남부지역에서는 전쟁이 심화될 수 있는 요소들, 즉 원거리교역 체계와 새로운 원거리 전투 무기체계 등이 대두한다. 따라서 2세기 후반 이후가 되면 한반도 중남부지역에서 새로운 '광역의 정치권력'(王)이 등장할 수 있는 경제적, 군사적 토대가 갖추어졌다고 볼 수 있을 것이다.

　기원전 5~4세기에 철기문화가 시작된 고조선지역에서도 새로운 원거리교역 체계가 형성되어 있었을 것이다. 물론 기원전 2세기 이후 위만조선의 수도 왕검성이 중국(漢)과 한반도 중남부지역(衆國 또는 辰國)을 연결하는 중계무역의 중심지로 발전하였다는 사실은 『史記』 조선열전 등의 사료와 고고학적 연구를 통해 밝혀진 바 있다.36)

　철기시대 고조선의 대외교역을 이야기할 때 가장 주목되는 것이 기원전 4세기 후반 이후에 제작된 戰國時代 燕의 刀幣인 明刀錢이었다. 그러나 요동반도~한반도 서북한지역에서 출토된 명도전이 실제로 교역수단으로 유통된 것인지 아니면 재부의 상징으로 저장된 것인지는 신중히 검토해야 한다. 일단 이 지역 명도전의 대부분이 생활유적이 아니라 별도 구덩이에서 고장의 형태로 발견된다는 점, 무덤 유적에서 세형동검 등의 儀仗品과 함께 출토된다는 점 등은 교환수단보다는 재부의 상징으로서의 역할이 더 강했다고 추정된다.37)

　명도전이 고조선에서 재부의 상징 즉 威勢品으로 기능했다는 사실은 다른 한편으로 그것의 확보를 위한 위세품(prestige goods) 교역체계가 형성되어 있었다는 것을 시사한다.

　'prestige goods'이란 경제인류학에서 사회발전과정을 논할 때 사용하

---

35) 송계현, 2001, 앞의 논문, 11쪽.
36) 최몽룡, 1983, 앞의 논문.
37) 박선미, 2005, 「戰國~秦·漢 初 화폐사용집단과 고조선의 관련성」 『北方史論叢』 7, 210~211쪽.

는 정치경제학적 용어다. 종족사회에서 prestige goods는 상위자(elders)들이 하위자(youngers)들에 대한 지배를 형성 유지하는 수단으로써 신부비용(bride-price)과 같은 형태로 사용된다. 예컨대 부족사회의 prestige goods은 조개껍질, 금속, 옷감, 소금, 상아 등과 같은 물품들로 이것들이 여자, 노예, 농부, 전사 등과 같은 재생산 능력이 있는 인적 자원에 대한 대가로 하사된다. 상위자는 prestige goods의 대가로 얻은 인적 자원을 통해 더 많은 prestige goods을 재생산하게 되며, 이러한 과정을 통해 더 상위의 우두머리일수록 더 많은 자원을 확보하여 자신의 경제·군사적 역량을 확대시켜 나가는 'prestige goods 체계'(systems with prestige goods)가 세워지는 것이다.[38]

그러다가 종족사회가 영역사회로 바뀌면서 prestige goods은 중앙의 지배자로부터 주변지역의 더 낮은 계층에게 하사되는 물품으로써 權威의 象徵品으로 성격이 바뀌게 된다. 중앙의 지배자는 prestige goods을 통해 지역 세력에게 충성심을 강요하게 되고, 지역지배자는 중앙으로부터 인정받는 우월감에 의해 중앙과의 정치적 동맹관계를 유지하며 그 권위를 통해 지역사회를 지배하게 된다. 이러한 과정을 통해 중앙과 지역의 지배자 사이에 prestige goods을 매개로 한 'prestige goods systems'이 성립하게 된다.[39] 이 단계의 prestige는 단순한 추상적 德 (goodness)이 아니라 군장의 실질적인 권력(power)을 의미한다. 따라서 영역사회 단계에서의 prestige goods은 지배이데올로기를 물질화 (materialization)한 정치적 象徵品(symbolic objects)이라고도 할 수 있

---

38) K. Ekholm, 1978, "External exchange and the transformation of Central African social systems", *The Evolution of Social System,* (eds.) J. Friedman and M. J. Rowlands, Pittsburgh: Univ. of Pittsburgh Press, pp.118-122.
39) J. Friedman and M. J. Rowlands, 1978, "Notes towards an epigenetic model of the evolution of 'civilisation'", *The Evolution of Social System,* (eds.) J. Friedman and M. J. Rowlands, Pittsburgh: Univ. of Pittsburgh Press, pp.201-205.

다.[40]

종족사회 단계의 prestige goods은 상위자가 하위자에게 인적 자원을 얻는 대가로 지불하는 일종의 교환가치라는 점에서 'valued craft items', 'primitive valuables', 'wealth objects' 등이라고도 하므로,[41] '威信財'라고 번역하면 좋을 것 같다. 한편 영역사회 단계의 prestige goods은 정치적 지배자의 권력을 상징하는 물품이라는 점에서 '威勢品'이라고 불러 종족사회 단계와 구별하는 것이 좋을 듯하다.

국가 단계의 위세품은 통치자(왕)가 제사를 통해 절대자(天, 神)로부터 내려 받은 불가침의 신성권(天命)을 형상화한 상징물이라고 할 수 있다. 고대 초기의 고분에선 무기나 장신구 이외에 銅鏡, 璧玉製腕飾, 특수한 碧玉製品 등과 같이 수장의 종교적·주술적 권위를 상징하던 '寶器'들이 다수 발견되는데,[42] 바로 이러한 것들이 초기 왕들의 威勢品에 해당하는 것이다.

그동안 삼한지역의 위세품으로 中國에서 유입된 銅鏡,[43] 銅鼎,[44] 鐎斗·陶器[45] 등 外來系 유물이 주목을 받아 왔다.

또한 『三國志』 동이전에 의하면, 삼한에서 '瓔珠'를 財寶로 여겨 옷에 달아 장식하거나 목·귀에 매달거나 했다고 한다. 삼한지역의 무

---

40) T. Earle, 1997, *How Chiefs Come to Power: The Political Economy in Prehistory*, Stanford: Stanford Univ. Press, p.150
41) V. Steponaitis, 1991, "Contrasting patterns of Mississippian development", *Chiefdoms: Power, Economy, and Ideology,* (ed.) T. Earle, New York: Cambridge Univ. Press, p.205.
42) 小林行雄, 1961, 「前期古墳の副葬品にあらわれた文化の二相」『古墳時代の研究』, 東京: 靑木書店, 163~190쪽.
43) 高倉洋彰, 1993, 「前漢鏡にあらわえた權威の象徵性」『國立歷史民俗博物館研究報告』 55.
李賢惠, 1994, 「三韓의 對外交易體系」『李基白先生 古稀紀念 韓國史學論叢』(上), 일조각.
44) 鄭仁盛, 1996, 「韓半島 出土 (靑銅)鼎의 性格」『古文化』 48.
45) 權五榮, 2002, 「풍납토성 출토 외래유물에 대한 검토」『百濟硏究』 36.

덤에서 출토된 瓔珠(琉璃製玉, 水晶製玉)들은 樂浪을 창구로 한 중국제품일 것으로 추정되고 있다.46) 삼한의 瓔珠가 구하기 어려운 外來品이란 점을 감안하면, 장신구로서의 기능 이외 소지자의 신분을 과시하는 威勢品의 역할도 했을 것이다. 고조선지역에서 출토된 명도전도 이러한 성격의 재보로 위세품의 범주에서 인식해야 할 것이다.

이처럼 고조선과 삼한에서 중국제 동경, 동정, 보주, 명도전 등과 같은 외래품이 위세품의 역할을 담당했기 때문에, 그 지배자들에게 외국(중국)과의 교역은 매우 중요한 의미를 가지게 되었을 것이다.

고대의 교역에 정치권력이 깊이 개입되어 있었다고 보는 것은 경제인류학의 오랜 통설이다.47) 물론 새로운 패러다임에서는 모든 교역 활동이 정치권력의 의사에 따라 결정되었던 것은 아니며 다양한 주체가 교역에 참가하면서 교역의 정치적 성격은 가변적이며 때로는 정부정책과는 다른 방향에서 중앙의 통제력을 약화시키는 결과를 초래하기도 한다고 본다.48) 그럼에도 불구하고 그 자체 정치적 성격이 농후

---

46) 崔鐘圭, 1993,「三韓의 裝身具」『素軒南都泳博士古稀紀念歷史學論叢』; 1995,『三韓考古學硏究』, 서경문화사, 167~170쪽.

47) K. Polanyi, 1971, "The Economy As Instituted Process", *Trade and Market in the Early Empires: Economies in History and Theory*, (eds.) K. Polanyi · C. M. Arensberg · H. W. Pearson, Chicago: Henry Regnery Company, pp.243-270.

E. M. Brumfiel and T. K. Earle (eds.), 1987, ibid., pp.1-9.

48) J. Gledhill, and M. Larsen, 1982, "The Polanyi Paradigm and a Dynamic Analysis of Archaic States", *Theory and Explanation in Archaeology,* (eds.) C. Renfrew et al., New York: Academic Press, pp.197-229.

P. Cartledge, 1983, "'Trade and Politics' revisited: Archaic Greece", *Trade in the Ancient Economy* (eds.) P. Garnsey et al., London: The Hogarth Press, pp.1-15.

R. Hassig, 1985, *Trade, Tribute, and Transportation*, Norman: Univ. of Oklahoma Press, pp.110-126.

K. G. Hirth, 1996, "Political economy and archaeology: Perspectives on exchange and production", *Journal of Archaeological Research*, vol.4 no.3,

한 위세품의 교역만큼은, 정치권력의 간섭이 중요하게 작용하였을 것이다.

따라서 고조선과 삼한에서 지역집단 사이의 전쟁이 격화되고 그를 통해 새로운 통치권력(왕)이 형성되는 과정은 다른 한편으로 외래계 위세품의 교역체계를 통제할 수 있는 권한 즉 交易權의 장악과 깊은 관련이 있을 것으로 보인다. 그러므로 고대 한국 초기국가의 경우도, 외래계 위세품을 둘러싼 대외교역 체계를 장악하기 위한 각 지역세력 사이의 경쟁이 전쟁을 심화시킨 요인으로 작용하였던 것으로 볼 수 있을 것이다.

## 3. 왕의 탄생과 국가의 형성

대외교역 체계의 패권을 둘러싸고 각 지역 세력 사이에 전쟁이 격화되면서 거기서 승리한 세력은 이제 한 단계 더 격상된 새로운 公權力으로 등장하게 된다. 하나의 지역을 넘어서 여러 지역의 세력들에 의해 공인받는 광역의 지배자가 탄생하는 것이다.

19세기 말 엥겔스는 국가(state)가 그전의 원시사회와 다른 특징으로 두 가지를 지적하였다. 하나는 혈연적 결합(씨족제도)의 소멸과 그에 대신한 인민의 지역적 구분이며, 다른 하나는 사회 위에 군림하는 무장한 공권력의 창설이라는 것이다.[49] 이후 엥겔스의 국가론을 계승한 학자들은 마르크스주의의 입장에서 국가를 계급 분화의 과정에서 창출되었으며 지배자의 전제적 권력과 경제적 착취 그리고 사회의 강제적 제도에 의해 유지되는 지배를 위한 기구라고 보았다. 이것이 앞서 언급했던 강제설 또는 갈등설의 패러다임이다.

---

pp. 203-239.
49) 프리드리히 엥겔스, 1991[1884], 『가족 사유재산 국가의 기원』, 아침, 231쪽.

반면 19세기의 사회계약설 및 기능주의의 관점을 계승한 연구자들은, 국가는 사회 진화의 과정에서 적응과 필요에 의해 자연스럽게 등장한 것이며, 인민에게 다양한 이익을 제공하고 그들의 위기를 해결해줌으로써 사회의 통합과 안정을 보장해 주는 생태계의 유기체와 같은 조직이라고 보았다. 이것이 앞서 살펴보았던 기능설 또는 통합설의 패러다임이다.

이 가운데 1970~80년대에 주목받았던 '체계이론(system theory)'[50]에 따르면, 국가 단계에서는 이전의 사회와 다르게 혈연적 유대가 지역적 결속으로 대체되고 사회 전반에 합법적 권력이 관철되는 두 가지 특징적 조건이 나타난다고 한다.[51]

이처럼 1980년대까지의 고대 국가에 대한 패러다임을 정리해 보면 국가의 기준은 크게 두 가지로 압축된다. 첫째는 혈연적 결합의 소멸이며, 둘째는 公權力의 출현이다.

그런데 1980년대 이후 세계 각지의 민족학 연구에서, 국가가 성립된 이후에도 혈연관계가 사회의 기본 단위로 지속되며 혈연조직의 유지 위에서 국가가 형성되는 사례가 여럿 보고되었다.[52] 그러므로 혈연관계의 해소를 국가형성의 조건으로 삼는 것은 더 이상 보편적인 설명이라 할 수 없으며,[53] 그 다음 조건인 공권력의 출현에 초점을 맞

---

50) K. V. Flannery, 1972, "The Cultural Evolution of Civilizations", *Annual Review of Ecology and Systematics*, vol.3, pp.399-426.
51) K. V. Flannery, 1972, ibid., pp.403-404 ; 張光直, 1989, 『商文明』, 민음사, 457쪽.
52) 박대재, 앞의 책, 23쪽 참조.
53) 張光直, 1989, 앞의 책, 458쪽.
李松來, 1989, 「국가의 정의와 고고학적 판단 기준」『한국상고사』, 민음사, 108쪽.
沈載勳, 1989, 「中國 古代國家 形成의 普遍性과 特殊性」『史學志』22, 221쪽.
王震中, 2000, 「中國における古代國家の起源-硏究の回顧と視點」『國學院雜誌』101-10, 36쪽.

취 살펴봐야 할 것이다.

　권력은 국가 이전의 원시사회에서도 다양한 형태로 존재하고 있었다. 인류학에선 원시 祭政一致 사회의 수장을 司祭王(priest-king)의 성격으로 이해하는데,54) 수장의 정치적 기반이 司祭로서의 도덕적 권위 즉 祭祀權에 의존하고 있기 때문이다.

　그런데 인류학적 조사에 의하면 제사장이 다스리는 원시사회에서 외부세력과의 전쟁이 발발하게 되면, 평상시의 세습 수장(제사장)이 아닌 별도의 군사지도자가 선발되어 전투를 지휘하게 된다고 한다.55) 그래서 원시사회 단계는 평상(평화)시의 수장(제사장)과 전쟁시의 수장(군사지도자)이 분리되어 있어, 두 권력 사이에 상호 '대칭성'이 유지되던 사회였다고 한다.56) 즉 원시사회에선 아직까지 제사와 군사의 권한이 한 곳에 집중 독점되지 않았던 것이다.

　반면 일반적으로 왕이라 칭해지는 국가(state) 단계의 최고 권력자는 이전 원시사회의 수장(제사장, 군사지도자)과는 다르게 祭祀權과 軍事權을 함께 독점하게 된다고 한다.57) 국가 단계의 왕은 제사를 통한 도덕적 권위(moral authority)와 군사를 통한 강제적 권력(coercive power)을 동전의 양면처럼 함께 가지고 있는 최고 권력자인 것이다.58)

---

54) 제임스 G. 프레이저, 1983, 『황금의 가지』(상), 을유문화사, 39~41쪽.
55) 루이스 헨리 모건, 2000[1877], 『고대사회』, 문화문고, 170~171쪽, 241~249쪽.
　프리드리히 엥겔스, 1991, 앞의 책, 113~132쪽.
56) 나카자와 신이치, 2003, 『곰에서 왕으로-국가, 그리고 야만의 탄생』, 동아시아, 159~164쪽.
57) 나카자와 신이치, 2003, 앞의 책.
58) K. C. Chang, 1983, *Art, Myth, and Ritual: The Path to Political Authority in Ancient China*, Cambridge: Harvard Univ. Press, p.35. 이 책은 국내에서도 번역되었으나(이철 옮김, 1990, 『신화 미술 제사』, 동문선), 오류가 많으므로 번거롭지만 원서를 직접 참조하기 바란다.

고대 중국 周나라의 君主權에 '天命의 膺受者'로서의 성격(도덕적 신비성)과 '四方의 匍有者'로서의 성격(군사적 권력성)이 중첩되어 있었던 점59)도 왕권의 양면성을 나타내주는 동시에 왕권의 독점성을 시사해주는 것이다.

인류학에서 왕(king)은 국가(state)의 불가결한 전제조건으로 주목되며,60) 왕권의 형성과정은 다른 한편으로 국가의 형성과정이라고 이해되고 있다.61) 이처럼 국가의 형성을 파악하는 데 왕의 존재는 중요한 징표 내지 기준으로 이해되어 왔던 것이다.62)

왕은 民(people)과 사회문화체계의 상징적인 구현체로, 일반적으로 동서양을 막론하고 고대 국가의 정치 형태는 왕권(kingship)에 초점이 맞춰진 왕정(王政)체제였다.63) 따라서 '왕'은 고대 국가를 상징하는 공권력의 결정체이자 국가의 지표라고 볼 수 있을 것이다.

요컨대 祭祀權과 軍事權이 따로 구분되어 '대칭'을 이루던 단계를 국가 이전 원시사회라고 본다면, 제사와 군사의 권한이 한 사람의 권력자 왕에게 집중(독점)된 단계를 국가라고 보면 될 것이다.

---

59) 豊田久, 1980, 「周王權の君主權の構造について-'天命の膺受'者を中心に」 『西周靑銅器とその國家』(松丸道雄 編), 東京大學出版會, 407쪽.
60) 植木武, 1996, 「初期國家の理論」 『國家の形成』, 三一書房, 30쪽.
   G. L. Posshel, 1998, "Sociocultural Complexity Without the State: The Indus Civilization", Archaic States, (eds.) G. M. Feinman and J. Marcus, Santa Fe: School of American Research Press, p.264.
61) 長山泰孝, 1992, 「國家形成史の一視覺」 『古代國家と王權』, 吉川弘文館, 23~40쪽.
   金恩淑, 1993, 「日本 王權의 成立에 관한 諸硏究」 『東亞史上의 王權』(동양사학회 편), 한울아카데미, 213~222쪽.
   寺澤薰, 2000, 「王權の誕生」 『王權誕生』, 講談社, 248~298쪽.
62) 金貞培, 1997, 「초기국가의 성격」 『한국사』 4, 국사편찬위원회, 32~33쪽.
   金瑛河, 2002, 「三國時代 王과 權力構造」 『韓國史學報』 12, 242쪽.
63) 長山泰孝, 1992, 앞의 책, 57~93쪽.
   陳長琦, 2002, 『中國古代國家與政治』, 文物出版社, 17~32쪽.

고대의 왕권은 정치·전쟁, 사회·경제, 문화·종교·신앙 등 다방면에서 복합적인 성격을 가졌던 것으로 설명되어 왔다.[64] 그런데 여러 측면 가운데서도 특히 祭祀權과 軍事權은 고대 왕권의 가장 중요한 요소였다고 이해된다. 제사와 전쟁이 고대 국가에서 가장 중요한 두 가지 國事로 강조되었기 때문이다.[65]

제사와 전쟁의 역할에 대해선 아래의 『左傳』 기록을 통해 분명하게 알 수 있다.

> 1. 나라의 큰일은 제사(祀)와 전쟁(戎)에 있다. 제사에는 執膰의 예가 있고, 전쟁에는 受脤의 예가 있으니 이들은 모두 신을 섬기는 중요한 절차다.[66]

위 기록은 고대 국가의 중대사 중에서 제사와 전쟁만큼 중요한 일이 없음을 지적할 뿐만 아니라, 전쟁과 제사의 동반 관계도 명확하게 언급하고 있다. 장수는 전쟁에 출정하기에 앞서 社稷에 제사를 올리고 그 앞에서 祭肉을 받는 '受脤' 의례를 거행했는데, 수신의 성패가 곧 전쟁의 승패를 좌우한다고 믿었기 때문에 장수는 공경을 다해 의식에 임했다.[67] 여기서 제사가 일종의 出征儀式으로 행해지고 있다는 사실을 확인할 수 있다. 위의 기록은 제사와 전쟁이 고대 국가의 핵심적인 大事라는 점을 분명히 말해 준다.

따라서 고대 국가의 왕은 무엇보다도 제사와 전쟁에 대한 권한을

---

64) 申瀅植, 1984, 「三國時代 王의 性格과 地位」 『韓國古代史의 新硏究』, 일조각.
   金瑛河, 1988, 『三國時代 王의 統治形態 硏究』, 고려대 박사학위논문.
   李基東, 2003, 「新羅 王權 연구의 몇 가지 前提」 『新羅文化』 22.
   金炳坤, 2003, 『신라 왕권 성장사 연구』, 학연문화사.
65) 박대재, 2003, 앞의 책, 54~61쪽.
66) 『左傳』 成公 13年 3月(中華書局, 1989, 四部備要5, 293쪽).
67) 楊伯峻, 1981, 『春秋左傳注』, 中華書局, 860~861쪽. 이 기록은 『漢書』 卷27, 中上 志7 中上 五行에 轉載되어 있는데, 이에 대한 顔師古의 注도 참조할 만하다.

장악하고 있어야 했을 것이다. 일반적으로 국가 단계에 이르면 祭·政이 분리되는 것으로 이해하는데, 제정분리가 곧 왕의 제사권 放棄를 의미하는 것은 아니다. 고대 국가에서 제사권은 항상 최고 권력자(왕 또는 황제)에게 귀속되어 있었다.[68]

아래의 기록과 같이 왕이 직접 제사를 執典하거나, 아니면 왕의 가까운 친족으로 하여금 대신 主祭케 하였던 것이다.

> 2. 제2대 南解王 3년 봄에 始祖赫居世廟를 세우고 四時에 祭祀를 올렸는데, 親妹인 阿老로 主祭를 삼았다.[69]
> 3. 10년 봄 정월에 南郊에서 天地에 祭祀를 올렸는데, 王이 친히 犧牲을 베었다.[70]
> 4. 國城 동쪽에 큰 굴이 있어 神隧(隧神)라고 한다. 해마다 10월에 王이 친히 제사를 지낸다.[71]

위의 기록에서 보듯이 고구려, 백제, 신라의 왕들은 祭祀權을 놓은 것이 아니라 견고히 자기의 수중에 확보하고 있었다. 왕권의 도덕적 기반인 祭天의 권한을 다른 세력에게 양도한다는 것은 왕으로서의 정당성을 포기하는 것이기에, 왕은 祀典제도를 통해 더욱 굳건히 제사를 장악하고자 했던 것이다. 이러한 배경에서 고대의 왕들은 국가 제사의 主祭者로서 '司祭王(priest-king)' 또는 '巫王(shaman-king)'으로서의 측면을 지니고 있었던 것이다.[72]

---

68) 鄭夏賢, 1989, 「皇帝 支配體制의 成立과 展開」 『講座 中國史』 1(中國古代 社會의 研究), 지식산업사.
최광식, 1994, 『고대한국의 국가와 제사』, 한길사.
金子修一, 2001, 『古代中國と皇帝祭祀』, 汲古書院.
나희라, 2003, 『신라의 국가제사』, 지식산업사.
渡邊信一郞, 2003, 『中國古代の王權と天下秩序』, 校倉書房.
69) 『三國史記』 卷32, 雜志1 祭祀.
70) 『三國史記』 卷24, 百濟本紀2 比流王.
71) 『舊唐書』 卷199, 上 列傳149 上 東夷 高麗.

제사를 통해 왕은 자신의 도덕적 권위를 천명하는 한편 최고의 施惠者라는 점을 주위에 알리고자 한다. 왕의 시혜는 제사나 공공의 식사와 같은 재분배 잔치를 통해 베풀어지는데,73) 제사나 잔치 등 儀式이 끝난 후 분배되는 祭物과 下賜品은 왕의 위엄을 전달하는 상징적 선물이며, 동시에 받는 자의 입장에선 자신의 지위를 아랫사람들에게 과시할 수 있는 威勢品(prestige goods)이었다.74)

한편 고대 왕권의 또 다른 한쪽에는 전쟁에 대한 왕의 권한이 있었다. 사실 전쟁은 제사에 앞서 왕의 탄생을 유도했던 일차적인 단서였다. 아래의 『呂氏春秋』 기록을 통해 왕의 탄생이 전쟁과 밀접한 관계가 있었음을 확인해 볼 수 있다.

> 5. 蚩尤의 시대 전부터 인민들은 나무를 깎아 전쟁을 하였는데, 거기서 승리한 사람이 '長'이 되었다. '長'은 잘 다스리기에 아직 부족하기에 '君'을 세우게 되었고, '君' 역시 잘 다스리기에 부족하여 '天子'를 세우게 되었다. 天子는 君으로부터 나왔고, 君은 長으로부터 나왔으며, 長은 戰爭으로부터 나온 것이다.75)

위 기록에서 전쟁의 승리자로 등장한 '長'은 바로 전시의 군사지도자(군사수장)이며, 거기서 한 단계 더 발전한 '君'은 곧 '王'에 해당하

---

72) 井上秀雄, 1978, 『古代朝鮮史序說 – 王者と宗敎』, 寧樂社.
羅喜羅, 1990, 「新羅初期 王의 性格과 祭祀」, 『韓國史論』 23.
徐永大, 1997, 「韓國古代의 宗敎職能者」 『韓國古代史硏究』 12.
張志勳, 1997, 「古代國家의 統治理念에 대한 一考察 – 샤마니즘을 중심으로」, 『韓國史硏究』 98.
73) 퓌스텔 드 쿨랑주, 2000, 『고대도시: 그리스·로마의 신앙, 법, 제도에 대한 연구』, 아카넷, 217~222쪽.
74) S. H. Rudolph, 1987, "Presidential Address: State Formation in Asia-Prolegomenon to a Comparative Study", *The Journal of Asian Studies*, vol.46, pp.734-741.
75) 『呂氏春秋』 卷7, 蕩兵(中華書局, 1989, 四部備要53, 46쪽).

는 존재로 파악된다.76) 위의 기록은 "戰爭 → 長 → 君(王) → 天子"의 발전 과정을 통해 고대의 지배자들이 전쟁으로부터 기원한 것임을 잘 보여주고 있다. 이처럼 왕은 기본적으로 전쟁에서 기원한 군사지도자로부터 발전한 존재다.

전쟁과 왕의 상관관계는 '王'자의 어원을 통해서도 엿볼 수 있다. '王'자의 기원에 대해선 그 동안 많은 해석이 나왔으나,77) 고대에 軍事統帥權을 상징하던 '斧鉞'의 형상에서 유래하였다고 보는 설이 가장 널리 받아들여지고 있다.78) 이에 따르면 왕권은 군사통수권으로부터 기원한 권력이라고 할 수 있으며, 국가는 전쟁을 통해 형성되었다고 볼 수 있다. 이러한 맥락에서 인류학자들은 전쟁을 국가 형성의 주요 동인(prime mover)이라고 보았으며,79) 이를 받아들여 국내 고대사학자들도 전쟁을 고대 국가의 형성을 유도했던 일차적인 요인으로 보았던 것이다.80)

---

76) 李學勤 主編, 1997, 『中國古代文明與國家形成研究』, 昆明 : 雲南人民出版社, 241쪽.
77) 許進雄, 1991, 『중국고대사회-文字와 人類學의 透視』, 東文選, 42~46쪽 참조.
78) 吳其昌, 1936, 「金文名家疏證(一)」 『武大文史哲季刊』 5卷 3期; 林澐, 1965, 「說王」 『考古』 1965年 6期; 李學勤 主編, 1997, 앞의 책, 241~243쪽 참조. 白川靜, 1984, 『字統』, 平凡社, 62쪽.
79) M. H. Fried, 1961, "Warfare, Military organization, and the Evolution of Society", *Anthropologica*, vol.3, pp.134-147.
   R. L. Carneiro, 1970, "A Theory of the Origin of the State", *Science*, vol.169, pp.733-738 ; 1988, "The Circumscription Theory", *American Behavioral Scientist*, vol.31 no.4, pp.497-511.
80) 金貞培, 1977, 「衛滿朝鮮의 國家的 性格」 『史叢』 21·22합 ; 1986, 『韓國古代의 國家起源과 形成』, 고려대 출판부, 24~45쪽.
   金瑛河, 1991, 「新羅의 發展段階와 戰爭」 『韓國古代史研究』 4 ; 1997, 「高句麗의 發展과 戰爭」 『大東文化研究』 32 ; 2002, 『韓國古代社會의 軍事와 政治』, 고려대 민족문화연구원, 102~112쪽.
   Kang, Bong won, 1995, "The Role of Warfare in the formation of the State in Korea: Historical and Archaeological Approaches", a dissertation to the

왕은 전쟁(군사)과 관련한 성격 때문에 그전의 수장에 비해 훨씬 폭력적이고 공격적인 존재로 받아들여지게 된다. 그래서 『韓非子』에선 "왕이란 다른 사람을 공격할 수 있는 능력을 가진 자"(夫王者能攻人者也)[81]라 하였고, 또 『戰國策』에선 "殺生을 결정하는 위세 자체를 왕"(制殺生之威之謂王)[82]이라고 보았던 것이다.

고대 그리스 영웅시대의 바실레우스나 고대 로마의 렉스는 군사지도자가 제사권을 확보해 가는 과정에 있던 과도기의 지배자들로, 근세의 학자들은 이들을 '왕(king)'이라고 번역해 왔으나, 이것은 그들의 실체를 잘못 파악한 것이다.[83] 20세기 인류학의 성과를 참조한다면[84], 바실레우스나 렉스와 같은 과도기의 지배자들은 '왕' 직전의 君長(chief) 단계에 해당한다고 볼 수 있다.

이상의 설명을 종합해 보면, 대외교역권을 둘러싼 지역세력간의 전쟁에서 승리한 군사지도자가 자신의 군사권에 더하여 평상시의 수장(제사장)이 가지고 있던 제사권(도덕적 권위)까지 확보하게 되면 바야흐로 '왕'으로 발전하게 되는 것이며, 그것은 다른 한편에서 '국가'의 형성을 의미하는 것이다.

---

    Univ. of Oregon ; 姜奉遠, 2000, 「고분 분석을 통한 신라 정치 사회 발전 단계의 연구-국가형성시기와 관련하여」『慶州文化研究』 3, 1~22쪽.
    李永植, 1999, 「古代의 戰爭과 國家形成」『韓國古代史研究』 16, 11~58쪽.
81) 『韓非子』 卷19, 五蠹(中華書局, 1989, 四部備要52, 136쪽).
82) 『戰國策』 卷5, 秦3(中華書局, 1989, 四部備要44, 25쪽).
83) 루이스 헨리 모건, 2000, 앞의 책, 287~293쪽, 363~365쪽.
84) E. R. Service, 1962, *Primitive Social Organization: An Evolutionary Perspective*, New York: Random House.
    T. K. Earle, 1997, *How Chiefs come to Power: The Political Economy in Prehistory*, Stanford: Stanford Univ. Press.

# 古朝鮮의 왕과 燕과의 전쟁

## 1. 古朝鮮의 국가형성과 '朝鮮王'

국내에서 古朝鮮[1])이 한국사의 첫 장이라는 데 반론을 제기할 역사학자는 없다. 그러나 외국학계에서는 衛滿朝鮮 이전의 고조선 즉 소위 '檀君朝鮮' 및 '箕子朝鮮'은 '신화시대' 내지 '전설시대'의 범주에서 다루고 있는 실정이다.[2]) 특히 고조선을 역사적 실체로 받아들이는 국내의 시각에 대해 '민족주의' 내지 '국수주의'라고 비판하고 있는데,[3])

---

1) 『三國遺事』의 "古朝鮮－魏滿朝鮮" 체재에 따라 魏[衛]滿朝鮮 이전의 고조선을 가리킨다.
2) 井上秀雄, 1972, 『古代朝鮮』, 東京: 日本放送出版協會, 20～27쪽.
   Ю. М. БУТИН, 1982, ДРЕВНИЙ ЧОСОН (Новосибирск, ИЗДАТЕЛЬСТВО 『НАУКА』);
   유 엠 부찐, 1990, 『고조선: 역사·고고학적 개요』, 소나무, 97～121쪽.
   G. N. Barnes, 2001, *State Formation in Korea: Historical and Archaeological Perspectives*, Richmond: Curzon, pp.9-15.
3) Hyung Il Pai, 2000, *Constructing "Korean" Origin: A Critical Review of Archaeology, Historiography, and Racial Myth in Korean State Formation*

이것은 국내의 최근 연구 성과에 대한 이해 부족에서 비롯된 단순화에 불과하다.

하지만 단군신화를 고조선의 국가형성을 알리는 건국신화로 해석하거나,[4] 또는 중국 內蒙古·遼寧省 지역에서 확인되는 신석기~청동기시대(기원전3000~2000년대) 문화를 모두 고조선 국가 단계의 문화로 파악하는[5] 국내학계의 연구 방법에도 문제의 소지는 있었다.

고조선 다음의 위만조선에 대해서는 문헌사료와 고고학, 인류학의 방법을 종합적으로 이용한 연구가 비교적 구체적으로 진행되어, 위만조선의 정복국가 내지 교역에 기반한 고대국가로서의 면모가 소개된 바 있다.[6] 현재 위만조선을 본격적인 국가(state) 단계로 보는 데는 대부분의 국내외 연구자들이 共鳴하고 있다.

그러나 위만조선 이전 고조선의 발전단계 즉 국가 형성 여부에 대해선, 외국학계는 국가 이전 단계로 보는 반면 국내에서는 몇 가지로 시각이 갈라져 있는 실정이다. 즉 고조선 시기에 이미 국가 단계에 도달했다고 보는 쪽[7]과, 위만조선에 이르러야 본격적인 국가 단계라고 할 수 있다는 입장[8]이 맞서고 있는 것이다.[9]

---

  *Theories*, Cambridge: Harvard Univ. Asia Center.
4) 李基白, 1988,「古朝鮮의 國家形成」『韓國史市民講座』2, 일조각.
  李鍾旭, 1993,『古朝鮮史硏究』, 일조각.
5) 한창균, 1992,「고조선의 성립배경과 발전단계 시론」『國史館論叢』33.
  尹乃鉉, 1994,『古朝鮮硏究』, 일지사.
6) 金貞培, 1977,「衛滿朝鮮의 國家的 性格」『史叢』21·22합(姜晋哲敎授華甲紀念韓國史學論叢), 57~73쪽.
  崔夢龍, 1983,「韓國古代國家形成에 대한 一考察: 衛滿朝鮮의 例」『金哲埈博士華甲紀念史學論叢』, 61~77쪽.
7) 金貞培, 1986,『韓國古代의 國家起源과 形成』, 고려대 출판부 ; 1997,「고조선의 국가형성」『한국사』4, 국사편찬위원회, 92~96쪽.
  千寬宇, 1989,『古朝鮮史·三韓史硏究』, 일조각, 15~16쪽.
  徐榮洙, 1999,「古朝鮮의 對外關係와 疆域의 變動」『東洋學』29, 93~118쪽.
8) 崔盛洛, 1992,「鐵器文化를 통해 본 古朝鮮」『國史館論叢』33, 41~71쪽.

제2장 古朝鮮의 왕과 燕과의 전쟁  47

현재 국내학계의 고조선 연구에선 '城邑國家'[10] 내지 '邑落國家'[11]라는 용어를 거리낌 없이 자주 사용하고 있는 것을 본다. '성읍국가'는 본디 서양의 '都市國家' 개념을 염두에 둔 용어인데, 일단 도시국가의 개념을 적용하기 위해선 도시화(urbanism)의 흔적, 인구의 집중, 경제적 중심지로서 도시의 대외활동 등을 보여주는 자료가 뒷받침되어야 한다.

그리고 내용상으로는 '성읍국가'나 '읍락국가'는 집권체제가 갖춰진 본격적인 국가(고대국가)의 이전 단계라고 설명하면서도, '국가'라는 표현을 덧붙여 사용하는 바람에 국가형성을 논할 때 혼란을 초래할 소지가 있다. 그래서 어떤 연구자들은 '성읍국가'·'읍락국가'의 국가 용어에 주목하여 그때부터 국가라고 받아들이는가 하면, 다른 한편에서는 '성읍국가'나 '읍락국가'의 실제 정치 수준이 아직 본격적인 집권체제의 성립에 도달하지 못했다는 점을 고려하여 본격적인 국가(state) 이전 단계라고 파악하는 것이다.

최근 중국에서는 기원전 4세기 이후 古朝鮮이 중국의 '屬民' 내지 '屬國'이었다고 주장하고 있다. 고조선의 정치발전단계를 독립적 정치체제를 갖춘 '국가' 수준으로 파악하지 않는 것이다. 중국의 논지를 극명하게 보여주는 대표적인 글을 제시해 보면 다음과 같다.

> 戰國 시기 燕國의 직접통치구역은 眞番·朝鮮 민족의 활동지역까지 이르렀으며, 아울러 그들에 대해 官吏를 두거나 障塞를 쌓는 방법으로

---

崔夢龍, 1997,「衛滿朝鮮」『韓國古代國家形成論』(崔夢龍·崔盛洛 편저), 서울대 출판부, 208쪽.
9) 한편 古朝鮮에서 衛滿朝鮮으로 넘어가는 과도기부터 '국가' 단계로 보는 시각도 있다.(宋鎬晸, 2003,『한국 고대사 속의 고조선사』, 푸른역사, 392~404쪽)
10) 李基白, 1988, 앞의 논문.
11) 金廷鶴, 1990,「古朝鮮의 起源과 國家形成」『韓國上古史研究』, 범우사, 158~171쪽.

효과적인 관리를 실시하기도 하였다. 당시 眞番과 朝鮮은 燕境 동부지구에서 활동하던 邊境民族이었다. 眞番에 대해서는 史書의 기록이 매우 적고 그 구체적 정황에 아직 많은 의문이 남아 있지만, 朝鮮만큼은 箕子가 封해졌던 그 朝鮮이 분명하다. (중략) 箕子朝鮮과 燕國의 투쟁은 이미 戰國 시기 이전부터 시작되었으나, 마침내는 燕國이 將軍 秦開를 보내 朝鮮을 패퇴시킴으로써 그 통치구역이 滿潘汗까지 확대되고 長城을 쌓아 지키니 朝鮮과 眞番은 燕國의 屬民이 되기에 이르렀다. 秦朝가 燕國을 멸하고 전국을 통일한 후에도 燕國 시기의 강역을 계승하여 燕長城과 북부의 새로이 수축한 長城 인접 지역까지 하나로 아울렀으며, 朝鮮과 眞番은 예전처럼 長城 밖의 屬國에 속하게 되었으니, 이 때문에 『史記』 律書의 "朝鮮自全秦時內屬爲臣子"란 기록이 있게 된 것이다.12)

위에 따르자면 고조선은 中國 戰國時代 燕國의 '屬民'이다가 秦帝國의 '屬國'이 되었다는 것이다. 이러한 중국의 고조선사 인식은 中國社會科學院 邊疆史地硏究中心에서 2002년부터 본격적으로 진행하고 있는 이른바 '東北工程'의 일환으로, 학술적 목적보다 정치적 고려를 앞세운 잘못된 역사 이해다. 동북공정에서 고조선을 중국의 屬民 내지 屬國으로 보는 입장의 기본적 오류를 지적하면 아래와 같다.

첫째, 현재 중국을 제외한 기타 외국학계에서 모두 부정하고 있는 '箕子朝鮮受封說'을 역사적 사실로 받아들이고 있는 오류다.

둘째, 사료에 나타난 '屬'의 의미를 중국 중심에서 주관적으로 확대 해석하는 오류다.

셋째, 戰國時代 燕의 동쪽에 분포하던 朝鮮을 정치적 단위(국가)가 아닌 민족적 단위(변경민족)로 파악하는 오류다.

첫 번째 문제인 기자조선의 비역사성은 기왕의 연구를 통해 충분히 밝혀졌기 때문에 새삼 재론할 필요가 없을 것이다.13)

---

12) 馬大正・李大龍・耿鐵華・權赫秀, 2003, 『古代中國高句麗歷史續論』, 北京: 中國社會科學出版社, 83쪽.
13) 金貞培, 1984, 「古朝鮮의 再認識」 『韓國史論』 14, 국사편찬위원회.

두 번째 '屬'의 해석은 고조선과 고대 중국의 관계를 파악하는 데 중요한 단서가 되는 문제이므로 구체적으로 짚고 넘어가야 할 것이다.

중국학계에서는 '屬' 또는 '內屬'을 '中國에의 編入'이라는 의미로 해석하고 있으나, 그 실제 의미는 이민족 집단이 개체성을 보존한 채 中國에 從屬(事大)하는 형식을 뜻하는 것이다.[14] 즉 주변국과의 외교관계를 중국의 관점에서 주관적으로 표현한 것에 불과하며, 주변 세력이 개체성을 상실하고 중국의 郡縣制 안으로 편제된 것은 아니다.

또한『三國志』東夷傳의 시대까지 東夷는 樂浪·帶方과 같은 邊郡 - 邊境의 郡을 매개로 하여 배후의 중국 중앙정권에 '屬'하는 외교 형식을 취했다.[15] 中國과 東夷 사이의 의례적인 책봉관계조차 중앙정부에서 직접 관할하지 못하고 변방의 郡을 통해 간접적으로 이루어지고 있었던 것이다. 그러므로 邊郡의 정세가 불안해지면 그나마 유지하던 의례적 책봉관계마저도 어려워져 끊어지게 되었다.

『史記』匈奴列傳에 따르면 燕의 전성기인 昭王 시기(기원전 311~279년)에 동쪽으로 영토를 확장하고 그 변방에 遼東郡을 설치하였다고 한다. 따라서 만약 고조선이 燕에 속하였다면 그것은 遼東郡을 매개로 한 형태였을 것이다.

현재 학계에는 燕의 遼東郡에 대해 사실상 郡縣지배가 이루어지지 못했다고 보는 쪽[16]과 郡縣制가 시행되었다고 보는 쪽[17]으로 시각차가 있다. 그러나 昭王 이후 燕의 내정이 혼란에 빠지게 된 점이나 『漢書』地理志에 遼東郡이 燕이 아니라 秦에 의해 설치되었다고 한 기록

---

李道學, 2002,「古朝鮮史의 몇 가지 문제에 관한 재검토」『東國史學』37.
14) 權五重, 1992,『樂浪郡研究 - 中國 古代邊郡에 대한 事例的 檢討』, 일조각, 130~142쪽.
15) 西嶋定生, 1999,「'倭韓これに屬す'の解」『倭國の出現 - 東アジア世界のなかの日本』, 東京: 東京大學出版會, 155~159쪽.
16) 徐榮洙, 1988,「古朝鮮의 위치와 강역」『韓國史市民講座』2, 41쪽.
17) 金南中, 2002,「燕·秦의 遼東統治의 限界와 古朝鮮의 遼東 回復」『白山學報』62, 47~61쪽.

등을 미루어 보아, 燕代의 遼東郡은 사실상 地目만 있던 존재로 邊郡의 역할을 다하지 못했다고 보아야 할 것이다. 따라서 戰國時代 燕이 遼東郡을 통해 고조선을 '屬民'으로 관리하였다는 것은 현실적으로 불가능해 보인다.

다음으로 秦나라 때의 상황을 살펴보면, 秦王(始皇帝)은 기원전 226년 燕을 대대적으로 공략하여 燕太子의 군대를 몰살시키고 수도인 薊城을 함락시키게 된다. 그런데 당시 燕王 喜는 遼東으로 도주하여 그 곳을 수습하고 다스리다가, 4년 뒤인 기원전 222년 遼東을 공격한 秦의 군대에 의해 포로가 되었고 이로써 국가로서의 燕은 역사에서 종말을 고하게 된다.[18]

秦代의 遼東郡 지역에선 재지세력이 발호하여 遼東國·燕國 등의 지방정권이 세워져,[19] 사실상 중원의 통치력이 미치지 못하는 처지였다. 따라서 秦이 요동군을 통해 조선을 제어할 수 없던 상황이었다.

3세기 중엽에 편찬된 『魏略』[20]에 따르면 조선이 秦의 공격을 두려워하여 전략상 복속한 척 했으나 朝會하지는 않았다고 하였다.[21] 이 기록은 요동의 지방정권 때문에 진과 고조선의 관계가 격절되어 있던 사정을 시사해 주기도 한다. 그러므로 秦代에 고조선이 중국의 '屬國'이었다는 주장 역시 역사적 사실과 부합하지 않는다고 보아야 할 것

---

18) 『史記』 卷6, 秦始皇本紀.
19) 權五重, 1995, 「前漢時代의 遼東郡」『人文研究』 29, 영남대.
20) 『魏略』은 三國時代 魏(220~265)의 魚豢이 편찬한 기전체 사서로 陳壽가 『三國志』 魏志를 편찬할 당시 가장 많이 이용한 자료로 알려져 있다. 『魏略』 原書는 현재 전해지지 않으며 南朝 劉宋의 裵松之(372~451)가 『三國志』에 注를 달면서 인용한 逸文, 660년경 唐의 張楚金이 편찬한 『翰苑』의 注에 인용된 逸文, 北宋 초의 『太平御覽』에 실린 逸文 등만이 전해 내려오고 있다. 淸의 王仁俊(1866~1914)이 그동안 알려지지 않은 逸文 몇 편을 모아 『玉函山房輯佚書補編』에 실어 넣었고, 1920년대에 이르러 臺灣의 張鵬一이 『三國志』와 『太平御覽』의 逸文을 모아 『魏略輯本』 단행본으로 내기도 하였다.
21) 『三國志』 卷30, 東夷傳 韓 所引 魏略.

이다. 『魏略』에 기록된 것처럼 정식으로 入朝하지도 않던 나라를 어떻게 '屬國'이라고 볼 수 있겠는가.

戰國末~漢初 중국 중앙정부의 지배력은 각 지방지역까지 미치지 못하였던 관계로, 鄕村社會는 任俠的 기질을 소유한 재지세력 즉 '豪傑'들에 의해 통제되고 있는 실정이었다.[22] 이런 상황에서 朝鮮과 같은 邊郡 밖의 이방 세력을 '屬民'이나 '屬國'으로 편입시킨다는 것은 사실상 불가능하다.

다음으로 중국 측 주장의 마지막 문제는 고조선의 성격을 개체성을 가진 독립적 정치체인 '국가' 단위가 아니라 중국 변방의 부용적인 '민족' 단위로 폄하한다는 것이다. 이러한 중국 측의 주장은 고조선의 국가적 정체성을 부인하는 것이다. 그러나 고조선의 국가적 정체성은 기원전 4세기 후반에 등장한 '朝鮮王'의 존재를 통해 분명히 확인할 수 있다.

중국의 戰國時代에 들어서면 齊와 魏가 會盟하고 王號를 서로 칭한 역사적 사건(기원전 334년) 이후, 大國의 稱王이 확산되면서 기원전 323년에는 燕·韓·中山 등이 王號를 칭하기에 이른다.[23]

그런데 아래의『魏略』기록에 따르면, 고조선도 이 무렵인 기원전 4세기 후반에 王號를 칭하였던 것으로 확인된다.

옛날 箕子의 후예인 朝鮮侯는 周나라가 쇠약해지자 燕나라가 스스로 높여 王이라 칭하고 동쪽으로 침략하려는 것을 보고, 朝鮮侯도 역시 스스로 王이라 칭하고 군사를 일으켜 燕나라를 맞아 공격하여 周 王室

---

22) 鄭夏賢, 1997,「戰國末-漢初의 鄕村社會와 豪傑」『古代中國의 理解』3 (서울대 동양사학연구실 편), 지식산업사, 157~201쪽.

23) 『史記』의 戰國 紀年은 秦本紀, 各國世家, 六國年表 등 각편에서 서로 다르게 나와 있어 혼란을 준다. 그래서『竹書紀年』,『世本』, 出土文字資料(簡牘, 帛書) 등 여타 사료와 對校를 통해 철저히 고증해 보아야만 한다. 이 책의 戰國時代 연대는 특별한 주기가 없는 한 "藤田勝久, 1997,『史記戰國史料の硏究』, 東京: 東京大學出版會"에 의한 것임을 밝혀둔다.

을 높이고자 하였는데, 그 大夫 禮가 諫하므로 중지하였고, 禮를 서쪽으로 보내 燕나라를 설득하게 하니, 燕나라도 멈추고 침공하지 않았다.[24]

위 기록은 燕이 王을 칭한 기원전 323년(燕易王 10년) 무렵 고조선이 燕과 정치·군사적 갈등을 보이고 있다는 사실을 통하여 당시 고조선의 수준을 대강 짐작하게 한다. 즉 고조선이 燕과 대등하게 王號를 취하고 있으며 '大夫'의 존재가 나타나고 있는 점이나, 燕과의 전쟁도 불사하는 외교적 강경 조치를 강구하는 것으로 보아 이 시기 고조선의 세력이 燕에 비견하는 수준이었음을 알 수 있다.[25]

당시 고조선이 연을 공격할 만한 군사 준비를 가지고 있었다는 사실을 미루어 보면, 고조선의 왕은 기원전 4세기 후반에 그 아래에 일정한 규모의 군대를 소유하고 있었다는 사실을 알 수 있다. 그런데 이 왕을 국가 이전의 전쟁지도자(군사수장)로 해석하기는 곤란하다. 왜냐하면 왕의 밑에 '大夫'라는 官이 별도로 존재하고 있었기 때문이다.

大夫라는 官名을 중국의 입장에서 漢譯하였다고 보더라도, 고조선의 官으로서 중국의 大夫와 동등한 조직이 존재하였다는 것은 인정해야 한다. 260년대에 편찬된 『魏略』에서 고조선의 大夫를 先秦時代의 大夫 개념으로 썼는지 혹은 秦漢代의 大夫 개념으로 썼는지 불명확하다.

기존에 고조선의 大夫에 대해선 왕의 제후적 존재로서 그 나름대로의 통치영역을 가지고 있었던 周代 封建制의 大夫와 같은 존재로 파악하거나,[26] 또는 秦漢代 大夫의 개념으로 관료제하의 관직으로 보기도 했다.[27]

그러나 고조선의 大夫를 중국의 어느 시기 大夫에 비교하건 왕의

---

24) 『三國志』 卷30, 東夷傳 韓 所引 魏略.
25) 金貞培, 1997, 앞의 논문, 93쪽.
26) 李鍾旭, 1993, 앞의 책, 151쪽.
27) 리지린, 1963, 『고조선연구』 평양: 과학원출판사, 365쪽.

諫官28) 및 使者로 나오는 것만은 분명하다. 따라서 大夫라고 표현된 별도의 官까지 두고 있었던 왕을 국가 이전의 군사수장 수준으로 보기는 곤란한 것이다.
 이어서 『魏略』은 고조선의 王位가 이후 否王-準王으로 계승되었다는 것을 계속 기록하고 있다.

 그 뒤에 자손이 점점 교만하고 포학해지자, 燕나라는 장군 秦開를 파견하여 서쪽 지방을 침공하고 2천여 리의 땅을 빼앗아 滿番汗에 이르는 지역을 경계로 삼았다. 마침내 朝鮮의 세력은 약화되었다. 秦나라가 천하를 통일한 뒤 蒙恬을 시켜서 長城을 쌓게 하여 遼東까지 이르렀다. 이 때 朝鮮王 否가 즉위하였는데, 秦나라의 습격을 두려워하여 정략상 秦나라에 屬하였으나 朝會에는 나가지 않았다. 否가 죽고 그 아들 準이 즉위하였다.29)

 이상 『魏略』의 기록에 따르면 고조선에는 기원전 323년 이후 적어도 3명 이상의 朝鮮王이 계승한 것이며,30) 특히 否王과 準王은 부자관계임을 명시하여 왕위의 부자상속체계가 이루어졌음을 알려주고 있다.
 그런데 『魏略』보다 약간 뒤인 280년대에 편찬된 陳壽의 『三國志』에는 고조선의 稱王 시기가 다르게 기록되어 있어 문제가 된다.

 그 후 40여 世 지나 朝鮮侯 準이 참람되게 王을 칭하였다.31)

---

28) 前漢에서 처음으로 '諫大夫'라고 하는 專職 諫官을 두었고, 後漢에서는 '諫議大夫'라 하였으며, 그 기원은 『周禮』 地官의 '保氏'와 연결된다고 한다[祝恩斌, 1992, 「中國 古代의 皇權問題에 관하여」 『中國의 歷史와 文化』 (朴元熇 편), 고려대 출판부, 195~196쪽].
29) 『三國志』 卷30, 東夷傳 韓 所引 魏略.
30) 古朝鮮과 燕이 전쟁을 할 뻔한 시기의 朝鮮侯(王)를 否王으로 보는 입장이 있으나(盧泰敦, 2000, 「衛滿朝鮮의 政治構造: 官名 분석으로 중심으로」 『단군과 고조선사』, 사계절, 106쪽), 사료 문맥상 朝鮮侯(王)와 否王을 동일 인물로 해석하기는 불가능하다.
31) 『三國志』 卷30, 東夷傳 濊.

侯準이 王을 僭稱한 뒤 燕에서 망명한 衛滿의 공격을 받아 왕위를 빼앗기고 좌우의 宮人을 이끌고 바다로 달아나 韓地에 머물면서 스스로 韓王이라 하였다.[32]

『三國志』에 따르면 고조선의 마지막 왕 準은 처음에 侯였다가 衛滿이 망명하던 기원전 195년 직전 무렵에 王을 함부로 칭했다는 것이다. 『魏略』의 稱王 시기인 기원전 323년과 비교하면 대략 100년 이상 뒤진 것이다.

현재까지 두 사료의 차이를 검토한 연구가 아직 없는데, 고조선의 발전단계에 대한 기존의 논쟁은 바로 이러한 두 사료의 차이에서 기인한다고 보인다.

『魏略』이『三國志』東夷傳의 底本이 된 사료라는 것은 널리 알려진 사실이지만,[33] 사실 둘 사이에는 적지 않은 기록상의 차이와 모순이 존재한다.[34] 그래서『三國志』東夷傳의 또 다른 底本으로 王沈의『魏書』내지 魏政府의 기록 등 다른 재료가 거론되어 왔던 것이다.[35]

그러나『三國志』의 기록대로 고조선의 마지막 準王 때에 처음 稱王했다고 보기에는 몇 가지 어려운 점이 있다. 일단 準王은 망명세력이었던 衛滿에게 쉽게 함락될 정도로 세력이 상당히 약화된 상태였다. 準王이 망명자 집단인 衛滿세력에게 서쪽 변경의 수비를 위임했다는 것은 자신감의 표현이라고 보일 수도 있으나, 결국은 衛滿에게 속수

---

32)『三國志』卷30, 東夷傳 韓.
33) 高柄翊, 1960,「中國正史의 外國列傳: 朝鮮傳을 중심으로」『大東文化研究』2 ; 1970,『東亞交涉史의 研究』, 서울대 출판부.
　　全海宗, 1980,『東夷傳의 文獻的 研究: 魏略・三國志・後漢書 東夷關係 記事의 檢討』, 일조각.
34) 尹龍九, 1998,「3세기 이전 中國史書에 나타난 韓國古代史像」『韓國古代史研究』14.
　　박대재, 2002,「『三國志』韓傳의 辰王에 대한 재인식」『韓國古代史研究』26.
35) 山尾幸久, 1972,『魏志倭人傳』, 東京: 講談社.
　　角林文雄, 1983,『倭と韓』, 東京: 學生社.

무책으로 당한 것을 보면 準王의 군사적 기반이 취약한 상황이었다고 보아야 할 것이다.36)

또한 위만조선 직전에 準이 처음 王號를 僭稱했다면, 司馬遷이 그것을 위만조선의 성립과정과 관련하여『史記』에 특기할 만한데 그에 대한 기록이 보이지 않는다.『史記』에는 "(衛)滿이 燕에서 동쪽으로 망명하여 空地에 머물면서 주변의 眞番·朝鮮의 주민과 燕·齊의 망명자들을 복속시켜 王이 되었다"고 기록하는 데 그친다.37)

이러한 사실은 準王 당시에 고조선 세력이 이미 쇠퇴하여 주목할 만한 세력이 아니었음을 시사해준다. 따라서 고조선 말기의 쇠퇴기인 準王 때에 王號가 처음 등장했다고 보기는 곤란할 것 같다.

기원전 4세기 후반에 齊·燕 등 戰國時代 大國의 稱王은 단순한 호칭의 변경만은 아니고 각 제후가 국내체제 안정 및 국력신장을 확보함으로써 명실상부한 領域國家의 전제군주로서 권위와 권력을 과시하고 더 나아가 王天下의 열망을 표출한 결과라고 이해된다.38)

이와 마찬가지로 고조선이 기원전 4세기말 燕과 대결하는 과정에서 王號을 칭했던 것도 명실상부한 영역국가의 군주로서 그 권위와 권력을 드러낸 결과라고 볼 수 있을 것이다.

한국사의 초기 정치체들을 기록한 중국 문헌들은 각 정치체의 지도자에 대해 王, 侯, 君長(渠帥) 등으로 칭호를 구분해 쓰고 있다. 이러한 호칭의 구분이 절대적 기준이라고 볼 수는 없지만, 정치발전의 과정을 추적하는 데 하나의 실마리를 제공해 준다.39)

---

36) 金南中, 2003,「衛滿朝鮮의 地域別 住民構成과 統治方式」, 제75회 한국고대사학회 정기발표회 발표요지.
37)『史記』卷115, 列傳55 朝鮮.
38) 李春植, 1986,『中國 古代史의 展開』, 신서원, 149쪽.
　　李成九, 1989,「春秋戰國時代의 國家와 社會」『講座 中國史(Ⅰ): 古代文明과 帝國의 成立』, 지식산업사, 134~135쪽.
39) 金貞培, 1997,「초기국가의 성격」『한국사』4, 국사편찬위원회, 32~33쪽.

기원전 4세기말 朝鮮侯 → 朝鮮王의 변화는 중국과 대결 과정에서 성장하는 고조선의 정치적 역량을 시사하는 좋은 자료이다. 특히 국내사서가 아닌 중국사서에서 기원전 4세기말 朝鮮王이 등장한 이래 王號가 否王-準王으로 세습되었다고 한 것은 당시 고조선의 역량이 국가 수준의 정치적 성장을 이루었음을 객관적으로 보여주는 것이다.

요컨대 기원전 4세기말은 고조선이 영역국가인 燕王國을 공격할 정도로 정치·군사적 실력이 발전한 시기로써, 당시의 朝鮮王을 군사통수권자로서의 國王(king)에 상정해도 무리가 없는 시기라고 판단된다. 他者의 사료에서 王號의 사용이 객관적으로 확인되거니와, 뒤에서 살펴보겠지만 戰國七雄의 하나로 强國이었던 燕王國을 공격한 고조선의 수준은 정복국가로서의 면모까지도 보여주는 것이다.

기존 연구에선 고조선의 국가적 성격에 대해 부정적이거나 아니면 다소 소극적인 입장을 보여 왔으나, 이상의 검토를 미루어 보아 기원전 4세기말 이후 고조선은 본격적인 국가 단계로 발전하였다고 파악해도 무방할 것이다.

기존의 연구에서도 "고조선이 王號를 사용한 기원전 4세기경에 이르면 이미 중국식 관료제가 어느 정도 도입된 것 같으며, 이후 중국의 통일제국과 각축하였던 점으로 보아, 이 시대를 집권적 영역국가 시대라 불러도 좋을 것이며, 大古朝鮮時代라 할 수도 있을 것이다"라고 파악한 시각이 있었다.[40]

필자는 조선왕의 등장이라는 획기적인 사건보다도 그 지위가 否王-準王에게 세습되는 지속 과정에 초점을 맞추어 보고 싶다. 기원전 4세기말 고조선은 燕과의 경쟁 속에서 조선왕의 등장이라는 정치적 변화를 겪은 다음 곧이어 그 지위를 세습시키며 공권력이 확립하는 단계로 발전하게 된다. 따라서 기원전 4세기말 조선왕의 등장 후 그 세습이 성립되어 가던 시기는 바로 고조선의 국가형성 시기라고 할 수 있

---

40) 徐榮洙, 1988, 앞의 논문, 39쪽.

을 것이다.[41]

　이처럼 3세기 중엽의 중국 기록인 『魏略』에서 확인되듯이 '朝鮮王'은 中國의 册封王이 아니라 스스로 王號를 쓴 自立王이 분명하거니와, 燕王과 대등한 관계에서 상호 각축(전쟁)하던 독립적인 국왕이라는 사실을 유념해야 한다. 기원전 4세기말 등장하는 '朝鮮王'이 바로 고조선의 독립적인 '국가'로서의 면모를 단적으로 보여주는 증거인 것이다.
　따라서 고대 중국 사서에서 기원전 4세기말에서 위만조선에 이르기까지 '朝鮮王'의 실체가 지속적으로 확인되는 사실을 무시하고, 고조선이 燕의 屬民 내지 秦의 屬國이었다고 주장하는 중국의 입장은 비역사적인 태도라고 하지 않을 수 없다.

## 2. 朝鮮과 燕·齊의 상호관계

　앞서 살펴보았듯이 3세기 중엽에 편찬된 魚豢의 『魏略』에 의하면, 古朝鮮은 기원전 323년 무렵에 燕의 침략 계획에 대해 스스로 '왕호'를 칭하면서 전쟁도 불사하는 강경 조치로 대응한다. 당시 고조선의

---

41) 기존 연구에서 기원전 4세기말 이전 고조선의 수준을 '聯盟王國'이나 '聯盟體' 단계로 이해하는 시각을 자주 발견할 수 있다.(李基白, 1988, 앞의 논문, 17쪽 ; 徐榮洙, 1988, 앞의 논문, 39쪽 ; 宋鎬晸, 2003, 앞의 책, 282쪽) 그러나 연맹왕국이라는 용어는 일단 王의 등장을 전제로 해야 하는 개념이라는 데 문제가 있다고 할 수 있다. 또한 연맹이라는 용어는 부족사회나 국가의 개념처럼 정치발전의 단계나 수준을 가리키는 것이 아니라, 대등한 정치체간의 상호관계를 설명하는 개념이라는 점에서 문제가 있다고 보인다. 연맹은 여러 부족사회 사이에서 존재할 수도 있으며, 여러 국가 사이에서도 존재할 수 있는 집단간의 상호관계이다. 즉 연맹은 통시적인 정치발전과정의 한 단계를 설명하기에는 부적합한 개념이라고 할 수 있다. 현재로선 현대 인류학의 연구성과를 감안하여 국가 이전 단계를 君長社會(chiefdom) 정도로 보아두는 것이 가장 무난하다고 생각하며, 고조선의 군장사회 단계에 대해선 향후 별도의 글을 통해 살펴보고자 한다.

정치·군사적 역량이 연을 압도하고 있었던 것이다. 이러한 사실을 통해 당시 고조선의 정치적 수준이 '왕'(king)을 중심으로 한 독자적 정치체로서 '國家'(state)의 면모를 갖추고 있었음을 확인할 수 있다.[42]

그런데『魏略』에 의하면 그로부터 불과 50년이 지나지 않은 기원전 280년대 후반에 이르러 고조선이 燕의 將帥 秦開의 침공을 받고 서방 2,000여 리의 땅을 빼앗기게 된다고 한다.

기존의 연구들에서는『魏略』에 보이는 燕將 秦開의 침공에 주목하여, 이 때 고조선의 영토가 상당부분 잠식되고 이에 따라 고조선의 중심지도 동쪽으로 이동하게 된다고 파악하였다.[43] 기원전 280년대 후반에 있었던 燕의 침공을 고조선의 국운이 결정적으로 타격을 받고 쇠약하게 되는 중요한 계기로 이해했던 것이다.

朝鮮이 왕호를 칭하면서 국가적 성장을 이루었던 기원전 323년부터 燕의 침공에 의해 국운에 큰 타격을 받았던 기원전 280년대 후반 사이에 과연 어떤 일이 있었던 것일까? 이처럼 50년이 안 되는 사이에 고조선사의 흐름에 커다란 변화가 일어난 원인은 무엇일까?

기존의 연구에서는 이 시기 고조선사의 추이에 대한 검토가 거의 이루어지지 못했다. 고조선에 대한 통사적 연구[44]가 적지 않음에도 불구하고, 아직까지 고조선사 연구는 초기의 단군조선과 말기의 위만

---

42) 박대재, 2005,「古朝鮮의 '王'과 國家形成」『北方史論叢』 7.
43) 申采浩, 1925,「前後三韓考」『朝鮮史硏究草』; 1995『改訂版 丹齋申采浩全集』(中), 형설출판사.
　　李丙燾, 1976,『韓國古代史硏究』, 博英社.
　　徐榮洙, 1988, 앞의 논문.
　　盧泰敦, 1990,「고조선 중심지의 변천에 대한 연구」『韓國史論』23 ; 2000『단군과 고조선사』, 사계절.
44) 리지린, 1963,『고조선 연구』, 과학출판사.
　　유 엠 부찐, 1990,『고조선-역사·고고학적 개요』, 소나무.
　　李鍾旭, 1993,『古朝鮮史硏究』, 一潮閣.
　　윤내현, 1994,『고조선연구』, 一志社.
　　宋鎬晸, 2003,『한국 고대사 속의 고조선사』, 푸른역사.

조선에 집중되어 있으며 대부분의 그 중간 시기에 대해서는 심도 있는 연구가 이루어지지 못하고 있다.

그나마 그 가운데 기원전 280년대에 고조선이 연의 침공을 받고 세력이 대폭 위축되는 상황에 대해서는 앞서 본 바와 같은 몇몇 연구가 비교적 축적되어 있는 형편이다. 그러나 이들 연구에서조차 기원전 280년대 이전의 과정 즉 고조선이 국가적 성장을 이루었던 기원전 4세기 후반 이후의 추이에 대해서는 거의 다루어지지 못했다.

이러한 기존 연구의 한계는 그동안 이용했던 사료가 주로『史記』朝鮮列傳과『魏略』에 국한되었기 때문이었다. 그런데 기원전 1세기 후반에 편찬된 桓寬의『鹽鐵論』과 3세기 후반에 편찬된 張華의『博物志』에 의하면, 朝鮮이 燕의 동쪽지역을 침공했다고 하는 기록이 확인된다.『史記』朝鮮列傳과『魏略』에서는 확인되지 않던 기록으로 고조선사를 복원하는 데 아주 귀중한 사료라고 할 수 있다.

한편『戰國策』燕策 및『史記』燕召公世家에 의하면, 기원전 4세기 후반~기원전 3세기 전반 燕의 정세에 가장 큰 변수로 작용한 것은 산동지역에 위치해 있었던 齊와의 전쟁이었다.[45] 燕과 朝鮮이 '왕'을 칭하고 국가로서의 면모를 대외적으로 과시한 것도 齊의 '稱王'에서 영향을 받은 것이었으며, 燕將 秦開가 朝鮮을 침공하기 바로 직전에도 燕은 秦·趙 등과 연합하여 齊의 수도 臨淄를 공격하여 함락시키기도 하였다. 이처럼 여러 기록들에 의하면 고조선의 역사적 추이에 燕과 함께 齊의 정세까지 긴밀하게 맞물려 있음을 확인할 수 있다.

지리적으로 燕은 齊의 북쪽과 朝鮮의 서쪽에 위치해 있으면서 齊와 朝鮮 사이의 중간지대에 해당하게 된다. 한편 산동지역에 위치하고 있던 齊는 春秋時代 이래 요동반도와 산동반도를 연결하는 廟島列島를 이용해 朝鮮과 활발한 교역 활동을 전개해 왔다.[46]

---

45) 裵眞永, 2003,「燕昭王의 政策과 '巨燕'의 成立」『中國史硏究』25, 1~35쪽.
46) 박준형, 2004,「古朝鮮의 대외 교역과 그 의미-春秋 齊와의 교역을 중심

齊와 朝鮮은 두 반도를 연결하는 열도의 해상교통로를 통해 육로상의 중간지대인 연을 경유하지 않고도 상호 직접 교류할 수 있었던 것이다. 고고학 자료를 통해 확인되듯이 요동반도와 산동반도(膠東半島) 사이의 廟島列島를 통한 해상교류는 이미 청동기시대 초기부터 이루어지고 있었다.[47]

이처럼 燕은 2국과 서로 영역을 접하고 중간에 끼어 있는데다가 齊와 朝鮮이 해상을 통해 상호 교류하는 관계에 있었기 때문에 지정학적으로 양국의 협공을 받을 가능성이 높았다.

기원전 4세기 후반~기원전 3세기 전반 고조선의 역사적 추이를 다각적으로 살펴보기 위해서는 燕뿐만 아니라 당시 燕의 가장 큰 적대국이자 동시에 朝鮮에게는 해상을 통한 주요 교류국이었던 齊의 존재를 염두에 둘 필요가 있다. 이 글에서는 기원전 4세기 후반~기원전 3세기 전반 고조선사의 추이와 관련하여, 燕과의 관계에만 초점을 맞춰왔던 기존 연구의 시각에서 벗어나 齊와의 관계까지 종합적으로 살펴보고자 한다.

渤海灣을 중심으로 인접하여 위치하고 있었던 朝鮮-燕-齊 3국의 상호관계에 대해 '대등한 정치체(peer polity)간의 상호작용(interaction)'[48] 이라는 관점에서 접근해 보고자 하는 것이다. 이러한 고찰 과정을 통해 그동안 밝혀지지 못했던 기원전 4세기 후반~기원전 3세기 전반

---

으로-」『北方史論叢』2, 63~93쪽.
47) 李淸圭, 2003,「韓中交流에 대한 考古學的 접근」『韓國古代史硏究』32, 105~107쪽.
48) "대등한 정치체간의 상호작용(peer polity interaction)"은 '지리적으로 상호 인접해 있으면서 정치적으로 자립해 있는 사회적-정치적 단위체들(autonomous socio-political units) 사이에서 일어나는 모방, 경쟁, 전쟁, 교역 등의 제반 상호교류(interchange)'를 의미한다.[C. Renfrew, 1986, "Introduction : peer polity interaction and socio-political change", *Peer Polity Interaction and Socio- political Change*, (eds.) C. Renfrew and J. F. Cherry, Cambridge: Cambridge Univ. Press, p.1]

고조선사의 추이가 조금이나마 드러날 수 있을 것이라 기대하며, 아울러 이를 통해 기원전 280년대 후반 燕將 秦開의 침공에 의해 고조선사의 흐름에 커다란 변화가 발생하게 되는 역사적 맥락 내지 국제적 환경을 이해할 수 있을 것이다.

 기원전 453년 중국의 산서성·하북성·하남성 일대의 중원을 차지하고 있던 晉이 韓·趙·魏로 3분되면서 이른바 '戰國時代'가 열리게 된다. 이 '三晉' 가운데 중부와 서부(대개 지금의 산서성 남부, 하남성 동북부, 섬서성의 동북부)를 차지하고 있던 魏가 땅이 제일 넓었고 국세도 제일 강하여 晉의 정통을 자처하고 있었다. 魏의 개국군주인 文侯 (403~377 B.C.)는 新法典을 제정하고 稅法을 개정하여 국세를 크게 일으켰는데, 이러한 魏의 부강은 武侯(399~371 B.C.)를 거쳐 惠王(370~319 B.C.)의 초년까지 지속되었다.

 그러다가 기원전 379년에 呂氏를 몰아내고 새롭게 정권을 잡은 田氏의 齊가 威王(355~320 B.C.) 때에 이르러 국세가 점차 강해지고, 또 기원전 354년에는 서쪽의 秦이 魏를 공격하면서 齊와 秦이 東西에서 魏를 압박해 왔다. 그러나 魏 惠王은 秦과 齊의 성장에 대해 충분히 주의하지 않고 2晉의 통일에만 국력을 기울였다. 기원전 354년에 魏가 趙를 공격할 때 齊가 출병하여 趙를 구원하고 魏軍을 격파하였으며, 기원전 341년에도 魏가 韓을 공격하자 齊는 또 韓을 후원하여 魏軍을 크게 물리쳤다. 魏는 이 두 차례의 패전으로 인해 그 세력이 크게 쇠퇴하였다. 급기야 기원전 334년에 魏 惠王과 齊 威王이 徐州(지금의 山東 登縣 일대)에서 회합하고 피차 '王'으로 존칭하기로 하면서, 이후 魏는 동방의 패주 자리를 齊에게 넘겨주게 되었다. 이제 戰國의 패권은 동쪽의 齊와 서쪽의 秦이 양분하게 되었던 것이다.[49]

---

49) 傅樂成, 1981, 『(增訂新版)中國通史』(上), 宇鍾社, 69~70쪽.
 李春植, 1986, 『中國 古代史의 展開』, 신서원, 127~130쪽.
 中國 戰國時代에 관한 史料의 紀年에는 많은 착오와 혼란이 착종되어 있

『史記』燕召公世家의 太史公 讚에 밝혀져 있듯이, 燕은 북쪽으로는 '蠻貉'에게 막혀 있고 중국 내부(서・남쪽)로는 齊와 晉에 의해 交錯되어 있어 세력을 뻗어나가기가 어려운 형세였다.50)

특히 기원전 4세기 후반이 되면서 齊가 魏를 대신해 동방의 패자로 부상하면서 燕이 남쪽으로 팽창하는 것은 사실상 어려웠다. 그래서 앞서 보았듯이 燕 易王은 기원전 323년 왕호를 표방하면서 상대적으로 약세였던 동북쪽의 만맥 즉 '朝鮮'을 선택했던 것으로 추정된다.

燕의 북쪽에 있었다고 한 '貉(貊)'은 朝鮮을 가리키는 것으로 이해할 수 있다. 貊은 그동안 많은 연구를 통해 밝혀졌듯이 先秦시대부터 중국 동북지방에 분포하던 고대 종족으로 친연관계에 있던 濊와 함께 고조선 주민의 근간을 이루고 있었다.51) 그래서 先秦 사료에서 濊와 貊이 자주 붙어서 나오고 또 朝鮮과 連稱되어 '濊(穢)貊朝鮮'이라는 표현으로 자주 거론되기도 하였다. 이는 모두 濊・貊族이 고조선 주민의 근간이었다는 사실과 관련이 있다고 할 수 있다.

燕과 朝鮮이 함께 稱王했던 기원전 323년 무렵까지는 아직 燕과 齊 사이에 직접적인 군사 충돌이 없었던 시기였다. 기원전 323년 무렵 燕이 朝鮮을 공격하려는 계획을 세울 수 있었던 것도 당시 齊와 燕 사이의 직접적인 군사 충돌이 없는 소강상태였기 때문에 가능했던 것이다. 燕이 먼저 朝鮮에 대한 공격을 계획함에 따라 朝鮮과 燕 사이에 한동안 긴장이 고조되고 있었다. 그러나 燕의 침공 계획이 朝鮮에서 보낸 大夫 禮의 유세에 의해 중지됨에 따라 燕과 朝鮮 사이에도 소강

---

어서 철저한 고증을 필요로 한다. 이 글에서는 전국시대 사료의 기년에 대해 아래의 두 考證에 의거했다.
藤田勝久, 1997, 『史記戰國史料の硏究』, 東京大學出版會.
楊寬, 2002, 『戰國史料編年輯證』, 臺灣商務印書館.
50) 『史記』 卷34, 燕召公世家 太史公曰 "燕北迫蠻貉 內措齊晉 崎嶇彊國之間 最爲弱小 幾滅者數矣".
51) 金貞培, 1986, 『韓國古代의 國家起源과 形成』, 고려대 출판부, 4~24쪽.

상태의 평화가 유지될 수 있었다.

이러한 齊-燕-朝鮮 사이의 소강상태가 깨지게 된 것은 이로부터 10년 뒤에 燕에서 일어났던 '子之의 亂'(B.C.314)을 빌미로 齊가 燕에 군사적으로 개입 침공하면서부터다. 그런데 齊가 燕을 침공했던 그 무렵에 朝鮮도 燕에 대해 군사 행동을 단행한 것으로 추정되어 3국의 상호 관계를 이해하는 데 좋은 단서를 제공해준다. 이에 대해서는 절을 달리하여 살펴보기로 하자.

## 3. 齊와 朝鮮의 燕 침공

『史記』燕召公世家 및 『戰國策』燕策에 의하면, 燕 易王 즉위년(332 B.C.)에 齊가 燕의 國喪을 틈타 공격해 와 10개의 城을 취한 것으로 기록되어 있다. 그러자 燕은 合從策으로 유명한 蘇秦을 齊에 유세 보내 빼앗겼던 10성을 회복하게 되었다고 한다.

> 易王이 처음 즉위하였을 때 齊 宣王이 燕의 喪을 이용해 공격해와 10城을 취하였다. 蘇秦을 齊에 遊說하게 하여 燕의 10城을 다시 돌려주게 하였다.[52]

> 易王이 즉위하자 齊 宣王이 燕의 喪을 이용해 공격해와 10城을 취하였다. 武安君 蘇秦이 燕을 위해 齊王에게 遊說하였다. (중략) 齊王이 크게 기뻐하며 燕의 城을 돌려주었다.[53]

위의 기록에 따라 기존 연구에서는 齊의 燕 침공이 燕 易王 즉위년 (332 B.C.)에 있었던 것처럼 이해되기도 했다.

그러나 『史記』와 『戰國策』에 보이는 蘇秦의 활동 기록에는 紀年上

---

52) 『史記』 卷34, 燕召公世家.
53) 『戰國策』 卷29, 燕策1.

의 착오가 많음을 유념해야 한다. 『史記』와 『戰國策』에는 蘇秦이 燕 文公과 易王 때에 활약한 것처럼 기록되어 있으나 이는 잘못된 것으로, 1973년 長沙 馬王堆에서 출토된 漢墓 帛書 『戰國縱橫家書』를 통해 볼 때 蘇秦의 활동 시기는 기원전 312년에서 284년까지로 대체로 燕 昭王(311~279 B.C.) 시기에 해당한다고 한다.54)

사실 그동안 蘇秦의 활동상이나 그 시기를 둘러싸고는 학계에 많은 논란이 있어 왔다.55) 최근 蘇秦의 사망연대가 『史記』의 기록처럼 기원전 317년경이 아니라 기원전 280년대 중엽으로 새롭게 파악되게 된 것도 이러한 논의의 연장선이라고 할 수 있다. 燕 易王 때는 齊와 燕 사이에 특별한 전쟁이 없었던 소강상태의 시기였다.56) 따라서 蘇秦이 燕에서 활동하던 시기에 일어났다고 했던 齊의 燕 침공도 易王 때가 아니라 후대의 사실이 소급된 것이라고 보아야 한다.

齊가 燕의 10성을 공취했던 사건은 燕王 噲 7년(314 B.C.)에 있었던 '子之의 亂'과 관련이 있는 것으로 추정된다.57) 子之의 난은 燕國 최대의 정치 사건으로 燕王 噲가 國君의 지위를 相인 子之에게 선양한 사건에서 발단한 것으로, 子之의 전횡에 대항해 太子 平이 子之를 제거하려다 실패하고 그 여파로 太子 平이 사망하기에 이른다. 이 때 齊 宣王58)이 맹자의 권유를 받아들여 연을 침공하여 쉽게 대승을 거두는

---

54) 陳平, 1995, 『燕事紀事編年會按』, 北京大學出版社, 320~321쪽.
55) 李成珪, 1984, 「蘇秦(?~286 B.C?) 活動의 재검토─『史記』재평가를 위한 一試論」 『歷史와 人間의 對應』(高柄翊先生回甲紀念史學論叢), 한울, 239~277쪽.
56) 楊寬, 2002, 앞의 책, 441~485쪽 참조.
57) 裵眞永, 2003, 앞의 논문, 8쪽. 그러나 앞의 논문에서는 '子之의 난'이 일어난 시기를 '기원전 326년'(위의 논문, 3쪽)이라고 잘못 보았다. '燕國大亂'이라고도 하는 '子之의 亂'을 틈타 齊가 燕을 침공한 시기는 燕 噲王 7년, 齊 宣王 6년인 '기원전 314년'에 해당한다.(藤田勝久, 1997, 앞의 책, 456쪽)
58) 『史記』 燕世家와 齊世家에는 齊가 燕을 침공했을 때가 齊의 '湣王' 10년으로 잘못 기록되어 있는데, 秦·趙의 紀年과 비교해 수정한 계보에 의하면 齊 '宣王' 6년 때의 일이다.(藤田勝久, 1997, 앞의 책, 449쪽 ; 楊寬, 2002,

데 그 때 燕王 噲마저 사망하게 된다. 齊가 燕의 國喪을 틈타 침공한 것은 바로 子之의 난 직후 燕이 大亂에 빠져 있던 시기였다.

기원전 314년에 있었던 子之의 난과 그로 인한 燕의 대혼란, 그리고 그 틈을 탄 齊의 침공과 燕王 噲의 사망 등으로 燕은 거의 멸망 상태에 이르게 되었다.『史記』燕世家에 의하면 燕에 王이 없는 극심한 혼란 상태가 그 후 2년간 지속되었다고 하는데, 바로 이 무렵에 朝鮮이 燕의 동쪽 땅을 침공했던 것으로 추정되는 기록이 있다.

> 옛날에는 四夷가 모두 강하여 노략질을 일삼고 포악했는데, 朝鮮은 변경을 넘어 燕의 동쪽 땅을 겁탈하였다.[59]
> 箕子는 朝鮮에 거처하였는데, 그 후손이 燕을 공격하였다.[60]

위의 기록은 각각 前漢 宣帝(B.C.74~49) 때 桓寬이 편찬한『鹽鐵論』과, 西晉 때 張華(232~300년)가 편찬한『博物志』에서 확인되는 것이다. 이 기록들은 그 동안 크게 주목받지 못한 사료인데, 여기에 따르면 언제인가 朝鮮이 燕을 공격한 사실이 있다는 것이다.

위의 "그(箕子) 후손"이라는 기록으로 보아 기원전 11세기 이후부터 燕이 秦에게 패망하는 기원전 222년 이전 사이의 시기일 것이다. 그 가운데 春秋時代의 燕은 지리적으로 북동쪽의 山戎과 인접하여 서로 적대하고 있었기 때문에[61] 그 넘어 동쪽의 朝鮮과 군사적으로 직접 부닥칠 기회가 없었을 것이다.

그리고 만약 춘추시대 이전에 朝鮮이 燕을 침공하였다면 '朝鮮'에 대한 가장 빠른 기록인『管子』이전의『尙書』『詩經』등에서 이미 기록이 나타났을 것이다. 기원전 1세기에 편찬된 책에 이르러서야 그 기록

---

앞의 책, 538쪽)
59)『鹽鐵論』卷7, 備胡 "往者四夷俱强 幷爲寇虐 朝鮮逾徼 劫燕之東地".
60)『博物志』卷8, "箕子居朝鮮 其後伐燕".
61) 宋鎬晸, 2003, 앞의 책, 78~96쪽 참조.

이 비로소 발견된다는 것은 그 시기가 그로부터 그리 멀지 않다는 것을 시사해준다. 이런 정황을 미루어 보면 朝鮮이 燕의 동쪽 땅을 공격했던 시기는 대략 戰國時代에 해당한다고 좁혀볼 수 있을 것이다.

『史記』朝鮮列傳 서두에서 '燕의 전성기로부터 조선을 略屬했다'[62]는 기록이나 또 『魏略』에서 '燕將 秦開의 침공으로 조선이 마침내 약해졌다'[63]라고 한 기록을 보면 朝鮮의 燕 침공은 朝鮮이 燕의 공격을 받고 약화되기 전 시기에 있었다고 보아야 할 것이다.

일반적으로 燕의 전성기는 昭王(B.C.311~279) 시기로 이해되며, 燕將 秦開가 朝鮮을 침공한 시기도 昭王 말년인 기원전 282~280년 직후로 추정되고 있다.[64]

따라서 朝鮮이 燕을 공격한 시기는 燕將 秦開가 조선을 침공한 기원전 282~280년 직후보다는 앞선다고 보아야 한다. 그리고 燕 易王(B.C.332~321) 때에는 앞서 살펴보았듯이 齊-燕-朝鮮 3국이 대체로 소강상태의 평화를 유지하던 시기로 추정된다. 결국 朝鮮이 燕을 공격하였던 시기는 기원전 310년대~기원전 280년대의 30년간 사이로 좁혀지게 되는 것이다.

기원전 310~280년대 중 燕이 가장 쇠약해졌던 시점은, 앞서 보았듯이 燕의 太子와 왕이 전란으로 비명횡사하고 나라가 거의 멸망 지경에 이르렀던 기원전 314~312년 사이였다. 燕의 유민들은 기원전 311년에 이르러서야 趙의 도움으로 公子 職을 새로운 왕으로 추대하였는데 이가 바로 燕의 중흥을 이룩한 昭王이다.

기원전 314년~312년 사이 燕은 무정부상태의 혼란기로 齊를 견제한 趙의 원조로 간신히 先祖祭祀만 유지하고 있었던 형편이었다. 朝鮮의 燕에 대한 침공은 바로 이 누란지세의 대혼란기에 단행되었을

---

62) 『史記』 卷115, 列傳55 朝鮮.
63) 『三國志』 卷30, 東夷傳 韓 所引 魏略.
64) 裵眞永, 2003, 앞의 논문, 20쪽.

가능성이 가장 높다고 추정된다. 결과적으로 朝鮮이 燕의 동쪽을 침공한 것은 齊가 燕을 대파하여 큰 혼란에 빠진 시기를 이용한 전략적인 군사 행동이었다고 할 수 있다.

朝鮮과 齊는 지리적으로 직접 경계를 접하고 있지 않기 때문에 군사적으로 충돌할 계기가 많지 않았다. 오히려 朝鮮과 齊는 춘추시대인 기원전 7세기부터 요동반도와 산동반도 사이의 廟島列島를 경유하는 해상교통로를 이용해 朝鮮의 文皮, 齊의 보배조개[紫貝]와 같은 특산품을 상호 교역하던 우호관계를 유지하고 있었다.[65]

朝鮮에서 산동지역의 齊로 가는 교통로는 발해만 연안을 따라가는 연안 육로와, 요동반도에서 시작되는 廟島列島를 따라 산동반도를 거쳐 齊의 수도 臨淄로 가는 해상로가 있었다.[66] 이 가운데 발해만의 연안 육로는 燕의 지역을 경유해야 한다는 부담이 있었다. 그래서 燕과 朝鮮이 군사적으로 충돌하거나 대립하던 시기에는 이용하기가 불가능했다. 그리고 시간적으로도 廟島列島를 지나는 해상로가 훨씬 효과적인 측면을 가지고 있었다. 그렇다보니 齊와 朝鮮 사이의 교역은 주로 요동반도와 산동반도를 연결하는 廟島列島를 이용하였을 것으로 이해되고 있다.[67]

賈耽(730~805)의 『道里記』 登州海行入高麗渤海道조[68]에도 나오는 廟島列島를 이용하는 해상로는 山東의 登州(지금의 蓬萊)에서 출발하여 大謝島(長山島)-龜歆島(砣磯島)-末島(廟島)-烏湖島(隍城島)의 열도를 지나 요동반도 남단의 馬石山(지금의 旅順 老鐵山)에 이르는 길이었다.[69] 기원전 109년 한 무제가 위만조선을 공격할 때에도 樓船將

---

65) 박준형, 2004, 앞의 논문, 63~93쪽.
66) 王綿厚・李健才, 1990, 『東北古代交通』, 瀋陽出版社, 6~20쪽.
67) 李道學, 1997, 「古代國家의 成長과 交通路」 『國史館論叢』 74, 144~145쪽.
68) 『新唐書』 卷43下, 地理志 第33下 入四夷之路與關戍走集 登州海行入高麗渤海道 "登州東北海行 過大謝島 龜歆島 末島 烏湖島 三百里 北渡烏湖海 至馬石山東之都里鎭 二百里".

軍 楊僕을 齊로부터 배를 타고 渤海를 건너게 하였다는 기록이 있는데,[70] 이 때 양복이 이용했던 해상로도 齊에서 출발하여 廟島列島를 경유 渤海를 건너가는 길이었을 것이다.

이처럼 朝鮮과 齊는 燕의 지역인 발해만 연안 내륙을 지나가는 육로를 경유하지 않고도 요동반도와 산동반도를 연결하는 해상로를 통해 왕래하고 있었다. 齊와 朝鮮의 입장에서는 양국이 서로 국경을 직접 접하고 있지 않았고, 또 중간의 燕을 배후에서 서로 견제할 수도 있다는 지정학적 이점 등으로 인해 비교적 우호 관계를 유지하기 쉬운 상황이었다. 기원전 314년 燕의 대혼란을 틈타 齊와 朝鮮이 거의 비슷한 시기에 燕을 남쪽과 동쪽에서 각각 침공한 것도 바로 이러한 양국의 친연관계와 궤를 같이 하는 것으로 보인다.

『戰國策』燕策 서두에 蘇秦이 燕 文侯에게 유세하는 말의 첫머리에 "燕의 동쪽에 朝鮮・遼東이 있고, 북쪽으로는 林胡・樓煩이 있고, 서쪽으로는 雲中・九原이 있고, 남쪽으로는 呼沱・易水가 있다"[71]라고 하는 대목이 나온다.

이 기록은 燕 文公(B.C.361~333)의 시기 즉 기원전 4세기 중엽 고조선의 영역 내지 중심지 위치와 관련하여 그동안 많은 관심을 받아 왔다. 그동안 이 부분의 기록에 대해서 '朝鮮의 遼東'이라고 보는 견해와 '朝鮮과 遼東'이라고 보는 견해가 제기되었으며, 그에 따라 조선의 영역이 서쪽으로 요동을 한계로 했는지 아니면 요동 서쪽 즉 요서지역까지 진출한 것인지를 두고 논쟁이 전개되어 왔다.

그런데 蘇秦의 유세에서 燕의 북쪽, 남쪽, 서쪽 등 다른 지역의 상황을 설명할 때 모두 병렬적인 관계의 지명이나 종족명을 드는 것으

---

69) 박준형, 2006, 「古朝鮮의 海上交易路와 萊夷」『北方史論叢』10, 177~178쪽.
70) 『史記』卷115, 列傳 55 朝鮮.
71) 『戰國策』卷29, 燕策1 "蘇秦將爲從北說燕文侯曰 燕東有朝鮮遼東 北有林胡 樓煩 西有雲中九原 南有呼沱易水".

로 보아 '조선의 요동'이라는 해석은 아무래도 무리가 있는 듯하다. 결국 '조선과 요동'이라고 병렬적으로 해석하는 것이 순조로울 듯한데, 그렇다면 요동에 앞서 조선을 먼저 기록한 것을 근거로 조선이 연에 더 가까운 요서지역에 있었다는 것을 시사해주는 것이라고 이해할 수 있을까? 일단 위의 기록만을 가지고 朝鮮이 遼西지역까지 진출했다는 주장하기는 불충분할 것 같다.

그러나 앞서 살펴보았듯이 蘇秦의 유세에 나오는 지리 설명이 燕 文公이 아니라 昭王 즉위 초기의 상황을 전하는 것이라고 바로잡아 본다면 다른 각도에서 생각해 볼 수도 있을 것이다.

蘇秦이 合從說을 유세한 대상은 燕 文侯(文公)가 아니라 사실은 燕 昭王(B.C.311~279)이라는 점에 대해서는 앞서 살펴보았다. 蘇秦이 燕 昭王에게 합종을 유세하기 시작한 시기는 즉위 초기부터였다. 따라서 『戰國策』 燕策의 제일 첫머리에서 蘇秦이 燕이 처해 있는 국제 정세에 대해 이야기하고 있는 상황은 燕 昭王 즉위 초기의 상황을 설명하는 것이라고 볼 수 있다.

燕 昭王의 즉위 초기는 그 직전의 대혼란기(B.C.314~312)를 수습하기 시작하는 시기였다. 이 때 蘇秦은 燕 昭王에게 "연의 동쪽에 朝鮮과 遼東이 있다"라는 표현으로 당시 주변 정세를 밝힌 것이다. 昭王 즉위 초기 燕 동쪽 정세에 대한 蘇秦의 표현을 앞서 보았던 대혼란기에 朝鮮이 燕의 동쪽을 침공했던 사실과 연결시켜 보면 다음과 같은 결론을 이끌어 낼 수 있다.

즉 燕의 대혼란기에 朝鮮이 遼河를 넘어 燕의 동쪽 遼西지역을 침공하여 점거하게 되었으며, 이 변화를 계기로 蘇秦이 昭王 즉위 초기에 燕의 동쪽 정세에 대해 '朝鮮(遼西)과 遼東'이라는 식으로 설명하게 되었던 것이다.

『戰國策』 燕策의 첫머리에 나오는 蘇秦의 유세 내용을 이와 같이 이해한다면, 『鹽鐵論』에 전하는 朝鮮의 燕 동쪽지역에 대한 침공은 燕

昭王의 즉위 초기에서 가까운 기원전 314~312년의 대혼란기에 단행되었을 가능성이 더욱 높아지게 된다.

朝鮮이 燕의 동쪽을 침공했던 시기는 朝鮮에게는 판도가 팽창하는 전성기에 해당하게 된다. 결국 燕의 대혼란기였던 기원전 314~312년 무렵은 기원전 323년 '稱王'을 하면서 국가적 성장을 이루었던 朝鮮이 領域國家로서의 면모를 드러낸 시점이라고 말할 수 있을 것이다.

## 4. 燕의 팽창과 朝鮮의 약화

기원전 311년 거의 멸망과 다름없는 상황에서 즉위한 燕 昭王은 정국을 수습하고자 다방면으로 노력하였다. 이를 실현하기 위해 昭王은 특히 變法 수행을 통한 정치 개혁, 경제 부강과 중원 각국으로부터 齊國을 고립시켜 나가는 것을 가장 큰 목표로 삼았다.

昭王의 궁극적 목표 중 하나는 선왕을 사망케 한 齊에 대한 복수였다. 이를 위해 昭王은 蘇秦을 齊에 보내 反間 작업을 벌이게 한다. 燕을 위해 齊에서 유세하였던 蘇秦의 임무는 크게 두 가지로 압축되는데, 첫째, 燕을 위해 齊가 子之의 난을 틈타 뺏은 燕의 10성을 돌려받는 것. 둘째, 合從抗秦으로 齊王에게 유세하여 齊王을 마비시키고 燕에 대하여 친근감을 갖게 할 것, 蘇秦의 合從策을 통해 齊로 하여금 燕에 대한 경계와 적대의 태도를 버리게 하고 그 사이 燕은 齊에게 설욕할 국력의 기반을 닦는다는 전략이었다.[72]

이처럼 燕 昭王의 초기는 切齒腐心하며 齊에 대한 복수를 위해 부국강병에 전력하던 시기였다. 결국 燕 昭王은 즉위 28년째가 되는 기원전 284년이 되면 드디어 부국강병의 목적을 달성하게 된다.[73] 여러

---

72) 裵眞永, 2003, 앞의 논문, 4~8쪽.
73) 『史記』卷34, 燕召公世家 "昭王二十八年 燕國殷富 士卒樂輕戰".

사적에서 지적 했듯이 燕 昭王이 부국강병을 추진했던 궁극적 목표는 선왕을 죽음에 이르게 했던 齊에 대한 보복이었다.74) 燕 昭王이 蘇秦의 합종책을 통해 이루려고 했던 것도 사실은 秦에 대항하기 위한 것이 아니라 齊에 대한 견제를 의미하는 것이었다.

이에 蘇秦은 반간 작전의 일환으로 齊王을 충동질하여 宋을 3차례나 공격하게 하였고, 이것으로 계기로 秦·韓·趙·魏·燕 5국75)이 공동 출병하여 齊를 합공하는 성과를 이끌어내는 데 성공한다. 燕 昭王 28년 즉 기원전 284년에 上將軍 樂毅가 이끄는 燕軍은 秦·韓·趙·魏의 군사와 더불어 齊를 정벌하였다. 그 결과 연합군은 齊의 수도 臨淄를 공격하여 함락시키는 큰 성과를 거두게 된다. 다음 해 齊 湣王은 신하에게 시해되고, 齊의 70여 성도 함락되어 卽墨·莒·聊을 제외한 齊의 전역이 燕國의 수하에 들어가게 되었다.76)

이로써 燕 昭王은 마침내 30년 묵은 원한을 설욕하게 되었고 燕은 전성기를 구가하게 된다. 비록 昭王 사후에 惠王과 樂毅 사이의 갈등과 이를 교묘하게 이용한 齊軍의 제기에 의해 齊는 復國하게 되지만, 그 후 齊는 결정적으로 국력이 고갈되어 秦의 공격을 막아내지 못할 정도로 약화되었다.

결과적으로 燕 昭王의 정책에서 비롯된 5국의 齊에 대한 합동 공격은 秦이 중원을 통일하는 데 가장 큰 장애물이었던 동방의 패자 齊를 결정적으로 약화시키게 되었고 이를 계기로 결국에는 秦이 전국을 통

---

74) 『史記』 卷80, 樂毅列傳 "燕昭王怨齊 未嘗一日而忘報齊也".
75) 『史記』 齊世家와 燕世家에는 기원전 284년에 齊를 합공했던 국으로 秦·韓·趙·魏·燕·楚 등 6국이 거론되어 있다. 그러나 여기서의 '楚'는 衍字로 판단되며『戰國策』 齊策 등의 기록에 의하면 당시 楚는 반대로 齊를 구원하였던 것으로 추정된다.(楊寬, 2002, 앞의 책, 824쪽)
76) 『戰國策』 卷30, 燕策2 "昌國君樂毅爲燕昭王合五國之兵以攻齊 下七十餘城 盡郡縣之爲屬燕 三城未下".
『史記』 卷34, 燕召公世家 "昭王二十八年 于是遂以樂毅爲上將軍 與秦楚三晉合謀以伐齊 齊兵敗 (중략) 齊城之不下者 獨有聊莒卽墨 其餘皆屬燕".

일하게 되었다.77) 이처럼 기원전 284~283년에 있었던 燕의 '伐齊'는 戰國의 판도에 커다란 변화를 가져왔다.

기원전 284~283년 齊에 대한 정벌 성공을 발판으로 燕은 곧이어 北伐을 단행하게 된다. 燕將 秦開에 의해 단행된 東胡 북벌의 결과 5郡이 새롭게 설치되고, 그에 따라 燕은 전례 없는 영토의 확장을 이루게 된다. 다음은 燕의 북벌과정을 전해주는 기록이다.

> 그 후 연나라에 秦開라는 현명한 장수가 있었는데 胡에 인질이 되어 두터운 신임을 받았다. 돌아와 東胡를 습격하여 물리치니 東胡가 1,000여 리를 퇴각하였다. 荊軻와 함께 秦王을 칼로 찔렀던 秦舞陽이 바로 진개의 손자다. 연나라 또한 장성을 쌓아 造陽으로부터 襄平에 이르렀는데, 上谷·漁陽·右北平·遼西·遼東郡을 설치하여 胡를 방어하였다.78)

위의 『史記』 匈奴列傳 기록에 의하면, 秦開가 東胡를 1,000여 리 퇴각시킴에 따라 燕은 造陽으로부터 襄平에 이르는 지역까지 영역을 확장하고 그 경계에 長城을 축조하게 된다. 그리고 새롭게 확장된 지역에 上谷郡 이하 5군을 설치하였다는 것이다. 燕 長城의 서쪽 끝인 造陽은 上谷郡의 군치인 懷來縣에 비정되며, 동쪽 끝인 襄平은 遼東郡의 군치인 지금의 遼陽 일대로 추정되고 있다. 서-동으로 길게 늘어선 燕 長城의 남쪽 지역이 바로 신설된 5군의 포괄지역이었다.

최근 內蒙古 지역인 昭烏達盟에서 발견된 3줄의 각각 다른 시기의 赤北, 赤南, 老虎山 장성은 漢代 이전 燕~秦 시대의 장성 유적 중의 하나로 밝혀졌다.79) 『史記』 匈奴列傳에 보이는 '造陽에서 襄平까지' 축조된 燕 長城은 이 가운데 赤峰 남부지역을 가로지르는 赤南 長城

---

77) 傅樂成, 1981, 앞의 책, 70~71쪽.
78) 『史記』 卷110, 列傳50 匈奴.
79) 項春松, 1981, 「昭烏達盟燕秦長城遺址調査報告」 『中國長城遺蹟調査報告集』, 文物出版社, 17쪽.

에 해당한다고 한다.[80]

현재 발견되는 장성의 방향이 서에서 동으로 가로지르고 있는 것으로 보아 이 장성은 분명히 북쪽에서 내려오는 세력을 막기 위한 방어시설이었다. 東胡는 원래 내몽고 西喇木倫河(Shilamulen) 유역(赤峰 일대)을 중심으로 그 서쪽의 匈奴와 각축을 벌이다가, 기원전 3세기 말 匈奴 單于 冒頓에게 크게 패하여 일부는 匈奴에 흡수되고 나머지 유민의 대부분은 烏桓(丸)과 鮮卑로 분화된 유목민 종족이었다.[81]

東胡를 북쪽 유목지대로 퇴각시킨 燕은 곧이어 동쪽으로 눈을 돌려 朝鮮을 공격하게 된다. 燕이 東胡에 이어 朝鮮을 공격하는 연속 과정이 기원전 1세기 중엽에 편찬된 『鹽鐵論』에 다음과 같이 기록되어 있다.

> 燕이 東胡를 공격하여 쫓아 천리 땅을 개척하고, 遼東으로 건너가 朝鮮을 공격하였다.[82]

위 기록에 의하면 燕은 東胡를 먼저 치고, 그 여세를 몰아 遼東지역으로 건너가 朝鮮까지 공격하였다는 것이다. 그런데 燕의 朝鮮에 대한 침공 기록은 3세기 중엽에 편찬된 『魏略』에 이르면 더 구체적인 내용으로 보완되게 된다.

> 그 뒤 (조선의) 자손이 점점 교만하고 포학해지자, 燕이 장군 秦開를 보내 그 서쪽 지방을 침공하여 2천여 리의 땅을 빼앗고 滿番汗에 이르

---

80) 裵眞永, 2005, 「燕國의 五郡 설치와 그 의미 — 戰國時代 東北아시아의 勢力關係 —」 『中國史硏究』 36, 4쪽.
81) 孫進己, 1989, 『東北民族源流』, 黑龍江人民出版社, 29~34쪽.
82) 『鹽鐵論』 卷8, 伐功, "燕襲走東胡 辟地千里 度遼東而攻朝鮮". 여기서 '度'를 遼河를 건너다는 의미로 보아 요동으로 들어간 것으로 볼 것인가 아니면 遼東을 넘어 지나간 것으로 볼 것인가를 놓고 해석상의 시각 차이가 있다. 여기서는 "(요하를 건너) 요동으로 건너가 조선을 공격하였다"고 보는 견해(張博泉, 1985, 『東北地方史稿』, 吉林大學出版社, 42~45쪽 ; 노태돈, 2000, 앞의 책, 85쪽)를 따랐다. 그 이유에 대해서는 뒤에서 설명하겠다.

러 경계로 삼았다. 마침내 朝鮮이 쇠약하게 되었다.[83]

위 기록에 의하면 燕이 將帥 秦開를 보내 고조선 서쪽의 2천여 리를 빼앗았다는 것이다. 『鹽鐵論』의 기록보다 장수의 이름과 공격한 지역 범위 및 새롭게 정해진 경계까지 나오고 있어 당시의 전황을 이해하는 데 많은 도움을 주고 있다.

秦開는 燕의 전성기였던 昭王 말년에 활약했던 인물로 앞서 東胡를 정벌하기도 했던 장수다. 秦開가 東胡와 朝鮮을 침공한 시기는 燕 昭王이 齊 침공을 완료한 기원전 283년 직후 기원전 282~280년 무렵으로 추정되고 있다.[84]

燕將 秦開의 고조선 서쪽 땅 2,000여 리 침공에 의해 '滿番汗'이 두 나라 사이의 새로운 경계가 되었다. 과거에는 '滿番汗'의 위치에 대해 평안북도 박천군의 박천강과 청천강 일대로 보는 것이 일반적이었다.[85] 그래서 燕將 秦開의 침공으로 인해 고조선은 燕에게 요동으로부터 청천강에 이르는 서쪽 땅을 크게 상실하고 청천강 이남 지역으로 위축하게 되었다고 보았던 것이다.

이러한 과거 시각의 중요한 근거는 청천강을 경계로 그 북쪽 지역까지만 燕의 화폐인 明刀錢의 출토 빈도가 높다는 사실이었다. 그러나 요동지역~한반도 서북지역에서 발견되는 明刀錢 출토 유적은 중원지역의 그것과 비교해 서로 다른 성격과 양상을 보여주고 있다. 이 때문에 북한학계에서는 遼河 동쪽의 明刀錢 출토 유적을 아예 중국이 아닌 고조선의 유적으로 보고 있으며,[86] 근래 국내학계에서도 明刀錢을 朝鮮과 燕의 경계 기준보다는 양국 사이의 교역과 관계된 유물로

---

83) 『三國志』 卷30, 東夷傳 韓 所引 魏略.
84) 裵眞永, 2003, 앞의 논문, 20쪽.
85) 李丙燾, 1976, 앞의 책, 70~71쪽.
86) 손량구, 1990, 「료동지방과 서북조선에서 드러난 명도전에 대하여」『고고민속론문집』 1, 사회과학출판사.

보는 경향이 강하다.[87]

그리고 최근에는 요하 동쪽 明刀錢 유적의 담당자를 燕이 아니라 朝鮮의 주민이라고 보는 좀 더 진전된 견해가 제기되기도 했다.[88] 최근 중국학계에서도 明刀錢을 燕과만 연결시키던 기존의 시각에서 벗어나 요하 동쪽지역에서 출토되는 明刀錢은 여러 종족의 정치체가 모두 사용한 것으로 보는 종합적 시각이 발표되었다.[89] 그리고 이에 앞서 일본학계에서도 요하 동쪽의 明刀錢 유적을 중국계 이주민과 토착민 양자가 섞여 살았던 환경에서 만들어진 지역 문화로 이해하기도 하였다.[90]

따라서 최근의 연구 성과에 의하면, 明刀錢이 청천강 이북지역에서 집중 출토된다고 하여 燕과 朝鮮의 새로운 경계가 된 '滿番汗'이 청천강 유역에 위치했다고 단정해 보기가 어렵게 되었다. 明刀錢은 화폐라는 점에서 정치·군사적 측면보다 당시의 사회·경제적 맥락에서 접근해 보는 것이 타당할 것이다.

최근 학계에서는 '滿番汗'의 위치를 遼東지역에 비정하는 경향이 강하다. 『漢書』 地理志에 遼東郡의 속현으로 文縣[91]과 番汗縣이 붙어서 기록되어 있는데, '滿番汗'은 바로 이 두 현의 連稱이라고 본 전통적 견해[92]에 주목하여, 文縣과 番汗縣이 위치했던 요동반도 서남부 蓋平(蓋州) 일대(千山山脈 서쪽 지역)로 비정해 보는 것이다.[93]

---

87) 최몽룡, 1997, 「고조선의 문화와 사회경제」 『한국사』 4, 국사편찬위원회.
88) 박선미, 2000, 「기원전 3~2세기 요동지역의 고조선문화와 명도전유적」 『先史와 古代』 14 ; 2005, 「戰國~秦·漢初 화폐사용집단과 고조선의 관련성」 『北方史論叢』 7.
89) 張博泉, 2004, 「明刀幣硏究續說」 『北方文物』 2004-4.
90) 田村晃一, 1994, 「樂浪郡設置前夜の考古學(1)-淸川江以北の明刀錢出土遺跡の再檢討」 『東アジア世界史の展開』, 汲古書院.
91) 『後漢書』 郡國志에는 '汶縣'이라 표기되어 있다.
92) 丁若鏞, 『我邦疆域考』 卷1, 朝鮮考.
93) 徐榮洙, 1988, 앞의 논문 ; 盧泰敦, 1990, 앞의 논문 ; 2000, 앞의 책.

그런데 이처럼 滿番汗의 위치를 요동반도 서남부 蓋平 일대로 비정하게 되면, 한 가지 문제가 발생하게 된다. 『史記』匈奴列傳에서 秦開가 '東胡'를 1,000리 퇴각시키고 도달한 지역이 遼東의 '襄平'이라고 하였는데, 『魏略』에서 秦開가 '朝鮮'의 서쪽지방 2,000여 리를 빼앗고 새롭게 정한 경계인 '滿番汗'도 遼東지역에 위치하게 되는 것이다.

일단 東胡와 朝鮮을 정벌하여 얻은 새로운 영역의 동쪽 끝이 공통적으로 요동지역이라는 점이 이상하며, 또한 遼東의 襄平(지금의 遼陽)과 滿番汗(지금의 蓋平 일대) 사이의 거리가 결코 '2,000여 리'가 되지 않는다는 문제점이 있다. 燕將 秦開가 침공했다고 한 서쪽지방 2,000여 리를 모두 조선의 영역으로 이해하게 되면 이와 같은 거리상의 문제점은 더욱 커지게 된다. 그래서 秦開가 침공했다고 한 서쪽 2,000여 리 땅을 모두 고조선의 영역으로만 보기보다는 東胡의 지역 1,000여 리까지 포함된 의미로 이해하는 경향이 강하다.[94]

한편 『史記』匈奴列傳의 東胡 정벌과 『魏略』의 朝鮮 침공 기록을 조응해 보면 또 한 가지 문제점이 발견된다. 秦開가 점령한 東胡의 범위가 1,000리이고 그로부터 동쪽으로 나머지 1,000여 리는 고조선 지역이라고 보기에도 석연치 않은 점이 남아있는 것이다.

『史記』匈奴列傳에서는 遼東의 '襄平'까지 1,000리라 했고, 『魏略』에서는 遼東의 '滿番汗'까지 2,000여 리라고 했다. 그러면 앞서 이해한대로 계산하면 襄平부터 滿番汗까지가 1,000리가 된다는 것인데, 현재의 遼陽(襄平)과 蓋平 일대(滿番汗) 사이의 거리는 지도상으로 1,000리(약 400km)가 되지 않는다.

이 문제의 발단은 燕이 東胡를 정벌하고 과연 遼東郡의 襄平까지 실제로 진출하였는가의 여부와 밀접한 관련이 있다. 현재까지 조사된 燕 長城 유적의 흔적에 의하면, 燕 長城(赤南 長城)의 동단은 遼河를 건너지 못하고 요서와 요동의 실질적인 분수령인 醫巫閭山 서쪽에서

---

94) 李丙燾, 1976, 앞의 책 ; 徐榮洙, 1988, 앞의 논문.

그치고 있다. 즉 요서지역에서도 內蒙古 赤峰 지역과 마찬가지로 3道의 장성 유적이 동서방향으로 나란하게 발견되는데, 燕 長城은 동쪽으로 醫巫閭山 서록의 阜新에서 멈추고 있다.95) 다시 말해 燕이 東胡를 몰아내고 쌓았던 장성이 실제로는 遼河를 건너지 못하고 요서지역에 머물러 있었던 것이다.

이와 같이 최근에 알려지기 시작한 燕 長城 유적의 분포 현황을 통해 보면, 燕이 東胡를 몰아내고 설치했다는 5郡 가운데 遼東郡의 존재에 의심을 가지게 된다. 사실 그동안 燕이 설치했다는 遼東郡의 실체에 대해 그 실재를 인정하는 쪽96)과 회의적으로 보는 쪽97)으로 시각차가 있었다. 그러나 앞서 보았듯이 燕의 장성이 요서지역에서 그치고 있다는 점이나, 『漢書』 地理志에서 遼東郡이 燕이 아니라 秦에 의해 설치되었다고 한 기록 등을 미루어 보면, 燕의 遼東郡은 사실상 地目만 있을 뿐 실제로는 설치되지 않았다고 추정된다.

이와 같이 遼東郡의 존재를 회의적으로 본다면, 東胡로부터 빼앗은 지역으로부터 朝鮮의 滿番汗에 이르기까지 1,000리라고 했던 인식을 이해할 수 있게 된다. 즉 燕將 秦開는 東胡를 몰아내고 사실상 요서지역까지만 이르렀기 때문에, 거기서부터 요동반도 서남부 蓋平 일대의 '滿番汗'까지의 거리를 1,000리라고 생각할 수 있는 것이다.

한편 이처럼 이해하면 앞서 보았던 『鹽鐵論』에서 "燕軍이 東胡를 1,000리 퇴각시키고 난 뒤 '요동으로 건너가'[度遼東] 조선을 공격했다"라고 한 기록의 의미를 분명하게 알 수 있다. 당시 燕軍이 東胡를 치고 아직 遼河를 건너지 못한 상황이었기 때문에 '度遼東'은 "(요수를 지나) 요동으로 건너갔다"라는 의미로 보아야 할 것이다.

---

95) 李慶發・張克擧, 1987, 「遼寧西部漢代長城調査報告」 『北方文物』 1987-2.
96) 金南中, 2002, 「燕・秦의 遼東統治의 限界와 古朝鮮의 遼東 回復」 『白山學報』 62, 47~61쪽.
裵眞永, 2005, 앞의 논문.
97) 徐榮洙, 1988, 앞의 논문, 41쪽 ; 박대재, 2005, 앞의 논문.

이상의 검토에 의하자면 동진하던 燕軍의 최종 도착지는 요동반도 서남부 蓋平 일대의 '滿番汗'지역이었다. 그런데 당시 滿番汗은 朝鮮의 수도도 아니었고, 지리적으로 요동반도 서남부에 치우쳐 있어서 燕과 朝鮮 사이의 군사적 대립 관계에서 그리 비중이 높은 지역으로 보이지는 않는다.

滿番汗의 지정학적 위치는 요동반도 서남부의 해안지대라는 데서 특징이 드러난다. 魏 正始 원년(240)에 요동의 汶縣과 北豊縣의 유민들이 발해만을 건너 산동반도로 흘러가서 이들로 산동지역에 새로이 新汶縣과 南豊縣을 설치한 일이 있다.[98] 그에 앞서 景初 3년(239)에는 요동의 沓(氏)縣의 관리와 민들이 산동반도로 건너가니 그들로 新沓縣을 세운 일도 있다.[99] 그리고 3세기 전반 요동의 公孫度이 발해만을 건너 산동반도의 東萊지역을 점령하고 그곳에 營州刺史를 두었던 적이 있었다.[100] 後漢 光武帝 때에는 遼東郡을 산동의 靑州 관할 아래 귀속시켰던 일도 있었다.[101]

이러한 일들은 요동반도와 산동반도 사이의 廟島群島를 디딤돌로 하여 용이하게 해로로 왕래할 수 있었음에 따른 현상들이다. 滿番汗으로 비정되는 文(汶)縣 일대는 바로 北豊縣·沓縣과 함께 발해만에 접한 요동반도 서부 해안지대를 따라 그 남단에 이르는 지역으로 산동반도와 해로를 통해 잦은 왕래가 있었던 곳이었다.[102]

따라서 滿番汗의 지정학적 위치는 燕과 朝鮮 사이의 군사적 대립상황보다는 오히려 산동반도 지역에 위치해 있었던 齊와의 관계에서 더욱 중요한 의미를 지닌 지역이었다고 이해할 수 있다.

滿番汗의 지정학적 위치는 燕의 朝鮮 침공이 齊 정벌 직후에 연속

---

98) 『三國志』 卷4, 正始 元年 2月.
99) 『三國志』 卷4, 景初 3年 6月.
100) 『三國志』 卷8, 公孫度傳.
101) 『晉書』 卷14, 地理志 上 平州 遼東國.
102) 盧泰敦, 2000, 앞의 책, 90쪽.

해서 단행되었다는 사실과도 연결해 이해할 수 있다. 기원전 284~283 년 오랜 부국강병의 노력 끝에 드디어 齊를 함락시킨 燕 昭王은 朝鮮의 요동지역 공격을 통해 齊의 잔여 세력과 朝鮮이 연결될 수 있는 가능성을 완전히 차단하는 부대효과를 노렸던 것으로 추정된다.

齊와 朝鮮이 춘추시대 이래로 산동반도와 요동반도를 연결하는 해상교통로를 통해 상호 교류하던 관계였다는 점은 앞서 살펴보았다. 이런 상황에서 산동반도 일대에 齊의 잔여 세력이 남아있다는 사실은 燕 昭王에게 부담이 되었을 것이다. 더욱이 朝鮮이 燕의 동쪽을 침공해 왔던 전력이 있었기 때문에 齊의 잔여세력과 朝鮮이 공동의 군사 행동을 벌일 가능성도 전혀 배제할 수 없었을 것이다.

燕의 朝鮮 침공은 앞서 있었던 朝鮮의 燕 침공에 대한 보복전의 성격도 가지고 있었을 것이다. 앞 절에서 살펴본 것처럼 朝鮮은 燕의 대혼란기를 틈타 燕의 동쪽지역인 요서지역까지 진출했던 것으로 추정된다. 燕將 秦開는 東胡 경략에 이어 요서지역까지 들어와 있던 朝鮮 세력을 遼東지역으로 몰아내기 위해서 遼河를 건너 진군을 계속했던 것이다. 그리고 그 최종 공격 목적지는 齊와 朝鮮의 주요 해상 연결 거점이었던 요동반도 서남부 해안지역의 滿番汗을 지향했던 것으로 보인다. 燕과 朝鮮의 새로운 경계가 요동반도 서남부 해안지역의 '滿番汗'이 된 배경에는 이와 같은 국제적 맥락이 있었던 것으로 생각된다.

이러한 燕의 朝鮮 침공 결과가 함축되어 있는 기록이 『史記』 朝鮮列傳의 서두에 다음과 같이 보인다.

> 일찍이 燕의 전성기부터 眞番과 朝鮮을 침략하여 屬하게 하고 관리를 두어 鄣塞를 쌓았다.[103]

위의 기록에서 말하는 燕의 전성기는 昭王(B.C.311~279) 시대로,

---

103) 『史記』 卷115, 列傳55 朝鮮.

앞서 살펴본 『魏略』의 燕將 秦開가 조선을 침략하여 조선이 마침내 약화되었다고 한 기록과 시기적 연결된 내용이다.

그런데 위 기록에서 아직 해명되지 못한 문제가 하나 있다. 燕이 朝鮮을 침공한 것은 앞서 살펴보았지만 여기서 보이는 眞番의 실체는 무엇인가? 앞서 살펴본 燕의 군사행동 기록에서 眞番의 존재가 전혀 발견되지 않기 때문에 더욱 의문이 든다.

오래전부터 학계에서는 眞番의 위치와 실체에 대해서 많은 논란이 있었다. 일찍이 眞番의 위치에 대해서는 압록강 이북 佟佳江(渾江) 유역으로 보는 '在北說',[104] 樂浪郡의 남방 즉 지금의 충청도·전라북도 방면으로 보는 '在南說'[105] 등이 제기되었고, 근래 국내학계에서는 在南說의 수정설이라고 할 수 있는 '황해도-경기북부' 일대 '帶方郡故地說'[106]이 통설로 받아들여지고 있다.

최근 중국학계에서 다시 眞番의 위치를 둘러싸고 논쟁이 일어나고 있는데, 黑龍江省 牡丹江유역에 있었던 肅愼系 古民族으로 이해하는 '北說'[107]과 樂浪郡 南部都尉와 관련된 帶方郡 故地로 보는 '南說'[108]이

---

104) 白鳥庫吉, 1912, 「漢の朝鮮四郡疆域考」 『東洋學報』 2-2 ; 1986, 『朝鮮史研究』, 岩波書店, 289~295쪽.
　　津田左右吉, 1922, 「三國史記高句麗紀の批判 附錄 眞番郡撤廢·玄菟郡移轉の事情及び高句麗建國の年代について」 『滿鮮地理歷史研究報告』 9 ; 1946, 『津田左右吉全集』 제12권, 岩波書店, 455~466쪽.
105) 今西龍, 1916, 「眞番郡考」 『史林』 1-1; 『朝鮮古史の研究』, 國書刊行會.
　　池內宏, 1951, 「眞番郡の位置について」 『滿鮮史研究』 上世第一冊, 吉川弘文館, 109~159쪽.
106) 李丙燾, 1976, 「眞番郡考」 『韓國古代史研究』, 博英社, 102~132쪽.
107) 孫進己 等, 1987, 『女眞史』, 吉林文史出版社, 13쪽 ; 1989, 『東北歷史地理』 제1권, 黑龍江人民出版社, 347쪽.
　　李德山 等, 2003, 『中國東北古民族發展史』, 中國社會科學出版社, 24~28쪽.
108) 王綿厚, 1994, 『秦漢東北史』, 遼寧人民出版社, 82쪽 ; 2004, 「關于漢"四郡"中眞番臨屯二郡地望的再考察」 『高句麗與濊貊研究』, 哈爾濱出版社, 95~100쪽.
　　중국에서 眞番(郡)의 위치를 帶方郡 故地와 관련해 이해하기 시작한 것

제기되고 있다.

한편 '在北說'과 '在南說'을 종합한 '北・南眞番 移動說'[109]도 제안되기도 하여 眞番에 대한 논의는 매우 복잡하게 전개되고 있다.

이처럼 眞番의 위치에 대해서는 아직 재검토의 여지가 남아 있으나, 後漢의 주석가인 應劭가 "옛 眞番은 朝鮮의 胡國"[110]이었다고 지적했듯이 朝鮮과 밀접한 관계에 있던 주변세력으로 이해할 수 있을 것 같다. 衛滿朝鮮 시대의 기록에도 眞番은 朝鮮의 '주변 小邑'으로 나타나기도 한다. 어쨌든 燕이 朝鮮과 함께 복속했다고 하는 眞番의 실체는 추후 더 검토의 여지가 남아 있는 과제다.

위에서 본 『史記』 朝鮮列傳 서두에는 燕의 전성기부터 眞番과 朝鮮을 '略屬'하였다고 하여 마치 정치적으로 복속시킨 것처럼 기록되어 있다. 이를 근거로 최근 중국 東北工程에서는 朝鮮을 燕의 '屬民'이었다고 주장하기도 한다.[111] 그러나 앞서 살펴보았듯이 『戰國策』 燕策, 『史記』 燕召公世家 등 관련 기록에서 燕의 眞番에 대한 군사행동이 전혀 확인되지 않는다는 점에서 이 '略屬'의 의미를 다른 각도에서 이해해야 할 것 같다.

이에 대해 여기서의 '略屬'을 燕이 2국으로부터 '경제상의 이익을 얻는 것'을 의미하는 것으로 해석하는 시각이 있다.[112] 燕이 朝鮮과 眞番으로부터 경제상의 이익을 얻는 실태에 대해서는 고고학적으로 그 지역에서 출토되는 명도전의 존재를 통해 방증해 볼 수도 있다. 그

---

　　　은 19세기말 20세기초 清末의 지리학자인 楊守敬의 『晦明軒稿』에서 비롯되었다.
109) 千寬宇, 1975, 「三韓의 成立過程」 『史學研究』 26 ; 1989, 『古朝鮮史・三韓史研究』, 一潮閣, 147~148쪽. '北・南眞番 移動說'은 기본적으로 申采浩의 『前後三韓考』에서 영향을 받은 것이다.
110) 『漢書』 卷28下, 地理志 玄菟郡條 注 "應劭曰 故眞番朝鮮胡國".
111) 馬大正・李大龍・耿鐵華・權赫秀, 2003, 『古代中國高句麗歷史續論』, 中國社會科學出版社, 83쪽.
112) 池內宏, 1951, 앞의 책, 113~114쪽.

러나 기원전 3세기 중반 이후에 집중 출토되는 명도전과 그를 둘러싼 燕과 朝鮮－眞番 사이의 관계에 대해서는 추후에 별도의 연구를 통해 검토해 보고자 한다. 여기서는 기타 다른 사료와 비교해 볼 때 『史記』 朝鮮列傳 서두에 보이는 燕의 '略屬眞番朝鮮'의 표현은 과장된 기록이거나 아니면 교역과 같은 다른 각도에서 해석해야 한다는 사실을 지적하는 데 그치고자 한다.

　이상에서 살펴본 바와 같이 기원전 280년대 말이 되면 燕의 반격으로 齊가 몰락하게 되고 朝鮮 역시 燕의 침공으로 遼東 滿番汗 지역까지의 땅을 상실하는 변화를 겪게 된다. 그리고 이러한 변화는 『魏略』에서 말했듯이 "마침내 朝鮮의 약화"를 가져왔던 것으로 추정된다. 朝鮮과 교류－유대 관계를 유지하던 齊의 몰락이 朝鮮의 약화에도 일정 부분 영향을 미쳤을 것으로 짐작된다. 燕將 秦開의 최종 공격 목적지가 요동반도 서남부 해안지역의 '滿番汗'이었던 것도 바로 齊와 朝鮮의 교류－유대 관계를 염두에 둔 전략적 조치라고 보아야 할 것이다.

　그동안의 연구에서는 燕과 朝鮮의 관계에만 초점을 맞춰 기원전 323년 무렵의 양국 사이의 갈등관계와 기원전 280년대 말 燕將 秦開의 朝鮮 침공에만 주목하는 정도였고, 그 중간 시기의 역사적 추이에 대해서는 거의 인식하지 못하고 있었다.

　이 글을 통해 기원전 4세기말~3세기초 고조선사의 추이가 燕・齊와의 상호 관계를 통해 간접적으로나마 드러나게 되었다고 생각한다. 이와 같은 방법으로 앞으로는 기원전 280년대 이후 고조선이 약화되고 새로운 위만조선으로 이행하는 약 100년간의 과정에 대한 연구도 이어질 수 있을 것이라 기대해 본다.

# 제3장

# 馬韓의 왕과 中國郡縣과의 전쟁

## 1. 마한의 기원과 '韓王' 문제

　　현재까지 알려진 사료 중에 '三韓' 용어가 등장하는 最古의 사서는 3세기 전반 三國時代 吳의 謝承이 편찬한 『後漢書』다.[1] 謝承은 吳王 孫權의 妻男 출신으로 그의 後漢書는 私撰의 後漢史 중 가장 먼저 이루어진 것이었다.

　　謝承의 『後漢書』 원서는 일찍이 유실되어 『後漢書』 李賢注와 『太平御覽』 등에 인용되었던 逸文이 淸代 이후에 『後漢書補逸』, 『玉函山房輯佚書補編』, 『七家後漢書』 『黃氏逸書考』 등의 輯本에 들어가 전해지고 있다.[2] 그 逸文 가운데 '三韓' 기록은 『太平御覽』에 인용되어 다음과 같이 전해진다.

---

1) 坂田隆, 1989, 「三韓に關する一考察」 『東アジアの古代文化』 59, 19쪽.
2) 吳澤·楊翼驤 主編, 1984, 『中國歷史大辭典: 史學史』, 上海: 上海辭書出版社, 168쪽.

謝承의 後漢書에 이르길 … 또 그 東夷列傳에 이르길 三韓의 풍속에 臘日이 되면 집집마다 제사를 지내는데 그 풍속에 "臘鼓鳴 春草生"이라 이른다.3)

謝承『後漢書』東夷傳의 "三韓俗以臘日家家祭祀 …"는 陳壽의『三國志』나 范曄의『後漢書』에서는 확인되지 않는 기록이다. 謝承의『後漢書』에서는 三韓의 풍속에 臘日(冬至)에 집집마다 제사를 지낸다고 하였으나, 주지하듯이『三國志』와『後漢書』에는 5월과 10월의 농경제의만 기록되어 있다.

그러므로 謝承의『後漢書』는『三國志』등과 다른 계통의 재료에서 三韓 관련 기록을 채록한 것이다. 謝承의『後漢書』가 어떤 典據 자료에 의거했는지 분명하지 않지만, 일단 東夷傳의 嚆矢라는 그 자체로 史學史的 의의가 크다고 할 수 있다.

일반적으로 東夷傳의 立傳은 3세기 후반에 편찬된 魚豢의『魏略』과 陳壽의『三國志』에서 비롯된 것으로 알려져 왔으나, 위에서 확인하였듯이 東夷傳은 3세기 전반에 편찬된 謝承의『後漢書』에서 먼저 확인된다.

기존까지는 중국이 東夷에 대한 정보를 수집하게 된 직접적 계기는 3세기 중엽에 있었던 魏 幽州刺史 毌丘儉의 高句麗 및 그 주변 지역에 대한 공격이었다고 이해되어 왔다.4) 북쪽의 魏를 매개로 동이지역이 중국에 알려지게 되었다고 인식했던 것이다. 그러나 謝承의『後漢書』에서 東夷傳이 처음 등장하고 또 거기에 삼한 기록이 들어있다는 것은 남방의 吳를 통해 동이 남부세계가 먼저 알려졌을 가능성을 시사한다.

---

3)『太平御覽』卷33, 時序部18 臘 "謝承後漢書曰 … 又東夷列傳曰 三韓俗以臘日家家祭祀 俗云臘鼓鳴春草生也"(中華書局, 1995, 第1冊, 156쪽).

4) 井上秀雄, 1989,「中國の歷史書に現れた二,三世紀の韓國と倭國」『東アジアの古代文化』61, 58~66쪽.

吳의 孫權은 233년에 高句麗에 사신을 파견하고 그 왕(東川王)을 單于에 册封하는 등 북쪽의 魏를 견제하기 위해 동북지역에 대한 대외정책에 적극적이었다.5) 이처럼 吳가 고구려와 왕래를 하는 과정에서 중간 경로에 위치한 삼한에 대한 정보를 자연히 수집하게 된 것이 아닌가 추정해 볼 수 있을 것이다.

또한 後漢 말기 劉熙의 『釋名』에는 "韓羊・韓兎・韓鷄는 본래의 법이 韓國에서 하는 바에서 나왔다(韓羊韓兎韓鷄本法出韓國所爲也)"라고 하였는데, 顧炎武의 『日知錄』에선 이것을 三韓의 韓과 관련된 것으로 보았다.6) 이처럼 三韓 및 韓과 관련한 기록은 後漢의 서적부터 등장하기 시작한다는 사실을 확인할 수 있다.

年代記上에서 三韓과 중국의 왕래는 王莽代부터 확인되는데, 王莽 地皇연간(20~23)의 辰韓 右渠帥 廉斯鑡가 樂浪郡에 亡命하여 表彰된 기록이 그 시초다.7) 그리고 後漢 光武帝 建安 20년(44)에는 韓 廉斯人 蘇馬諟가 樂浪郡을 통해 入貢・册封된 기록이 있으니8), 대체로 三韓과 중국의 왕래는 기원 직후 新(王莽)・後漢에 이르러 본격적으로 이루어졌다고 이해할 수 있다.9)

기원 직후에 삼한과 중국군현의 왕래는 삼한이 중국에 알려진 간접적인 계기가 되었을 것이다. 삼한이 낙랑군을 통해 중국에 알려진 시기는 대체로 기원 직후 무렵부터라고 볼 수 있다. 그렇다면 삼한의 성립 시기는 늦어도 삼한과 중국군현의 왕래가 개시되기 이전에 해당해

---

5) 西嶋定生, 1984,「三世紀前後の東アジアと日本－親魏倭王册封の背景」『歷史讀本』 1984-9 ; 1994,「'親魏倭王'册封の背景－三世紀の東アジア」『邪馬臺國と倭國－古代日本と東アジア』, 吉川弘文館, 124쪽.
6) 『海東繹史』 卷3, 世紀3 三韓 所引(민족문화추진회, 1996, 27쪽).
7) 『三國志』 卷30, 東夷傳 韓條 裵松之注 所引 魏略.
8) 『後漢書』 卷85, 東夷傳 韓條.
9) 『後漢書』 卷85, 東夷傳 序 "建武之初 復來朝貢 時遼東太守祭肜威讋北方 聲行海表 於是濊貊倭韓萬里朝獻".
『通典』 卷185, 邊防1 東夷上 馬韓 "馬韓後漢時通焉".

야 할 것이다.

『삼국지』동이전 한조에는 "(진한의) 노인들이 대대로 전하여 말하기를 '(우리는) 옛날의 망명인으로 秦의 고역을 피하여 한국으로 왔는데, 마한이 그 동쪽 땅을 나누어 우리에게 주었다"라는 기록이 있다. 여기서 중국의 망인들이 내려와 진한을 형성하기 전에 마한이 먼저 있었다는 사실을 확인할 수 있다.

『삼국지』기록을 액면 그대로 받아들이면, 마한(한국)은 중국 진나라 시대인 기원전 3세기에 이미 성립되어 있었다는 결론이 도출된다.[10] 이와 관련하여 고고학에서도 요동-서북한지역의 粘土帶土器文化(細形銅劍文化)가 서남부지역에 유입되는 기원전 3세기를 마한의 등장 시점으로 보기도 한다.[11]

1980년대까지는 마한의 성립을 기원전 3~2세기 서남부지역의 세형동검문화를 배경으로 한 토착 정치집단의 점진적인 발전의 결과로 파악하는 경향이 강하였다.[12] 그런데 1989~1991년 사이 충남·전북의 금강유역인 공주 봉안리, 부여 합송리, 장수 남양리 등에서 초기철기(주조철기) 유적들이 확인되면서, 마한 지역에서 철기 등장 시기가 낙랑군 설치 이전인 기원전 2세기로 올라가게 되었다.[13]

이후 1990년대에는 마한의 성립도 토착사회의 내재적 발전이라는 측면보다 기원전 2세기에 있었던 외래적 충격(철기문화 유입, 準王 南遷)에 의한 변화 발전으로 보게 된 것이다.[14]

이에 대해 최근에는 좀 더 구체적으로 기원전 2세기 말 위만조선

---

10) 盧重國, 1987, 「馬韓의 成立과 變遷」『馬韓·百濟文化』10.
11) 朴淳發, 1998, 「前期 馬韓의 時·空間的 位置에 대하여」『馬韓史研究』(충남대 백제연구소 편), 충남대 출판부.
12) 李賢惠, 1984, 『三韓社會形成過程研究』, 一潮閣.
13) 李南珪, 1993, 「三韓 鐵器文化의 成長過程-樂浪地域과의 比較的 視角에서」, 『三韓社會와 考古學』, 제17회 한국고고학전국대회 자료집.
14) 李基東, 1996, 『百濟史研究』, 一潮閣.

멸망 및 漢四郡 설치로 인한 조선유민의 남하를 마한 성립의 계기로 주목하는 경향이 강하다.15) 기원전 2세기 초에 있었던 준왕 남천의 정치적 파장을 제한적으로 파악하고, 그보다는 위만조선 유민집단의 남하 및 樂浪郡과의 교류를 통해 철기문화가 본격화된 기원전 2세기 말 이후를 더욱 주목해 보기 때문이다.

조선시대의 삼한정통론과 1950년대까지 『후한서』를 중시하는 입장에서는 이른바 '기자조선'의 준왕집단이 마한으로 망명하는 연결선상에서 삼한의 성립과정을 추구해 왔다. 그러나 근래에는 위만조선의 유민이 남하하여 삼한 성립의 계기가 마련되는 맥락을 더욱 중시하고 있는 것이다.16)

『삼국지』는 마한의 주민들을 유이민 집단인 진한과 대비하여 '토착인'이라고 구별하고 있다.17) 이에 따르면 진한의 성립 이전에 마한의 주민들은 먼저 '한' 지역에 거주하고 있었던 것이다. 진한의 성립 이전부터 '한' 지역에 토착인들이 있었는데 위만조선 유민이 들어와 진한을 성립하게 되면서, 그에 따라 서쪽의 토착인 사회를 유이민 사회인 '진한'과 구별하여 '마한'이라 부르게 된 것이라 볼 수 있다. 토착인 사회인 마한의 기원은 그 이전으로 소급되지만, 실제로 '마한'이라는 사회적 집합 정체성의 확립은 북쪽으로부터 위만조선의 유민이 남하하던 기원전 2세기 말 이후에 일어났다고 이해할 수 있다.

일반적으로 학계에서는 三韓의 개시를 알려주는 사료로 『三國志』 韓條의 다음 기록을 주목해 왔다.

---

15) 權五榮, 1996, 『三韓의 '國'에 대한 研究』, 서울대 박사학위논문.
  李賢惠, 1997, 「삼한의 정치와 사회」 『한국사』 4, 국사편찬위원회.
  박대재, 2005, 「三韓의 기원에 대한 사료적 검토」 『韓國學報』 119.
16) 박대재, 2006, 「삼한의 기원과 국가형성」 『한국고대사입문』 1(김정배 편), 신서원, 253~269쪽 참조.
17) 박대재, 2002, 「『三國志』韓傳의 辰王에 대한 재인식」 『韓國古代史研究』 26.

>    (朝鮮)侯 準이 참람되이 王이라 일컫다가 燕나라에서 망명한 衛滿의
>    공격을 받아 나라를 빼앗겼다. (準王은) 그의 近臣과 宮人을 거느리고
>    도망하여 바다를 경유하여 韓의 지역에 거주하면서 스스로 韓王이라
>    칭하였다.18)

 전통적으로 箕子朝鮮의 마지막 왕인 準이 위만에게 쫓겨 한지로 내려와 韓王이라 하면서 한이 등장하였다고 이해해 온 것이다. 『後漢書』에서는 이 기록이 더욱 구체적으로 발전하여, 준왕이 내려와 마한을 공파하고 한왕이 되었다고 하였다. 『후한서』는 준왕의 망명지역을 마한이라고 구체적으로 밝힌 것이다. 이러한 『후한서』 기록을 토대로 조선 후기에 기자조선-마한(삼한)을 연결하는 선에서 상고사의 정통을 세우려는 이른바 '三韓(馬韓)正統論'이 대두하였다.19) 그러나 조선 후기의 삼한정통론은 史論으로써는 평가할 수 있으나 그 자체 역사적 사실로 받아들이기 곤란한 점이 있다.20)

 준왕의 망명 기록에서 가장 큰 의문은 왜『史記』『漢書』등 앞선 사서에서는 보이지 않다가 3세기의 사서에 와서야 나타나는가 하는 점이다. 현재까지의 확인에 의하면 준왕의 망명 기록이 제일 먼저 보이는 것은 3세기 중엽에 편찬된 『魏略』에 이르러서이다.

 『위략』에는 "準의 아들과 친척으로서 國(朝鮮)에 남아있던 사람들은 따라서 韓氏라 姓을 함부로 칭하였다. 準은 海中에서 王 노릇하며 조선과는 서로 왕래하지 않았다"라고 기록되어 있다.21) 『위략』에 의하

---

18) 『三國志』卷30, 東夷傳 韓條 "侯準旣僭號稱王 爲燕亡人衛滿所攻奪 將其左右宮人走入海 居韓地 自號韓王 其後絶滅 今韓人猶有奉其祭祀者".
19) 李佑成, 1966, 「李朝後期 近畿學派에 있어서의 正統論의 展開」『歷史學報』31.
   李萬烈, 1974, 「17·8世紀 史書와 古代史 認識」『韓國史研究』10.
20) 金貞培, 1976, 「準王 및 辰國과 三韓正統論의 諸問題」『韓國史研究』13 ; 1986, 『韓國古代의 國家起源과 形成』, 고려대 출판부, 248쪽.
21) 『三國志』卷30, 東夷傳 韓條 裵松之注 "魏略曰 其子及親留在國者 因冒姓韓氏 準王海中 不與朝鮮相往來".

면, 준이 韓地로 내려와 韓王이 되었다는 정확한 기록은 확인되지 않는다. 그러나 準의 후손이 韓氏를 칭했다는 부분을 미루어 보면 『위략』에서도 준왕과 한을 어떤 식으로든 연결해 보았던 것으로 추정된다.

이처럼 準이 韓氏와 연결된 것은 後漢의 王符가 편찬한 『潛夫論』 志氏姓篇에서 처음 보인다.

> 옛날 周宣王 때에도 韓侯가 있었는데, 그 나라가 燕나라에 가까웠던 까닭에 詩經에 "저 韓城은 燕의 軍師가 완성하였네"라고 하였던 것이다. 그 후 韓西가 또한 韓氏를 姓으로 하였는데, 魏滿에게 정벌되어 海中으로 옮겨 살았다.[22]

이 기록 중 "그 후 韓西가 또한 韓氏를 姓으로 하였는데, 魏滿에게 정벌되어 海中으로 옮겨 살았다"는 부분은 전통적으로 準王의 망명과 관련된 것으로 이해되어 왔다.

일찍이 이 기록의 韓西를 韓東의 오류라고 보면서 중국 韓의 동쪽에 있던 朝鮮의 準이 내려와 '韓王'이라 칭한 이유는 그가 원래 韓氏였기 때문에 '韓氏王'의 의미에서 '韓王'이라 칭했다고 파악한 연구가 있었다.[23]

그러나 준이 원래 한씨였기 때문에 스스로 한왕이라 칭했다는 해석은 위에서 거론했던 『위략』의 기록과 서로 충돌하기 때문에 그대로 받아들이기 어렵다. 『위략』에 의하면, 조선에 남아있던 준의 자식과 친척들이 한씨를 칭한 것을 '冒姓韓氏'라고 표현하였다. 대개 '冒姓'이란 남의 姓을 襲稱한다는 의미이므로, 여기서 準과 그 친족의 성이 원래 韓氏가 아니었음이 단적으로 드러난다.

---

22) 『潛夫論』 卷9, 志氏姓35 "昔周宣王亦有韓侯 其國也近燕 故詩云 普彼韓城 燕師所完 其後韓西亦姓韓 爲魏滿所伐 遷居海中"(中華書局, 1997, 『潛夫論箋校正』, 446쪽).
23) 李丙燾, 1976, 앞의 책, 50쪽.

기존의 연구에서 이미 지적되었듯이 『잠부론』과 『위략』에서 準王과 韓氏를 연결해 본 기록은 그 자체 믿을 수 없거나,[24] 아니면 樂浪의 韓氏가 자기들의 가계를 분식하기 위하여 朝鮮王의 후손이 韓氏姓을 가졌다고 꾸민 僞系譜에 근거한 후대의 附會라고 보는 것이 타당할 것이다.[25]

『삼국지』의 '韓王'은 바로 앞서 기록된 '韓地'와 같은 맥락에서 이해해야 한다. 여기서의 '한지'는 준왕 당시에 알려진 지명이 아니라 후일의 지명으로 追稱된 것으로 보아야 한다. 왜냐하면 기원전 2세기 초 당시의 기록에서는 '韓'이란 지명이 확인되지 않기 때문이다. 『사기』나 『한서』의 기록을 살펴보면, 前漢시대까지 이 방면의 이름은 '衆國' 또는 '辰國'이 기록되었을 뿐 '韓'이란 지명이나 국명은 전혀 나타나지 않는다. 東夷 방면의 '韓'이란 존재는 前漢시대까지 아직 中國에 알려지지 않았던 것으로 보인다.

일찍이 三韓과 관련된 先秦時代의 '韓' 기록으로 『詩經』 韓奕篇의 '韓城・韓侯' 등이 거론된 바 있었으나,[26] 이 韓은 中國 周代의 韓이며 시기나 지리상으로 우리의 韓과는 무관한 존재라는 사실은 이미 밝혀진 바 있다.[27] 이 밖에 『山海經』의 '韓鴈'[28]과 『尙書孔氏傳』(前漢 孔安國의 『尙書傳』)에 보이는 '馯'[29]이 前漢 이전의 韓과 관련된 존재로 거론되기도 하였다.

『山海經』의 '韓鴈'에 대해 淸의 郝懿行(1755~1823)은 三韓의 古國名으로 해석하였다.[30] 그러나 삼한의 韓과 韓鴈이 직접 연결될 수 있는

---

24) 任昌淳, 1959, 「辰韓位置考」 『史學研究』 6.
25) 今西龍, 1922, 「箕子朝鮮傳說考」 『支那學』 2-10・11 ; 1970, 『朝鮮古史の研究』, 東京: 國書刊行會, 141~142쪽.
26) 鄭寅普, 1946, 『朝鮮史研究』(上卷), 서울신문사, 91쪽.
27) 黃義敦, 1956, 「詩經의 解說」 『東國史學』 4, 93~96쪽.
28) 『山海經』 第13, 海內東經 "韓鴈在海中 都州南".
29) 『尙書正義』 卷18, 周書 周官第22 "海東諸夷駒麗扶餘馯貊之屬 武王克商 皆通道焉"(中華書局, 1979, 十三經注疏本, 第124頁).

문헌적 근거가 없으며, 『山海經』海內東經의 편찬 연대에 대해서도 西周시대부터 後漢·魏·晉시대에 이르기까지 가설이 분분하여 기록의 역사성에 불명확한 점이 많다.31)

한편 『尙書孔氏傳』의 馯에 대해 唐의 孔穎達이 三韓의 韓과 연결해 보기도 했지만,32) 宋代 이후의 고증에 의하면 孔氏傳은 前漢 孔安國의 作이 아니라 東晉의 元帝(317~322) 때 梅氏가 假託하여 만든 僞本이라고 한다.33)

따라서 현재까지는 前漢 및 그 이전 자료에서 三韓의 韓과 관련된 기록은 찾아보기 어렵다고 판단된다.

準王이 망명한 지역에 대해 『潛夫論』과 『魏略』에서는 단지 '海中'이라고만 하였다. 箕子의 후손이 海中으로 들어갔다는 전설은 後漢~魏晉시대에 꽤 퍼져있었던 것으로 추정되는데, 그것은 西晉의 張華가 남긴 『博物志』 기록을 통해서도 확인된다.

『博物志』에 의하면, "箕子의 후손이 바다로 도망해 들어가 鮮國師가 되었다"고 하였다.34) 『潛夫論』 및 『魏略』과 마찬가지로 기자조선의 최후와 관련하여 바다(해중)가 언급된 것이다. 이처럼 기자조선의 최후와 관련되어 나오던 '海中'이 『三國志』 단계에서 '韓地'로 바뀌어 기록된 것이다.

따라서 準王 기록에 등장한 韓地는 前漢 이후의 지리정보에 의한 『三國志』 撰者의 追記라고 보아야 한다. 그렇다면 韓地와 마찬가지로

---

30) "郝懿行云 韓鴈蓋三韓古國名 韓有三種 見魏志東夷傳"(袁珂, 1996, 『山海經校注』, 成都: 巴蜀書社, 383쪽).
31) 鄧瑞全·王冠英 主編, 1998, 『中國僞書綜考』, 合肥: 黃山書社, 358쪽.
32) 『尙書正義』 卷18, 周書 周官第22 "漢書有高駒麗扶餘韓 無此馯 馯卽彼韓也 音同而字異爾"(中華書局, 1979, 十三經注疏本). 여기서의 『漢書』는 范曄의 『後漢書』를 가리킨다.
33) 李春植 主編, 2003, 『中國學資料解題』, 신서원, 331~332쪽.
34) 『博物志』 卷8 "箕子居朝鮮 其後伐燕之朝鮮 亡入海爲鮮國師(下略)"(中華書局, 1989, 四部備要 63, 25쪽).

韓王도 후대에 韓으로 알려진 곳에서 스스로 '왕'이라 칭했다는 의미 정도로 해석해야 할 것이다. 다시 말해 韓地나 韓王 기록을 근거로 기원전 2세기 초 '韓'이 일정한 영역을 가진 국가와 같은 정치체로 존재했다고 보기는 곤란한 것이다.

기존 연구에서는 『三國志』韓條의 準王 기록에 보이는 '韓地'와 '韓王'을 근거로 기원전 2세기 초 당시에 韓이 한반도 남부지역에 존재했다고 보아 왔다.[35] 그러나 이상의 사료적 검토에 의하면 준왕 기록의 '한지'와 '한왕'은 후대의 지리정보에 의한 追記라고 보아야 하지 않나 생각한다. 左右宮人을 거느리고 망명한 準王은 후대에 韓이라 알려진 지역에 내려와 미미한 세력을 유지하며 과거 고조선의 왕호를 연상하며 스스로를 '王'이라 자칭하기도 했으나, 곧 토착세력에 의해 滅絶되어 역사에서 사라지게 되었던 것이 실제에 가까운 추정이 아닌가 생각된다.

## 2. 마한 '辰王'의 성격과 目支國

『삼국지』 동이전에서는 後漢 桓帝·靈帝시대(146년~189년) 말기 즉 2세기 후반에 韓·濊가 강성해져 중국군현(낙랑군)이 통제하지 못하고 인민들이 대거 한국으로 유입하게 되었다고 하였다. 2세기 후반은 후한의 중앙정부가 크게 혼란해지고 중국군현의 통제력도 주변세력에 미치지 못하던 시기로 이 때 삼한이 강성하게 된 것이다.

고고학에서는 이 기록을 중시하여 2세기 후반에 있었던 한의 강성을 진·변한에서 '신식 와질토기'와 '木槨墓' 등 삼한 후기 문화가 등

---

35) 盧重國, 1987, 앞의 논문.
朱甫暾, 2002, 「辰·弁韓의 成立과 展開」 『진·변한사연구』, 경상북도·계명대 한국학연구원, 36~37쪽.

장하는 계기로 보기도 한다.36) 그러나 정작 중국군현과 가장 인접한 마한지역에서는 2세기 후반에 어떤 변화 발전이 있었는지 문헌에 명확하게 나타나 있지 않다.37)

그런데『삼국지』동이전 韓조의 기록 맥락으로 보아 이 무렵 마한지역에서 일어난 변화 발전과 관련해서 무엇보다도 먼저 '辰王'의 존재를 주목하지 않을 수 없다.『삼국지』에 의하면 '진왕'은 月支國(目支國)에 치소를 두고 있던 왕으로, 韓王(準王) 멸절 이후에 나타나는 마한지역의 유일한 王者이기 때문이다.

과거 한동안 辰王을 '辰國王'의 의미로 해석하는 시각이 지배적이었으나, 辰國의 존재는 前漢史(『史記』『漢書』)에 국한되며 辰王이 등장하는『後漢書』와『三國志』단계에서는 이미 멸망한 '古之辰國'으로 나타나고 있다. 따라서 시간대가 다른 '辰國'과 '辰王'을 직접 연결하기는 곤란하다.38)

일반적으로 辰王은 馬韓聯盟體의 盟主(聯盟長)로 이해하거니와,39) 辰王을 馬韓王으로 인식하여『三國史記』百濟本紀의 '馬韓王'과『三國志』東夷傳의 '辰王'을 동일시하기도 한다.40)

---

36) 崔鍾圭, 1995,『三韓考古學硏究』, 서경문화사.
37) 물론 기원후 2세기 후반에 있었던 후한 내부의 혼란과 이로 인한 군현세력의 약화, 그리고 韓濊의 강성으로 인한 군현민의 대거 한국 유입이 한군현과 인접했던 마한 북방의 伯濟國과 같은 특정 소국이 비약적으로 성장하는 계기가 되었다(文昌魯, 2005,「『三國志』韓傳의 伯濟國과 '近郡諸國'」『韓國學論叢』28, 27~28쪽)고 볼 개연성은 크다.
38) 末松保和, 1954,「新羅建國考」『新羅史の諸問題』; 1995,『新羅の政治と社會(上)』(末松保和朝鮮史著作集1), 東京: 吉川弘文館, 128쪽.
金貞培, 1968,「三韓 位置에 대한 從來說과 文化性格의 檢討」『史學硏究』20 ; 2000,『韓國古代史와 考古學』, 신서원, 272쪽.
39) 李賢惠, 1984,『三韓社會形成過程硏究』, 일조각, 170쪽.
盧重國, 1988,『百濟政治史硏究』, 일조각, 88쪽.
李基東, 1996,『百濟史硏究』, 일조각, 17쪽.
40) 尹善泰, 2001,「馬韓의 辰王과 臣濆沽國」『百濟硏究』34, 31쪽.

『三國史記』에는 馬韓王(西韓王)이 新羅 赫居世 38년(B.C.20)조, 39년 조, 그리고 百濟 溫祚王 24년(A.D.6)조에 각각 보인다. 『三國史記』에서는 馬韓王의 國邑이 百濟에게 병합된 시점을 溫祚王 27(A.D.9)년으로 기록하고 있으나, 많은 연구자들은 이 시점을 3세기 중엽, 3세기 후반, 3세기 말, 4세기 전반 등으로 복잡하게 연대를 수정해 보고 있다.[41]

기왕의 연구에서 馬韓王의 멸망을 3세기 중엽 이후로 보았던 이유는 『三國史記』의 馬韓王과 그 國邑을 『三國志』의 辰王과 目支國으로 이해하였기 때문이다. 즉 3세기 중엽까지를 서술 대상으로 하는 『三國志』東夷傳에 '辰王' 기록이 있는 사실을 당시까지 馬韓王이 존재하고 있었다고 해석한 것이다.

그러나 『三國史記』의 馬韓은 馬韓 전체가 아니라 아산만 일대에 있었던 初期 馬韓이라는 점을 유념해야 한다. 백제가 아산만 유역의 초기 馬韓 國邑을 점령한 이후에 그 이남 지역에서 馬韓의 여타 세력이 辰王과 目支國을 중심으로 재구성되어 존속하였던 것으로 추정된다.[42]

일단 馬韓王과 辰王은 그 명칭 자체에서 이미 다른 성격을 드러낸다. 馬韓王과 辰王의 異同 문제는 辰王의 성격과 治所인 목지국에 대한 다음의 고찰을 통해 명확히 가려질 것이다.

辰王에 대한 1차 사료인 『三國志』東夷傳 韓條 마한 부분의 기사를 분석해 보면 다음과 같이 크게 세 부분으로 나뉘어 진다.

1. ① 辰王治月[目]支國
   ② 臣智或加優呼臣雲遣支報安邪踧支濆臣離兒不例拘邪秦支廉之號
   ③ 其官有魏率善邑君歸義侯中郎將都尉伯長

---

[41] 이에 대한 연구사는 姜鳳龍, 1997, 「百濟의 馬韓 倂呑에 대한 新考察」 『韓國上古史學報』 26 참조.
[42] 朴燦圭, 1995, 『百濟의 馬韓征服過程 硏究』, 단국대 박사학위논문, 100~105쪽.

이 가운데 ②와 ③의 기록에 대해 종래 대부분의 연구자들은 辰王과 직접 관련된 내용으로 간주하여, 辰王은 ②의 '加號'와 관련이 있으며 ③의 '魏率善邑君'이하 관료들을 거느린 존재로 이해하여 왔다.[43] 그래서 辰王은 馬韓諸國을 중심으로 三韓지역에 제법 영향력을 미치면서 諸國의 대외관계를 조정하거나 諸國 사이의 교류와 이해 등에 개입했던 것으로 추측[44]되고 있다.

그러나 위의 기사들에서 연이어 기재된 외에 내용적으로 연결될 만한 직접적인 관계를 찾기는 곤란하며, 오히려 ②와 ③은 辰王과 무관한 韓諸國의 일반적인 정치상황에 대한 별도의 기록으로 이해[45]하는 편이 자연스럽다.

우선 사료1의 ②는 辰王의 특수한 대외적 성격과 관련하여 주목되었지만, 종래 難讀의 구문으로 여겨져 사실 아직까지도 난제로 남아

---

43) 三上次男, 1954,「南部朝鮮における韓人部族國家の成立と發展―古代の南朝鮮」『邪馬臺國』(古代史談話會編); 1966,「南部朝鮮における韓人部族國家の成立と發展―韓諸國の發展と辰王政權の成立」『古代東北アジア史研究』, 吉川弘文館, 104쪽.
江上波夫, 1965,「日本における民族の形成と國家の起源」『東洋文化研究所紀要』32 ; 1965,『アジア文化史研究―要說篇』, 山川出版社, 44쪽.
千寬宇, 1976,「『三國志』韓傳의 再檢討」『震檀學報』41 ; 1989,『古朝鮮史・三韓史研究』, 일조각, 237쪽.
武田幸男, 1990,「魏志東夷傳における馬韓―辰王と臣智に關する一試論」『馬韓・百濟文化』12 ; 1995,「三韓社會における辰王と臣智(上)」『朝鮮文化研究』2, 25쪽.
田中俊明, 1998,「加耶と倭」『古代史の論點4:權力と國家と戰爭』(都出比呂志・田中琢 編), 小學館. 279쪽.
尹善泰, 2001, 앞의 논문, 28쪽.
44) 武田幸男, 1997,「高句麗と三韓」『隋唐帝國と古代朝鮮』(世界の歷史6), 中央公論社, 293쪽.
45) 權五榮, 1996,『三韓의 '國'에 대한 研究』, 서울대 박사학위논문, 219쪽.
尹龍九, 1998,「『三國志』韓傳 對外關係記事에 대한 一檢討」『馬韓史研究』, 忠南大 出版部, 106쪽.

있는 부분이다.

일찍이 那珂通世의 해석[46]을 보충한 李丙燾에 의해 '臣雲遣支報'는 馬韓 臣雲(新)國의 遣支(險側)報(人名?)란 것이고, '安邪踧支'는 弁辰安邪國의 踧支(臣智), '濆臣離兒(臣濆活)不例'는 馬韓 臣濆活(兒)國의 不例(樊濊), '拘邪秦支廉'은 弁辰狗邪國의 秦支(臣智)廉(人名?)[47]이라고 풀이된 이후 현재까지 국내 연구자들의 대부분은 이에 따르고 있다.

中華書局의 標點本에도 ②부분의 臣雲 이하가 구독되어 있지 않지만 문장 구조상 하나의 名號로 보기는 어려우며 분명 몇 개의 名號가 나열된 것으로 보아야 한다.[48] 대체로 臣雲 이하는 〈國名+臣智號〉의 형태로 4國의 臣智를 거론한 것으로 이해해도 좋을 듯하다.[49]

辰王과 관련하여 ②부분에서 가장 중요한 것은 加優呼의 주체나 객체로 辰王을 설정할 수 있느냐의 문제이다. 그 여부에 따라 ②부분은 辰王과 관련될 수도 있으며 무관할 수도 있다. 기존의 연구에선 辰王을 加優呼의 주체로 보는 입장[50]과 그 객체로 보는 입장[51]으로 나뉘는데, 대체로 辰王을 加優呼의 주체로 해석하는 시각이 현재까지 우

---

46) 那珂通世, 1895, 「朝鮮古史考:三韓考」 『史學雜誌』 6-6 ; 1958, 『外交繹史』, 岩波書店, 129쪽.
47) 李丙燾, 1936, 「三韓 問題의 新考察」 (3) 『震檀學報』 4 ; 1976, 『韓國古代史研究』, 박영사, 279쪽.
48) 吳金華, 2000, 「『三國志』待質錄」 『三國志叢考』, 上海古籍出版社, 254쪽.
49) 臣雲新國・安邪國・臣濆活國・狗邪國・廉斯國의 5國說을 주장하는 연구자(井上幹夫, 1978, 「『魏志』東夷傳에みえる辰王について」 『續律令國家と貴族社會』, 東京: 吉川弘文館, 621쪽)도 있으나, 이 부분에서 '廉斯國'의 존재를 확인하기는 어려운 듯하다. 한편 ②의 '濆臣'을 '臣濆(沽國)'의 도치라고 볼 근거가 없다고 보는 입장도 있다.(尹龍九, 1999, 「三韓의 對中交涉과 그 性格-曹魏의 東夷經略과 관련하여」 『國史館論叢』 85, 105쪽)
50) 盧重國, 1990, 「目支國에 대한 一考察」 『百濟論叢』 2, 81쪽.
武田幸男, 1996, 「三韓社會における辰王と臣智(下)」 『朝鮮文化研究』 3, 6쪽.
尹善泰, 2001, 앞의 논문, 30쪽.
51) 井上幹夫, 1978, 앞의 논문, 621쪽.

세하다.52)

辰王을 加優呼의 주체로 보는 입장은 다시 "辰王이 目支國의 臣智에게 4國의 臣智號를 더해 내린 것"53)으로 보는 입장과, "辰王(臣智)이 4國의 臣智에게 각각 해당 優號를 내린 것"54)으로 보는 시각으로 갈린다.

우선 ②의 臣智를 辰王으로 이해하는 후자의 문제점을 검토하기로 한다. 『三國志』韓傳에서 辰王과 臣智는 동일한 성격의 존재로 파악할 수 없는 상이한 위상의 소유자들로 나타난다.55)

일단 三韓의 臣智는 복수적 존재인데 반해 辰王은 그보다 상위의 단일한 존재였다는 점을 유념해야 한다. 三韓 여러 國의 臣智 가운데 目支國의 臣智가 이미 辰王으로 발전한 단계에서 그를 다시 여러 臣智와 동격으로 불렀을 리가 없다.

한편 《(辰王이) 目支國의 臣智에게 臣雲・安邪・臣濆・狗邪 4國의 臣智號를 加號하였다〉라고 이해하는 입장에선 目支國에 在地首長으로서의 臣智가 있고, 그 위에 目支國을 治所로 한 대외적 성격의 辰王도 있었다고 한다. 즉 目支國에 辰王-臣智의 상하 이중의 권력구조가 있었는데, 辰王은 자신이 諸韓國을 조정할 수 있는 권능에 기반하여 馬韓과 弁辰의 有力國인 4國의 臣智와 目支國 臣智에게 加號를 매개로 특정한 관계를 맺도록 유도하였다는 것이다.56)

그러나 ②의 臣智를 과연 目支國의 臣智로 이해할 수 있는지의 문제가 있다. 기존에 ②의 臣智를 辰王과 동일시하거나 또는 目支國의 臣智로 이해한 데에는 다음 『翰苑』의 기록들이 중요한 근거가 되었다.

---

52) 이에 대한 연구사는 이용현, 2001, 「가야의 대외관계」『한국 고대사 속의 가야』, 혜안, 342~344쪽을 참조하라.
53) 武田幸男, 1996, 앞의 논문, 6쪽.
54) 盧重國, 1990, 앞의 논문, 81쪽.
55) 李丙燾, 1976, 앞의 책, 240쪽.
56) 武田幸男, 1996, 앞의 논문, 6쪽.

2. 南居倭人 北隣穢貊 職標臣智 都號目支[57])
3. 魏略曰 三韓各有長師[帥] 其置官大者名曰[臣]智 次曰邑借 … 辰王治目支國(支國) 置官赤[亦]多曰臣智[58])

기존에는 사료2의 "職標臣智都號目支"에서 都의 주체를 앞의 臣智라고 보아 '臣智=辰王'이라고 이해하여 왔으나, 장구 구성상 臣智와 都號 사이에서 구독해야만 한다.

『翰苑』의 기록은 三韓의 대표적 직함으로 臣智를 거론하고, 三韓의 중심지[都]로 目支를 언급하였던 것이며, 이 양자의 관계에 대한 언급은 없다.

한편 사료3에 인용된 『魏略』의 기록에는 잘못이 있다[59])고 판단된다. 필자의 생각으로는 여기서의 '支國'은 前記된 目支國의 衍文이라고 판단되는바, 이 부분은 원래 "… 辰王治目支國, 置官亦多曰臣智"였던 것으로 복원해 보고자 한다.[60])

사료3의 『魏略』에서 언급된 三韓 각 長帥의 臣智와 辰王의 臣智들을 아우르면 馬韓을 포함한 三韓에 다수의 臣智가 존재하게 된다. 사료1의 ②부분 臣智 다음의 '或'자에 주목하여 〈臣智 가운데 혹 加優呼하는 경우도 있고 그렇지 않은 경우도 있다〉라고 본다면, ②의 臣智를 目支國의 臣智 1인에게만 한정할 수는 없으며, 오히려 『魏略』에서 보이듯 三韓의 여러 臣智들을 받는 것이라 판단된다. 따라서 불완전한 『魏略』 逸文을 근거로 目支國에 도읍한 자의 직함이 臣智였으므로 ②의 臣智가 目支國의 臣智 내지 辰王이었다고 단정할 수는 없다.

다음으로 加優呼의 주체를 辰王으로 보되 ②의 臣智를 4國의 臣智

---

57) 『翰苑』 卷30, 蕃夷部 三韓.
58) 『翰苑』 卷30, 蕃夷部 三韓 注.
59) 尹龍九, 1998, 앞의 논문, 106쪽.
60) 종래에는 "(目)支國置官 赤[亦]多曰臣智"라 하여 '目'자가 脫한 것으로 보아 왔다.(竹內理三, 1977, 『翰苑』, 吉川弘文館, 釋文 29쪽 ; 湯淺幸孫, 1983, 『翰苑校釋』, 國書刊行會, 60쪽)

로 이해하여, "辰王이 4國의 臣智들에게 각각 해당 優呼를 내려준 것"
으로 해석61)하는 입장이다. 여기서 加優呼의 주체로 辰王을 설정하는
중요한 근거는 '加'의 해석 때문이었다. 加優呼를 加號(官·爵)의 용례
들과 동일한 표현으로 이해하여, 이는 상위의 권력가가 아래에 내려
주는 '加賜'와 의미가 같다62)고 보는 맥락에서 상위인 辰王이 아래의
臣智들에게 加號를 하사한 것으로 본 것이다.

그러나 ②의 加優呼는『三國志』내의 '加號' 용례63)와 의미상 달리
해석된다. 일단 加優呼는 자구 그대로하자면 "더 높이 부른다"라는
뜻으로, "官이나 爵을 추가한다"라는 의미의 加號와는 다르다. 加號는
册封의 한 유형으로 기존의 官爵에 새로운 官爵을 더해 주는 것을 말
한다.64) 本官에 官爵을 加賜하는 加號는 분명 上 → 下라는 방향성이
정해지지만, 加優呼의 경우엔 그러한 방향성보다는 "비슷한 부류 가
운데 특정인을 우대한다"는 상대적 우대의 의미가 훨씬 강하다고 판
단된다. 따라서 加優呼를 加號와 같이 이해하여 주체가 臣智보다 상
위인 辰王이어야만 한다고 보기는 곤란하다.

이상과 같이 加優呼를 '加號'와 다른 의미의 '상대적 우대'로 해석하
고, ②의 臣智를 복수로 본다면 〈여러 臣智들 가운데 혹 더 높이 우대
해 부르는 경우〉를 생각해 보아야 한다. 그렇다면 加優呼는 三韓 諸國
가운데 특별한 '大國'의 臣智들에게 적용되었던 상대적 우호일 가능성
이 높다고 판단된다. 특별히 4개 '大國'의 臣智들을 더 높이 불러 "臣
雲國의 遣支報, 安邪國의 踧支, 濆臣國(臣濆國)의 離兒不例, 拘邪國의

---

61) 田中俊明, 1998, 앞의 논문, 279쪽 ; 尹善泰, 2001, 앞의 논문, 33쪽.
62) 武田幸男, 1996, 앞의 논문, 5쪽.
63)『三國志』卷4, 魏書 三少帝紀 高貴鄕公 "(甘露元年) 八月庚午 命大將軍司
馬文王加號大都督 奏事不名 假黃鉞" ; 卷20, 魏書 武文世王公傳 鄧哀王沖
"黃初二年 追贈諡沖曰鄧哀侯 又追加號爲公 … 太和五年 加沖號曰鄧哀
王".
64) 金鍾完, 1995,『中國南北朝史硏究-朝貢·交聘關係를 중심으로』, 一潮閣,
137쪽.

秦支廉"이라 우대하였던 것이다.65)

 이상과 같이 ②부분을 辰王과 무관한 4國의 사정을 전하는 것으로 이해한다면 그 다음에 이어지는 ③부분은 자연히 辰王과의 관계가 한층 멀어지게 된다. ③부분의 해석에서 반드시 辰王의 존재를 전제할 필요가 없음은 『三國志』 濊傳의 다음 기록을 통해 드러난다.

 4. 無大君長 自漢以來 其官有侯邑君三老 統主下戶66)

 大君長이 없던 濊의 경우 侯・邑君 등의 '其官'은 분명히 中國으로 册封 받은 官을 의미할 것이다. 이와 같은 맥락에서 辰王과 떨어져 나오는 ③부분의 '其官' 역시 辰王의 官屬이기보다 三韓의 여러 渠帥들에게 수여된 일반적인 中國의 册封官이었다고 보는 게 무리가 없을 듯하다.
 또한 '其官'의 항방과 관련히여 慶北 尙州 출토 「魏率善韓佰長」銘 銅印67)의 존재를 염두에 두어야 한다. 馬韓의 권역을 벗어나 辰韓의

---

65) ②의 4國 중 弁韓의 安邪國과 拘邪國은 대체로 大國의 규모를 가진 것으로 인정된다.(李永植, 2000, 「문헌으로 본 가락국사」 『가야 각국사의 재구성』, 부산대 한국민족문화연구소 편, 혜안, 27쪽) 馬韓의 臣雲新國과 臣濆沽國의 경우는 아직 확실한 단서는 없으나, 臣濆沽(活)國을 帶方郡 崎離營 전투의 주도국으로 이해(末松保和, 1954, 앞의 논문 ; 尹龍九, 1998, 앞의 논문, 98쪽)할 경우 그 발전단계를 三韓의 '大國'에 비정해도 무방할 듯하다.
66) 『三國志』 卷30, 東夷傳 濊.
67) 尹武炳, 1973, 「"魏率善韓佰長" 청동 도장 발견의 뜻」 『서울신문』 1973년 7월 17일, 6면.
 李賢惠, 1984, 앞의 책, 107쪽.
 선석열, 1997, 「古代 銘文의 해독과 분석」 『유물에 새겨진 古代文字』, 부산광역시립박물관 복천분관, 62쪽.
 李健茂, 2000, 「青銅器・原三國時代의 文字와 記號遺物」 『한국 고대의 문자와 기호유물』, 국립청주박물관, 169쪽.
 '率善'은 後漢代 中國에 귀부한 外夷에게 수여된 '率衆'호에서 기원한 것으로써, "善을 좇는다"는 의미로 蠻夷가 中國[善]에 귀복[率]함을 보이기

지역인 慶北 尙州에서 '魏率善韓佰長'의 인장이 확인되었다는 사실은 '(魏率善)伯長'이 거명된 ③의 '其官' 이하가 辰王의 직접적 官屬이 아닐 가능성을 제고시킨다. 中國이 樂浪·帶方의 郡縣을 통해 三韓의 諸臣智와 群小 渠帥들에게 이러한 官號를 따로 册封한 것은 三韓의 정치적 통합을 방해하기 위한 분열책의 일환이었다고 판단된다.

이상과 같이 사료1의 ②와 ③을 辰王과 관련되지 않은 三韓 諸國의 일반적인 정치상황의 기록으로 이해할 때 辰王의 외연은 기존의 시각보다 상당히 축소된다. 대외적으로 中國관계에서 馬韓의 2國과 弁韓의 2國을 중심으로 三韓諸國에 일정한 영향력을 행사하면서, 대내적으로는 魏率善官 등의 官屬을 거느린 三韓의 대표적 통치자라는 기존의 위상은 사료1의 ②와 ③을 재음미할 때 과장된 해석일 가능성이 높다.

한편 『三國志』에서 辰王의 治所로 나오는 '月支國'은 문헌에 따라 '目支國'(『翰苑』注 魏略, 『後漢書』, 『通典』68)) · '月支國'(『通志』69)) · '自支國'(『翰苑』注 魏志)70) 등으로 달리 표기되어 있다.

이 가운데 현행본『三國志』의 月支國을 선택하는 연구자71)도 있으나, 대부분은 『魏略』과 『後漢書』의 '目支國' 표기를 따르고 있다.72)

---

위한 관례적 칭호였다.[大庭脩, 2001, 「率善中郞將·率善校尉」『親魏倭王』(增補新版), 學生社, 182~184쪽]
68) 『通典』卷185, 邊防1 東夷上 馬韓(中華書局, 1996, 4988쪽).
69) 『通志』卷194, 四夷1 馬韓(中華書局, 1987, 3106쪽).
70) 『翰苑』卷30, 百濟 注 所引 魏志曰의 '自支國'은 '目支國'의 誤記라고 판단된다.(竹內理三, 1977, 앞의 책, 釋文 43쪽) 그렇다면 『翰苑』에 付注되던 唐代(660년대)까지는 『三國志』의 이 부분이 원래 '目支國'이었으리라 추정해 볼 수도 있다. 그러나 1161년 무렵에 편찬된 鄭樵(1104~1162)의 『通志』에 이 부분이 '月支國'이라 되어 있어 저간의 사정이 확실치 않다.
71) 丁仲煥, 1962, 『加羅史草』; 2000, 『加羅史硏究』, 혜안, 49쪽.
全海宗, 1980, 앞의 책, 104쪽.
武田幸男, 1996, 앞의 논문, 1~4쪽.
한편 '月氏國'으로 보는 연구자도 있다.(江上波夫, 1965, 앞의 책, 43쪽)

필자 역시 『三國志』의 전거 사료인 『魏略』과 이후 『三國志』를 원용한 『後漢書』의 표기가 '目支國'인 점을 존중하여 일단 '目支國'이 원래 표기에 가깝다고 보아두고자 한다.

현재까지 대부분의 연구자들이 辰王과 관련한 사료1의 '治'자를 『後漢書』와 『翰苑』의 기록대로 '都邑하다'로 풀고 있는데 반해, "辰王治目支國臣智"로 구독하여 '다스리다'로 새기는 경우[73]도 있었다.

그러나 『三國志』의 여타 '治'자 용례[74]를 참고한다면 의당 '都邑하다'로 해석하여 "辰王治目支國"이라 구독함이 자연스럽다. 과거에 이 부분을 "辰王治目支國臣智"로 구독하여 辰王을 百濟王(伯濟國王)으로 비정하기도[75] 했으나, 辰王의 治所(都邑)가 目支國이었고, 백제국과 목지국이 별개의 존재라고 본다면 이 설은 자연히 채택하기 힘들게 된다.

사료 1-①의 辰王에 대해 기존의 통설에선 馬韓聯盟體의 盟主(聯盟長)로 이해[76]하여 왔다. 이것은 辰王이 곧 '馬韓王'이라는 인식[77]과 일맥상통하는 것으로, 『三國史記』 百濟本紀의 '馬韓王'도 辰王으로 이해[78]하고 있다. 주지하듯이 『三國史記』에는 馬韓王(西韓王)의 존재가

---

72) 『後漢書』의 目支國과 『三國志』의 月支國을 각각 後漢代와 魏代의 서로 다른 별개 國의 이름으로 보는 시각도 있다.(尹乃鉉, 1989, 「目支國과 月支國」 『龍巖車文燮教授華甲紀念 史學論叢』, 신서원, 55쪽)
73) 千寬宇, 1989, 앞의 책, 237쪽.
74) 『三國志』卷30, 烏丸鮮卑東夷傳 東沃沮 "漢以土地廣遠 在單單大嶺之東 分置東部都尉 治不耐城 別主嶺東七縣 時沃沮亦皆爲縣"; 同書 倭 "自女王國以北 特置一大率 檢察諸國 諸國畏憚之 常治伊都國 於國中有如刺史".
75) 申采浩, 1925, 「前後三韓考」 『朝鮮史研究草』; 1995, 『改訂版 丹齋申采浩全集(中)』, 螢雪出版社, 89쪽.
   千寬宇, 1989, 앞의 책, 237쪽.
76) 李賢惠, 1984, 앞의 책, 170쪽; 盧重國, 1988, 앞의 책, 88쪽; 李基東, 1996, 앞의 책, 17쪽.
77) 白鳥庫吉, 1912, 「漢の朝鮮四郡疆域考」 『東洋學報』 2-2 ; 1986, 『朝鮮史研究』, 岩波書店, 315쪽.
78) 權五榮, 1996, 앞의 논문, 214쪽.

新羅 赫居世 38년(B.C.20)조, 39년(B.C.19)조, 그리고 百濟 溫祚王 24년 (A.D.6)조에 보인다.『三國史記』에서는 馬韓王의 國邑이 百濟에 의해 병합된 시점을 溫祚王 27년(9)으로 기록하고 있으나, 초기기년 수정론의 입장에선 3세기 중반,[79] 3세기 후반,[80] 3세기말(責稽王代),[81] 4세기 전반(比流王代)[82] 등으로 복잡하게 갈리고 있다.

　여기서 馬韓王의 멸망 시점을 3세기 중반 이후로 수정해 보는 가장 큰 이유는『三國史記』溫祚王紀의 馬韓王과 國邑을『三國志』韓傳의 辰王과 目支國으로 이해하기 때문이다. 즉 3세기 중엽을 중심연대로 하는『三國志』韓傳의 辰王 기록은 당시까지 馬韓王이 존재했음을 의미한다고 보는 것이다.[83]

　『三國史記』의 馬韓王과『三國志』의 辰王을 연결시키는 바탕에는 初期 馬韓의 國邑이 곧 目支國이라는 인식이 깔려 있다.『三國史記』溫祚王紀의 百濟에 의해 멸망된 馬韓이 馬韓 전체가 아니라 아산만 일대에 위치하던 初期 馬韓의 일부라는 것은 최근 학계에서 공감되어

---

　　金壽泰, 1998,「3세기 중·후반 백제의 발전과 馬韓」『馬韓史研究』, 忠南大出版部, 201쪽.
　　尹善泰, 2001, 앞의 논문, 31쪽.
79) 盧重國, 1988, 앞의 책, 91쪽.
　　兪元載, 1994,「『晋書』의 馬韓과 百濟」『韓國上古史學報』17, 146쪽.
　　權五榮, 1996, 앞의 논문 ; 金壽泰, 1998, 앞의 논문, 198쪽.
80) 李賢惠, 1997,「3세기 馬韓과 伯濟國」『百濟의 中央과 地方』, 忠南大 百濟硏究所, 25～27쪽.
81) 姜鳳龍, 1997, 앞의 논문, 149쪽.
82) 全榮來, 1985,「百濟南方境域의 變遷」『千寬宇先生還曆紀念 韓國史學論叢』, 정음문화사, 140쪽.
　　金英心, 1997,『百濟의 地方統治體制 硏究』, 서울대 박사학위논문, 25쪽.
83) 辰王 기사를 포함한『三國志』韓傳의 정치관계 기록의 대부분은 3세기 중엽을 그 중심 연대로 한다고 이해된다.(千寬宇, 1989, 앞의 책, 214쪽) 그러나 三韓의 풍속 내지 기타 문화 관련 기록은 3세기 이전까지 소급되는 부분이 많다.(金貞培, 1979,「'魏志東夷傳'에 나타난 古代人의 生活風俗」『大東文化研究』13 ; 2000, 앞의 책, 287～292쪽)

나가고 있다.[84]

　『三國史記』에 보이는 初期 馬韓의 國邑이 바로 『三國志』의 目支國이며 따라서 目支國의 위치도 아산만 일대라는 추론[85]은 신중을 기해야 하는 문제다.

　그동안 진왕과 관련한 논의는 그 치소인 목지국을 어디로 볼 것인가에 초점이 맞춰져 진행되어 왔다. 목지국의 위치에 대해서는 조선 후기 실학자(韓致奫, 丁若鏞)들의 益山說 이래, 稷山說[86], 仁川說[87], 禮山說,[88] 금강유역설,[89] '충남 천안 → 전북 익산 → 전남 나주' 이동설[90] 등 다양하지만, 최근에는 청당동 유적이 발굴된 천안과 예산 일대의 '아산만 방면'으로 보는 시각이 유력하게 받아들여지고 있다.[91]

　근래 目支國의 위치를 '아산만 일대(天安-禮山)'에 비정하는 배경에는 『三國志』 韓傳의 馬韓 50여 國의 국명 기재 순서가 중요하게 고려되었다. 대부분의 연구자들은 馬韓 54國의 국명 기재 순서가 中國郡

---

84) 한편 『三國史記』의 百濟에 의해 병합된 '馬韓'을 近肖古王代 최후의 馬韓(榮山江流域)으로 보는 입장(李基東, 1987, 「馬韓領域에서의 百濟의 成長」 『馬韓百濟文化』 10, 57쪽 ; 1990, 「百濟國의 成長과 馬韓 倂合」 『百濟論叢』 2, 62~63쪽)과 5세기 전반의 馬韓(錦江以南)과 관련된 일로 보는 시각(金起燮, 2000, 『百濟와 近肖古王』, 학연문화사, 181쪽)도 있다.
85) 盧重國, 1988, 앞의 책, 91쪽.
　權五榮, 1995, 「백제의 성립과 발전」 『한국사』 6, 국사편찬위원회, 24쪽.
　金壽泰, 1998, 앞의 논문, 198쪽.
　兪元載, 1999, 「백제의 마한정복과 지배방법」 『榮山江流域의 古代社會』, 학연문화사, 135쪽.
86) 李丙燾, 1976, 앞의 책.
87) 千寬宇, 1989, 앞의 책.
88) 金貞培, 1986, 앞의 책.
89) 朴燦圭, 1995, 앞의 논문.
　박대재, 2002, 앞의 논문.
90) 최몽룡·김경택, 2005, 『한성시대 백제와 마한』, 주류성.
91) 武田幸男, 1995~1996, 「三韓社會における辰王と臣智」 『朝鮮文化研究』 2~3.
　權五榮, 1996, 앞의 논문.

縣과 인접한 임진강 방면에서 점차 남하하여 全南 해안에 이르기까지 북에서 남으로의 방향이라는 법칙성을 보여 준다92)고 믿고 있다.

이러한 기재의 법칙성을 존중하여 目支國은 14번째에 해당하기 때문에 8번째인 伯濟國(서울)과 22번째 支侵國(洪城·大興)의 사이가 되어 京畿 南部~忠南 北部에 위치하였을 가능성이 높으므로, 目支國을 忠南 北部의 天原(天安)이나 禮山 방면에 비정하는 것이 온당하다93)는 것이다.

그러나 기재의 법칙성을 주장했던 연구자가 14번째인 目支國의 위치를 8번째인 伯濟國(서울)과 나란한 仁川에 비정했던94) 사실은 납득하기 힘든 부분이다. 馬韓의 54國 가운데 정확한 위치를 비정할 수 있는 國이 극소수에 불과한 상황에서 법칙성을 도출하고 그에 입각하여 불명확한 위치를 유추하는 것은 매우 위험하다고 하지 않을 수 없다. 目支國의 위치를 비정하는 작업에서 국명의 기재 순서는 결정적인 근거라고 보기는 곤란하다.

目支國의 위치를 구명하는 열쇠는 무엇보다도 '辰王'이라는 호칭 자체에 있다고 생각한다. 目支國이 辰王의 治所였다는 점을 유념한다면 그 위치는 당연히 辰王의 통치지역 내에 포함될 것이다. 과거엔 辰王의 의미를 渠帥의 토착어인 '臣智'의 漢譯으로 이해하여 '辰'을 '臣'[大]의 音借로 보아 '大王' 정도로 해석하였다.95)

그러나 『三國志』의 東夷傳에 기록된 여타 東夷王號의 예를 살펴보

---

92) 千寬宇, 1979, 「馬韓諸國의 位置試論」『東洋學』9 ; 1989, 앞의 책, 375~376쪽.
93) 武田幸男, 1996, 앞의 논문, 3쪽.
94) 千寬宇, 1979, 앞의 논문.
95) 丁若鏞, 『疆域考』三韓總考.
   神志(申采浩), 1921, 「考古編-辰王」『天鼓』1-3(崔光植, 2001, 「자료소개『天鼓』考古篇」『韓國古代史研究』22, 268쪽).
   丁仲煥, 2000, 앞의 책, 266쪽 ; 任昌淳, 1959, 앞의 논문, 9쪽 ; 金貞培, 1968, 앞의 논문, 368쪽.

면 모두 [통치대상+왕]의 구조로 이루어져 있어, 辰王 역시 그러한 成語의 맥락에서 이해해야 할 것으로 판단된다.

    5. 漢末 公孫度雄張海東 威服外夷 夫餘王尉仇台更屬遼東(『三國志』夫餘)
    6. 其印文言 濊王之印 國有故城名濊城 蓋本濊貊之地(『三國志』夫餘)
    7. 漢光武帝八年 高句麗王遣使朝貢 始見稱王 至殤安之間 句麗王宮數寇遼東 更屬玄菟(『三國志』高句麗)
    8. 其八年 詣闕朝貢 詔更拜不耐濊王(『三國志』濊)
    9. 其四年 倭王復遣使大夫伊聲耆掖邪狗等八人(『三國志』倭)

이상『三國志』에 보이는 東夷王號의 예들을 참작할 때 '辰王' 역시 일단 '辰을 다스리는 王'의 의미로 보는 게 순리이다. 여러 外夷 가운데 유독 馬韓지역의 王에게만 토착어인 '臣[大]'의 借音字[辰]를 관칭했다고 보기는 곤란하다.[96]

辰王과 臣智는 '辰'자와 '臣'자의 발음이 비슷하여 서로 통하는 듯하지만 사실 그들의 위상은 엄연히 구분된다.[97] 三韓의 渠帥(長帥)들 가운데 首位를 점했던 諸韓國의 臣智들과 王號 소지자인 유일의 辰王은 그 호칭에서 이미 구별되므로, '辰王=臣智'라는 기존의 보편적 이해는 재고의 여지가 있다.

종래 '辰國'과 '辰王'의 시간적 선후구별을 강조한 선학들의 지적[98]은 정곡을 얻은 것임에 틀림없으나, 이러한 시각이 辰王의 성격 특히

---

96) 『三國志』와 『後漢書』에 보이는 外夷의 渠帥號인 '加'(夫餘·高句麗), '單于'(匈奴), '精夫'(南蠻西南夷), '卑狗'(倭) 등은 그 지역의 生語(土着語)를 붙여 호칭하는 경우이다.(鄭早苗, 1981,「中國周邊諸民族の首長號:『後漢書』『三國志』より」『村上四男博士和歌山大學退官紀念 朝鮮史論文集』, 開明書店, 1~42쪽) 그에 비해 夫餘王·高句麗王·倭王·濊王·辰王 등의 王號는 中國式 稱號라 할 수 있다.
97) 李丙燾, 1959,『資料韓國儒學史草稿』, 서울大 國史研究室 ; 1986,『韓國儒學史略』, 亞細亞文化社, 2쪽.
98) 末松保和, 1995, 앞의 책, 128쪽 ; 金貞培, 1968, 앞의 논문, 355쪽.

통치지역의 범위를 추구하는 데에 장애가 되었음도 부인할 수 없다. 그래서 辰王의 통치지역을 '辰王'호와 연결시키지 못하고, '目支國'에 한정해[99] 보거나 아니면 마한 전체로 확대해 보았던 것이다.

辰王의 통치지역과 관련한 '辰'은 역사적으로 자연히 『史記』와 『漢書』의 朝鮮傳에 등장하는 '辰國'과 떨어져 생각할 수 없다.[100] 비록 辰王이 통치하던 시기에 辰國의 정체는 이미 사라졌지만 그 고지를 한동안 '辰'이라고 지칭했던 듯하다. 마치 朝鮮(古朝鮮·衛滿朝鮮)의 멸망 이후에도 '朝鮮'이라는 용어가 그 고지를 지칭한 용어로 후대까지 사용된 예[101]와 상통한다.

辰國을 三韓에 대한 汎稱으로 이해하기도 하고,[102] 辰國과 馬韓을 각각 漢江유역과 忠淸·全羅지역에 병존했던 두 개의 세력으로 보는 시각[103]도 있으나, 대체로 馬韓을 포함한 三韓의 선행 단계에 辰國이 존재했다[104]고 보아야 한다.

문헌상 辰國의 위치를 가늠할 수 있는 기록은 『魏略』의 '朝鮮相歷谿卿 … 東之辰國'이 유일하다. 설사 『史記』 朝鮮傳(『史記札記』所引 宋本)의 '眞番旁辰國'을 생각하더라도 '旁'이라는 표현은 막연하여 정확한 위치를 정할 수 없다. 『魏略』의 '동쪽으로 갔다(東之)'는 표현도 衛

---

99) 金貞培, 1985, 「目支國小攷」 『千寬宇先生還曆紀念 韓國史學論叢』, 정음문화사 ; 1986, 앞의 책, 292쪽.
100) 일찍이 李丙燾(1934, 앞의 논문, 17쪽)와 千寬宇(1989, 앞의 책, 243쪽)가 辰王의 '辰'을 辰國과 연결시켜 이해한 바 있었으나, 李丙燾는 辰國과 辰王의 단계를 구별하지 못하였고, 千寬宇는 辰王을 目支國王이 아닌 伯濟國王으로 이해하여 혼선을 빚었다.
101) 『三國志』 卷30, 魏書 烏丸鮮卑東夷傳 高句麗 "高句麗在遼東之東千里 南與朝鮮濊貊 東與沃沮 北與夫餘接" ; 同書 濊 "濊南與辰韓 北與高句麗沃沮接 東窮大海 今朝鮮之東皆其地也".
102) 사회과학원력사연구소, 1991, 「진국사」 『조선전사』 2(개정판), 과학백과사전종합출판사, 181쪽.
103) 盧重國, 1987, 「馬韓의 成立과 變遷」 『馬韓·百濟文化』 10, 29쪽.
104) 李賢惠, 1984, 앞의 책, 40쪽 ; 金貞培, 1986, 앞의 책, 253쪽.

滿朝鮮의 동쪽인지 中國의 입장에서 동쪽인지가 명확하지 않다.105)

또한 『三國志』의 기록대로 辰國과 辰韓의 선후관계에 집착할 경우 陳壽의 부회를 답습하는 문제를 만나게 된다. 『三國志』 韓傳에선 '辰國〉辰韓'이라 기록되어 辰韓지역에 辰國이 먼저 있었던 것처럼 보이지만, 실상은 '辰國〉馬韓'의 선후관계가 더욱 합리적이라고 생각된다. 辰王의 治所였던 目支國이 馬韓의 '國'으로 보이기 때문이다. 진국과 진한의 관계에 대해서는 제4장 진한과 관련한 부분에서 자세히 살펴보겠다.

'辰國〉馬韓'의 관계는 일찍이 『册府元龜』와 『增補文獻備考』에서 언급되기도 하였다.

   10. 馬韓古之辰國也 韓有三種 馬韓最大 共立其種爲辰106)
   11. 蓋辰與朝鮮分南北而建國者也 其始末不可考 而辰之後爲馬韓 馬韓分而爲三韓也107)

『册府元龜』와 『增補文獻備考』에서 辰國을 馬韓의 전신으로 보았던 전거에 대해 확인할 수 없으나, 기왕의 『三國志』 韓傳과는 분명히 다른 사실을 전하고 있다. 만약 "馬韓古之辰國"이 나름대로의 전거를 가진 기록이라면 '辰國〉馬韓'의 인식은 한층 더 설득력을 가지게 된다.

기존에 辰國의 위치에 대해서는 漢江유역,108) 錦江유역,109) 洛東江

---

105) 『三國志』 濊傳에서는 濊의 지리적 위치를 '朝鮮之東'이라 표현하였는바, '東之辰國'의 東을 朝鮮의 東으로 볼 경우 서로 충돌하게 된다. 만약 中國의 동쪽이라 볼 경우 東夷의 遠地로 들어가 中原으로부터 더욱 멀어졌다는 인식의 표현이라 이해할 수 있다.
106) 『册府元龜』卷956, 外臣部 種族(中華書局, 1982, 12册, 11242).
107) 『增補文獻備考』卷13, 輿地考1 辰國(國學資料院, 1996, 上卷).
108) 千寬宇, 1989, 앞의 책, 178쪽 ; 盧重國, 1988, 앞의 책, 47쪽.
109) 金貞培, 1986, 앞의 책, 256쪽 ; 權五榮, 1996, 앞의 논문, 32쪽.
    辰國의 위치를 忠南·全羅 지역내의 靑銅器文化 중심지에서 찾고자 하는 입장(李賢惠, 1984, 앞의 책, 37쪽)도 이 범주에 포함시킬 수 있다.

제3장 馬韓의 왕과 中國郡縣과의 전쟁  109

유역110) 등이 거론되고 있다. 이 가운데 '洛東江유역'설은 앞서 언급하였듯이 '辰國〉辰韓'의 부회에 바탕하고 있기 때문에 입론의 근거가 불안하다. 문헌자료의 한계로 말미암아 辰國의 위치 문제는 고고학 자료의 도움을 받지 않을 수 없는 형편이다.

현재까지의 고고학 성과에 의하면 漢江유역에서 辰國의 것으로 비정할 만한 문물 자료는 보이지 않는다.111) 辰國의 위치를 錦江유역에 비정한 기존의 입장은 기원전 2세기 무렵 남한지역 細形銅劍文化의 중심지에 착안한112) 것이었다.

근래 고고학적 성과에 의하면 기원전 2세기 무렵 馬韓의 문화는 이미 철기문화의 세례를 상당히 받은 것으로 파악되고 있다.113) 忠南 公州 鳳安里,114) 全北 長水 南陽里,115) 忠南 扶餘 合松里,116) 忠南 唐津 素素里117) 등지의 鑄造鐵斧·鐵鑿·琉璃管玉과 細形銅劍이 함께 출토된 유적들이 그 징표이다. 이들 유적은 南韓에서 철기문화의 개시를 가늠하게 해주는 초기의 유적들로 그 연대는 모두 기원전 2세기에 비정된다.118)

錦江유역은 南韓에서 철기문화의 보급이 가장 일찍부터 이루어진 지역이며,119) 최근 論山 院北里遺蹟 '다'지구의 1호 土壙墓에서도 銅

---

110) 朴淳發, 1998,「前期 馬韓의 時·空間的 位置에 대하여」『馬韓史研究』, 忠南大 出版部, 32쪽.
111) 朴淳發, 1998, 앞의 논문, 32쪽.
112) 金貞培, 1976,「準王 및 辰國과 三韓正統論의 諸問題」『韓國史研究』13. 李賢惠, 1984, 앞의 책.
113) 東潮, 1990,「馬韓文化と鐵」『馬韓·百濟文化』12, 128쪽.
114) 安承周, 1978,「公州 鳳安出土 銅劍 銅戈」『考古美術』136·137合(樹默秦弘燮博士華甲紀念論文集).
115) 池健吉, 1990,「長水 南陽里 出土 靑銅器·鐵器 一括遺物」『考古學誌』2, 5~22쪽.
116) 李健茂, 1990,「扶餘 合松里遺蹟 出土 一括遺物」『考古學誌』2, 23~67쪽.
117) 李健茂, 1991,「唐津 素素里 遺蹟 出土 一括遺物」『考古學誌』3, 112~134쪽.
118) 李健茂, 1990, 앞의 논문, 46쪽.

鏡·細形銅劍과 鐵斧 등이 일괄 확인되어,[120] 현재 錦江유역을 중심으로 초기철기시대 유적이 점차 증가하는 추세이다.

『漢書』朝鮮傳에 의하면 기원전 2세기말 辰國은 漢에 '上書入朝'하려고 하였으나, 衛滿朝鮮의 마지막 왕인 右渠의 방해로 이루지 못했다. 前漢과의 교통을 원했던 辰國의 처지로선 衛滿朝鮮이 장애였던 것인데, 그렇다면 기원전 108년 衛滿朝鮮의 멸망에 연동하여 辰國은 漢과의 공적인 교섭을 곧 개시하려고 노력했을 것이다. 辰國과 前漢의 공적인 교섭을 전하는 문헌 기록은 현재 남아 있지 않으나, 고고학적으로 辰國과 前漢의 교섭은 錦江유역에서 발견된 前漢鏡의 존재를 통해 유추해 볼 수 있다.

현재까지 馬韓지역에서 발견된 前漢鏡으로는 益山 平章里 출토 蟠螭文鏡[121]과 公州 公山城 출토 匜龍文鏡[122]이 전한다. 대개 蟠螭文鏡은 前漢 前期의 鏡式이며 匜龍文鏡은 前漢 後期의 鏡式임[123]을 통해 볼 때, 平章里 銅鏡과 公山城 銅鏡은 형식상 前漢鏡일 가능성이 높다.[124] 특히 蟠螭文鏡인 平章里 銅鏡은 三韓에서 출토된 漢式鏡 가운

---

119) 權五榮, 1996, 앞의 논문, 32쪽.
120) 中央文化財研究院, 2001, 『論山 院北里遺蹟 發掘調査』, 현장설명회자료, 15쪽.
121) 全榮來, 1987, 「錦江流域 青銅器文化圈 新資料」 『馬韓·百濟文化』 10, 73~75쪽.
122) 朴淳發, 2001, 「馬韓 對外交涉의 變遷과 百濟의 등장」 『百濟研究』 33, 10쪽. 公州 公山城 출토 銅鏡은 애초에 百濟의 銅鏡으로 보고되었으나(安承周·李南奭, 1987, 『公山城 百濟推定王宮址發掘調査報告書』, 公州師範大博物館), 최근 朴淳發에 의해 그 鏡式이 匜龍文鏡으로 재검토되면서 기원전 1세기경의 前漢鏡으로 이해되고 있다.(朴淳發, 2002, 「熊津 遷都 背景과 泗沘都城 造成 過程」 『백제 도성의 변천과 연구상의 문제점』, 제3회 문화재연구학술대회 발표문집, 국립부여문화재연구소) 이에 대해 여러 가지 출토 정황으로 볼 때, 前漢鏡보다 백제시대의 倣製鏡일 가능성이 높다는 반론도 있다.(朴淳發, 2002 앞 발표문에 대한 李炳鎬의 토론문)
123) 岡村秀典, 1995, 「樂浪出土鏡の諸問題」 『考古學ジャーナル』 392.
124) 平章里 銅鏡의 연대에 대해선 기원전 1세기설(高久健二, 1999, 「樂浪古墳

데 最古式125)에 해당하여 더욱 주목된다.

이러한 前漢鏡은 이 지역의 유력한 정치세력과 中國 사이의 공적 교섭을 시사하는126) 증거물로, 그 해당 세력으로는 『漢書』에서 南韓지역의 대표적 세력으로 기록된 辰國이 가장 유력하다.

南韓지역에서 출토된 초기 철기유적과 前漢鏡에 의거하자면 辰國의 공간범위는 公州-益山 방면의 錦江유역이었을 가능성이 높다. 辰王의 통치지역이 '辰'이었고 그것이 과거 辰國의 고지와 깊은 관련이 있다고 본다면 辰王의 통치지역 역시 錦江유역 일대에 비정할 수 있다. 그렇다면 辰王의 治所였던 目支國의 위치도 자연히 錦江유역의 어느 지점이었다고 보는 게 순리이다. 辰王의 통치지역을 벗어나 目支國의 위치를 비정하기는 곤란하기 때문이다.

錦江유역이 辰王의 통치지역인 辰 내지 그 治所인 目支國과 깊이 관련됨은 이 일대에서 출토된 後漢 이후 漢鏡의 분포를 통해서도 방증된다. 현재까지 馬韓지역에서 출토된 後漢 이후의 漢鏡은 全北 益山 三箕面 蓮洞里 출토 銅鏡, 忠南 扶餘 場岩面 출토 後漢鏡 및 全北 益山 金馬面 출토 後漢鏡127) 등이다. 이 가운데 益山 蓮洞里 출토 銅鏡에 대해선 그 동안 西晉鏡說,128) 後漢鏡說,129) 魏鏡說130) 등이 제기되어

---

出土의 銅鏡」『考古歷史學志』15, 蓮峯李容玹先生停年退任記念 特輯 東北아시아의 古代銅鏡, 54쪽)과 기원전 2세기설(朴淳發, 2001, 앞의 논문, 10쪽)로 의견이 나뉘어 있다.
125) 沈奉謹, 1990, 「三韓·原三國時代의 銅鏡」『石堂論叢』16, 86쪽.
126) 高久健二, 1997, 「樂浪郡과 三韓과의 交涉形態에 대하여-三韓地域 出土의 漢式 遺物과 非漢式 遺物의 檢討를 중심으로」『文物研究』창간호, 東아시아文物研究學術財團, 85쪽.
127) 金貞培, 1986, 앞의 책, 233쪽.
128) 洪思俊, 1960, 「全北 益山出土 六朝鏡」『考古美術』1-1.
柳佑相, 1966, 「胎峰寺出土 晉鏡에 대한 小考」『湖南文化研究』4.
權五榮, 1988, 「考古資料를 중심으로 본 百濟와 中國의 文物交流」『震檀學報』66, 183쪽.
129) 金貞培, 1979, 「三韓社會의 '國'의 解釋問題」『韓國史研究』26 ; 1986, 앞

왔다. 그런데 인근의 益山 金馬面과 扶餘 場岩面 출토 銅鏡이 모두 後漢鏡임을 고려할 때 後漢鏡일 가능성이 상대적으로 높아진다.

扶餘와 益山 출토 漢鏡들의 역사성을 검출하기 위해서 그 제작 연대를 분명히 밝힐 필요가 있지만, 그보다 馬韓으로의 유입 시기를 구명하는 일이 우선이라 할 수 있다. 馬韓에서 출토된 漢鏡은 엄밀히 말하자면 제작 연대가 아닌 그 유입 시기 무렵의 사정을 대변하기 때문이다.

漢鏡의 유입시기를 고찰할 때 먼저 中國 내지의 工房에서 제작된 이후 邊郡의 樂浪郡을 거쳐 馬韓에 들어오기까지의 유통과정을 고려해야 한다. 또한 樂浪에서 출토된 漢鏡 가운데 傳世品이 상당 부분 있음을 통해볼 때, 馬韓에서 출토된 漢鏡의 형식이 '後漢鏡'이라 하여 그 유입 시기도 반드시 '後漢代'라고 단정할 수는 없다. '後漢鏡'의 형식을 지닌 銅鏡이라 할지라도 '後漢代(25~219)가 아닌 그 다음의 魏代(220~265) 특히 魏代初에 많이 제작·유통되기도 했기 때문이다.131)

---

의 책, 233쪽.
成正鏞·南宮丞, 2001, 「益山 蓮洞里 盤龍鏡과 馬韓의 對外交涉」『考古學誌』13.
130) 朴淳發, 2001, 앞의 논문, 13쪽.
權五榮, 2001, 「백제국(伯濟國)에서 백제(百濟)로의 전환」『역사와 현실』40, 44쪽.
131) 後漢末 이래 洛陽에서 銅鏡의 제작이 쇠퇴하였기 때문에 魏代初의 銅鏡들은 '陳氏'를 비롯한 江南 출신의 鑄工들이 江南으로부터 洛陽에 초청되어 제작되었는바, 魏鏡의 文樣이 後漢 江南의 銅鏡들과 유사한 것이 그러한 사실을 방증한다.(岡崎敬, 1971, 「日本の古代金石文」『古代の日本 9 硏究資料』, 岡崎敬·平野邦雄 編, 角川書店, 380쪽) 한편 중국의 고고학자 王仲殊와 徐苹芳도 "後漢末의 전란으로 後漢의 鏡을 제작하던 工房들이 소멸되어 그 제작이 정체되었기 때문에, 魏가 통일 후 後漢의 官營工房을 재건하여 다시 鏡을 생산하였으나, 그것은 後漢代의 後漢鏡 형식을 답습한 舊式鏡이었다"고 파악하였다.(水野祐, 2001, 「三角緣神獸鏡と卑彌呼の'銅鏡百枚'」『日本古代史の謎』, 自由國民社, 49쪽 참조) 이러한 後漢末-魏初의 銅鏡 제작 사정을 감안하면서 蓮洞里 銅鏡에서 보

어쨌든 지금까지 馬韓에서 출토된 漢鏡은 모두 公州－扶餘－益山의 錦江 중·하류권에만 한정되는 양상을 보여주고 있어 이 일대가 당시 馬韓의 중심지였음을 강하게 시사해준다.132)

漢鏡의 존재는 中國과의 公的 관계에서 錦江유역이 馬韓의 중심적 위치를 점했음을 대변해 준다. 中國郡縣과 三韓의 교섭체계는 공적인 朝貢貿易과 商人에 의한 사적인 교역으로 양면성을 보여주고 있다.133) 주지하듯이 中國製 漢鏡은 三韓과 中國郡縣의 공식적인 경로인 조공무역을 통해 유입된 대표적인 교역품의 하나로 권위를 상징하는 중요한 물품이었다.134) 다시 말해 馬韓 출토의 漢鏡은 樂浪郡과 馬韓의 공적 교섭 가운데 양자의 상위계층 사이에서 이루어진 교섭의 산물로,135) 그것을 소유한 지도자의 權威(prestige)를 상징하는 '威勢品'(prestige goods)의 성격을 가지고 있었다.136)

---

이는 後漢鏡의 문양과 형식을 이해한다면, 그 제작시기에 대해서는 향후 다양한 각도에서 접근할 필요가 있다.
132) 三韓 전체를 놓고 볼 때 樂浪을 통한 漢鏡의 流入은 洛東江 유역의 辰·弁韓이 馬韓보다 우세했다.(李在賢, 2000,「加耶地域出土 銅鏡과 交易體系」『韓國古代史論叢』9, 41~58쪽 ; 김길식, 2001,「삼한지역 출토 낙랑계 문물」『낙랑』, 국립중앙박물관, 249쪽)
133) 李賢惠, 1994,「1~3世紀 韓半島의 對外交易體系」『古代 東亞細亞의 再發見』, 호암미술관; 1994,「三韓의 對外交易體系」『李基白先生古稀紀念 韓國史學論叢』(上), 一潮閣; 1998,『韓國 古代의 생산과 교역』, 一潮閣, 264~290쪽.
134) 李賢惠, 1998, 앞의 책, 269쪽.
135) 高久健二, 1997, 앞의 논문, 85쪽.
136) 樂浪에서의 銅鏡은 階層差를 보이지만 '化粧道具'(實用器)로서의 의미가 더 강하다.(高久健二, 1995,『樂浪古墳硏究』, 학연문화사, 197쪽) 반면 三韓과 倭에서 출토된 漢鏡은 일반적으로 權威를 상징하는 'prestige goods'의 성격으로 파악된다.(高倉洋彰, 1993,「前漢鏡にあらわえた權威の象徵性」『國立歷史民俗博物館硏究報告』55, 35쪽; 李賢惠, 1998, 앞의 책, 269쪽) 銅鏡은 특히 종교적 기능이 강한 'prestige goods'으로 파악할 수 있을 것이다.(尹龍九, 1999,「三韓의 朝貢貿易에 대한 一考察」『歷史學報』162, 22쪽)

한편 三韓에서 출토된 漢鏡을 三韓을 왕래한 樂浪의 商人에 의해 공급된 것으로 보는 입장도 있다.137) 그러나 倭에서 출토된 漢鏡의 대부분은 公的 貿易品으로 알려져 있어, 동일하게 樂浪郡을 매개로 漢鏡을 공급받았던 倭와 三韓의 경우 유입경로에 있어 상호 공통되었으리라 짐작된다.

漢鏡의 기능을 생각할 때, 中國의 內地와 樂浪郡에서는 化粧道具 등의 實用器로서 소요되다 보니 私商人에 의해 유통되었던 면이 많으나, 三韓과 倭와 같은 外國으로 유출될 때에는 실용품보다는 소지자의 權威를 상징하는 威勢品의 성격을 강하게 지니게 된다. 따라서 설사 私商人에 의해 漢鏡이 三韓에 공급되었다고 할지라도 그것의 수요층은 유력한 정치세력으로 비정해야 한다. 그러므로 漢鏡을 통해 그것을 둘러싼 유력 정치세력의 존재를 상정할 수 있을 것이다.

마한 지역 漢鏡의 분포를 통해, 後漢 이후 中國郡縣과 공적 교섭을 했던 유력한 정치세력을 錦江유역에 상정해 볼 수 있을 것이다. 당시 馬韓에서 中國郡縣과 공적으로 교섭할 수 있는 유력 세력은 문헌상 유일하게 왕호를 칭했던 辰王이 단연 주목되므로, 錦江유역의 漢鏡들은 그 일대가 辰王의 통치지역인 辰 내지 目支國과 관련됨을 시사한다.

시간적으로 辰國은 기원전 2세기를 중심으로, 辰王은 2~3세기를 중심으로 각각 선후에 있었으나, 공간적으로는 똑같이 금강유역을 중심무대로 하고 있었다. 이런 선후관계의 사정 속에서 目支國을 중심으로 한 통치자는 辰王(辰의 王)이라는 호칭을 통해 자기정체성을 드러낸 것이다. 즉 辰王은 과거의 辰國이 있었던 錦江유역의 '辰'지역을 통치하며 目支國에 중심을 두었던 존재였다.

비록 후대의 자료이지만 錦江유역이 '辰'이라는 지명과 관련됨은 中國 洛陽 출토의 「扶餘隆墓誌銘」을 통해서 유추해 볼 수도 있다. 「扶餘

---

137) 權五重, 2000, 「方格規矩四神鏡의 流轉」 『東아시아 歷史의 遷流』(서강대 동양사연구실 編), 지식산업사, 172~175쪽.

隆墓誌銘" "公諱隆字隆 百濟辰朝人也" 기록의 '辰朝'에 대해선 그동안 辰王(辰國)과 관련하여 조명되어 온 바 있다.138) 扶餘隆은 義慈王의 아들로 멸망시 百濟의 중심지는 泗沘城이었으므로 辰朝의 '辰'은 扶餘 일대의 錦江유역과 관련된 명칭일 가능성이 높다고 하겠다.

한편 目支國의 위치를 고고학적으로 검토할 때 과거에는 忠南 禮山 등지의 細形銅劍과 石棺墓 등 靑銅器文化에 주목하여 이 일대를 目支國에 비정하기도 했으나,139) 근래에는 忠南 天安 일대의 土壙墓에서 출토된 3세기대의 철기 유물과 중국계 외래물품(曲棒形帶鉤, 金箔琉璃玉)을 目支國과 결부시켜 이해140)하고 있다. 그래서 대체로 아산만 일대 특히 天安 淸堂洞 일대의 토광묘문화를 馬韓 目支國의 문화유산으로 보는 경향141)이 강하다.142)

그러나 최근의 고고학 성과에 의하자면 3세기 이후 馬韓지역 토기문화의 전통과 특징은 충남과 전라도 지방에서 집중 출토되는 兩耳附壺와 깊이 관련된 것으로 이해된다.143) 兩耳附壺는 3세기대에 錦江 중·하류지역을 중심으로 분포하다가, 4세기 이후가 되면 錦江유역에

---

138) 江上波夫, 1982, 「扶餘隆の墓誌銘」 『對論 騎馬民族說』, 德間書店, 98쪽.
    千寬宇, 1989, 앞의 책, 361쪽.
    梁起錫, 1995, 「百濟 扶餘隆 墓誌銘에 대한 檢討」 『國史館論叢』 62, 154쪽.
139) 金貞培, 1985, 앞의 논문.
140) 權五榮, 1996, 앞의 논문, 24쪽 ; 李賢惠, 1997, 앞의 논문, 13쪽.
141) 權五榮, 1996, 앞의 논문, 202쪽 ; 李賢惠, 1997, 앞의 논문, 13쪽.
    함순섭, 1998, 「天安 淸堂洞遺蹟을 통해 본 馬韓의 對外交涉」 『馬韓史硏究』, 忠南大 出版部, 71~75쪽.
142) 한편 淸堂洞을 포함한 天安·淸州 일대의 주구토광묘를 '秦系 流民 辰韓'의 문화로 파악하는 시각도 있다.(崔完奎, 2002, 「백제의 성립과 발전기의 금강유역」 『삼국의 성립과 발전기의 남부지방』, 제27회 한국상고사학회 학술발표대회 자료집, 39쪽)
143) 金鍾萬, 1999, 「馬韓圈域出土 兩耳附壺 小考」 『考古學誌』 10, 58쪽.
    成正鏞, 2000, 『中西部 馬韓地域의 百濟領域化過程 硏究』, 서울대 박사학위논문, 67쪽.

서 그 자취를 감추고 서남부의 榮山江·寶城江유역으로 중심을 옮기는 것으로 알려져 있다.144)

그런데 근래 馬韓 目支國과 관련하여 주목되었던 天安 淸堂洞유적에선 兩耳附壺의 출토 예가 없고, 天安-美湖川유역 토광묘에서 일반적으로 보이는 短頸壺와 深鉢形土器의 공반관계145)도 兩耳附壺가 출토되는 錦江 중·하유역의 유적에서는 검출되지 않고 있다. 즉 天安일대와 錦江 중·하류의 토광묘유적은 토기부장 양상에서 구분이 나타나는데, 그 구분은 지리적으로 대개 車嶺山脈과 깊은 관련이 있지 않을까 생각된다.

이와 같이 3세기대 馬韓의 표지적 토기인 兩耳附壺의 분포양상을 고려할 때 3세기대 馬韓의 目支國은 錦江 중·하류지역과 깊은 관련이 있을 듯하다. 이상의 검토를 통해 볼 때 辰王의 治所였던 目支國은 錦江을 매개로 한 錦江 중·하유역권에 존재하였을 가능성이 높다.146)

이러한 설명이 가능하다면, 아산만 일대에 있었던 『三國史記』의 馬韓 國邑과 錦江 중·하유역에 있었던 『三國志』의 目支國은 분리해 보아야만 한다. 시·공간을 달리하는 아산만 일대의 初期 馬韓과 錦江 중·하유역의 目支國을 하나의 세력이었다고 보기는 곤란하다. 따라서 『三國史記』의 馬韓王과 『三國志』 韓傳의 辰王은 별개의 존재였다고 할 수 있다.

辰王을 馬韓王과 분리하여 이해할 경우 그에게서 馬韓聯盟體 聯盟長(盟主)의 성격은 희미해진다. 『三國志』 韓傳에 나타난 辰王은 단지 目支國을 治所로 辰지역을 통치한 존재로 나타날 뿐 그 밖의 통치범위에 대해서는 확정할 만한 기록이 없다.

---

144) 金鍾萬, 1999, 앞의 논문, 67~68쪽.
145) 權五榮, 1991, 「중서부지방 백제 토광묘에 대한 시론적 검토」 『百濟硏究』 22, 100쪽.
146) 益山지역은 丁若鏞의 『疆域考』와 韓鎭書의 『海東繹史續』에서 目支國에 비정된 바 있었고, 公州 역시 申采浩에 의해 目支國과 연결되기도 하였다.

그러나 한가지 분명한 것은 만약 馬韓 전체를 통제한 '왕'이 존재했다면 그 호칭은 '夫餘王'이나 '濊王'과 같이 '辰王'이 아니라 '馬韓王'이라 기록했을 것이라는 사실이다. 目支國에 治所를 둔 금강유역의 '왕'을 '馬韓王'이 아니라 '辰王'이라 한 데에서 辰王의 성격은 자명해지는 것이다. 따라서 辰王에게서 馬韓 전체를 대표하거나 대외교섭을 총괄하던 王者의 성격을 추출하기는 힘들다.

『三國志』 韓傳 馬韓부분에는 印綬衣幘을 自服하고 詣郡朝謁하던 下戶 1천 여명의 존재가 확인된다. 이들은 帶方郡과 인접한 馬韓 北部諸國의 下戶들이었을 것으로 추정되는데, 그 이유는 『三國志』의 "其(馬韓)北方近郡諸國 差曉禮俗" 기록과 관련이 있다고 보이기 때문이다.

만약 『三國志』 단계의 마한에 辰王을 중심으로 한 일원적인 대외교섭 체계가 성립되어 있었다고 한다면, 이와 같은 하호들의 분산적인 대외교섭은 없었을 것이다. 중국군현을 왕래한 1,000 여 명의 하호들은 당시 진왕의 통제에 屬하지 않고 개별적으로 交易하던 세력들이라고 상정할 수 있다. 즉 진왕의 통제가 마한 북부 세력에는 미치지 못하였음을 시사해주고 있는 것이다.

이상의 검토와 같이 辰王은 마한 전체의 廣域的 '왕'이 아니라, 목지국을 중심으로 한 辰(금강유역)일대에 국한된 地域的 '왕'이었다. 이러한 진왕의 성격은 다음에 살펴볼 마한과 중국군현간의 崎離營 전쟁에서 진왕이 간여한 흔적이 전혀 없다는 데서 더욱 분명해질 것이다.

## 3. 馬韓과 中國郡縣의 전쟁

『三國志』 기록에 의하면 3세기 중엽 馬韓과 魏의 樂浪·帶方郡 사이에 벌어진 崎離營 전쟁은 '二郡遂滅韓'이라 할 정도로 三韓에 커다란 파장을 몰고 온 사건이었다. 그동안 기리영 전쟁에 대한 연구는 주로 공격의 주도 세력 문제에 초점이 맞추어 있었다. 즉 대방군의 기리영을 공격한 韓의 주도세력이 누구냐 하는 문제에 집중해 왔던 것이다.『삼국지』東夷傳 韓條에서 기리영 전쟁 기사를 발췌해 보면 아래와 같다.

    部從事 吳林은 낙랑이 본래 한국을 통치했다는 이유로 진한8국을 분할하여 낙랑에 넣으려 하였다. 그때 통역하는 관리가 말을 옮기면서 틀리게 설명하는 부분이 있어, 臣智와 韓人들이 모두 격분하여 대방군의 기리영을 공격하였다. 이때 (대방)태수 궁준과 낙랑태수 유무가 군사를 일으켜 이들을 정벌하였는데, 궁준은 전사하였으나 2군은 마침내 韓을 멸하였다.147)

위 사료에서 기리영 공격의 주제를 밝힌 부분이 "臣智激韓"(通行本－明 毛氏汲古閣本) 또는 "臣幘沾韓"(百衲本－南宋 紹熙本)148)인데, 연

---

147)『三國志』卷30, 東夷傳 漢 "部從事吳林以樂浪本統韓國 分割辰韓八國以與樂浪 吏譯轉有異同 臣智激[臣幘沾]韓忿 攻帶方郡崎離營 時太守弓遵樂浪太守劉茂興兵伐之 遵戰死 二郡遂滅韓".
148) 최근 국내학계에서 "百衲本(南宋 紹興本) 魏志에는 '臣幘沾韓'이라 표기되어 있다"(尹龍九, 1999,「三韓의 對中交涉과 그 性格－曹魏의 東夷經略과 관련하여」『國史館論叢』85, 103쪽)는 설명이 묵인되고 있는 듯하다. 그러나 이 설명은 百衲本 魏志 東夷傳의 底本이 紹興本인 것처럼 오해될 소지가 있다. 百衲本『三國志』의 底本은 紹興(1131~1162) 연간의 "紹興本"이 아니라, 紹熙(1190~1194) 연간 建安에서 坊刻된 10行本의 이른바 '紹熙(建刊)本'인데, 底本인 紹熙本에 '魏志 卷1~卷3' 首3卷이 빠져있어 부득이 그 부분을 紹興本으로 配補 百衲한 것이다.(尾崎康, 1989,『正史宋元版の硏究』, 東京: 汲古書院, 313·323쪽 ; 張元濟, 1999,「三國志校勘記整理說明」『百衲本二十四史校勘記－三國志校勘記』, 北京: 商務印書館, 1頁) 따라서 百衲本『三國志』魏志 卷30, 東夷傳의 底本은 '紹興本'이 아니라 '紹熙本'이라 해야 정확하다. 참고로 이 紹熙本의 魏志 東夷傳 韓條 부분으로 추정되는 유리필름(21.6×15.5cm) 2매가 현재 국사편찬위원회에 유리필름자료(등록번호 SJ10980~1)로 소장되어 있다.

구자마다 어떤 판본에 의거하느냐에 따라 결론이 다르게 도출되었다.

기왕의 연구에선 辰韓 渠帥(臣智),[149] 百濟(伯濟國) 臣智(古爾王),[150] 目支國 臣智(辰王),[151] 臣幘沾韓(臣濆活國)[152] 등이 주장되었는데, 臣幘沾韓(臣濆活國)說을 제외하곤 모두 通行本의 '臣智激韓'을 좇는 입장이다.

그런데 근래 남송 소흥 31년(1161) 정초에 의해 편찬된 『통지』 권

---

149) 池內宏, 1951, 「曹魏の東方經略」『滿鮮史硏究』上世1冊, 吉川弘文館, 257쪽.
　　李丙燾, 1936, 「三韓問題의 新考察(4)-辰國及三韓考」『震檀學報』5, 117쪽.
150) 千寬宇, 1976, 「『三國志』韓傳의 再檢討」『震檀學報』41, 34쪽.
　　李基東, 1982, 「貴族國家의 形成과 發展」『韓國史講座-古代篇』, 일조각, 135쪽.
　　李基白, 1994, 「3세기 東아시아諸國의 政治的 發展-魏의 東侵과 관련하여」『古代 東亞細亞史의 再發見』; 1996, 『韓國古代政治社會史硏究』, 일조각, 46쪽.
　　文安植, 1996, 「百濟의 對中國郡縣關係 一考察」『傳統文化硏究』96, 174쪽.
　　李賢惠, 1997, 「3세기 馬韓과 伯濟國」『百濟의 中央과 地方』, 충남대 백제연구소, 20쪽.
　　金壽泰, 1998, 「3세기 중·후반 백제의 발전과 馬韓」『馬韓史硏究』, 충남대 출판부, 192쪽.
　　鄭載潤, 2001, 「魏의 對韓政策과 崎離營 전투」『中原文化論叢』5, 43쪽.
　　李富五, 2004, 「1~3세기 辰王의 성격 변화와 三韓 小國의 대외교섭」『新羅史學報』창간호, 20쪽.
151) 三上次男, 1966, 「南部朝鮮における韓人部族國家の成立と發展」『古代東北アジア史の硏究』, 吉川弘文館, 109쪽.
　　盧重國, 1987, 「馬韓의 成立과 變遷」『馬韓·百濟文化』10, 36~38쪽 ; 2003, 「馬韓과 樂浪·帶方郡과의 군사 충돌과 目支國의 쇠퇴」『大丘史學』71, 62~66쪽.
　　兪元載, 1994, 「晉書의 馬韓과 百濟」『韓國上古史學報』17, 147쪽.
152) 末松保和, 1954, 「新羅建國考」『新羅史の諸問題』, 東洋文庫, 518쪽.
　　成合信之, 1974, 「三韓雜考-'魏志'韓傳にみえる韓の帶方郡攻擊事件をめぐって」『學習院史學』11, 23쪽.
　　武田幸男, 1990, 「魏志 東夷傳에 있어서 馬韓」『馬韓·百濟文化』12, 46~47쪽 ; 1996, 「三韓社會における辰王と臣智(下)」『朝鮮文化硏究』3, 17~18쪽.

194, 마한조의 '臣濆沽韓' 기록에 착안하여, 통행본의 '臣智激韓'을 '臣濆沽韓'이라 訂正하고 공격의 주도세력을 '臣濆沽國'으로 고증한 연구[153]가 나온 이후, 최근에는 '臣濆沽國'을 崎離營 공격의 주도세력으로 보는 경향이 강하다.[154]

그런데 『通志』의 기록을 『三國志』의 原文과 동일하다고 받아들이기에는 『通志』가 『翰苑』이나 『太平御覽』처럼 原文을 轉載한 類書類가 아니라, 撰者인 鄭樵가 司馬遷의 『史記』를 모방하여 편찬한 紀傳體의 通史라는 데 문제가 있을 것 같다.

『통지』 마한조의 전반부는 『삼국지』 기록을, 후반부는 『후한서』와 『진서』 기록을 토대로 재구성되어 있다. 즉 『삼국지』나 『후한서』 등의 전거를 밝히지 않은 채 사료를 바탕으로 編史한 것이다. 그렇다보니 원사료인 『삼국지』와 다른 부분이 상당수 포함되어 있다. 마한조 부분만 『三國志』(百衲本)와 『通志』 사이의 차이를 대조해 보면 〈표 1〉과 같다.

『通志』가 남송대의 판본을 저본으로 편사했을 것이지만, 현존 백납본의 南宋本(紹熙本)과는 상당히 많은 부분에서 차이가 남을 알 수 있다. 사료의 의미가 통하도록 바로잡은 부분도 있지만, 불필요하게 글자를 바꿔 혼선을 야기한 경우도 상당수 있다. 이와 같이 정초는 『통지』 마한조를 편찬하면서 『삼국지』를 그대로 전재한 것이 아니라 나름대로 기록을 교정하고 가감하였다.

---

153) 尹龍九, 1998, 「『三國志』 韓傳 對外關係記事에 대한 一檢討」 『馬韓史研究』, 忠南大 出版部, 98~99쪽 ; 1999, 앞의 논문, 105~107쪽.
154) 林起煥, 2000, 「3세기~4세기 초 魏·晉의 동방정책」 『역사와 현실』 36, 21쪽.
權五榮, 2001, 「백제국에서 백제로의 전환」 『역사와 현실』 40, 32~37쪽.
尹善泰, 2001, 「馬韓의 辰王과 臣濆沽國－領西濊 지역의 歷史的 推移와 관련하여」 『百濟研究』 34, 13쪽.

제3장 馬韓의 왕과 中國郡縣과의 전쟁   121

〈표 1〉百衲本『三國志』馬韓條와『通志』馬韓條의 대조

| 기사 항목 | 『三國志』 | 『通志』 | 비고 |
|---|---|---|---|
| 三韓 地理 | 方可四十里 | 方可四千里 | 異 |
| 馬韓 國名 | 友半國<br>捷盧國 | 支半國<br>捷盧國 | 異 |
| 魏率善官 | 邑君 | 色君 | 異 |
| 準王 | 侯準旣僭號稱王 | 侯旣僭號稱王 | 闕 |
|  | 令韓人猶有奉其祭祀者 | 今韓人猶有奉其祭祀者 | 異 |
| 景初年間 | 景初中 | 魏景初中 | 衍 |
| 崎離營 戰鬪 | 臣幘沾韓 | 臣濆沽韓 | 異 |
| 風俗 | 魁頭露紒 如炅兵 衣布袍<br>足履革蹻蹋 | 魁頭露紒 身衣布袍 足履革蹻 | 闕, 衍, 闕 |
| 〃 | 其國中有所爲 | 其國中有所作爲 | 衍 |
| 〃 | 通日嚾呼力作 | 通日驩呼力作 | 異 |
| 〃 | 諸亡逃至其中 | 諸逃亡至其中 | 倒 |
| 〃 | 有似浮屠 | 有似西域浮屠 | 衍 |
| 〃 | 其男子時時有文身 | 其男子時或有文身 | 異 |
| 州胡 | 乘船往來 | 乘船 | 闕 |
| 〃 | 市買韓中 | 市買中韓 | 倒 |

　南宋本(紹熙本)의 '신책첨한' 부분은 또 다른 남송대의 판본인 大字宋本에도 '臣幘沾韓'이라 되어 있고, 元代의 판본에도 동일하게 되어 있다.[155] 즉 明 이전의 宋元版本에는 '신책첨한'이라 되어 있었던 것이다.

　그렇다면 정초는 어떤 기록을 근거로 '신책첨한'을 '신분고한'으로 고친 것일까. 일단 현존 남송본 모두에 '신책첨한'이라 되어 있는 것으로 보아, '신분고한'은 당시의 善本에 의한 校訂은 아닌 것으로 추정된다. 즉『통지』의 '신분고한'은 정초의 주관적인 訂正이며, 그 자체가 남송대『삼국지』의 원문처럼 평가될 수는 없다.

　따라서『통지』의 '신분고한' 기록을 통해 송본의 원상태를 복원하는 것은 불가능하다고 판단된다. 다만 '신책첨한'의 의미를 해석하는 데

---

155) 張元濟, 1999,『百衲本二十四史校勘記－三國志校勘記』, 北京: 商務印書館, 184쪽.

정초의 판단을 참고할 수는 있을 것이다.

백납본의 교감자 가운데 宋本의 '臣幘沾韓忿'에 대해 정초처럼 '臣濆沽韓忿'의 '訛'로 보는 경우도 있지만, 다른 한편에선 "韓國의 臣 가운데 이름이 幘沾인 자와 韓忿인 자가 군사를 이끌고 帶方을 공격하였다"라고 그대로 해석하기도 하였다.156) 그러므로 정초의 '신분고한'이란 判讀도 전자의 교감에 준하는 경우로 평가할 수 있을 것이다.

최근에 국내 연구자들이 기리영 공격의 주도세력을 '신분고국'이라 보는 입장은 엄밀히 말하면 진수의 『삼국지』가 아니라 정초의 『통지』에 근거한 것이다. 『通志』의 '臣濆沽韓'을 근거로 당시 宋本의 '臣幘沾韓'을 訂正해 볼 수는 있지만, 『通志』를 근거로 시기적으로 다른 계통인 通行本(明本)의 '臣智激韓'까지 교정할 수는 없다. 다시 말해 12세기 『통지』의 기록이 南宋本의 기록 양태를 이해하는 데 도움이 될 수는 있지만, 그것이 明代 이후 通行本을 부정하는 書誌的 근거가 될 수는 없다는 것이다.

또한 시기적으로 앞선 宋元本이 '臣幘沾韓'이고 뒤진 明淸本이 '臣智激韓'이라 하여 전자가 善本이라 판단할 수도 없다. 서지적으로 선행본의 오류를 후래의 교감본이 바로 잡는 경우가 자주 있는 것이다. 특히 宋本과 그 이전의 古寫本(晉抄本) 사이에도 많은 차이가 있다는 점을 유념하면, 善本의 기준에 시간적 선후는 결정적 조건이라 할 수 없다. 덧붙여 百衲本의 底本이 된 紹熙本의 倭人傳 부분이 "텍스트로서 반드시 善本이라 생각되지 않는다"157)라는 의견을 고려할 필요도 있다.

결국 기리영 공격의 주도세력은 판본상으로 宋本의 '臣幘沾韓'과 明本의 '臣智激韓'의 두 계통이 존재하는데, 전자는 『통지』를 참고할 때 '臣濆沽韓'의 오류일 가능성이 높다는 결론을 도출하는 정도에 그칠

---

156) 張元濟, 1999, 앞의 책, 185쪽.
157) 尾崎康, 1989, 앞의 책, 313쪽.

수밖에 없다. 따라서 현재로선 '臣智說' 내지 '臣濆沽國說'의 판본상 시비 문제는 여전히 남아있다고 봐야 한다.

 필자는 기리영 공격의 주도세력 문제는 판본상의 시비가 아니라 전쟁의 내용 분석을 통해 다른 각도에서 접근해야 한다고 생각한다. 전쟁이 발발하게 된 원인을 밝힌다면 전쟁의 주체도 자연히 드러나게 될 것이다.

 그동안 기리영 전쟁의 발발 시기는 대체로 정시 7년(246)이라고 이해해 왔다.[158] 그것은 正始 6년에 濊 토벌에 참가한 帶方太守 弓遵이 기리영 전쟁에서 전사하고(『三國志』 濊傳), 정시 8년에는 王頎가 새로운 帶方太守로 부임했다는 사실(『三國志』 倭人傳)에 의하면 기리영 전쟁은 그 사이 정시 7년 무렵에 일어났을 가능성이 가장 높기 때문이다.

 한편 韓이 공격한 대방군 기리영은 황해도 평산군 인산면 麒麟里 일대로 비정[159]하는 데 커다란 이견이 없다. 韓이 246년에 황해도 평산 기린리 일대의 대방군 기리영을 공격한 이유는 무엇일까. 그 원인에 대해 『삼국지』 한조는 "부종사 오림이 진한 8국을 분할하여 낙랑군에 주는 과정에서 통역에 이상이 생겨 한이 격분하여 기리영을 공격하였다"고 하였다. 사료에선 피상적으로 통역에 문제가 있었다고 하였지만, 기존 연구에서 공감되었듯이 진한 8국을 낙랑군에 移屬시키는 조치 자체가 韓의 분노를 불러왔던 것이다.

 部從事는 州刺史 소속의 州吏이므로,[160] 吳林은 당시 幽州刺史였던 毌丘儉의 대리자라 할 수 있다. 즉 진한 8국을 낙랑군에 이속하는 조치는 幽州 차원의 정책이라 볼 수 있는 것이다.

 기존 연구에서 대부분 기리영 공격의 주도세력은 진한이 아니라 마한 세력이라고 보아 왔다. 그것은 기리영 전쟁 기사가 『삼국지』 동이전

---

158) 韓致奫, 『海東繹史』 第5卷, 世紀5 四郡事實(민족문화추진회, 1996, 67쪽).
159) 李丙燾, 1936, 앞의 논문, 116쪽.
160) 尹龍九, 1999, 앞의 논문, 102쪽 참조.

한조의 마한 단락 부분에 나온다는 사실과, 또한 '韓'이 단독으로 쓰인 경우 대부분은 마한을 가리킨다는 통념에 기초하고 있는 것 같다.

그러나 『삼국지』 한조의 단락은 불분명하게 섞여있는 부분이 많고, 또한 한조의 서두에서 한에는 3종 즉 마한, 진한, 변한이 있다고 밝힌 만큼 한이 삼한 모두를 포괄한다는 사실을 유념하면, 기리영 공격의 주도 세력을 마한이라 전제하고 검토하는 것은 시야가 좁은 접근방식일 수 있다. 마한 외에 부종사 오림의 조치에 직접 당사자인 진한과 어쩌면 변한까지도 관련되었을 가능성도 열어 놓고 검토해 보아야 할 것이다.161)

먼저 幽州 部從事 吳林이 삼한 중 왜 하필 '진한 8국'을 분할하여 낙랑군에 넘기려고 했는지 궁금하다. 『삼국지』 한조에 의하면 진한은 樂浪人을 '阿殘'이라 부를 정도로 낙랑(중국)과 가까운 관계에 있었다고 한다. 주민 계통에서도 진한인은 토착의 마한인과 달리 중국(秦)에서 망명해 온 유이민들이라고 하였다.

이러한 『삼국지』의 기록을 액면 그대로 믿는다는 것은 중국이 세계의 중심이며 주변 종족의 기원이라는 중화의식에 눈감아 주는 것에 지나지 않는다. 중국 중심의 사관에 기초한 사료를 무비판적으로 받아들일 수는 없다.

그러나 당시 중국(낙랑)이 진한을 마한과 달리 우호적으로 인식하고 있었다는 사실만큼은 인정해도 좋을 것 같다. '東夷經略'을 앞둔 魏가 고구려에게는 적대적이었지만 부여에게는 우호적이었던 예와 같은 경우이다. 이것은 마한이 중국군현과 직접 경계를 접하고 있는 반면 진한은 일정한 거리를 두고 마한의 측면 내지 배후에 위치하고 있

---

161) 이런 가능성과 관련하여 辰韓 8國을 春川에서 忠州에 이르는 지역으로 보면서, 당시 전쟁을 辰韓이 주도하였다고 본 견해도 있고(崔海龍, 1997, 「辰韓聯盟의 形成과 變遷(하)」, 『大丘史學』 53, 5~6쪽), 최근에는 弁韓까지 이 전쟁에 참여했다고 보기도 한다.(白承玉, 2003, 『加耶 各國史 硏究』, 혜안, 68쪽)

었기 때문일 것이다.

『삼국지』동이전에 의하면 마한은 대방군과 남북으로 접해 있었고, 진한은 濊와 남북으로 접해 있었다고 한다. 그런데 濊는 單單大山領(領)을 기준으로 서쪽과 동쪽으로 구분되는데, 서쪽은 일찍이 낙랑군에 직속해 縣으로 편제되었으나, 동쪽의 7縣은 멀어서 따로 東部都尉를 두어 관할하도록 하였다고 한다.

그러다가 동쪽의 濊에선 後漢 光武帝 建武 6년(30)에 동부도위가 없어지면서 토착세력(渠帥)이 성장하게 되고, 後漢 말 3세기 초가 되면 高句麗의 영향력 아래에 들어갔다고 한다. 이렇게 '領東濊'에 고구려의 영향력이 미치게 되자 위는 정시 6년(245)에 낙랑·대방 2군 태수를 보내 예를 정벌하였던 것이다.

그런데『삼국지』위지 齊王芳紀에 의하면 정시 7년에 또 예를 정벌하였다는 기사가 나오는데, 이를『삼국지』예조 기록과 함께 제시해 보면 아래와 같다.

> 정시 6년에 낙랑태수 유무와 대방태수 궁준이 영동예가 구려(고구려)에 속하게 되자 군사를 일으켜 정벌하였다. 이에 불내후 등이 읍을 들어 항복했다.162)
>
> 정시 7년 봄 2월에 유주자사 관구검이 고구려를 토벌하였다. 여름 5월에 예맥을 토벌하여 모두 쳐부수었다. 한나해 등 수십국이 각각 종락을 이끌고 항복했다.163)

위 기록에 따르면 정시 6년의 정벌대상은 '영동예'라고 했으며, 정시 7년에는 '예맥'이라 하여 차이가 보인다.

이에 대해 正始 7년 5월 魏의 예맥 토벌은 정시 6년처럼 領東濊에만

---

162) 『三國志』卷30, 東夷傳 濊 "正始六年 樂浪太守劉茂 帶方太守弓遵 以領東濊屬句麗 興師伐之 不耐侯等舉邑降".
163) 『三國志』卷4, 齊王芳紀 "正始七年 春二月 幽州刺史毌丘儉討高句麗 夏五月 討濊貊 皆破之 韓那奚等數十國 各率種落降".

국한된 것이 아니라, 領西濊 지역에 대한 토벌도 포함되어 있었던 것으로 추정되고, 그 여파로 韓那奚 등 수십국이 영동과 영서의 예를 거쳐 낙랑이나 대방에 귀부한 것이며, 이에 관구검은 부종사 오림을 파견하여 진한 8국을 낙랑군에 귀속시키는 조치를 단행하였다고 설명되고 있다.164)

위의 두 기사를 기리영 전쟁의 발발 전야와 관련하여 해석한 시각은 사료를 통시적 맥락에서 읽었다는 점에서 시사하는 바가 크다. 그러나 이미 245년에 不耐侯의 항복을 받아낸 후에 246년에 다시 예 지역을 공격한 이유가 뭔지 의문이다.

일단 두 기사를 조합해 보면, 246년 정벌의 주공격대상은 濊가 아니라 貊이었을 것이라고 추정해 볼 수는 있다. 그런데 예맥에 대한 정벌의 여파로 韓那奚 등이 중국군현에 귀부하게 되고, 나아가 그것이 발단이 되어 결국 韓이 기리영을 공격하게 되는 이유와 맥락이 분명하지 않다. 그것은 예맥 자체에 대한 설명과 또 예맥과 한이 당시 어떤 역학 관계에 있었는지 등에 대한 설명이 부족하기 때문이다.

현행『삼국지』위지 동이전에는 '挹婁' 다음으로 '濊'의 조목이 나오지만,『太平御覽』권780, 四夷部 東夷에는『魏志』原文을 인용하면서 '濊'가 아니라 '濊貊國'이라 밝히고 있다. 현행『魏志』와『太平御覽』所引『魏志』의 원문을 비교해 보면 아래와 같다.

  濊南與辰韓 北與高句麗沃沮接 東窮大海 今朝鮮之東皆其地也(『三國志』卷30, 濊)
  魏志曰 濊貊國 南與辰韓 北與高句麗沃沮接 東窮大海 今朝鮮之東皆其地也(『太平御覽』卷780, 四夷部 東夷 濊貊)

그런데『三國志』魏志 東夷傳의 高句麗條와 東沃沮條를 보아도 고구려와 동옥저는 모두 남쪽으로 '濊貊'과 접해 있다고 하여 '濊'라고만

---

164) 尹善泰, 2001, 앞의 논문, 16쪽.

되어 있는 『三國志』 濊조의 기록과 차이가 난다.

또한 『三國志』의 撰者인 陳壽의 후견인으로 유주도독(都督幽州諸軍事)을 지내기도 한 張華(232~300)의 『博物志』에도 "獩貊國 南與辰韓 北與句麗沃沮接 東窮大海"165)로 '獩貊'이라 되어 있다. 이런 여러 정황으로 보아 현행 『三國志』 濊條의 내용은 濊만 관련된 것이 아니라 貊의 내용도 섞여 있는 '濊貊'條라고 봐야 정확한 것이 아닌가 생각된다.

魏 二郡이 정시 6년에 공격한 대상은 '영동예'라고 하여 정확히 밝힌 반면, 정시 7년의 대상은 예맥이라 하여 범칭하고 있다. 이 때 예와 함께 거론된 맥은 어떤 세력일까.

『삼국지』 예조에 의하면 單單大領[嶺](太白山脈)을 기준으로 領西와 領東으로 구분되는데, 영동 세력은 '濊(不耐濊)'라고 실체를 분명히 밝히고 있는 반면, 영서 세력에 대해선 구체적인 지칭 없이 "樂浪에 속했다"고만 서술하고 있다. 이것은 영서지역이 맥과 관련될 가능성이 높음을 시사하는 기록 방식이 아닌가 생각된다.166)

일반적으로 예맥은 현재의 중국 동북지방과 한반도 북부 및 동해안 일대에 분포하던 고대 종족으로 고구려, 부여 등의 근간을 이룬 주민집단으로 이해하고 있다.167)

그런데 『三國史記』 地理志 이래 여러 사서에는 貊과 관련한 다른 내용의 기록이 확인되면서, 일찍부터 영서지역을 맥의 고지로 파악하

---

165) 『太平御覽』 卷897, 獸部 馬條 所引 博物志.
166) 1~3세기 영서지역의 세력에 대해선 그동안 領東濊와 대비하여 領西濊라고 부르는 연구자가 많았다. 領西濊에 관한 기존 연구로는 아래의 글들이 있다.
  金起燮, 1991, 「『三國史記』百濟本紀에 보이는 靺鞨과 樂浪의 位置에 대한 再檢討」『淸溪史學』8.
  文安植, 1998, 「『三國史記』羅濟本紀 靺鞨 史料에 대하여」『韓國古代史硏究』13.
  尹善泰, 2001, 앞의 논문.
167) 金貞培, 1972, 『韓國民族文化의 起源』, 고려대 출판부.

는 시각이 개진되기도 하였다.

『三國史記』 지리지는 賈耽의 『古今郡國志』를 인용하여, 고구려의 동남쪽 濊의 서쪽이 옛 貊의 땅인데, 대개 지금 신라의 북쪽 朔州로 善德王 6년(唐 貞觀 11년)에 牛首州라 하여 軍主를 두었다고 기록하였다. 賈耽(730~805)이 『古今郡國志』를 편찬한 당시 신라의 삭주는 지금의 춘천이니 그 일대 영서지역이 맥의 고지라고 한 것이다.

『삼국사기』의 이 기록은 이후 『三國遺事』 권1, 紀異 馬韓조, 『高麗史』 지리지, 『世宗實錄』 지리지, 『東國輿地勝覽』 등으로 계승되면서 '春川貊國說'의 근거 사료가 되었다.168)

『삼국사기』 본기에는 맥(국)과 관련한 기록이 모두 3차례 보인다. 신라 유리왕 17년(40) 9월에 華麗·不耐 2현이 북경을 침범하였는데, 貊國의 거수가 河西에서 막아 격파하니 왕이 기뻐하며 맥국과 우호관계를 맺었다는 것이다. 화려와 불내는 영동예에 속하는 현으로 지금의 永興, 安邊 등지로 비정되고 있다.169)

그리고 2년 뒤에는 맥국의 거수가 사냥한 짐승을 신라왕에게 바쳤다고 한다. 이를 통해 맥국은 신라와 상당히 우호적인 관계를 유지하고 있던 북쪽의 세력이라는 것을 알 수 있다.

한편 『삼국사기』 백제본기 責稽王 13년(297)조에는 가을 9월에 漢과 貊人이 침공해 오자 왕이 나가 막다가 전사했다는 기록이 있다. 3세기 말 맥인은 漢(낙랑군)의 영향력 아래에 있던, 백제의 적대세력으로 등장하는 것이다.

이처럼 『삼국사기』의 貊은 신라의 북변과 접해 있으면서 백제를 침공할 수도 있는 지정학적 위치에 있었다. 이런 위치라면 현재의 소백산맥 이북~한강 상류의 영서지역 일대에 해당한다고 볼 수 있다. 이

---

168) 金澤均, 1985, 「春川 貊國說에 關한 硏究」 『白山學報』 30·31합, 115~116쪽.
169) 李丙燾, 1976, 앞의 책.

제3장 馬韓의 왕과 中國郡縣과의 전쟁  129

상의 검토에 의하자면 영서지역의 세력은 '濊'와 구별하여 '貊'이라고
불러야 하는 것이 아닌가 생각한다.
　영서지역이 낙랑군의 영향력 아래에 있었던 유래가 깊다는 것은 앞
서 살펴본 『삼국지』 예조의 "自單單大山領以西 屬樂浪"과 『삼국사기』
백제본기의 '漢與貊人'을 통해 충분히 짐작할 수 있다.
　이런 사정 때문에 丁若鏞은 영서지역의 春川을 樂浪郡 南部都尉의
치소인 昭明縣으로 보았거니와, 『삼국사기』의 貊國도 사실은 樂浪의
別稱이라고 했던 것이다.170)
　영서지역의 맥을 낙랑군과 밀접한 지역으로 이해하면 『삼국사기』
백제본기 초기기록의 '國家東有樂浪'의 의미를 납득할 것 같기도 하
다. 아무튼 여러 정황상 백제의 동쪽인 영서지역에 낙랑군과 밀접히
연결된 세력이 존재했다는 사실은 인정된다.171)
　그런데 영서지역이 낙랑군 설치 이후 항상 그 영향 아래 있었던 것
은 아니었다. 後漢 靈帝말(2세기말) 韓·濊가 강성해짐에 따라 낙랑군
이 주변 세력을 통제할 수 없게 된다. 낙랑군이 영향력을 회복한 것은
魏 明帝 景初 2년(238)에 대방태수 劉昕과 낙랑태수 鮮于嗣가 二郡을
수복한 때부터이다.
　2세기말~3세기초 낙랑군의 침체기에 '영동예'는 고구려에 속하게
되고, 영서의 맥 역시 그와 비슷한 처지에 있었다고 추정된다. 그것은
『삼국사기』의 다음 기사를 통해 짐작해 볼 수 있다.

　　　겨울 10월에 고구려가 북쪽 변방을 침입했다. 우노가 병사를 이끌고
　　출격하였으나 이기지 못하고 마두책에 물러나 지켰다.172)

---

170) 丁若鏞, 『疆域考』 卷2. 茶山의 설은 『增補文獻備考』 輿地考 貊國조에서
　　 높게 평가받기도 하였다.
171) 金起燮, 1991, 앞의 논문, 15~16쪽.
172) 『三國史記』 卷2, 新羅本紀 助賁尼師今 16년(245) "冬十月 高句麗侵北邊
　　 于老將兵出擊之 不克 退保馬頭柵".

고구려가 신라의 북변을 침입해 오자 于老가 나가 싸웠으나 패하고 馬頭柵에 물러나 지켰다는 것이다. 그런데 그 시기가 기리영 전쟁이 일어나기 바로 전 해인 245년이란 사실이 주목된다.

마두책은 『삼국사기』 지리지에서 有名未詳이라 하여 정확한 위치를 알 수 없으나, 백제본기 초기기록에 '馬首城'(온조왕 8)과 '馬首山'(다루왕 3)이 백제의 東部 변경으로 '낙랑'과 인접한 지역이라 나오고 있으므로, 백제의 동쪽이자 낙랑의 세력권과 인접한 영서지역 일대가 아닐까 추정된다. 그렇다면 245년 무렵 고구려가 들어온 북변은 바로 영서지역일 가능성이 높다.

245년 고구려는 관구검의 침공을 받아 한창 동해안 지역으로 밀리고 있었다. 이 무렵 관구검에게 밀린 고구려 세력은 기왕에 자신들의 영향력 아래에 있었던 沃沮와 濊로 흘러들어 갔다. 이에 관구검은 玄菟太守 王頎를 보내 옥저로 들어간 고구려 왕을 쫓게 하고, 또 樂浪・帶方太守를 보내 고구려에 속해 있었던 濊를 토벌하게 한 것이다. 이것이 앞서 보았던 正始 6년(245)에 二郡太守가 領東濊를 침공한 배경이다.

245년 10월 신라의 북변인 영서지역에 침입한 고구려도 바로 魏軍에 밀려 내려온 고구려 세력이라고 추정된다. 于老가 맞아 싸웠던 고구려 세력을 '東濊'로 추정한 견해가 있다.[173] 영서가 아니라 영동지역의 濊를 거론하긴 하였지만, 당시 고구려 세력의 動線을 짐작하는 데 시사하는 바가 크다고 할 수 있다.

앞서 살펴본 246년 5월 魏가 '濊貊'을 토벌한 사건[174]의 직접적 계기는 바로 245년 10월에 있었던 고구려 세력의 영서지역 진입[175]이었다

---

173) 李基東, 1985, 「于老傳說의 世界」『韓國古代의 國家와 社會』(역사학회 편) ; 1997, 『新羅社會史研究』, 일조각, 32쪽.
174) 『三國志』 卷3, 魏志 齊王芳紀 正始 6년.
175) 『三國史記』 卷2, 新羅本紀 助賁尼師今 16년.

고 추정된다. 魏가 영서지역을 토벌한 이유는 辰韓으로 가는 영서의 길을 회복하여, 高句麗와 韓의 연계를 차단하고 韓에 대한 중국의 지배력을 관철시키는 데 있었을 것이다.

245년 '領東濊'를 먼저 토벌했던 魏軍은 그 여세를 몰아 246년 5월 고구려 세력이 흘러 들어간 '領西貊'까지 점령하면서 後漢末 이전 낙랑군 중심의 '大樂浪郡體制'176)를 회복하게 된다. 예맥은 낙랑군의 관할을 받던 지역이었으나, 기원 30년 동부도위가 폐지되면서 영동예가 낙랑군의 영향권에서 멀어지고, 또 후한말 180년대 이후 韓·濊가 강성하면서 영서지역까지 통제할 수 없게 되었다. 그러다가 建安(196~219) 연간 公孫康에 의해 帶方郡이 설치되면서, 中國郡縣의 영향력이 일부 회복되었지만 그것은 韓과 倭에만 적용되었으며 濊貊까지는 통제하지 못하는 부분적인 조치였다.177)

당시 帶方郡과 韓·倭의 교통은 『三國志』 倭人條에 나타나듯이, "帶方郡 – 馬韓(서해안) – 弁韓 狗邪國(남해안) – 對馬島 – 倭"로 이어지는 海路를 통해 이루어졌다. 公孫氏가 서해안의 황해도에 대방군을 설치한 이유도 바로 이러한 해상 교통로를 염두에 두었기 때문이었다. 대방군과 한·왜의 교통이 해상교통로를 통해서 이루어지게 된 이유는 後漢 靈帝 말 강성해진 예에 의해 영서지역의 교통로를 안전하게 확보하지 못하였기 때문이다.

公孫康은 3세기 초(204~220년) 대방군을 설치한 이후 公孫模와 張敞 등을 보내 韓·濊를 정벌하였으나 그 결과는 韓만 대방군에 귀속되는 데 머물렀다. 濊貊에 대한 복속은 달성하지 못한 것이다.

『魏略』의 염사치 망명 기사에서 확인되듯이, 진한은 기원 1세기 초부터 영서지역을 통해 낙랑군과 왕래하고 있었다. 1~2세기경 낙랑군

---

176) 窪添慶文, 1981, 「樂浪郡と帶方郡の推移」『東アジア世界における日本古代史講座』 3, 東京: 學生社, 33쪽.
177) 尹善泰, 2001, 앞의 논문, 15쪽.

과 진한과의 교통에서 영서지역은 중요한 경유지였던 것이다.[178]

그런데 2세기 말 濊가 강성해지면서 낙랑군이 그 길을 통해 진한에 이르기 어려워진 것이다. 3세기 초에 이르러서도 비록 대방군이 설치되었지만 濊를 통제하지 못한 탓에 영서지역을 통해 辰弁韓으로 이어지는 내륙 교통로는 회복하지 못하였다.

이어서 魏는 景初 2년(238)에 遼東의 公孫氏를 정벌하고 낙랑·대방 2군까지 회복하긴 했으나, 곧바로 기존의 '大樂浪郡體制' 때와 같은 집권력을 행사할 수는 없었다. 그것은 2郡 지역 특히 帶方郡 지역에 남아있던 親公孫氏 세력의 존재와도 관련이 있을 것이다. 魏는 2郡의 체제를 안정시키기 위해 대내외적으로 융합정책을 시도했을 것이다. 그래서 당시 魏로선 諸韓國 臣智에게 邑君과 邑長의 印綬를 濫授하고, 景初 3년[179](239)에 邪馬臺國의 여왕 卑彌呼를 '親魏倭王'에 책봉하는 등의 적극적인 회유책을 시행했다.

魏는 경초(237~239) 연간 이후 대방군을 통해 韓·倭에 대한 영향력은 점차 회복하고 있었으나, 아직 예맥까지는 그 세력이 미치지 못하고 있었다. 당시 예맥 및 옥저 지역은 고구려의 세력 확장에 의해 그 영향권 아래에 있었다. 이런 상황이었기 때문에 魏는 韓·倭와 교통하면서 公孫氏 때와 같이 帶方郡을 통한 海路를 주로 이용하게 되었다.

『三國志』韓條의 臣智加優呼 속에서 거명된 "馬韓 臣濆沽國 - 馬韓 臣雲新國 - 弁韓 安邪國 - 弁韓 狗邪國" 등의 4개 '大國'[180]은 모두 서해

---

178) 영서지역 교통로의 성격에 대해선 尹善泰, 2001, 앞의 논문, 7~10쪽에 상세한 설명이 있다.
179) 『三國志』卷30, 魏志 東夷傳 倭人條에는 景初 2년이라 했으나, 『日本書紀』神功皇后紀 39년조에 인용된 『三國志』에는 景初 3년이라 하였다. 현재는 景初 2년이 景初 3년의 오류라고 보는 것이 통설이다. 紀年 문제 및 親魏倭王 册封의 의미에 대해서는 李均垠, 2002, 「3世紀 前半 曹魏의 對外政策」『中國史研究』19, 37~70쪽을 참조하라.
180) 박대재, 2002, 앞의 논문 참조.

안과 남해안에 면한 해상연안 교통의 요충지에 위치하며, 중국과의 교통에서 교역 네트워크상의 중간중개자·조정역으로 기능하고 있었던 세력으로 이해되고 있다.181)

4國의 臣智는 해로상의 지정학적 위치로 인해 다른 국의 臣智들과 구별되어 한층 加優呼되며 인근 小國에 세력을 떨쳤던 것이다. 이 4國 가운데 辰韓의 國이 보이지 않는 이유도 바로 이들이 帶方郡으로부터 연결되는 서해안-남해안의 거점 세력들이기 때문이다. 진한은 반도의 동남부에 치우쳐 있어 지정학적으로 대방군에서 시작되는 海路上의 거점을 차지하지 못하였던 것이다.

濊가 강성한 2세기 말 이후 辰韓과 帶方郡의 교통은 남해안의 안야국이나 구야국을 통해 중계되었을 가능성이 높다. 이에 대해서는 弁韓의 浦上八國 전쟁을 다루는 장에서 다시 한번 검토하기로 하겠다. 그러다가 244~246년 魏軍이 高句麗를 정벌한 후 沃沮와 濊貊을 차례로 점령하게 되면서 과거의 '大樂浪郡體制'를 회복할 기미가 보이게 되었다. 部從事 吳林이 辰韓 8國을 樂浪郡에 移屬할 수 있었던 것도 246년 5월 濊貊에 대한 정벌로 인해 내륙 교통로가 再開되었기 때문이었다.

246년 5월 魏는 辰韓 북쪽의 濊貊을 점령하면서 帶方郡-馬韓-弁韓으로 이어지는 긴 해로를 거치지 않고, 樂浪郡에서 내륙의 濊貊을 경유하여 곧바로 진한과 교통할 수 있게 되었다. 이와 같은 낙랑군 중심의 내륙 루트가 활성화되면 기존의 대방군 중심의 해상 교통로는 자연히 쇠퇴하고, 그에 따라 중간 거점인 4大國의 정치·경제적 입지도 좁아지게 된다. 部從事 吳林의 조치로 4大國의 대내외적 기득권에 손상이 생기는 것이다.

예맥의 내륙 교통로를 통해 樂浪과 진한이 교류하는 것은 반도내의 이해관계에 국한되는 문제가 아니었다. 樂浪과 倭와의 교류도 내륙의

---

181) 武田幸男, 1996, 앞의 논문 ; 이용현, 2001, 앞의 논문, 344쪽.

辰韓을 통해 남해안에서 출발하거나 아니면 아예 동해안의 濊를 출발해 직접 이어질 수도 있게 되었다. 내륙 교통체계의 활성화는 삼한 중 대방군과 인접한 마한에 가장 치명적인 타격을 주게 되었다.

특히 4대국 중 대방군과 가장 인접했던 것으로 추정되는 臣濆沽國의 입장에서는 그 손실이 가장 컸을 것이다. 마한 북부의 신분고국은 帶方郡의 남쪽에서 物流의 集散地 내지 關門 기능을 하였을 가능성이 높기 때문이다.

당시 신분고국이 맡았던 대외교섭상의 역할은 『三國志』倭人條의 伊都國에 비견되는 존재로 생각해 볼 수 있다. 倭의 伊都國은 야마대국의 북쪽에 위치하며, 대방군과의 교역에서 관문의 역할을 하고 있었다. 여기에는 諸國을 감찰하는 一大率이 설치되어 있었으며 諸國이 이를 두려워하고 꺼렸다고 한다. 바로 신분고국이 반도 내에서 왜의 伊都國과 같은 지정학적 입지에 있었다고 볼 수 있다.182)

중요한 寄港地인 다른 大國에게도 손실은 있겠지만, 弁韓지역은 내륙의 洛東江 수로와 倭로 가는 바닷길을 연결한다면 새로운 活路를 여는 계기가 될 수도 있었다. 이런 맥락에서 보자면 樂浪郡에서 辰韓으로 연결되는 내륙의 교통체계는 帶方郡과 가장 인접한 臣濆沽國에게 가장 타격이 컸을 것이다.

이상의 추론에 의해 보자면 4대국 가운데 마한 북부에 있었던 신분고국의 臣智가 部從事 吳林의 조치에 가장 강하게 반발하였을 가능성이 높다.

기리영 전쟁의 배경에 대해 기존에 郡縣과 삼한 중남부 내륙지방 사이에서 누려온 신분고국의 交易權이 상실될 위기에 이르자, 교역상의 이해관계 때문에 신분고국이 대방군 기리영을 공격했다고 파악한 시각이 있다.183) 즉 기존의 "대방군-신분고국-진한"으로 이어지던

---

182) 宋知娟, 2004, 「帶方郡의 盛衰에 대한 硏究」『史學硏究』74, 11쪽.
183) 尹龍九, 1999, 앞의 논문, 124~125쪽.

중계 교역체계를 "낙랑군-진한 8국"의 직접 교역체계로 전환하려하자, 중간에 소외되는 신분고국이 거기에 반발하였다는 것이다. 그리고 樂浪이 신분고국을 배제하고 진한과 직접 교역하고자 한 이유는 진한에서 생산된 鐵을 직접 수입하여 교역상의 이익을 높이기 위해서였다는 것이다.

교역체계의 변화로 인해 기득권자인 신분고국의 반발이 야기되었다는 설명은 전쟁의 배경을 이해하는 데 시사해주는 바가 크다. 그러나 낙랑과 진한을 연결해주는 중계자로서 濊貊에 대한 고려가 충분치 못한 한계가 있는 것 같다. 새로운 교역체계는 낙랑과 진한의 직접 교역이 아니라 "낙랑군-예맥-진한"의 체계라고 보아야 정확하다. 물론 예맥이 낙랑군에 귀속되어 교통로 확보가 용이한 점은 있지만, 不耐侯 등 토착세력이 존재하기 때문에 교역의 실질적인 형태는 기존의 신분고국 세력을 통하던 중계교역체계와 크게 달라질 것이 없다.

따라서 교역체계 변화로 인해 얻어지는 이익도 파격적인 규모는 아니었다고 생각된다. 幽州가 辰韓을 樂浪郡에 移屬한 배경에 대해 辰韓에서 생산된 철의 수입과정에서 중계자를 배제하여 이익을 높이기 위해서라고 설명하는 것만으로는 설득력이 부족한 듯하다. 그보다 移屬의 근본적 배경을 이해하기 위해선 崎離營 전쟁 무렵 魏의 동방정책이 帶方郡보다 樂浪郡의 비중을 높이는 방향으로 전이되고 있었다

---

한편 尹龍九는 辰韓 12國 중 8國만 거론된 것은 당시 部從事 吳林이 帶方郡에서 海路로 도달하기 어려운 辰韓 北部 내륙의 8國만 陸路를 통해 樂浪郡에 屬하도록 조치했기 때문이라고 한다.(위의 논문, 124쪽) 즉 246년 이후 帶方郡-(海路)-辰韓 4國, 樂浪郡-(陸路)-辰韓 8國의 교역관계가 공존했다는 설명이다. 그러나 辰韓 諸國을 8國과 4國으로 분할하여 관할 郡이 달랐다고 보기는 어려울 듯하다. 만약 辰韓 4國이 기존 帶方郡과의 교역체계를 유지하고 있었다면, 臣濆沽國의 교역상 기득권도 완전히 상실되는 것은 아니다. 『三國志』에서 "分割辰韓八國"이란 한 것은 기존까지 帶方郡에 속하던 전체 韓에서 이들만을 떼어내어 樂浪郡으로 移屬한다는 의미가 아닌가 한다.

는184) 점을 고려해 보아야 한다.

아래의 기록은 246년 기리영 전쟁 이후 공백기를 지나 261년에 다시 나타나는 韓의 조공 기사이다.

> 경원 2년 가을 7월에 낙랑이 外夷인 韓濊貊이 각각 그 족속을 거느리고 와 조공하였다.185)

위 기록에서 韓이 樂浪의 外夷로 언급된 부분을 주목할 필요가 있다. 3세기 초 대방군 설치 이후 韓은 倭와 함께 대방군에 속해 있었다. 246년 韓이 대방군의 기리영을 공격한 것도 韓에 대한 관할의 책임이 대방군에 있었기 때문이었을 것이다.

그런데 261년에는 韓이 예맥과 함께 대방군이 아니라 낙랑군의 외이로 나오는 것이다. 이것은 246~261년 사이 韓의 관할이 기존의 대방군에서 낙랑군으로 옮겨졌음을 말해준다. 그렇다면 246년에 辰韓 8國의 귀속을 낙랑군으로 바꾼 조치는 이러한 변화의 단초라고 볼 수 있다. 단지 鐵 교역상의 이익을 위해서 관할 郡을 변경했다기보다는, 公孫氏가 세운 대방군의 역할을 축소하고 낙랑군의 비중을 제고하려 했던 幽州의 동방정책이 辰韓의 소속을 변경한 근본적인 배경이라고

---

184) 임기환, 2000, 앞의 논문, 23쪽.
한편 魏의 郡縣政策에 대해 公孫氏가 세운 독자적 정권이었던 帶方郡의 비대화를 방지하고 세력균형을 유지하기 위해 辰韓 8國을 樂浪郡에 할당하여, 중국군현 내부에서 馬韓을 帶方이 관할하고, 辰韓 8國을 樂浪이 관할함으로써 양자간에 서로 경쟁할 수 있도록 대립구도를 만들기 위한 것이었다고 파악한 입장도 있다.(鄭載潤, 2001, 앞의 논문, 42~43쪽) 이처럼 魏의 郡縣二元化 정책은 崎離營 전투 前夜의 상황만 본다면 타당해 보이기도 하지만, '滅韓' 이후 辰韓뿐만 아니라 韓 전체가 樂浪郡의 外夷로 전환되는 점으로 보아, 근본적으로는 樂浪郡 중심의 一元化가 중국군현 정책의 기조가 아니었나 생각된다.
185) 『三國志』卷3, 陳留王奐紀 景元2年 "秋七月 樂浪外夷韓穢貊 各率其屬 來朝貢".

생각된다.

246년 기리영 전쟁 이후 마한과 변한의 관할 소속도 차차 낙랑군으로 전이되었을 것이다. 魏는 새로운 낙랑군 중심의 군현체제를 공고히 하기 위해 正始 8년(247)에 濊의 不耐侯를 '不耐濊王'으로 책봉하는 조치를 단행한다.(『三國志』 濊條) 濊에 대한 우대정책은 바로 그를 통해 연결되었던 진한과의 관계를 안정적으로 유지하기 위한 포석이었을 것이다.

최근 崎離營 전쟁이 일어나기 직전 영서 지역의 추이에 대해, 臣濆沽國(『三國史記』 百濟本紀의 靺鞨)이 桓靈之末 이후 樂浪郡을 대신하여 領西濊 지역을 장악하여 帶方郡과 辰韓 8國의 중계 역할을 통해 자신의 권력을 축적해 갔으며, 246년 5월 魏郡이 濊貊을 토벌 영서지역을 점령하자 臣濆沽國이 그에 대한 應戰으로 崎離營을 공격한 것이라 설명하기도 한다.[186]

그러나 百濟本紀의 靺鞨은 초기부터 주로 백제의 북쪽에서 나타나며, 多婁王(28~77년) 3년, 7년에 잠시 백제 동쪽(馬首城, 瓶山柵)에서 출현한 일이 있다. 이 시기는 臣濆沽國(靺鞨)이 백제의 동쪽 영서지역을 장악했다고 추정한 시기(桓靈之末 – 180년대 이후)와 너무 떨어져 있다. 따라서 백제의 북쪽에 있었던 것으로 추정되는 臣濆沽國과 靺鞨을 짝해 보는 것은 가능할 수 있지만, 臣濆沽國이 2세기말~3세기 전반에 영서지역을 장악했다고 하는 것은 근거가 부족해 보인다. 그렇다면 崎離營 전쟁을 246년 5월에 있었던 魏의 영서지역 정벌에 대한 臣濆沽國의 應戰이라 보는 견해는 받아들이기 곤란하다.

요컨대 魏는 동방진출 이후 公孫氏 정권이 세운 帶方郡의 기능을 점차 축소하고 樂浪郡 중심의 일원적인 군현체제를 지향하는 동방정책의 일환으로, 먼저 246년 5월 濊貊을 토벌함으로써 교통로가 재개된 진한 지역의 8국을 시범적으로 낙랑군에 이속하는 조치를 내렸다. 그

---

186) 尹善泰, 2001, 앞의 논문, 23쪽.

런데 낙랑군과 진한이 새롭게 재개된 내륙 교통로를 통해 왕래할 경우, 기존에 대방군에서 시작되는 해상교통로상의 거점에 위치한 4大國(臣濆沽國, 臣雲新國, 安邪國, 狗邪國)은 정치·경제적인 손실을 보게 된다. 특히 대방군과 인접하여 기존 교통체계에서 關門과 같은 기능을 하고 있던 신분고국의 입지에 가장 큰 타격이 가해질 것이다. 이런 배경에서 臣濆沽國의 臣智는 자신을 배제하고 낙랑군-예맥-진한(변한)의 경로로 이어지는 새로운 내륙 교통체계에 저항하는 차원에서 대방군 기리영 공격을 주도한 것이다.

신분고국이 주도한 기리영 공격으로 대방태수 弓遵이 전사하는 타격을 주기도 했지만, 결국 二郡이 "韓을 멸망시켰다"는 기록으로 끝을 맺고 있다. 2郡이 멸망시킨 대상이 '韓'이라고 범칭된 것으로 보아 이 전쟁을 臣濆沽國만 수행했던 것은 아닌 것 같다. 신분고국의 영향력 아래에 있었던 그 주변의 諸國들도 상당수 참여했을 것으로 추정되며, 인근의 伯濟國도 전쟁의 소용돌이에서 빗겨나 있을 수만은 없었을 것이다.

이상에서 살펴본 崎離營 전쟁으로 인해 마한 사회에서 야기된 정치적 변화에 대해서는 절을 달리하여 살펴보고자 한다.

## 4. 백제의 국가형성과 '馬韓王'

246년에 일어난 마한 북부 諸國과 중국군현간의 崎離營 전쟁에 백제국이 참가하였는지 여부는 백제의 발전과정과 관련하여 많은 주목을 받아 왔다. 대체로 백제국이 기리영 전쟁을 주도하였다고 보는 입장에선, 3세기 전반 백제의 국가적 역량이 군현에 맞설 정도로 이미 성장해 있었다는 측면에 초점을 맞추고 있다.[187]

---

187) 鄭載潤, 2001, 앞의 논문, 39쪽.

반면 신분고국이 기리영 전쟁을 주도했다고 보는 입장에선, 崎離營 전쟁의 결과로 臣濆沽國이 소멸되자 그에 대신하여 伯濟國이 마한 북부 일대의 覇者로 대두하게 되었다는 점을 강조한다.[188]

두 시각 모두 기리영 전쟁으로 인해 백제가 큰 타격을 받지는 않았다고 보는 점은 공통된다. 그것은 두 시각 모두 아래의 『三國史記』 백제본기 古尒王 13년 기록을 염두에 두고 있기 때문이다.

> 가을 8월에 위 유주자사 관구검이 낙랑태수 유무, 삭방태수 왕준과 함께 고구려를 정벌하였다. (고이)왕이 허점을 틈타 좌장 진충을 보내 낙랑의 변민을 습격해 취하였다. (유)무가 이를 듣고 노하자, (고이)왕이 공격을 당할까 두려워하여 그 포로들을 돌려 보냈다.[189]

위 기록은 그동안 백제가 어떤 형태로든 기리영 전쟁과 관련이 있다는 설명의 근거가 되어 왔다. 고이왕 13년은 246년으로 바로 기리영 전쟁이 일어나던 시기이다. 앞서 본 바와 같이 기리영 전쟁이 魏가 濊貊을 정벌한 246년 5월 이후에 일어났다고 본다면 시간상으로 이 기사의 시점에 더욱 근접하게 된다. 魏의 군사가 고구려를 정벌하는 틈을 타 백제가 樂浪 변방을 습격해 民을 취했으나 樂浪의 침입을 두려워하여 邊民을 다시 돌려주었다는 것이다.

기존 연구에서 위 기록은 백제가 기리영 전쟁에서 주도적인 역할을 했다는 것을 알려주는 사료로 이해되기도 하였다. 그러나 낙랑의 보복이 두려워 다시 변민을 돌려주었다는 것으로 보아 중국군현과 백제 사이에 기리영 전쟁과 같은 全面戰이 있었다고 보이지는 않는다. 따라서 이 기록을 토대로 대방군 공격 전쟁의 중심부에 백제가 있었다

---

188) 尹善泰, 2001, 앞의 논문, 24쪽.
189) 『三國史記』卷24, 百濟本紀 古尒王 13년, "秋八月 魏幽州刺史毌丘儉與樂浪太守劉茂朔方太守王遵 伐高句麗 王乘虛遣左將眞忠 襲取樂浪邊民 茂聞之怒 王恐見侵討 還其口".

고 보기는 힘들다.190)

고이왕 13년 기사에서 백제가 침공한 지역은 낙랑의 본진이 아니라 '樂浪邊'이라고 나오고 있다. 『삼국사기』 백제본기에서 낙랑은 백제의 동쪽으로 나오니, 여기서 낙랑의 변방은 백제의 동쪽 즉 영서지역을 가리킬 가능성이 높다.191)

또한 責稽王 13년(298)에 漢(樂浪郡)과 더불어 백제를 침공했던 '貊人'을 여기의 樂浪邊民과 관련이 있다고 본다면 그 지역은 貊의 근거지인 영서지역일 가능성이 더욱 높아진다. 이런 입장에서 본다면 백제는 246년 5월 魏가 점령했던 濊貊의 영서지역을 습격한 것이다.

246년 기리영 전쟁이 일어날 무렵 백제는 왜 영서지역의 낙랑변민을 습취한 것일까? 이에 대해 신분고국의 기리영 침공과 백제의 낙랑변민(영서지역) 습취를 魏의 濊貊 토벌에 대한 韓의 공동 對應戰으로 보고 당시 백제가 신분고국과 共助한 것이라 보는 시각이 있다.192) 그리고 백제가 신분고국에 공조한 것은 백제의 의지라기보다는 백제국 위에 존재한 상위 권력체의 의지가 작용한 것이며, 그 권력체는 다름 아닌 韓의 대표자인 目支國 辰王이라는 것이다. 따라서 기리영 전쟁의 결과로 나오는 '滅韓'의 실제 내용은 결국 "辰王의 消滅"로 귀결된다고 한다.193)

그러나 기리영 전쟁과 백제의 낙랑변민 습취 기록 어디에도 '辰王'이 관련된 흔적은 보이지 않는다. 진왕이 이 두 사건에 모종의 간섭을 했을 것이라는 주장은 진왕을 馬韓 나아가 三韓 전체의 조정자로 보는 시각194)에 입각해 있다.

그런데 진왕은 앞서 살펴본 바와 같이 결코 三韓의 대표자가 아닐

---

190) 尹龍九, 1999, 앞의 논문, 106쪽.
191) 尹善泰, 2001, 앞의 논문, 18쪽.
192) 尹善泰, 2001, 앞의 논문, 24쪽.
193) 尹善泰, 2001, 앞의 논문, 25~36쪽.
194) 武田幸男, 1995, 앞의 논문.

뿐만 아니라 馬韓 전체를 통제할 수 있는 존재도 아니었다. 辰王의 세력범위는 '辰' 지역 즉 금강유역 일대에 한정되어 있었으며, 마한 북부에서 일어난 기리영 전쟁이나 백제의 군사활동을 조정할 수 있는 능력이 없었다.

앞서 살펴본 마한 북부의 下戶 다수가 辰王의 통제를 받지 않고 개별적으로 중국군현에 출입한 것도 바로 진왕의 세력이 마한 북부에 미치지 못했음을 말해준다. 臣濆沽國의 帶方郡 침공이나 백제의 樂浪郡 邊民 습취와 같은 韓魏간의 분쟁에 辰王의 개입이 보이지 않는 것도 바로 진왕의 제한된 세력범위를 시사하는 것이다. 따라서 진왕의 의지에 의해 백제가 신분고국을 도와 영서지역을 침공했다고 보기는 어렵다.

오히려 백제의 영서지역 樂浪邊民 습취는 사전에 준비된 백제의 자발적이고 전략적인 군사행동이었다고 생각된다. 백제는 고이왕 7년(240) 4월에 左將을 설치해 內外兵馬事를 맡기는 조치를 한다. 백제에서 좌장은 최초의 군사관계 관직으로 좌장제가 만들어진 고이왕 7년은 魏가 樂浪·帶方郡을 접수한 시기(238년)와 가까우며, 그 시기는 魏와 東夷世界 사이에 긴장감이 한창 고조되고 있던 무렵이다. 따라서 좌장제의 신설은 백제가 魏의 동이진출과 그에 따라 있을지 모를 전쟁에 대비하기 위하여 자체적으로 군사조직을 정비한 것이라고 볼 수 있다.[195]

또한 백제는 좌장 설치 이후 그 해 7월과 242년 7월에 대대적인 閱兵과 觀射를 실시한다. 이러한 軍事儀式은 당시 고조되어 가고 있던 대외정세에 능동적으로 대처하기 위한 전략이라 할 수 있다.

그리고 243년 정월과 247년 정월에는 壇을 설치하고 천지에 제사를 올리는데, 이 또한 당시 백제를 둘러싸고 벌어지는 전쟁을 天佑神助로 타개하기 위한 전략적 儀式이라고 할 수 있다.

---

195) 金壽泰, 1998, 앞의 논문, 193~194쪽.

전쟁과 제사의 동반관계는 『三國志』魏志 東夷傳 夫餘條의 "有軍事 亦祭天" 기사를 통해 분명히 확인할 수 있는데, 제사가 전쟁을 준비하기 위한 전략적 儀式의 기능을 가지고 있었던 것이다. 古尒王代 초기 기록에 祭天 기사가 집중되어 있는 것은 바로 당시 백제를 둘러싸고 고조되던 戰雲을 시사하는 것이다. 전쟁과 제사의 동반관계에 대해서는 이 책의 제1장 3절을 참조하기 바란다.

이처럼 백제는 左將制의 신설과 閱兵·觀射·祭天祀地 등의 각종 國家 儀式을 통해 전쟁에 전략적으로 대비하고 있었다. 그러다가 樂浪·帶方郡이 다른 戰線에 여념이 없는 틈을 타 낙랑군의 영향 아래 있던 영서지역을 공격한 것이다. 앞서 살펴본 바와 같이 영서지역은 246년 5월 魏軍이 점령한 곳으로 樂浪郡과 辰韓을 연결하는 내륙 교통로상의 중계지역이라 할 수 있다. 魏가 그곳을 다시 상실한다면 낙랑군과 진한의 교통에 커다란 타격이 온다.

반면 백제가 그 지역을 장악하게 되면 낙랑군과 진한 사이의 중계자로서 백제의 대외적 위상은 괄목상대하게 강화된다. 마치 신분고국이 대방군과 삼한 사이의 교통에서 관문의 역할을 하였던 것처럼, 백제가 낙랑군과 辰弁韓 사이의 交通權을 장악하는 커다란 이권이 생기는 것이다.

고이왕은 이같은 대외정세에 대한 안목과 전략에 의거해 영서지역을 계획적으로 습격한 것이라고 추정된다. 그것은 백제의 영서지역 침공이 고이왕 13년에 일회성에 그치는 것이 아니라 246년 韓魏간의 전쟁이 종결된 이후에도 상당기간 지속되고 있는 점에서도 확인할 수 있다.

아래의 『삼국사기』 기록에서 확인되듯이 고이왕은 255년, 266년, 278년, 283년 신라의 槐谷城과 烽山城을 연속해서 침공하고 있다.

(古尒22;255) 秋九月 出師侵新羅 與羅兵戰於槐谷西敗之 殺其將翊宗 冬

　　　　　十月 遣兵攻新羅烽山城 不克
(古尒33;266) 秋八月 遣兵攻新羅烽山城 城主直宣率壯士二百人 出擊敗之
(古尒45;278) 出兵攻新羅 圍槐谷城
(古尒50;283) 秋九月 遣兵侵新羅邊境
(味鄒22;283) 秋九月 百濟侵邊 冬十月 圍槐谷城 命一吉飡良質 領兵禦之

　　백제 고이왕이 전략적으로 침공한 槐谷城과 烽山城은 지금의 忠北 淸風과 慶北 榮州에 비정되며 소백산맥 동북쪽의 중요한 嶺路인 竹嶺의 嶺下 據點城에 해당한다.[196] 다시 말해 낙랑군이 영서지역을 통해 진한(신라)과 교통하기 위해서는 반드시 장악해야만 하는 요충지라고 할 수 있다.
　　이처럼 고이왕이 영서지역과 관계 깊은 괴곡성과 봉산성을 장기적으로 침공하였다는 것은 13년(246)에 있었던 영서지역 습격이 타의에 의한 수동적인 일회성 군사행동이 아니라는 것을 단적으로 증명해 준다. 고이왕 13년의 영서지역 습격은 左將制 신설 및 祭祀와 儀式을 통한 전쟁 대비의 연속선상에서 이루어진 전략적 공격이라고 판단된다.
　　고이왕은 주변의 강자인 낙랑·대방군과 신분고국 등이 전쟁으로 여념이 없는 틈을 적극적으로 이용해 국가적 역량을 획기적으로 강화하고자 한 것이다. 따라서 고이왕 13년의 군사행동을 기리영 전쟁에 연동한 소극적인 가담[197]이나, 辰王의 의지에 의한 수동적인 공조[198] 정도로 보기는 어렵다고 생각한다. 백제는 낙랑·대방군 군사의 고구려정벌 동원과 신분고국 등 마한 북부 세력의 대방군 침공 등의 주변 정세를 적극 이용해서 전략적으로 국가의 역량을 강화한 것이다.
　　결국 고이왕 13년의 樂浪邊民 襲取 기사는 崎離營 전쟁에 어떤 형태로든 백제가 가담 내지 공조하였음을 암시하는 것이 아니라, 주변

---

196) 박대재, 1998,「百濟初期 對新羅 侵攻地域 再攷」『空士論文集』42 ; 1999, 「『三國史記』초기기사에 보이는 新羅와 百濟의 戰爭」『韓國史學報』7.
197) 尹龍九, 1999, 앞의 논문, 108쪽.
198) 尹善泰, 2001, 앞의 논문, 25쪽.

정세를 적극 활용한 백제의 전략적인 군사행동이라고 평가해야 할 것이다.

고이왕 13년의 전략적인 군사행동은 고이왕대 일련의 지배체제 정비와도 일맥상통하는 것이다. 고이왕 13년의 군사행동은 동왕 7년(240)의 左將制 신설, 27년(260)의 官品制와 官服制 정비, 28년(261)의 '南堂聽事' 실시 등 일련의 체제정비 맥락 속에서 이해해야 한다.

일반적으로 백제의 官等制(官品制)는 고이왕 27년에 일시에 이루어진 것이 아니라 국가가 성장함에 따라 차차 확대 정비되어 최종적으로 16관등제로 완성되었다고 이해한다.[199] 대개 古尒王代에는 "佐平-率-德" 등의 기초적인 관등만 설치되었다고 보는 것이다. 따라서 고이왕대의 정치가 일원적으로 位階化된 관등제를 중심으로 체계화되었다고 이해하기는 힘들다.

고이왕대 지배체제의 중심에는 바로 南堂이 있었다고 판단된다. 일반적으로 南堂은 백제 귀족회의의 장소로 주목되었거니와, 초기의 귀족회의를 '南堂會議'라 부르기도 하였다.[200]

그동안 南堂에 대한 연구는 백제사보다 주로 신라사 방면에서 많이 진행되어 왔다. 『三國史記』에 南堂 기사가 백제 쪽에는 2차례 보이지만 신라 쪽에는 5차례로 더 많이 보이며, 또 신라사에서는 和白會議와 관련하여 南堂의 존재가 꾸준히 주목되었기 때문이다.

그런데 근래 신라사에서는 南堂을 귀족회의(和白會議)와 분리하고, 君臣會議의 장소 내지 王의 政廳으로 강조하는 시각이 대두하고 있다.[201] 백제사에서도 南堂을 국왕의 政廳이며 동시에 최고의 官府로

---

199) 盧重國, 1995, 「중앙통치조직」 『한국사』 6, 국사편찬위원회.
　　金英心, 1998, 「百濟 官等制의 成立과 運營」 『國史館論叢』 82.
200) 盧重國, 1988, 『百濟政治史研究』, 일조각, 106쪽.
201) 盧鏞弼, 1990, 「新羅 中古期 中央政治組織에 대한 研究史的 檢討」 『忠北史學』 3, 24~28쪽.
　　朴南守, 2003, 「新羅 和白會議에 관한 再檢討」 『新羅文化』 21, 11~12쪽.

파악하여 '南堂政治'의 측면을 강조하는 입장이 있었다.202) 그러나 백제사 쪽에서는 아직까지 南堂을 귀족회의체의 공간으로 파악하는 경향이 강하다.

南堂의 명칭은 『三國史記』注에 따르면 '都堂'이라고도 하며,203) 『海東繹史』에는 '南宮'204)이라 되어 있기도 하다. 都堂이란 명칭을 통해서 최고 官廳(政廳) 정도로 유추할 수는 있으나,205) 불확실한 별칭에 의해 남당의 기능을 추정하기는 어려워 보인다.206)

일찍이 崔南善이 아주 단편적이나마 남당에 대한 역사적 평가를 시도한 바 있었다. 남당을 祭政 분리의 징표로 평가하고 神殿에서 분리한 政事의 장소로 파악했던 것이다.207) 그러나 남당에 대한 본격적인 연구의 문을 연 李丙燾는 남당의 기능을 다음과 같이 정리한다.

---

202) 李鍾旭, 1978, 「百濟의 佐平-『三國史記』를 중심으로」 『震檀學報』 45 ; 1991, 『百濟史의 理解』(崔夢龍·沈正輔 편저), 학연문화사, 192~193쪽.
203) 『三國史記』卷2, 新羅本紀 沾解尼師今 3년.
204) 『海東繹史』卷29, 宮室志 城闕 附官府亭舘. "南宮[古爾王聽事於此]". 여기서의 '南宮'을 어떻게 파악해야 할지 문제이다. 南宮은 고대 중국에서 '尙書省'의 별칭으로 쓰이기도 했으나(張政烺·呂宗力, 1994, 『中國歷代官制大辭典』, 北京出版社, 591쪽), 原典인 『三國史記』의 南堂 기록이 분명한 만큼 南宮은 南堂의 誤記라고 보아야 할 듯하다. 그런데 최근 국립경주박물관 내 연결통로부지 공사에서 발굴된 기와에 "南宮之印"이란 銘文이 발견되어 주목된다.(國立慶州博物館, 2002, 『國立慶州博物館敷地內 發掘調査報告書』, 215쪽) 月城의 남쪽인 현재 국립경주박물관 인근에 南宮이 있었을 가능성이 제기되며, 신라 당시 南堂을 '南宮'이라 別稱한 흔적인지도 모르겠다.
205) 한편 尙書省을 '都堂'이라 부르기도 했다.(張政烺·呂宗力, 1994, 앞의 책, 671쪽).
206) 南堂의 별칭인 都堂을 근거로 신라의 南堂이 설치된 자리를 月城 남쪽의 都堂山土城址에 비정하기도 한다.(朴方龍, 1985, 「新羅-都城·城址」 『韓國史論』 15, 국사편찬위원회, 350~353쪽)
207) 崔南善, 1937, 「朝鮮常識-南堂」 『每日申報』; 1973, 『六堂崔南善全集』 3 (朝鮮常識問答·朝鮮常識), 현암사, 259~260쪽.

다시 말하면, 초기의 南堂은 회의기관도 되고 실무를 집행하는 기관도 되는－말하자면 立法·行政·司法 등 모든 사무를 總兼한－국가생활의 중심적인 政廳(政府)이었다. 비단 그뿐이랴. 종종의 儀式을 거행하는 原始集會所 이래의 중요임무도 그대로 상속하여 왔던 것이다. 어떠한 宗教儀式은 물론 宴會 養老 등등의 모든 중요한 공공적인 행사가 여기서 행하여졌던 것이다.[208]

즉 초기 南堂의 기능을 회의, 실무행정, 儀式 등 3가지 측면에서 파악한 것이다. 그리고 이 가운데 실무행정이 智證王代 무렵 '禀主'로 이관되면서 후기의 남당은 회의·회견 및 기타 儀式을 집행하는 기관으로 변천하였다고 한다.[209] 다시 말해 회의와 의식은 남당의 기능으로서 초기부터 후기까지 줄곧 유지되었다는 설명이다. 이 가운데 남당에서 개최된 회의를 이후 연구자들이 '귀족회의'로 해석하기도 했으나, 이병도는 남낭의 회의를 분명히 '君臣합동의 君臣會議'로 규정한 바 있다.[210]

귀족회의 장소는 신라에서 大事를 논의할 때 大臣들이 반드시 모였다고 하는 '四靈地'[211]나 백제에서 宰相의 선출을 논의할 때 의탁했다고 하는 '政事嵓'[212] 등과 같은 국가적인 '神聖之所'가 아니었을까 생각한다.

백제 초기의 귀족회의가 열렸던 신성지소로는 대개 '負兒嶽'과 '橫岳'이 손꼽혀 왔다.[213] 負兒嶽은 초기 十臣會議의 장소이기도 했으니, 이후의 귀족회의 역시 負兒嶽 내지 橫岳과 같은 국가적 신성공간에서 개최되었을 것이다. 신라 귀족회의의 장소였던 4靈地는 신앙적 의미

---

208) 李丙燾, 1954, 「古代南堂考－原始集會所와 南堂」 『서울大論文集－人文社會科學』 1 ; 1976, 앞의 책, 635쪽.
209) 李丙燾, 1976, 앞의 책, 638쪽.
210) 李丙燾, 1976, 앞의 책, 635·638쪽
211) 『三國遺事』 卷1, 紀異1 眞德王.
212) 『三國遺事』 卷2, 紀異2 南扶餘 前百濟.
213) 盧重國, 1994, 앞의 논문, 162쪽.

와 정치적 의미가 복합되어 있던 장소였다.214) 『三國遺事』에 의하면 사비시대 백제의 政事嵒 역시 虎嵒寺 내에 있었다고 한다. 따라서 귀족회의의 장소는 南堂이 아니라, 신앙적 의미와 정치적 의미가 복합되어 있는 負兒嶽 내지 橫岳 등의 신성공간이었다고 보아야 할 것이다.215)

『삼국사기』 백제본기의 남당 기사는 東城王 11년에 한번 더 확인된다. 남당에서 群臣을 모아놓고 연회를 베풀었다는 것이다.216) 東城王 11년(489) 가을에 대풍이 들어 10월에 왕이 祭壇을 쌓아 天地에 제사하고 "11월에는 群臣들을 남당에 불러 잔치를 베풀었다"는 기록의 일부이다.

여기서 남당이 잔치와 같은 행사가 열리던 공간이기도 했음을 확인할 수 있다. 국왕이 남당에서 베푼 잔치는 예사와 다른 남다른 정치적 의미를 가지고 있었을 것이다. 이것은 고대의 君王이 베푸는 '재분배 잔치'217)나 '공공의 식사'218)와 같은 통치행위 차원의 행사가 아니었는가 한다. 이런 잔치를 통해 왕은 施惠者로서의 권위를 확대했을 것이며, 국왕의 정치적 위상도 따라서 확고해졌을 것이다. 이런 면에서 남당의 잔치는 단순한 행사를 넘어 지배이데올로기를 관철시키는 통치행위의 마당인 셈이다. 남당의 잔치는 왕과 群臣들 사이의 정치적 의사소통의 계기가 되기도 했을 것이다.

『三國史記』 백제본기의 남당 기사에 의하면, 남당에서는 국왕이 주체가 되어 聽事가 실시되고 아울러 잔치(儀式)가 거행되었다. 남당의 주체는 왕으로 나타나며, 群臣은 儀式과 관련한 客으로 보인다. 남당

---

214) 崔光植, 1994, 『고대한국의 국가와 제사』, 한길사, 321쪽.
215) 박대재, 2004, 「백제 초기의 회의체와 南堂」 『韓國史研究』 124, 24쪽.
216) 『三國史記』 卷26, 百濟本紀 東城王 11년 "十一月 宴群臣於南堂".
217) 마빈 해리스, 1995, 『식인과 제왕』, 한길사, 185~208쪽.
218) 퓌스텔 드 쿨랑주, 2000, 『고대도시 - 그리스·로마의 신앙, 법, 제도에 대한 연구』, 아카넷, 217~222쪽.

에서 귀족들의 회의가 열린 모습은 명확하지 않다. 따라서 그동안 남당을 귀족회의체의 공간으로 이해해 온 시각은 재검토의 여지가 있는 것이다.

남당에 대한 기록은 백제본기보다 신라본기에 비교적 많이 보이고 있다. 그러므로 남당에 대한 구체적인 검토는 사로국의 체제정비를 살펴보는 다음 장에서 전개해 보기로 하겠다. 여기서는 古尒王代부터 확인되는 南堂이 당시 지배체제의 중심적 기능을 하던 기구로써, 國王에 의한 '會議(聽事)政治' 내지 '儀式(宴)政治'가 연출되던 공간이라는 점을 언급해 두고자 한다.[219]

고이왕은 좌장제 신설, 관품제 및 관복제 정비, 남당정치의 실시 등 일련의 체제정비를 통해 국가의 면모를 갖추게 되었다. 그런데 이러한 일련의 체제정비는 바로 마한 북부 諸國과 중국군현간의 기리영 전쟁 전후의 전운이 감돌던 시기에 추진된 것이었다.

고이왕은 대외적인 위기 상황을 적극적이고 전략적으로 이용하여 백제의 체제정비와 국가적 성장이라는 커다란 성과를 올린 것이다. 238년 魏의 公孫氏 정벌이후 낙랑·대방 2군의 수복, 244년 유주자사 관구검의 고구려 침공과 245~246년 위의 동옥저·동예 토벌, 246년 신분고국 신지의 주도 아래 마한 북부의 제국이 대방군 기리영을 공격한 사건, 그리고 낙랑·대방군의 응징 등 3세기 전반에 급박하게 전개되던 전쟁의 위기 속에서 고이왕은 백제국의 역량을 결집하여 지배체제를 정비하고 국왕 중심의 남당정치체제를 확립한 것이다.

이러한 고이왕대 국가적 성장의 結晶이 바로 '風納土城' 건설이 아닌가 생각된다. 風納土城은 성벽의 총길이 3.5km, 폭 40m, 높이 10m 이상에 달하는 대규모 성곽으로써, 현재 축조 시기에 대해선 기원 200년 전후로 보는 설[220]과 3세기 중후반이라고 보는 설[221]이 제기되어

---

219) 박대재, 2004, 앞의 논문, 20~26쪽.
220) 申熙權, 2001,「風納土城의 築造技法과 性格에 대하여」『風納土城의 發掘

있다.

 그런데 필자의 앞선 논지에 의하자면, 풍납토성과 같은 대규모의 축성은 魏의 동방진출과 그로 인해 전쟁의 파급이 한창 고조되고 있던 3세기 전반의 대외상황이 투영된 것이라고 생각된다. 고이왕은 풍납토성의 大役事를 통해 국가의 역량을 결집하고 국방을 한층 강화시킬 수 있었을 것이다. 따라서 풍납토성은 백제를 둘러싸고 높아가던 전쟁의 위기 속에서 고이왕이 주도한 지배체제정비와 국가적 성장의 결정체라고 할 수 있는 것이다.
 이러한 3세기 중엽의 국가적 성장을 통해 3세기 후반에 백제 고이왕은 마한의 대표자인 '馬韓王'으로 대두하게 된다. 3세기 후반 삼한의 사정을 전하는 『晉書』 권97, 東夷傳 馬韓조에는 다음과 같은 일련의 入貢 기사가 나온다.

> 무제 태강 원년과 2년에 (마한의) 군주가 자주 사신을 보내 방물을 받쳤다. 7년, 8년, 10년에도 자주 왔다. 태희 원년에는 동이교위 何龕에게 와서 조공을 바쳤다. 함령 3년에 다시 왔으며, 이듬해에 또 내부하기를 청하였다.222)

 위 기록에 의하면 '馬韓主'가 太康 원년(280), 2년(281), 7년(286), 8년(287), 10년(288)에 사신을 보내 入貢하고, 太熙 원년(290)에는 東夷校尉에게 上獻하고, 咸寧 3년(277)과 4년(278)에도 또 來附하였다는 것이다.
 그동안 晉에 사신을 파견한 이 주체에 대해 伯濟國으로 보는 입장223)과 함께, 백제와 관련이 없는 기타 마한 세력의 움직임으로 보는

---

    과 그 成果』;『風納土城』 Ⅰ, 국립문화재연구소, 591쪽.
221) 朴淳發, 2001, 『漢城百濟의 誕生』, 서경문화사, 181쪽.
222) 『晉書』 卷97, 東夷傳 馬韓 "武帝太康元年二年 其主頻遣使入貢方物 七年 八年十年 又頻至 太熙元年 詣東夷校尉何龕上獻 咸寧三年復來 明年又請內附".
223) 李丙燾, 1959, 『韓國史-古代篇』, 을유문화사, 350~351쪽.

견해[224]도 있었다. 그러나 아래의 기록에 의거해 282년을 기준으로 견사의 주체가 바뀌었다고 보는 것이 최근의 경향인 듯하다.

> 동이 마한 신미제국은 산에 의지하여 바다를 끼고 (유)주로부터 4,000여리 떨어져 있다. 역대로 내부하지 않았던 20여국이 한꺼번에 사신을 보내 조공하였다.[225]

위 기록은 282년 무렵 持節·都督幽州諸軍事·領護烏桓校尉·安北將軍인 張華가 적극적인 동방정책을 추진한 결과 東夷馬韓의 新彌諸國 등이 사신을 보내 조공했다는 내용이다.

그런데 이 기록을 근거로 282년부터 새롭게 晉에 조공한 마한 세력은 기존의 伯濟國 중심의 마한 세력과 다른 영산강 유역의 新彌國을 중심으로 한 별도의 마한 세력이라고 이해하는 입장이 있다.[226] 즉 282년 이전 遣使 세력의 중심은 伯濟國이고, 282년 이후는 遣使 세력의 중심이 二元化 내지 多元化된다는 것이다.

그러나 『晉書』 장화전의 기록은 282년에 그동안 귀부하지 않았던 신미국 등의 20여 국이 사신을 보내왔다는 것이며 282년 이후의 상황에 대해서는 언급이 없다.

---

　　千寬宇, 1989, 앞의 책, 341쪽.
　　李基東, 1997, 앞의 책, 115쪽.
　　임기환, 2000, 앞의 논문, 29쪽.
224) 李道學, 1995, 『百濟古代國家研究』, 일지사, 40~42쪽.
　　兪元載, 1994, 「晉書의 馬韓과 百濟」『韓國上古史學報』17, 149~152쪽.
225) 『晉書』卷36, 張華傳 "東夷馬韓新彌諸國 依山帶海 去州四千餘里 歷世未附者二十餘國 並遣使朝獻".
226) 盧重國, 1990, 앞의 논문, 88쪽.
　　李賢惠, 1997, 앞의 논문, 27~28쪽.
　　최근 盧重國은 『晉書』 張華傳의 '新彌國'을 『三國志』 韓傳의 臣智加優號 속에 나오는 '臣離兒不例'의 '臣離(國)'와 연결해 보기도 하였다.(盧重國, 2003, 앞의 논문, 44쪽)

제3장 馬韓의 왕과 中國郡縣과의 전쟁  151

『진서』마한조의 일련의 遣使 기록에 의하면 282년을 기준으로 구분해 볼만한 주체의 변화가 보이지 않는다. 오히려 마한조에는 시기가 가장 앞서는 277~278년의 來附가 후반부에 기록되어 있어, 전반부의 太康 연간 이후와 구별된다는 점을 주목해 보아야 한다. 『진서』마한조 기사의 이러한 도치는 바로 견사의 주도 세력 문제와 관련이 있다고 생각된다. 즉 전반부의 太康 연간과 太熙 연간의 入貢은 '馬韓主'가 주체가 된 것이며, 후반부에 따로 나오는 咸寧 연간의 來附는 주도 세력이 불명확한 개별 마한 세력의 입공과 관련된 것이라 볼 수 있다.

따라서 『진서』마한조의 기록에 의하면 태강 원년(280)에 '馬韓主'가 처음 입공한 사실로부터 변화가 일어난다고 추정된다. 그 이전 마한의 조공은 주도 세력이 불명확한 상태로 馬韓諸國의 개별적이고 산발적인 것이었다면, 280년부터는 馬韓의 對晉交涉이 馬韓主를 중심으로 주도되는 변화가 보이는 것이다.[227]

그런데 『晉書』馬韓條를 底本으로 編史한 南宋 鄭樵의 『通志』에는 遣使의 주체인 '其主'가 '其王'이라 기록되어 있다.[228] 『通志』보다 앞서 편찬된 唐 杜佑의 『通典』馬韓과 北宋代의 『册府元龜』入勤에도 遣使의 주체로 '馬韓主' 대신 '馬韓王'이라 하였다. 뒤에 살펴볼『晉書』辰韓條에서 견사의 주체를 '王'이라 한 것으로 보아도, 여기서 '馬韓主'는 '馬韓王'으로 보아도 무방할 것이다.

280년부터 晉과의 교섭에서 馬韓의 王으로 등장한 존재는 누구일

---

227) 『晉書』馬韓條 遣使 기록의 단락 도치에 대해선 그동안 많은 논의가 있었다. 그러나 기존에는 대체로 단순한 오류라고 보아, 咸寧中의 주체와 太康 이후(280~)의 주체를 구분하지 않고 보아 왔다. 그래서 『晉書』를 참고한 『通典』185 馬韓, 『太平寰宇記』172 三韓國, 『册府元龜』997 入觀 등에서는 咸寧中의 주체도 각각 '馬韓王', '馬韓主', '馬韓王' 등으로 일괄해 보았던 것이다. 그러나 『晉書』의 단락 구분을 단순한 오류가 아니라 撰者의 해석이나 典據資料의 차이에서 오는 의도적인 구분이라고 본다면 이에 대한 의미 부여도 가능하리라 생각한다.
228) 『通志』卷194, 四夷1 馬韓(中華書局, 1987, 3107쪽).

까?『삼국사기』백제본기에 의하면 280년은 고이왕 47년으로 앞서 살펴본 백제의 국가역량강화를 위한 일련의 지배체제정비가 일단락 된 시기라고 할 수 있다.

백제는 고이왕 말기에 왕자인 責稽와 帶方의 공주인 寶菓가 혼인관계를 맺고, 責稽王 즉위년(286)에는 고구려의 침입을 받은 帶方郡을 구원하는 등 中國郡縣과 긴밀한 관계를 유지하게 된다. 이처럼 중국군현이 혼인관계를 맺거나 군사적인 원조를 요청하는 행위는 伯濟國을 馬韓의 대표적인 정치세력으로 인식하고 그를 회유하여 친선관계를 유지하겠다는 의미로 해석할 수 있다.[229]

그러다가 責稽王 13년(298)에는 중국군현이 貊人과 연합하여 책계왕을 살해하고, 汾西王 7년(304)에는 백제가 낙랑을 공격한 데 대한 보복으로 낙랑태수가 자객을 보내 왕을 살해하는 등 백제에 대한 적극적인 공세를 가하고 있다. 이것은 이 무렵 백제가 중국군현이 통제하기 어려울 정도로 강력한 도전 세력으로 성장해 나갔기 때문이라 볼 수 있다.[230]

이상과 같은 백제와 중국군현의 관계 변화를 통해 볼 때, 고이왕 말기인 280년대 이후에는 백제국이 마한의 대표세력으로서의 지위를 확립했다고 인정할 수 있을 것이다.

한편 280년대 이후 백제가 마한의 대표세력으로 대두할 수 있었던 대외적 요인으로 중국과의 교섭체계가 기존의 樂浪·帶方 二郡 중심에서 270년대 후반 들어 요동의 東夷校尉 중심으로 창구가 전환되었다는 사실을 주목해야 한다.

西晉은 274년에 기존의 幽州에서 昌黎, 遼東, 樂浪, 玄菟, 帶方 등 5郡을 분할하여 平州를 설치한다.[231] 東夷校尉는 이미 魏代에 遼東郡의

---

229) 李賢惠, 1997, 앞의 논문, 24~25쪽.
230) 李賢惠, 1997, 앞의 논문, 25쪽.
231)『資治通鑑』卷80, 晉紀2 武帝 泰始 10년.

襄平에 설치되었으나, 그 역할이 본격화된 것은 285년에 何龕이 동이교위로 교체되면서부터이다. 이에 따라 동방정책의 중심은 이전의 "幽州-樂浪·帶方·玄菟"의 체계에서 東夷校尉가 직접 통괄하는 체계로 바뀌게 되었다.232)

마한, 진한 등이 遼東 襄平에 위치한 동이교위에 入貢하기 위해서는 육로를 이용할 경우 "대방-낙랑-고구려-현도" 등 먼 길을 지나가야 한다. 280년대에 들어와 入貢의 창구가 요동 양평의 동이교위로 전환됨에 따라, 삼한 세력은 한강하류의 백제국에서 출발하는 서해안 해로를 이용하지 않을 수 없었을 것이다. 다음 장에서 살펴 볼 『晉書』 東夷傳 辰韓조 '辰韓王'의 입공 시기가 마한왕의 입공 시기와 일치하는 현상도 바로 이러한 대외교섭체계와 관련이 깊다고 생각된다.

백제가 요동의 동이교위를 매개로 서진과 교섭하였던 고고학적인 증거는 3세기 후반부터 백제의 토기로 등장하는 흑색마연토기, 직구단경호, 직구장경호 등 요녕지방의 토기 문화가 백제 지배층의 문화로 수용되는 현상에서 간취할 수 있다.233) 특히 최근 백제의 王城으로 유력시되는 風納土城과 夢村土城 등에서 西晉製 陶器의 출토가 증가하고 있는 것은 백제가 西晉과의 관계에서 마한의 대외교섭권자인 馬韓王에 비정될 수 있는 중요한 자료가 될 것이다.

요컨대 백제 고이왕이 3세기 전반부터 마한과 중국군현간에 고조되던 긴장 상태와 崎離營 전쟁이라는 外患을 전략적으로 이용하여 적극적으로 지배체제정비를 추진한 결과 국가적 성장을 이루고, 마침내 280년대에는 마한의 대표자인 '馬韓王'으로 대두하게 되었다고 정리할 수 있다.

---

232) 임기환, 2000, 앞의 논문, 25쪽.
　　東夷校尉에 대해서는 尹龍九, 2005, 「고대중국의 동이관(東夷觀)과 고구려-동이교위(東夷校尉)를 중심으로」 『역사와 현실』 55, 61~98쪽을 참조하라.
233) 朴淳發, 1999, 「漢城百濟의 對外關係」 『百濟研究』 30, 32~35쪽.

이렇게 馬韓王의 등장 시점을 백제 고이왕 말기인 280년 무렵으로 파악하면, 曹魏代(220년~265년)의 사실을 중점적으로 기록한 『三國志』 韓條에 '馬韓王'이 보이지 않는 이유를 알게 된다. 또한 『晉書』 馬韓條에 辰王이 보이지 않는 사실을 미루어 보면, 265년으로부터 마한이 西晉에 遣使를 개시한 276년[234] 사이 약 10여 년 사이에 辰王이 마한에서 세력을 잃게 되었다는 점도 짐작해 볼 수 있다.

기존까지는 대체로 기리영 전쟁을 기점으로 그 전까지는 진왕이 삼한 내지 마한 전체를 대표하는 위치에 있다가 戰後에는 위상이 크게 약화되어 새롭게 성장한 백제국에게 주도권을 빼앗기게 된다고 파악하는 것이 일반적이었다.[235]

그러나 이러한 인식은 기본적으로 3세기 전반 이전의 진왕을 삼한 내지 마한 전체를 대표하는 總王의 성격으로 본다는 점에서 받아들이기 어려운 점이 있다. 앞서 살펴본 바와 같이 진왕의 지위는 기리영 전쟁 이전에도 마한 전체에 영향력을 행사하는 대표자가 아니라, 과거 辰國 고지였던 금강 유역을 중심으로 하는 '지역적' 王者였다. 그러다가 진왕은 기리영 전쟁을 전략적으로 이용한 백제 고이왕이 '馬韓王'으로 대두하게 되자, 더 이상 錦江유역 세력의 대외교섭마저 통제하지 못하는 지위로 전락하여 역사에서 자취를 감추게 되었다고 판단된다.

---

234) 『晉書』 馬韓條에는 咸寧 3년부터 遣使 기록이 있으나, 당시 '復來'하였다고 기록된 것으로 보아 馬韓의 遣使는 그 전에 이미 이루어진 적이 있는 것이다. 대체로 馬韓이 遣使를 개시한 기록은 『晉書』 武帝紀 咸寧 2년(276)에 東夷 8國의 '歸化'인 것으로 추정되고 있다.(李賢惠, 1997, 앞의 논문, 28쪽)

235) 조영훈, 2003, 「三韓 사회의 발전 과정 고찰 – 辰王의 위상변화와 삼한사회의 분립을 중심으로 – 」 『梨花史學研究』 30, 20~30쪽 참조.

# 제4장

# 辰韓의 왕과 諸國 복속 전쟁

## 1. 진한의 기원과 '辰國' 문제

 『삼국지』 동이전에 의하면 삼한 중 진한의 전신으로 '辰國'이 먼저 있었다고 한다. 진국은 기원전 1세기 초에 편찬된 『史記』 조선열전부터 등장할 정도로 역사적 유래가 오래된 존재다. 『사기』(北宋本)에 의하면 위만조선 말기(기원전 2세기 말)에 '진번 옆의 진국'(眞番旁辰國)이 조선을 통해 漢에 입조하려 했으나, 조선의 右渠王이 길을 막아 가지 못했다고 한다.
 그런데 『사기』의 현재 通行本에는 이 '辰國'이 '衆國'이라 되어 있어, 그동안 이를 둘러싸고 많은 논란이 있어 왔다.[1] '辰國'을 실제가 아닌 관념의 소산으로 보는 설,[2] '衆國'이 타당하다고 보는 설,[3] 절충적으

---

1) 金貞培, 1968, 「'辰國'과 '韓'에 관한 고찰」, 『史叢』 12·13합; 2000, 『韓國古代史와 考古學』, 신서원 참조.
2) 三品彰英, 1946, 「史實と考證－魏志東夷傳의 辰國と辰王」, 『史學雜誌』 55-1.
3) 丁仲煥, 2000, 『加羅史硏究』, 혜안.

로 '衆國(辰國)'으로 보는 설4) 등이 제기되었으나, 현재까지 대체로 '진국'이라고 보는 쪽이 우세한 편이다.5)

현재 통행되고 있는 『사기』의 판본들은 모두 南宋 경원 2년(1196)에 黃善夫에 의해 만들어진 이른바 '南宋 黃善夫本'을 모본으로 하고 있다. 그래서 현재의 통행본 『사기』에는 하나같이 그를 좇아 '衆國'이라 되어 있다.

한편 '辰國'이라 된 판본은 일본 경도대학 소장 '百衲本', 일본 동북대학 소장 경장본 인용 '正義本', 『校刊史記札記』 인용 '宋本' 등 현재까지 3종이 알려져 있는데, 이들은 모두 남송 이전의 '北宋本'으로 추정된다. 이런 서지학적 상황 때문에 북송 때까지는 원래 '辰國'이었다가 남송 때 '衆國'으로 잘못 변개된 이후 그 오류가 통행본까지 답습되었다고 보는 것이다.

그러나 북송 초인 983년에 편찬된 『太平御覽』 권780에는 "사기에 이르길, … 진번 옆의 중국(史記曰 … 眞番旁衆國)"이라 되어 있어, 북송 때까지는 '辰國'이었을 것이라고 보았던 기존의 통설과 배치되고 있다.

『사기』는 북송 순화 5년(994)에 교감이 시작되어 997년에 처음 간행되었으므로, 『태평어람』에서 인용한 『사기』는 북송본 이전의 古本 즉 唐의 抄本(필사본) 계통에 해당하는 것이다. 이에 따르면 북송본 이전 당나라 때의 『사기』에는 '衆國'이라 되어 있었다는 결론이 도출될 수 있다. 따라서 북송 이전의 기록이 원래부터 '辰國'이었다고 단정해 보기가 어렵게 되었다. 『태평어람』 인용 『사기』와 남송 이후 통행본 『사기』의 '衆國' 기록을 연결해 보면, 오히려 북송본의 '辰國' 기록이 특이한 계통에 속한다고 볼 수 있다.6)

---

4) 權五榮, 1996, 『三韓의 '國'에 대한 硏究』, 서울대 박사학위논문.
5) 李丙燾, 1976, 『韓國古代史研究』, 博英社.
　李賢惠, 1997, 「삼한의 정치와 사회」 『한국사』 4, 국사편찬위원회.
6) 박대재, 2005, 「三韓의 기원에 대한 사료적 검토」 『韓國學報』 119.

그런데 1세기 후반에 편찬된 『漢書』 조선열전에는 『사기』와 다르게 '旁'자가 빠진 채 '眞番辰國'이라고 기록되어 있다. 그러므로 『사기』의 원문을 '衆國'이라 볼지라도, 그로 인해 『한서』에 분명히 전하는 '辰國'의 존재를 부정할 수는 없다.

『사기』와 『한서』의 기록을 종합해 보면, 기원전 2세기 말 진번과 함께 그 주변에 여러 개의 '국'(衆國)이 있었으며, 그 가운데 가장 저명하게 알려진 대표적인 '국'이 바로 '辰國'이었다고 이해할 수 있을 것이다.[7]

진국의 위치는 『사기』나 『한서』의 기록에 근거해 보면, 진번 고지인 황해도 근처의 한강 하류지역에 비정될 가능성이 높다고 한다.[8] 그런데 5세기에 편찬된 『後漢書』에는 진국이 삼한 전부의 전신이라고 하여, 마치 진국이 삼한 고지 전역에 걸쳐 있었던 것처럼 기록되어 있다. 이 기록을 근거로 진국의 범위를 한강이남 전역으로 보기도 하였다.[9]

그런데 『후한서』의 전거 사서인 『삼국지』(3세기 후반 편찬)에는 앞서 보았듯이 '진한'만이 옛날의 진국이라 하여, 진국이 진한의 고지인 지금의 경상도 동부지역에 있었던 것처럼 보인다. 그러나 이러한 『삼국지』의 '진국→진한' 기록에 대해서는 '辰'자의 공통으로 인해 편찬자가 잘못 연결시킨 것이라고 이해하는 경향이 강하다.[10]

또한 '진국'의 위치를 비교적 구체적으로 알려주는 사료로 『삼국지』의 전거 사서인 『魏略』(260년대 편찬)의 "위만조선 말기에 歷谿卿이 유민 2천호를 이끌고 동쪽으로 진국에 갔다"는 기록이 있다.

---

[7] 金貞培, 1986, 『韓國古代의 國家形成과 起源』, 고려대 출판부.
[8] 盧重國, 1987, 「馬韓의 成立과 變遷」 『馬韓·百濟文化』 10.
千寬宇, 1989, 『古朝鮮史·三韓史硏究』, 一潮閣.
[9] 李丙燾, 1976, 앞의 책.
사회과학원 력사연구소, 1991, 「진국사」 『조선전사』 2, 평양: 과학백과사전종합출판사.
[10] 李丙燾, 1976, 앞의 책 ; 權五榮, 1996, 앞의 논문 ; 李賢惠, 1997, 앞의 논문.

그런데 『삼국지』에 의하면 위만조선의 동쪽은 진한이 아니라 濊의 고지이기 때문에 사료를 액면그대로 받아들이는 데 복잡한 문제점이 있다. 어쨌든 이처럼 문헌 기록에만 의존하여서는 진국의 위치를 가늠해 보기가 어렵다.

한편 고고학적으로는 남한지역에서 세형동검 문화가 가장 번성했던 금강유역이 진국의 고지로 일찍부터 주목받아 왔다.[11] 최근의 고고학 조사에 의해 공주 봉안리, 부여 합송리, 장수 남양리 등 기원전 2세기의 초기철기 유적이 발견된 금강유역은 남한지역에서 가장 먼저 철기 문화를 받아들인 선진 지역으로 이해되고 있다.[12]

그리고 정치세력의 존재를 시사해주는 威勢品(prestige goods)인 中國製 前漢鏡이 익산 평장리, 공주 공산성 등 유적에서 출토되는 점을 보아도, 기원전 2세기 금강유역은 정치·문화적으로 가장 앞섰던 지역으로 이해된다.[13]

따라서 현재까지의 고고학 자료에 의하면, 기원전 2세기 남한지역의 대표적 정치체였던 辰國은 금강유역 일대에 위치하였을 가능성이 가장 높다고 하겠다. 이처럼 최근에는 고고학 자료에 의해 진국을 진한이 아니라 마한의 고지와 연결해 보는 경향이 강하다.

'진한'에 대한 현재 最古의 기록은 2세기 말 後漢의 服虔이 남긴 것으로 『漢書』의 注로 전해지고 있다.

> 복건이 이르길 예맥은 진한의 북쪽, 고구려와 옥저의 남쪽에 있으며 동쪽으로 大海에 닿는다.[14]

---

11) 金貞培, 1986, 앞의 책.
12) 權五榮, 1996, 앞의 논문.
13) 박대재, 2002, 「『三國志』 韓傳의 辰王에 대한 재인식」 『韓國古代史硏究』 26.
14) 『漢書』卷6, 武帝紀 元朔元年條 顔師古注 所引 "服虔曰 穢貊在辰韓之北 高句麗沃沮之南 東窮于大海".

『漢書』武帝紀 元朔 元年(기원전 128)조의 "東夷薉君南閭等 口二十八萬人降 爲蒼海郡"에 나오는 薉(穢)에 대해 服虔은 辰韓을 들어 그 위치를 설명하고 있는 것이다.

服虔은 後漢 靈帝 中平연간(184~189)에 九江太守였던 인물로『春秋左氏傳解』『漢書音訓』등을 지었다고 한다.15) 服虔의 진한 기록을 통해 보아 늦어도 後漢代에 辰韓의 존재가 중국에 알려져 있었다는 것을 확인할 수 있다.

3세기 중엽에 편찬된『위략』에 의하면, 진한의 右渠帥 廉斯鑡가 王莽 지황 연간(20~23년)에 낙랑군에 망명하면서 진한과 낙랑군 사이에 왕래가 있게 되었다고 한다. 이에 의하면 진한은 이미 기원 직후에 낙랑군을 통해 중국에 알려진 것이다.

진한의 우거수 염사치 기록에 근거해 보면 진한의 성립 시기는 일단 그 이전인 기원전 1세기까지 소급해 볼 수 있다.16)

한편 진한의 성립 과정은 국내기록인『三國史記』의 초두 기록을 통해 좀 더 추적해 볼 수 있다.

> 이보다 앞서 朝鮮遺民이 山谷의 사이에 나뉘어 살며 6村을 이루었는데 1. 閼川 楊山村, 2. 突山 高墟村, 3. 觜山 珍支村 또는 干珍村, 4. 茂山 大樹村, 5. 金山 加利村, 6. 明活山 高耶村 등으로 이들이 진한의 6부가 되었다.17)

혁거세가 徐那伐을 세우기 이전에 '朝鮮遺民'이 산과 계곡 사이에

---

15) 吳澤·楊翼驤 主編, 1984, 앞의 책, 289쪽.
興膳宏·川合康三, 1995,『隋書經籍志詳攷』, 東京: 汲古書院, 133쪽.
16) 朱甫暾, 2000,「辰·弁韓의 成立과 展開」『진·변한사 연구』, 경상북도·계명대 한국학연구원.
17)『三國史記』卷1, 新羅本紀 始祖赫居世居西干 卽位年 "先是 朝鮮遺民 分居山谷之間爲六村 一曰閼川楊山村 二曰突山高墟村 三曰觜山珍支村(或云干珍村) 四曰茂山大樹村 五曰金山加利村 六曰明活山高耶村 是爲辰韓六部".

나뉘어 살며 6촌을 이루었는데 이것이 辰韓六部가 되었다는 것이다. 辰韓의 기원이 朝鮮遺民과 관련되어 있다는 것을 시사해주는 대목이다. 여기서의 朝鮮이 기원전 108년에 멸망한 衛滿朝鮮이라는 사실은 선행 연구를 통해 알려져 있다.[18] 이에 따르면 위만조선의 유민이 진한 성립의 직접적인 계기가 되었다는 설명이 도출된다.[19]

그런데 『삼국지』 韓條에는 이와 다른 내용의 기록이 진한의 기원과 관련하여 언급되고 있다.

> (진한의) 노인들이 대대로 전하여 말하기를, "(우리들은) 옛날의 망명인으로 秦나라의 苦役을 피하여 韓國으로 왔는데, 馬韓이 그들의 동쪽 땅을 분할하여 우리에게 주었다"고 하였다.[20]

이에 따르면 진한의 형성은 중국 秦나리(기원진 249~207년, 기원전 211년 중국 통일)의 고역을 피해 망명해 온 중국계 유이민들을 주축으로 이루어진 것이 된다. 계속해서 『삼국지』에서는 진한의 말이 秦人과 유사하며 燕과 齊의 名物(문화)도 있었다고 기록하고 있다. 이런 일련의 기록은 진한인의 출자가 중국 戰國 계통의 유이민과 연결되어 있음을 전하는 것이다.

이처럼 진한인의 출자를 전국 유민에서 찾는 인식은 新羅末의 崔致遠에게서도 확인된다.[21] 최근 중국학계는 이 기록을 액면 그대로 받아들여, 진한을 秦나라의 유민들이 세운 망명 정권이라고 파악하기도 한다.[22]

---

18) 李丙燾, 1976, 앞의 책.
19) 李賢惠, 1984, 『三韓社會形成過程研究』, 一潮閣, 48~102쪽.
20) 『三國志』 卷30, 東夷傳 韓條 "其耆老傳世自言 古之亡人避秦役 來適韓國 馬韓割其東界地與之".
21) 『三國遺事』 卷1, 紀異 辰韓 "崔致遠云辰韓本燕人避之者故取涿水之名稱所居之邑里云沙涿漸涿等".
22) 羅繼祖, 1995, 「辰國三韓考」『北方文物』 1995-1.

그러나 『삼국지』의 기록대로 기원전 3세기 말에 진나라 사람들에 의해 진한이 형성되었다고 보면, 진한과 辰國이 시기적으로 중첩되는 문제가 발생하게 된다. 앞서 보았듯이 진국은 기원전 2세기 말에 존재하고 있었기 때문에, 기원전 3세기에 진한이 먼저 성립되었다고 보면 『삼국지』 기록의 선후 관계가 뒤집히는 모순이 일어나는 것이다.

따라서 '진국 → 진한' 관계 기록을 따르면서, 또한 '중국 망명인 → 진한' 기록까지 액면 그대로 받아들이는 시각[23])은 따르기 곤란한 점이 있다. 이처럼 『삼국지』의 '중국 망명인→진한' 기사를 비판 없이 그대로 받아들이면, 삼한의 기원을 '기원전 3세기'까지 소급해 보게 된다.[24])

그러나 『삼국지』의 '중국 망명인 → 진한' 기록은 『삼국사기』의 '조선유민 → 진한' 기사와 서로 충돌할 뿐만 아니라, 『삼국지』 자체의 '진국 → 진한' 기록과도 모순된다는 문제점이 있다. 이 가운데 진국과 진한을 선후 관계로 연결한 것은 앞서 보았듯이 '辰'자의 공통에서 온 『삼국지』 편찬자의 부회일 가능성이 높다고 본다면, 그 다음 순서로 '조선유민 → 진한' 기사와 '중국 망명인 → 진한' 기사 사이의 모순을 해결해 봄으로써 진한의 성립과정을 살펴보아야 할 것이다.

'중국 망명인 → 진한' 기사는 시·공간적으로 그 중간에 위치한 '위만조선'의 존재를 염두에 둘 때 문제의 실마리가 풀린다고 본다. 기원전 3세기 말 이래 중국 동북지역의 유민들이 조선으로 많이 망명하였다는 사실은 위만의 망명 기록을 통해서도 쉽게 확인할 수 있다. 위만조선의 주민 가운데는 위만과 함께 망명해 온 중국계 유민들이 다수 포함되어 있었을 것이다. 따라서 위만조선의 멸망 이후에 남하해 진한을 세운 유민들 속에는, 본래 진나라에서 조선으로 망명하였던 중국인들도 다수 포함되어 있었을 것이다.

---

23) 申鉉雄, 2003, 「三韓 起源과 '三韓'의 成立」 『韓國史硏究』 122.
24) 盧重國, 1987, 「馬韓의 成立과 變遷」 『馬韓·百濟文化』 10.

위만조선의 멸망 후에 설치된 낙랑군의 사람들에 대해 진한 사람들이 동족의식('阿殘')을 가지고 있었던 것도 이런 맥락 속에서 이해될 수 있다. 이처럼 위만조선을 거쳐 온 중국 망인들이 진한의 성립에 기여하게 되면서, 秦나라를 피해 중국(戰國)에서 온 망인들이 진한을 세웠다고 하는 식의 함축적인 전승이 생겨난 것이라고 이해할 수 있다.25)

이처럼 중국 戰國 계통 주민이 조선을 경유하여 진한지역으로 유입되는 과정을 도식화 해 보면 다음과 같다.

〈표 2〉戰國系-朝鮮系 遺民의 유입 과정

| 구분 | 시기 | 이주계기 | 이주방향 | 관련 사료 | | | |
|---|---|---|---|---|---|---|---|
| | | | | 三國志 | 後漢書 | 三國史記 | 三國遺事 |
| 1차 | BC.3C말 | 秦役 | 燕↓朝鮮 | 古之亡人避秦役 | 秦之亡人避苦役 | | 崔致遠云辰韓本燕人避之者故取涿水之名稱所居之邑里云沙涿漸涿等 |
| 2차 | BC.2C말 | 朝鮮滅亡 | 朝鮮↓韓 | 來適韓國 | 適韓國 | 朝鮮遺民分居山谷之間爲六村…是爲辰韓六部 | |

이상의 문헌 검토에 의하면 진한의 형성은 위만조선이 멸망한 기원전 2세기 말 직후 즉 기원전 1세기 초에 영남지역으로 유입한 朝鮮系(戰國系 포함) 유민집단에 의해 그 단초가 열렸다고 이해하면 크게 틀리지 않을 것이다.26)

이와 관련하여 고고학적으로 한강 이남지역에서 기원전 3세기에 해당하는 중국 戰國系 철기들은 아직 발견되지 않고 있다는 점도 유념해야 할 것이다. 기원전 2세기 영남지역에서는 충남·전북지역(장수

---

25) 李賢惠, 1984, 앞의 책.
26) 박대재, 2005, 「三韓의 기원에 대한 사료적 검토」 『韓國學報』 119, 16~20쪽 참조.

남양리, 부여 합송리, 당진 소소리)과 같은 '주조철기' 유적은 나타나지 않고, 最古의 철기로서 기원전 1세기 경주 구정동과 입실리의 단조철기 문화가 대표적인 것이었다.27)

그런데 최근 대구 팔달동 유적에서 주조철부를 중심으로 하는 초기의 주조철기가 출토되어, 마한지역의 주조철기 유적과 대비가 가능하게 되었다. 그러나 팔달동 유적에선 주조철부 외에 소형의 판상철부, 철착, 철검 등 단조철기도 출토되어 마한지역의 주조철기 일색의 양상과는 차이가 있다. 단조철기의 동시 출현으로 보아 마한지역의 초기철기(주조철기) 유적보다 한 단계 늦은 것으로 보아야 할 것이다. 대체로 대구 팔달동 초기철기 유적의 연대는 '기원전 2세기 말~기원전 1세기 전반'으로 파악되고 있다.28)

그리고 낙동강 하류지역을 중심으로 드러나고 있는 서북한 지방 계통의 초기 목관묘 유적도 기원전 2세기를 상한으로 하고 있다.29)

따라서 고고학적으로 보아도 영남지역에서 새로운 주민 내지 문화의 유입은 기원전 3세기가 아니라 기원전 2세기 이후 특히 위만조선 멸망기인 기원전 2세기 말 이후라고 보는 것이 타당하다는 결론이 나온다.

그러므로 『삼국지』에서 옛날 망인들이 秦의 고역을 피해 '한국'으로 들어와 그 동쪽 지역에 정착해 진한을 세웠다고 한 것은, 진나라 시대인 기원전 3세기 말의 상황을 직접적으로 가리키는 것이 아니라, 중간의 조선을 경유하여 진한으로 흘러들어 왔다는 경위를 참작한다면 위만조선이 멸망한 기원전 108년 이후가 그 실제 정착 시기라고 이해할

---

27) 李南珪, 1993, 「三韓 鐵器文化의 成長過程-樂浪地域과의 比較的 視角에서」, 『三韓社會와 考古學』, 제17회 한국고고학전국대회 자료집.
28) 송계현, 2000, 「辰·弁韓 文化의 形成과 變遷」, 『고고학으로 본 변·진한과 왜』, 영남고고학회·구주고고학회.
29) 林孝澤, 1993, 「洛東江 下流域 土壙木棺墓의 登場과 發展」, 『三韓社會와 考古學』, 제17회 한국고고학전국대회 자료집.

수 있을 것이다.

　그리고 앞서 보았듯이 『삼국사기』에서는 혁거세가 서나벌(사로국)을 세우던 기원전 57년 전에 조선유민들이 이미 정착하여 6촌을 이루었다고 하였으니, 진한의 성립은 늦어도 기원전 57년 이전에 있었던 것이다. 결국 진한의 성립은 대략 기원전 1세기 전반에 비정하면 크게 틀리지 않을 것이라 추정된다.

## 2. 진한의 '辰王' 문제

　『三國志』東夷傳 韓條에는 '辰王' 기록이 馬韓 부분과 辰弁韓 부분에 각각 따로 보이고 있어 그동안 학계에서 문제가 되어 왔다. 해당 기록을 살펴보면 아래와 같다.

　　1. 馬韓 … 凡五十餘國 大國萬餘家 小國數千家 總十餘萬戶 辰王治月支國 臣智或加優呼臣雲遣支報安邪踧支濆臣離兒不例拘邪秦支廉之號 其官有 魏率善邑君歸義侯中郞將都尉伯長
　　2. 弁辰韓合二十四國 大國四五千家 小國六七百家 總四五萬戶 其十二國屬 辰王 辰王常用馬韓人作之 世世相繼 辰王不得自立爲王[魏略曰 明其爲 流移之人 故爲馬韓所制]

　현재까지 대부분 연구자들은 사료1의 辰王과 사료2의 辰王을 동일체로 파악하여 馬韓聯盟體의 盟主인 目支國의 辰王이 辰弁韓 중의 12 國까지 지배 내지 모종의 영향력을 행사했던 것으로 이해[30]하고 있

---

30) 末松保和, 1995, 앞의 책, 128쪽 ; 江上波夫, 1965, 앞의 책, 44쪽 ; 李賢惠, 1984, 앞의 책, 171쪽 ; 朴燦圭, 1989,「馬韓勢力의 分布와 變遷」『龍巖車文燮教授華甲紀念 史學論叢』, 신서원, 24쪽 ; 盧重國, 1990, 앞의 책, 75쪽 ; 金泰植, 1993,『加耶聯盟史』, 一潮閣, 65쪽 ; 武田幸男, 1996, 앞의 논문, 9쪽 ; 權五榮, 1996, 앞의 논문, 219쪽 ; 全鍾國, 1997,「馬韓의 形成과 變遷에 關한 考察」『韓國 古代의 考古와 歷史』, 姜仁求 編, 학연문화사, 302쪽 ; 李

다.31)

　이에 따르면 辰王의 통치 내지 관할 대상은 馬韓 50여 國과 辰弁韓 중 12國을 아우른 60여 國에 이르게 된다. 여기서 辰王의 통치범위가 三韓의 60여 國에 이른다는 것은 과거의 三韓總王說과 별반 다를 바가 없는 결론이다. 과거에 辰王의 三韓總王說이 부정되었던 배경에는 한국 고대의 정치발전단계상 그와 같은 광역의 王이 三韓시기에 존재하기는 불가능하다는 대세론이 공감되었기 때문이다. 따라서 사료2의 辰王을 사료1의 辰王과 동일체로 이해하기 위해서는 이와 같은 문제점을 해명해야만 할 것이다.

　한편 학계의 일각에서 사료1의 辰王과 사료2의 辰王을 따로 구분해 보려는 입장32)도 있었는바, 이에 따르면 사료2의 辰王은 '辰韓의 王'으로 新羅의 전신인 斯盧國의 沾解王이라고 한다. 이것은 『三國史記』 新羅本紀의 초기기사를 존중하는 입장에서 3세기 중반 辰韓에서 斯盧國의 王 이외에는 따로 '辰王'이라고 할만한 존재가 없었으며, 『三國史記』 赫居世紀에서 보이는 '辰人'·'辰言'과 같은 용법의 '辰王'이라는 소박한 주장이었다.33)

　필자도 辰韓 諸國의 규모와 정치발전단계를 논하는 글에서 이러한 입장에 입각하여 사료2의 辰王을 사료1의 辰王과 분리하여 辰韓의 '大

---

　　道學, 1998, 「새로운 摸索을 위한 檢討, 目支國 硏究의 現段階」 『馬韓史硏究』, 충남대 출판부, 123쪽 ; 田中俊明, 1998, 앞의 논문, 277～279쪽 ; 尹善泰, 2001, 앞의 논문, 3쪽.
31) 岡田英弘은 馬韓 目支國의 辰王과 辰弁韓의 辰王을 동일시하면서도, 특이하게 "辰王은 辰韓 12都市連合의 利益代表로서 中國官憲과의 교섭 편의상 帶方郡과 가까운 馬韓의 月支國에 駐在하고 있었는데, 中國側의 임명을 받았기 때문에 中國의 승인 없이는 취임할 수 없었다"라고 파악하였다.[岡田英弘, 1977, 『倭國:東アジア世界の中で』, 中央公論新社, 99쪽 ; 1978, 「『魏志東夷傳』を評す」 『古代東アジア史論集(下卷)』(末松保和博士古稀記念), 吉川弘文館, 55쪽]
32) 千寬宇, 1989, 앞의 책, 190쪽, 234쪽.
33) 千寬宇, 1989, 앞의 책, 236쪽.

國'이었던 斯盧國의 王으로 비정한 바 있었다.34) 당시에 필자 역시 그 근거에 대해 충분히 설명하지 못하였으나, 이제 아래에서 사료2의 辰王이 '辰韓王'이며 사료1의 辰王과 별개의 존재임을 구체적으로 밝혀보고자 한다.

사료2의 辰王과 관련하여『三國志』의 찬자인 陳壽(233~297)는 辰韓에 대해 몇 가지 혼란스런 기록을 남기고 있다. 먼저 陳壽가 辰國과 辰韓(古之辰國)을 연결시킨 것은 '辰'이라는 글자의 공통성에 기인한 오해35)이며, 辰國의 방향이 동쪽(東之辰國)이라 점과 辰韓이 馬韓의 동쪽이라는 방향성의 공통을 계기로 만들어진 추론일 가능성이 크다.36)

또한 陳壽는 辰韓을 秦의 망인과 연결시켜 '秦韓'이라고도 기록하였는데, 이 역시 辰韓의 '辰'과 '秦'의 音相似에 의해 만들어진 부회이거나 중국인의 가탁37)이라고 판단된다. 중국학계에서는 근래까지 秦과 辰韓의 계승관계를 강조하고 있으나,38) 이것은 陳壽의 부회를 가려내지 못한 잘못된 사료 해석이다.

이처럼 辰韓을 둘러싼 陳壽의 부회들은 모두 辰國의 '辰'자와 秦나라의 '秦'자가 辰韓의 '辰'자와 상통하는 데 기인하는 것이다. 사료2의 辰王 역시 辰韓을 둘러싼 편찬자의 오해 내지 부회에서 비롯된 착오일 가능성이 있다.39)

---

34) 박대재, 1997,「辰韓 諸國의 규모와 정치발전단계」『韓國史學報』2.
35) 李丙燾, 1976, 앞의 책, 239쪽.
36) 權五榮, 1996, 앞의 논문, 42쪽.
    李賢惠, 1997,「삼한의 정치와 사회」『한국사』4, 국사편찬위원회, 263쪽.
37) 白鳥庫吉, 1986, 앞의 책, 314쪽 ; 李丙燾, 1959, 앞의 책, 270쪽 ; 任昌淳, 1959, 앞의 논문, 21쪽 ; 曺佐鎬, 1979, 앞의 논문, 144쪽.
38) 朱紹侯, 1986,「『三國志』東夷傳を讀む:魏晉時期の中國と朝鮮·日本の文化交流について」『東アジア世界史探究』, 汲古書院, 116쪽.
    楊昭全·韓俊光, 1992,『中朝關係簡史』, 遼寧民族出版社, 16쪽.
    蔣非非·王小甫 等, 1998,『中韓關係史:古代卷』, 社會科學文獻出版社, 23쪽.

『三國志』이후『梁書』新羅傳,『北史』新羅傳 등에는 사료2의 辰王이 모두 '辰韓王'으로 바뀌어 기록되어 있음을 본다.

   3. 又辰韓王常用馬韓人作之 世相係 辰韓不得自立爲王 明其流移之人故也 恒爲馬韓所制[40]
   4. 又辰韓王常用馬韓人作之 世世相傳 辰韓不得自立王 明其流移之人故也 恒爲馬韓所制[41]

『梁書』는 姚思廉(557~637)이 唐 太宗의 명을 받아 말년인 637년에 완성한 사서로, 사료3은 裵松之(372~451)의 『三國志注』(429년)의 기록(사료2)을 전재한 것으로 보인다. 그런데 사료2에서 辰王이라 했던 부분이 『梁書』에서는 辰韓王과 辰韓으로 바뀌어 있다. 사료4는『梁書』의 기록을 그대로 답습한『北史』의 기사로 사료3과 마찬가지이다.

비교의 용이를 위해 사료2와 사료3의 辰王 관계 부분을 다시 배열해 보면 다음과 같다.

〈표 3〉『三國志』와『梁書』의 辰王(辰韓王) 기록 비교

| 裵松之 注『三國志』韓傳 | 『梁書』新羅傳 |
|---|---|
| ①其十二國屬辰王 | |
| ②辰王常用馬韓人作之世世相繼 | 又辰韓王常用馬韓人作之世相係 |
| ③辰王不得自立爲王 | 辰韓不得自立爲王 |
| ④[魏略曰]明其爲流移之人故爲馬韓所制 | 明其流移之人故也恒爲馬韓所制 |

이 가운데 ③의 辰王에 대해선『梁書』에 의거할 때 辰韓의 오기일 것이라는 인식[42]이 예전부터 있어 왔다. 그러나 시야를 확대해 보면

---

39) 일찍이 爲堂 鄭寅普도『三國志』辰弁韓의 辰王에 대해 辰韓의 '辰'과 辰王의 '辰' 漢字에 홀린 錯誤라고 본 바 있었다.(鄭寅普, 1946, 앞의 책, 111쪽)
40)『梁書』卷54, 諸夷傳 新羅.
41)『北史』卷94, 列傳82 新羅.
42) 那珂通世, 1958, 앞의 책, 130쪽 ; 李丙燾, 1934, 앞의 논문, 21쪽 ; 李基東,

②의 辰王 역시 辰韓王의 착오일 가능성이 높다.[43]

辰弁韓 12國의 향방과 관련하여 가장 중요한 부분인 ①의 辰王에 대해『梁書』는 언급하지 않고 있으나,『晉書』韓傳에는 이 부분이『三國志』와 다르게 기록되어 있다.

  5. 辰韓在馬韓之東…初有六國 後稍分爲十二國 又弁辰亦有十二國 合四五萬戶 各有渠帥 皆屬於辰韓 辰韓常用馬韓人作主 雖世世相承 而不得自立 明其流移之人 故爲馬韓所制也[44]

사료5에서 주목되는 곳은 중간의 '皆屬於辰韓'이라는 부분이며, 그 뒤의 '辰韓常用馬韓人作主' 이하는『梁書』의 기록과 대체로 일치한다. 『三國志』의 해당 부분과 비교하여 다시 배열해 보면 다음과 같다.

〈표 4〉『三國志』와『晉書』의 辰王(辰韓) 기록 비교

| 『三國志』韓傳 | 『晉書』韓傳 |
|---|---|
| ①弁辰韓合二十四國 | (辰韓)十二國又有弁辰亦十二國 |
| ②大國四五千家小國六七百家 | |
| ③總四五萬戶 | 合四五萬戶 |
| ④其十二國屬辰王 | 各有渠帥皆屬於辰韓 |

여기서『三國志』의 辰王이『晉書』에서는 辰韓으로 대체 기록되었다는 사실을 주목해야 한다.『晉書』의 '皆'가 辰·弁韓의 渠帥 가운데 어느 쪽을 받는지 불분명하지만, 전후의 문맥으로 보아『三國志』의 辰王이 辰韓으로 바뀌어 있는 것은 확실하다.[45]『晉書』④의 기록에서

---

  1996, 앞의 책, 285쪽 ; 尹龍九, 1998, 앞의 논문, 107쪽.
43)『三國志』의 '辰王常用馬韓人作之' 이하 본문에 대해 원래 馬韓의 辰王 관련 기사에 포함되어야 하나, 辰弁韓 부분에 잘못 삽입된 것으로 보는 입장도 있다.(任昌淳, 1959, 앞의 논문, 18쪽 ; 權五榮, 1996, 앞의 논문, 220쪽)
44)『晉書』卷97, 列傳67 辰韓.
45)『晉書』의 기록을 거론하지는 않았지만, 일찍이 "其十二國屬辰王"의 '辰

제4장 辰韓의 왕과 諸國 복속 전쟁  169

渠帥들의 복속 중심인 辰韓은 구체적으로 '辰韓의 王'을 가리킨 것이라 유추된다. 그렇다면 『三國志』④의 辰王은 『晉書』의 辰韓(王)에 대응된다고 정리할 수 있다.

『晉書』는 『梁書』・『北史』보다 조금 늦은 648년 무렵에 편찬되었는데, 3史는 모두 唐 太宗 貞觀(627~649)연간의 사서들이다. 貞觀 연간은 중국의 전통적인 史館制度가 완성된 시기로 晉・南北朝史 등의 왕성한 편사 작업이 이루어졌는바, 당시 구성된 史館의 修史官들은 상당 부분 중복되었을 것이며, 그에 따라 3史 사이의 답습 내지 전재가 자주 확인된다.[46]

辰弁韓의 辰王과 관련한 기사에서도 『梁書』・『北史』・『晉書』는 거의 공통된 내용을 전하고 있는데, 사료2의 辰王이 貞觀 연간의 3史에서는 모두 辰韓王 내지 辰韓으로 수정되었던 것이다.

한편 『三國志』와 아울러 貞觀연간의 사서를 원용한 『通典』과 『文獻通考』에서도 사료2의 辰王이 모두 辰韓王과 辰韓으로 기록되어 있어 주목된다.

   6. 辰韓 … 其王常用馬韓人作之 世世相係襲 辰韓不得自立爲王 明其流移之人故也[47]

   7. 辰韓 … 其王常用馬韓人作之 世世相係襲 辰韓不得自立爲王 明其流移之人故也[48]

사료6은 杜佑(735~812)가 803년에 편찬한 『通典』이고, 사료7은 『通典』을 모범으로 馬端臨(1254~1323)이 1307년에 편찬을 완성한 『文獻

---

    王'을 '辰韓'의 잘못으로 본 입장도 있었다.(任昌淳, 1959, 앞의 논문, 18쪽)
46) 唐 貞觀 연간의 史館 설치와 구성에 대해서는 謝保成, 1995, 『隋唐五代史學』, 廈門大學出版社, 70~75쪽을 참조하기 바란다.
47) 『通典』 卷185, 邊防1 辰韓(中華書局, 1996, 4989쪽).
48) 『文獻通考』 卷324, 四裔1 辰韓(中華書局, 1999, 2549쪽).

通考』이다. 두 책은 전거를 구체적으로 밝히지 않았으나, 대체로『三國志』와『梁書』를 아울러 참조한 내용으로 이루어져 있다. 그런데 여기에서도 사료2의 辰王이 '辰韓 … 其王'(辰韓王)과 '辰韓'으로 되어 있어 앞서 貞觀연간의 3史와 공통된 양상을 보여준다.

이상『梁書』이하『通典』등의 唐代史書들은『三國志』보다 후대의 자료들이기 때문에 그를 통해『三國志』의 원문을 교감하는 데에는 불안한 감도 없지 않다.

그러나 陳壽가『三國志』東夷傳의 주요 자료로 이용했던[49]『魏略』에도 이 부분이 '辰韓王'의 의미로 기록되어 있어 주목된다.

　　8. 魏略曰 辰韓人常用馬韓人作主 代代相承[50]

사료8은『翰苑』의 注에 인용된 逸文으로 사료2의 辰王 부분이 여기서는 辰韓人으로 되어 있다. 魚豢의『魏略』은 대체로 魏 元帝 咸熙 2년(265) 무렵에 이루어진 것으로 이해되는바,[51] 陳壽가「魏志」를 편찬한 咸寧 연간(275~279)[52]보다 10여 년 앞선 것이다.

『魏略』의 "辰韓人常用馬韓人作主"가『三國志』에 이르러 "辰王常用馬韓人作之"라고 변한 것인데, '辰韓人〉辰王'으로 '作主〉作之'로 바뀐 것이다. 해석상 辰韓人은 주어가 되고 辰王은 객어가 되어 주객만 바뀐 셈이다. 즉『魏略』의 '辰韓人'과 '主'가 결합하여『三國志』의 '辰王'이 도출된 것인데, 정확히 하자면 '辰韓人之主' 곧 辰韓王(내지 辰韓

---

49) 尹龍九, 1998,「3세기 이전 中國史書에 나타난 韓國古代史像」『韓國古代史硏究』14, 138쪽.
50)『翰苑』卷30, 蕃夷部 三韓 注(京都帝國大學文學部, 1922, 35쪽).
51) 江畑武, 1976,「硏究ノート『魏略』の成立年次について」『大阪女子學園短期大學紀要』20 ; 1982,「『魏略』の成立年次について－'晉書限斷'論と關連して」『村上四男博士和歌山大學退官紀念 朝鮮史論文集』, 開明書院, 58~59쪽.
52) 井上幹夫, 1983,「三國志の成立とそのテクストについて」『季刊 邪馬臺國』18, 梓書店, 158~159쪽.

主)이라 표기했어야 합당하다. 그런데 陳壽는 '辰韓王'이라고 해야할 부분을 '辰王'이라고 하였으니, 문제는 여기서 발단하는 것이다.

陳壽가 辰韓王을 辰王이라 표기한 것은 '辰=辰韓'의 혼선에서 비롯된 결과인 듯하다. 과거에 目支國의 辰王마저 辰韓王의 의미로 파악한 시각[53])이 있었으니, 이 또한 陳壽의 오류와 같은 맥락이라 할 수 있다.

다시 말해 陳壽의 辰國과 辰韓에 대한 착오로 인해 辰韓王이라 해야할 부분이 辰王이라 잘못 기록된 것이다. 따라서 『魏略』등의 사서를 두루 참조한 貞觀 연간의 3史와 『通典』등 唐代史書에서 이 부분의 辰王을 辰韓王이라 수정한 것은 陳壽의 부회를 바로잡은 개정이었다고 판단된다.[54])

사료2의 辰王을 馬韓의 辰王과 구별되는 辰韓王으로 보고자 할 때

---

53) 那珂通世, 1958, 앞의 책, 129쪽.
54) 『三國志』韓傳에는 陳壽가 원사료를 압축·개문하면서 생긴 원전적 문제들과 함께 筆寫에서 印刊으로 이어지는 과정에서 발생한 서지적 문제들도 적지 않다.(尹龍九, 1998, 앞의 논문, 137~144쪽) 따라서 『三國志』韓傳의 정확한 교감을 위해서는 판본 문제를 감안하지 않으면 안 된다. 현존 『三國志』의 판본은 紹興-紹熙本[百衲本] 등의 南宋本과 南·北監本 등의 明本으로 대별되는데, 南宋本과 明本에 사료2의 해당 부분이 모두 '辰王'이라 되어 있다. 또한 983년과 1161년에 각각 편찬된 『太平御覽』(中華書局, 1985, 3458쪽)과 『通志』(中華書局, 1987, 3107쪽)에도 사료2의 辰王 부분이 현행본과 같이 모두 '辰王'으로 인용되어 있다. 이로 보아 南宋本 이전의 北宋本(咸平本)과 古本에서도 이 부분이 현행본과 같이 '辰王'이었을 공산이 크다. 따라서 사료2의 辰王 기록은 서지적인 문제라기보다 편찬 당시 陳壽의 부회에 의한 '原典的 錯誤'였다고 판단된다. 『三國志』의 傳寫와 印刊에 대한 서지 정리는 아래의 글들을 참조하기 바란다.
『中國歷代經籍典』第381卷, 三國志部(臺灣中華書局, 1985, 第6冊, 1868~1872쪽) ; 尾崎康, 1989, 『正史宋元版の硏究』, 汲古書院, 312~349쪽; 宿白, 1999, 『唐宋時期的雕版印刷』, 文物出版社, 19~20쪽 ; 張元濟, 1999, 「三國志校勘記整理說明」『百衲本二十四史校勘記-三國志校勘記』, 商務印書館, 1~3쪽 ; 王保頂, 2000, 「『三國志』評價」『史著英華(2)』(中國典籍精華叢書 第6卷), 中國青年出版社, 83~84쪽.

가장 장애가 되는 부분이 사료2 후반부의 "辰王은 항상 馬韓人으로서 삼았다(辰王常用馬韓人作之)"는 기록이다. 이에 따르면 '辰王=馬韓人'이라는 관계가 성립되어 여기서의 '辰王'을 馬韓의 辰王과 분리하여 생각할 수 없다55)는 것이다.

『三國志』 韓傳은 '馬韓人=先住土着人', '辰韓人=後來流移人'이라는 이해 도식을 가지고 있다. 따라서 辰韓王의 출신이 馬韓人이었다는 것은 그가 비록 유이민인 辰韓人의 통치자라 할지라도 그 연원은 先住土着人이었음을 설명하는 대목이라고 볼 수 있다.

과거에 辰韓의 '辰王'을 '辰韓王'의 의미로 보면서도 그가 馬韓人이었다는 점을 중시하여 辰韓이 馬韓의 辰王(馬韓王)에게 制裁 내지 統治되었다고 이해하는 입장56)이 있었다. 이 시각 또한 辰韓의 辰王이 馬韓人이었다는 점을 주목하여 辰韓이 馬韓王(辰王)의 통제를 받았다고 보는 것이다.

『三國志』 韓傳의 馬韓人과 辰韓人은 각각 先住人과 後來人의 모습으로 묘사되어 있다. 따라서 辰韓王이 馬韓人이었다는 기록은 그의 출신이 後來人이 아닌 先住土着人이었음을 설명한다고 이해해야 한다. 辰韓王이 馬韓人이라는 점만으로 目支國(月支國)의 辰王과 동일시하거나 그에 종속된 존재로 볼 수는 없다.

위에서 『三國志』 韓傳의 문헌 양태를 전후의 사서들과 면밀히 비교 검토해 본 결과, 辰弁韓條의 '辰王' 기록은 '辰韓王'의 착오일 가능성이 높으며 그에 따라 馬韓의 辰王과는 별개의 존재로써 진한의 '왕'을 의미한다고 판단된다.57)

---

55) 盧重國, 1990, 앞의 논문, 75쪽.
56) 白鳥庫吉, 1986, 앞의 책, 314~315쪽. 白鳥庫吉은 辰國의 후신인 辰韓에 '辰王'이 있는 것이 합당하며, 오히려 馬韓의 '辰王'은 '韓王' 내지 '馬韓王'의 잘못이라고 이해하였다.
57) 박대재, 2002, 「『三國志』 韓傳의 辰王에 대한 재인식」 『韓國古代史研究』 26, 38~47쪽 참조.

## 3. 斯盧國의 諸國 복속 전쟁

앞서 살펴본 바와 같이 『三國志』 辰弁韓條의 '辰王' 기록을 '辰韓王'으로 이해하면, 辰韓의 12국은 '辰韓王'을 중심으로 복속되어 있는 구조를 이루고 있었다.

진한 12국이 辰韓王에게 복속된 시기가 정확히 언제인지는 단언할 수는 없다. 다만 『三國志』 삼한 기사의 하한인 '261년'[58] 내지 『三國志』 전체의 하한인 '265년' 이전에는 이와 같은 상태가 완성되어 있었다고 추정할 수 있다.

이처럼 『三國志』를 통해선 대략적으로 추정해 볼 수 있는 辰韓 諸國의 통합 과정은 『三國史記』 新羅本紀를 통해 보면 비교적 구체적으로 추적해 볼 수 있다. 『三國史記』에는 서라벌의 斯盧國이 주변의 諸國을 차례로 服屬해 나가는 과정이 2~3세기에 걸쳐 연대기로 잘 정리되어 있어 그동안 이에 대한 연구도 적지 않았다.[59]

---

58) 千寬宇, 1989, 앞의 책, 213쪽.
   『三國志』 韓傳의 無紀年기사 가운데 中國郡縣과의 관계 및 정치 관련 기사는 대개 "景初~正始연간(3세기 중엽)"을 중심으로 한 시대의 것이지만(千寬宇, 위의 책, 214쪽), 기타 문화 관련 기사는 그전 시대까지 소급된다고 보아야 한다.(金貞培, 1979, 「'魏志東夷傳'에 나타난 古代人의 生活風俗」『大東文化研究』 13 참조)
59) 千寬宇, 1976, 「三韓의 國家形成(上)·(下)」『韓國學報』 2·3.
   李鍾旭, 1979, 「斯盧國의 成長과 辰韓」『韓國史研究』 25.
   崔炳云, 1982, 「西紀 2世紀 頃 新羅의 領域擴大」『全北史學』 6.
   金瑛河, 1991, 「新羅의 發展段階와 戰爭」『韓國古代史研究』 4.
   姜鍾薰, 1991, 「新羅 上古紀年의 再檢討」『韓國史論』 26, 서울대.
   徐毅植, 1991, 「新羅 '上古' 초기의 辰韓諸國과 領土擴張」『李元淳教授停年紀念 歷史學論叢』, 교학사.
   宣石悅, 1995, 「斯盧國의 小國征服과 그 紀年」『新羅文化』 12.
   朴大在, 1997, 「辰韓 諸國의 규모와 정치발전단계」『韓國史學報』 2.
   李炯佑, 2000, 『新羅初期 國家成長史 研究』, 영남대 출판부.

우선 婆娑尼師今 23년(102)에 복속되는 音汁伐國・悉直國・押督國 등의 기록을 살펴보자.

> 가을 8월에, 音汁伐國과 悉直谷國이 땅의 경계를 다투다가 왕에게 와서 판결해주기를 청했다. 왕은 이를 어렵게 여겨 금관국 首露王이 나이가 많고 지식이 많다 하므로 불러서 물었는데, 수로가 건의해서 다투던 땅을 음즙벌국에 속하게 했다. 이에 왕이 6부에 명하여 수로왕을 위하여 연회를 베풀게 했는데, 5부는 모두 이찬이 주관하도록 하였으나 오직 漢祇部만이 지위가 낮은 사람이 주관하도록 했으므로, 수로왕은 노하여 종 耽下里에게 명하여 한기부주 保齊를 죽이고 돌아갔다. 그 종이 달아나서 음즙벌주 陀鄒干의 집에 의지해 있었으므로, 왕이 사람을 시켜 그 종을 찾았으나 타추가 보내지 않았다. 왕이 노하여 군사를 보내어 음즙벌국을 정벌하니, 그 군주가 무리를 거느리고 항복했으며, 悉直, 押督 두 나라의 임금도 항복해 왔다.[60]

音汁伐國은 『三國史記』 地理志[61]와 『大東輿地圖』에 의거해 일반적으로 지금의 安康 부근으로 비정되고 있다.[62] 안강은 迎日灣에서 兄山江을 통해 慶州로 들어오는 길목에 해당하는 요충지다.

다음으로 音汁伐國과 영역을 다투었던 悉直國(悉直谷國)은 지금의 三陟에 비정된다.[63]

---

李仁哲, 2003, 「斯盧國의 진한소국 정복과 국가적 성장」 『仁荷史學』 10.
60) 『三國史記』 卷1, 新羅本紀 婆娑尼師今 23年 "秋八月 音汁伐國與悉直谷國 爭疆 詣王請決 王難之 謂金官國首露王年老多知識 召問之 首露立議 以所爭之地 屬音汁伐國 於是王命六部 會饗首露王 五部皆以伊飡爲主 唯漢祇部 以位卑者主之 首露怒 命奴耽下里殺漢祇部主 保齊而歸 奴逃依音汁伐主陀鄒干家 王使人索其奴 陀鄒不送 王怒以兵伐 音汁伐國 其主與衆自降 悉直 押督二國王來降".
61) 『三國史記』 卷34, 雜志3 地理1 良州 義昌郡 "音汁火縣 婆娑王時 取音汁伐國置縣 今合屬安康縣".
62) 한편 『三國遺事』에선 '音質國'이며, 婆娑尼師今이 아니라 祇摩尼師今代(112년~133년)에 押督國과 함께 정벌되었다고 하였다.(『三國遺事』 王曆 第六祇磨尼叱今)

그런데 삼척의 悉直國과 안강 부근의 音汁伐國은 육로상 거리가 너무 멀어 영역 분쟁을 일으켰다는 기록에 쉽게 납득이 가지 않는다. 지도상으로는 音汁伐國과 悉直國의 인근 지역을 세력권에 포함시킨다고 해도 두 '國' 사이의 직접적인 영토분쟁은 불가능해 보인다. 그래서 기존 연구에선 悉直國을 안강 부근의 흥해나 포항지역에 비정하거나[64], 또는 삼척의 悉直國과 관련이 있으면서 청하·신강 등지에서 활동했던 濊族系統의 세력집단과 音汁伐國 사이에서 발생한 영토분쟁으로 이해하기도 했던 것이다.[65]

그러나 두 '國' 사이의 '爭彊' 사건은 다른 각도에서 재검토되어야 한다. 音汁伐國과 悉直國은 모두 동해안 루트와 관련이 있는 '國'들이다. 그러므로 여기서의 '爭彊'은 陸上이 아니라 海上과 관련된 분쟁이었을 가능성이 높다고 생각할 수 있다.

그 당시 동남해안 지역에 영해권의 존재 여부에 대해서는 다음의 기록을 참조해 볼 만하다.

> 곧 (탈해는) (수로왕에게) 하직하고 나갔다. 麟郊 변두리의 나루터에 이르러 중국 배가 왕래하는 뱃길을 따라 떠났다. (수로)왕은 속으로 그가 이곳에 머물면서 반란을 꾸밀까 염려하여, 급히 수군을 실은 배 5백 척을 보내어 그를 쫓았다. 그러나 탈해가 계림의 영토 안으로 도망하니, 수군은 (더 이상 쫓지 못하고) 모두 돌아왔다.[66]

위의 사료에 의하면 수로왕의 舟師가 배를 타고 탈해를 추격하다가

---

63) 『三國史記』卷35, 雜志4 地理2 溟州 三陟郡 "三陟郡 本悉直國 婆娑王世來降". 「蔚珍鳳坪新羅碑」에서는 '悉支'로 확인된다.
64) 方龍安, 1987, 「悉直國에 대한 考察」『江原史學』3, 56쪽.
65) 李炯佑, 1993, 「斯盧國의 동해안 진출」『建大史學』8, 42쪽.
66) 『三國遺事』卷2, 紀異 駕洛國記 "便拜辭而出 到麟郊外渡頭 將中朝來泊之水道而行 王竊恐滯留謀亂 急發舟師五百艘而追之 解奔入雞林地界 舟師盡還".

탈해가 계림의 지계로 들어가 더 이상 쫓지 못하고 돌아왔다고 한다. 여기서 뱃길로 추격하던 가락국의 군인이 들어가지 못했던 지계는 육지상의 경계라기보다 육지와 인접한 연안 해로상의 水界가 아닌가 생각된다. 당시의 해상교통은 연안 해역을 따라 이루어지고 있었기 때문에 그 경계를 지계라 하여도 그 속에는 해역까지 포함하였을 것이다. 따라서 수로왕의 수군이 더 이상 추적하지 못한 것은 탈해의 배가 계림의 연안 해역으로 들어갔기 때문이라고 볼 수 있다.

위 기록을 이처럼 해석할 수 있다면, 1세기 당시 동남해안 일대에 연안 해역을 둘러싼 영해권의 개념이 존재했다고 보아도 되지 않을까 한다. 이상과 같이 音汁伐國과 悉直國의 쟁강을 동해 연안 해역과 관련된 수역 분쟁으로 보면 의문이 풀리지 않을까 한다.[67]

音汁伐國의 복속이 있은 직후 悉直國과 함께 押督國이 항복해 왔다. 押督國은 獐山 즉 현재의 慶山에 비정되는데,[68] 『삼국사기』 지리지와 『삼국유사』[69]에 의하면 婆娑代가 아니라 祇摩代(112년~134년)에 정벌되었다고 하였다. 이러한 차이는 단순한 착오가 아니라, 당시의 복잡한 상황이 반영된 혼선이 아닌가 추정된다.

悉直國과 押督國은 복속 후 얼마 되지 않아 각각 반란을 일으켰다가 다시 평정된 일이 있다.[70] 婆娑尼師今은 押督國을 1차 복속한 후 곧바로 그곳에 巡幸하여 3개월이나 머물면서 구휼을 하였는데,[71] 그

---

67) 박대재, 1997, 앞의 논문 참조. 최근 필자와 같은 입장에서 音汁伐國과 悉直國의 爭疆을 東海 海上權을 둘러싼 분쟁으로 보는 시각이 있어 참고가 된다.(徐榮一, 2003, 「斯盧國의 悉直國 倂合과 東海 海上權의 掌握」 『新羅文化』 21)
68) 『三國史記』 卷36, 雜志3 地理1 良州 獐山郡 "獐山郡 祇味王時 伐取押梁(一作督)小國置郡". 「永川菁堤碑－貞元銘」과 「關門城石刻」에서 보이는 '押梁·押啄' 등도 경산지역을 지칭하는 것으로 보인다.
69) 『三國遺事』 王曆 第六祇磨尼叱今.
70) 『三國史記』 卷1, 新羅本紀1 婆娑尼師今 25年(104).
『三國史記』 卷1, 新羅本紀1 逸聖尼師今 13年(146).

것은 당시 押督國의 토착세력이 그만큼 강성했다는 것을 반증하는 것이 아닌가 생각된다. 그러나 토착세력의 복속이 완전하지 못했는지 뒤에 반란이 일어났고, 재차 복속되면서 사료의 복속 시점에 혼선이 남게 된 것이 아닌가 한다.

그 다음으로 사로국이 정벌하여 병합한 '國'은 比只國·多伐國·草八國 등 3개 國이다.[72] 『三國史記』 地理志 三國有名未詳地分條에 의하면 '多伐國'과 '比只國'은 이름만 전해지고 정확한 위치가 파악되지 않는다. 多伐國·比只國·草八國은 함께 連稱되어 있고 婆娑 29년(108년) 같은 해에 복속되는 것으로 보아, 지리적으로도 서로 연관된 지역들이었을 것이라고 추정된다.

일단 초팔국의 위치에 대해선, 『삼국사기』 지리지[73]와 『삼국유사』[74]에 의거해 현재의 草溪로 보는 데 별다른 이견이 없다. 여기서 1세기 초에 사로국이 낙동강을 건너 초팔국을 병합했다는 것에 의문이 생길 수 있다. 그러나 지마이사금 4년(115)에 가야와 신라가 黃山河를 사이에 두고 충돌한 기록을 고려해 보면, 당시 가야와의 전투는 창녕(비지국)과 초계 지역을 신라가 차지한 연장선상에서 벌어진 전쟁으로 파악해 볼 수 있다.[75] 따라서 사로국이 낙동강 중하류를 완전히 장악하지는 못했으나, 비지국이 있던 창녕과 초팔국이 있던 초계지역 일대의 낙동강 유역까지는 진출해 있었다고 추정된다.

草八國이 합천 초계라면 그와 동시에 복속된 다벌국과 비지국도 그 주변 일대에 위치하였을 가능성이 높다. 먼저 다벌국의 고지로 현재

---

71) 『三國史記』 卷1, 新羅本紀1 婆娑尼師今 27年(106).
72) 『三國史記』 卷1, 新羅本紀1 婆娑尼師今 29年(108).
73) 『三國史記』 卷36, 雜志3 地理1 康州 江陽郡 "八谿縣 本草八兮縣 景德王改名 今草谿縣".
74) 『三國遺事』 卷3, 塔像4 伯嚴寺石塔舍利 "康州界任道大監柱貼云 伯嚴禪寺 坐草八縣(今草溪)".
75) 李仁哲, 2003, 앞의 논문, 56쪽.

의 大邱 일대를 생각해 볼 수 있다. '達句火'[76]라 했던 대구는 정치체(國)의 존재와 관련된 유적들이 일찍부터 조사되어 주목받아 왔다.[77]

한편 比只國은 '比自火(比斯伐)'[78] 또는 '比子伐'[79]이라 기록된 창녕으로 보는 데 별 문제가 없을 듯하다.[80]

이 세 '國'은 모두 洛東江을 따라 위치하고 있던 정치체들로, 특히 草八國은 洛東江과 黃江이 만나는 요충지로 볼 수 있다. 따라서 이 세 국의 복속은 낙동강 수로에 대한 진출과 긴밀한 관련이 있다고 추정된다.

다음으로 사로국이 征伐한 국은 伐休 2년(185년)의 召文國이다.[81] 召文國은 지금의 경북 義城에 비정되는데,[82] 경주에서 竹嶺으로 나아가는 길목의 요지라고 하겠다.

그 다음으로 助賁 2년(231)에 토벌한 甘文國[83]은 지금의 경북 開寧으로 비정되며,[84] 경주에서 秋風嶺을 통해 서북쪽 백제지역으로 진출하는 길목에 해당한다.[85]

다음으로 조분 7년(236년)에 骨伐國王 阿音夫가 무리를 이끌고 항복해 온다.[86] 骨伐(火)國은 현재의 경북 永川인데, 신라의 大祀가 거행되

---

76) 『三國史記』卷36, 雜志3 地理1 良州 壽昌郡.
77) 尹容鎭, 1974, 「大邱의 初期國家 形成過程」『東洋文化研究』1, 231~243쪽.
78) 『三國史記』卷36, 雜志3 地理1 良州 火王郡.
79) 「昌寧眞興王拓境碑」에서 '比子伐'로 확인된다.
80) 李永植, 1994, 「新羅와 加耶諸國의 戰爭과 外交」『新羅文化祭學術發表會論文集』15, 103쪽.
81) 『三國史記』卷2, 新羅本紀2 伐休尼師今 2年 "拜波珍湌仇道一吉湌仇須兮爲左右軍主 伐召文國 軍主之名始於此".
82) 『三國史記』卷36, 雜志3 地理1 聞韶郡.
83) 『三國史記』卷2, 新羅本紀2 助賁尼師今 2年 "以伊湌于老爲大將軍 討破甘文國 以其地爲郡".
84) 『三國史記』卷36, 雜志3 地理1 開寧郡.
85) 李炯佑, 1991, 「斯盧國의 성장과 주변小國-西北쪽 진출과 관련하여-」『國史館論叢』21, 11~21쪽.
86) 『三國史記』卷2, 新羅本紀2 助賁尼師今 7年 "骨伐國王阿音夫 率衆來降 賜

었던 三山 중의 하나가 있었던 지역이다.[87]

고대의 祭場은 제사, 신앙뿐만 아니라 군사, 전략적으로도 중요한 의미를 가지고 있었는데, 특히 大祀의 祭場은 王京이나 王室을 방어하기 위한 지역이라고 이해[88]하게 되면, 永川地域은 王京 방어를 위한 중요한 군사적 의미를 가지게 된다. 그래서 다른 '國'과는 달리 第宅과 田莊을 骨伐國王에게 하사하는 회유책이 있게 되었는지도 모르겠다.

助賁 7년(236년) 永川의 확보를 통해 斯盧國은 永川～義城～竹嶺의 교통로와 永川～大邱～開寧～秋風嶺의 교통로를 이용할 수 있게 되었다. 그 이전 시기에 義城의 召文國과 大邱의 多伐國 그리고 開寧의 甘文國을 복속하여 중요한 거점은 이미 확보하고 있었지만, 중간의 영천 지역에 남아 있던 骨伐國으로 인해 斯盧國은 교통로의 迂廻를 감수해야만 했었다. 그러나 召文國・多伐國・甘文國이 이미 斯盧國에게 복속되면서, 永川의 骨伐國은 고립되지 않을 수 없었다. 이런 상황에서 骨伐國王은 어쩔 수 없이 斯盧國에게 來降한 것이 아닌가 짐작된다.

현재의 慶北 淸道로 비정[89]되는 伊西國은 儒禮 14년(297)에 慶州를 대대적으로 침공한 일이 있다.[90] 그런데 儒禮 14년에 '伊西古國'이라고 했던 것으로 보아 그 이전에 이미 해체된 적이 있던 국임을 알 수 있다. 297년에 있었던 伊西國의 침공은 앞서 押督國이나 悉直國이 그랬던 것처럼 잔존한 토착세력의 반격으로 이해할 수 있을 것이다.

『三國遺事』에는 儒理 19년(42)에 斯盧國이 伊西國을 정벌했다는 기사[91]가 나온다. 그러나 『三國遺事』의 기록은 儒理(弩禮)尼叱今과 儒禮 尼叱今의 사실을 서로 혼동하여 일어난 오류라고 추정된다.[92] 淸道로

---

第宅田莊安之 以其地爲郡".
87) 『三國史記』 卷32, 雜志1 祭祀.
88) 崔光植, 1994, 「新羅 大祀・中祀・小祀의 祭場 硏究」 『歷史民俗學』 4, 66쪽.
89) 『三國遺事』 卷1, 紀異1 伊西國.
90) 『三國史記』 卷2, 新羅本紀 儒禮尼師今 14年.
91) 『三國遺事』 卷1, 紀異1 第三代弩禮王.

비정되는93) 馬頭城과 加召城(加城)이 婆娑 8년(87년)에 축조되는 것으로94) 보아 1세기 말에 伊西國이 斯盧國의 세력권에 들어 왔다고 짐작된다.

慶北 尙州에 비정95)되는 沙伐國(沙梁伐國)은 沾解代(247~261)에 홀연히 斯盧國을 배신하고 百濟에 귀부한 적이 있는데 于老가 군사를 이끌고 가 토벌했다.96) 『三國史記』 地理志에도 상주의 沙伐國은 沾解代에 복속된 것으로 나온다.

斯盧國의 '徐那伐'이라는 국호가 尙州의 '沙梁伐'과 서로 통한다고 보아 赫居世의 근거지를 상주에 비정하고, 斯盧國=沙伐國의 관계로 본 견해가 있다.97) 그러나 『삼국사기』의 기록으로 보아 尙州의 사벌국과 경주의 서라벌은 분명 구분해 보아야 한다.

상주의 沙伐國은 辰韓의 諸國 중에서 가장 늦게 斯盧國에 복속된다. 沙伐國의 복속을 마지막으로 『삼국사기』에는 더 이상 주변 國을 복속하는 기사가 나타나지 않는다.

이 밖에 『三國史記』 居道傳에 의하면 파사이사금 이전 脫解代에 居道가 '馬技'98)의 전술로 정벌했다고 하는 居柒山國과 于尸山國 2國이 더 있다. 우시산국과 거칠산국은 蔚山과 東萊로 각각 비정되는데, 이 기록은 본기에 보이지 않고 거도의 영웅적인 일화를 전하는 열전에만

---

92) 李炯佑, 1988, 「伊西國考」 『韓國古代史硏究』 1, 11쪽.
93) 『彊域考』 弁辰別考.
94) 『三國史記』 卷1, 新羅本紀1 婆娑尼師今 8年.
95) 『三國史記』 卷34, 雜志3 地理1 尙州.
96) 『三國史記』 卷45, 列傳5 昔于老.
97) 盧重國, 1990, 「鷄林國攷」 『歷史敎育論集』 13·14合, 181쪽.
98) '馬技'는 그동안 『三國史記』 通行本(壬申本)에 따라 '馬叔'이라 읽어왔으나, 高麗本으로 추정되는 趙炳舜 所藏本에 '馬技'로 나오며(趙炳舜 編, 1984, 『增修補註 三國史記』, 誠庵古書博物館, 758쪽), 『三國史記』를 底本으로 한 『三國史節要』에도 '馬技'로 되어 있는 점 등으로 보아 '馬叔'은 '馬技'의 誤刻이라고 판단된다.(박대재, 2006, 「전쟁의 기원과 의식」 『전쟁의 기원에서 상흔까지』(국사편찬위원회 편), 두산동아, 39쪽 참조)

보이고 있어 그 사료 가치에 의심이 생기기도 한다. 특히 울산과 동래는 탈해 이후에도 斯盧國과 駕洛國 사이의 분쟁지역으로 파악[99])되고 있어 그 귀속의 향방을 판단하기가 간단하지 않다.

탈해대의 주변 '國' 정복활동 여부에 대해서는 향후에 더 천착해 보기로 하고 여기서는 파사이사금 이후에 복속된 국들의 존재에 더 주목해 보고자 한다. 어쨌든 신라본기의 기록에 의하면 婆娑尼師今代에 본격적으로 시작된 斯盧國의 주변 諸國 복속 전쟁은 상주의 沙伐國을 끝으로 沾解尼師今代(247~261)에 완료된다.

『삼국사기』 신라본기를 중심으로 살펴본 사로국의 辰韓 諸國 복속 과정을 도표화 해보면 아래와 같다.

〈표 5〉 斯盧國의 辰韓 諸國 복속 과정

| 國名 | 服屬時期 | 位置 |
|---|---|---|
| 伊西國 | 87년 무렵 | 淸道 |
| 音汁伐國 | 102년 | 安康 |
| 悉直國 | 102년 | 三陟 |
| 押督國 | 102년 | 慶山 |
| 比只國 | 108년 | 昌寧 |
| 多伐國 | 108년 | 大邱 |
| 草八國 | 108년 | 草溪 |
| 召文國 | 185년 | 義城 |
| 甘文國 | 231년 | 開寧 |
| 骨伐國 | 236년 | 永川 |
| 沙伐國 | 247년~261년 | 尙州 |

이상 『三國史記』를 통해 진한(경북 일대)의 諸國들이 斯盧國에 복속되는 과정을 살펴보았는데, 이것은 『삼국지』에서 진한 12국이 '辰韓王'에게 속해 있었다고 한 기록과 상당히 근접한 내용이다. 진한 제국

---

99) 千寬宇, 1976, 앞의 논문, 231쪽.
  許萬成, 1995,「伽倻初期 對新羅關係에서 본 境域에 대한 考察」『釜山史學』 28, 77쪽.

의 복속을 통해 보면, 『삼국사기』와 『삼국지』의 내용이 상당히 일치하고 있는 것이다. 그러므로 『삼국지』 한전의 '國'과 『삼국사기』 초기 기록의 '國'이 대략 비슷한 규모의 정치체라고 상정해 볼 수 있다.

그런데 『三國志』 韓條에 나타난 辰韓의 '國'들은 『三國史記』 신라본기의 '國(伐國)'이 한 단계 통합을 거치고 이루어진 보다 큰 정치체라고 본 견해가 있다.[100]

그러나 일반적으로 이해하듯이 『三國史記』의 '徐那伐'과 『三國志』의 '斯盧國'을 同音異寫로 본다면, '伐〈國'이 아니라 '伐=國'의 관계가 성립되는 것이 아닌가 생각된다. 『三國史記』 新羅本紀의 國名 안에 沙梁伐國, 骨伐國처럼 비교적 규모가 큰 國에 주로 伐자가 들어있는 것으로 보아, 伐이 한 단계 통합되어 國이 되었다는 설명은 받아들이기 어렵다. 伐과 國은 발전단계상의 차이라기보다 토착어와 한자어의 차이 정도로 보면 어떨까 한다.

이와 관련하여 辰韓 諸國들이 斯盧國에 복속되는 단위에 차이가 있음을 살펴볼 필요가 있다. 『삼국사기』에 의하면 사로국에 복속된 진한의 諸國들은 '郡'단위로 복속된 '國'(召文國·甘文國·押督國·骨伐國 등)과 '縣'단위로 복속된 '國'(音汁伐國·草八國 등)들로 대별해 볼 수 있다.[101]

신라에서 지방통치제도의 실시는 논자에 따라 차이는 있으나 대개 智證王 6년의 기사에서 그 효시를 찾는다.[102] 복속 단위인 '郡·縣' 명칭은 후대의 것이지만, '郡'과 '縣' 자체가 가지고 있는 상대적인 기본 속성인 규모 차이만큼은 그 안에 충분히 반영되어 있으리라고 생각한다.

斯盧國이 복속한 諸國을 편제하던 단위였던 '郡'과 '縣' 사이의 차이

---

100) 김재홍, 1996, 「신라(사로국)의 형성과 발전」 『역사와 현실』 21, 104쪽.
101) 박대재, 1997, 앞의 논문 참조.
102) 朱甫暾, 1995, 『新羅 中古期의 地方統治와 村落』, 啓明大 博士學位論文, 50~51쪽 참조.

는 그 '國'의 통치자를 지칭하는 데서도 확인할 수 있다. 즉 '縣'으로 편제된 音汁伐國의 지배자는 '干'이라고 표현한 반면, '郡'으로 편제된 押督國, 悉直國, 骨伐國 등의 지배자에게는 '王'이라고 하여 용어에 차등을 두고 있는 것이다.

諸國 사이의 규모 차이를 비교해 보기 위해서는 우선 비교의 기준이 될 '國'의 기본구성단위에 대한 검토가 있어야 할 것이다. 『삼국지』에 의하면 마한에는 50여 國, 진한은 12국, 변한도 12국 등 삼한에는 총 74여 개의 '국'들이 있었으며 그 '국'은 또한 '읍락'으로 이루어졌다고 하였다.

'국'의 구성단위인 '읍락'에 대해서, '邑'과 '落'을 구분하여 취락집단의 크기에 따라 큰 규모의 '읍'과 작은 규모의 '락'으로 각각 구별하는 시각도 있다.[103] 그러나 지방의 작은 취락을 '읍'이라 부르는 사례도 있어 '읍'과 '락'을 크기로 구분해 보기는 어렵고, '읍락' 자체가 사회구성의 세력단위(취락단위)를 지칭하는 단일한 일반명사라고 보는 것이 일반적이다.[104]

'읍락'의 용례는 고구려, 부여, 옥저, 읍루, 예, 삼한 등에 두루 보이고 있어 고대 동이지역의 보편적인 취락단위를 가리키는 용어였다는 것을 알 수 있다. 이런 맥락에서 삼한의 읍락을 옥저나 읍루 등의 읍락과 같이 단일한 '정치세력단위'로 보는 시각도 있다.[105]

그러나 삼한과 옥저·읍루의 읍락은 그 성격을 구분해 보아야 할 것 같다. 옥저와 읍루의 읍락에는 각각 '長帥', '渠帥', '大人'이라는 우두머리가 있어 독자적인 지배력이 존재하고 있었다. 옥저와 읍루에

---

103) 李丙燾, 1976, 『韓國古代史硏究』, 박영사.
  • 사회과학원 력사연구소, 1991, 「진국사」『조선전사』 2, 평양: 과학백과사전종합출판사.
104) 李賢惠, 1984, 『三韓社會形成過程硏究』, 일조각.
  文昌魯, 2000, 『三韓時代의 邑落과 社會』, 신서원.
105) 文昌魯, 2000, 앞의 책.

'大君長'이나 '大君王'이 없었다고 한 것을 보아도 각각의 읍락들이 개별적인 '정치세력단위'로 기능하고 있었음을 알 수 있다.

그러나 삼한에서는 여러 읍락 가운데 중심 읍락인 國邑에 '主帥'나 '渠帥'가 있으며 그 주변에 잡거하는 읍락들을 완전하지는 않지만 일정하게 제어하고 있었다. 국읍의 우두머리는 동시에 '국'의 지배자였는데 세력 크기에 따라 큰 자는 '臣智', 작은 자는 '邑借'라고 스스로 불러 차등이 있었다. 이처럼 삼한의 읍락은 국(국읍)의 지배자에게 제어되는 산하집단으로 독자적인 운동력을 가진 정치세력단위가 아니었다.

삼한에서 정치세력 단위는 읍락이 아니라 국읍을 중심으로 한 '국'이었다. 삼한에서 국읍은 재분배와 잉여생산물의 보관 등을 위한 경제적 기능, 외부세력과의 전쟁과 방어를 위한 군사적 기능, 다수의 읍락들을 결집시키는 天君을 중심으로 한 종교적 기능을 가지고 있던 단위 정치체(국)의 중심지였다.[106] 잡거하는 읍락에 대한 국읍 주수의 제어가 완전하지 않아, 읍락들의 독자적인 정치력을 생각해 볼 수도 있겠으나, 읍락에 따로 지배자(주수, 거수)가 있다는 기록은 보이지 않는다. 그러므로 삼한의 읍락을 독자적인 지배자를 가진 옥저나 읍루의 읍락과 같은 개별적인 정치세력단위로 보기는 어렵다.

『三國志』에 의하면 삼한의 '國'들은 '國邑'과 '邑落'으로 구성되어 있던 것으로 나타난다. 國邑은 혈연적으로 宗에 해당하거나, 다수의 邑落 중에서 상대적으로 세력이 강하며 중심 기능을 가진 '大邑落'으로 이해할 수 있으며,[107] '邑落'은 '村落'·'部落'·'種落' 등을 대표하는 용어로 곧 삼한의 기본구성단위였다고 할 수 있다.[108]

邑落은 音韻상으로 보아『梁書』新羅傳에 보이는 52개의 '邑勒'과

---

106) 권오영, 1996, 앞의 논문.
107) 武田幸男, 1967,「魏志東夷傳にみえる下戶問題」『朝鮮史研究會論文集』3 ; 1974,『古代の朝鮮』, 26쪽.
   李賢惠, 1984, 앞의 책, 105쪽.
108) 盧重國, 1988,「韓國古代의 邑落의 構造와 性格」『大丘史學』38, 3~10쪽.

동일한 성격을 가진 용어로 추정된다. '邑勒'은 6세기 초반 무렵 新羅 사회의 기본구성단위로 이해되는데,109) 그 실체에 대해서는 그 동안 많은 논란이 있어 왔다.

'邑勒'을 三韓의 '國'이나 統一新羅의 '郡' 정도의 규모로 본 견해110)가 있는가 하면, 外餘甲幢主가 인솔하는 法幢의 소재지(配備地)에 비정한 견해111)도 있고, 또 신라 中古期 金石文에 나타나는 '村'으로 이해하는 시각112)도 있었다. 그리고 새로운 금석문 자료를 토대로 신라의 52邑勒을 '道使가 파견된 行政(城)村'으로 파악하는 좀 더 진전된 견해113)가 제시되기도 했다.

『三國史記』 地理志에 의하면 6세기 초 신라의 영역으로 판단되는 지역은 16개 '郡' 54개 '縣'으로 구성되어 있었다. 여기서 단순하게 '52邑勒'과 '54縣'의 수치를 고려해 보면, 『梁書』의 '邑勒'은 『三國史記』의 '縣'에 상당하는 규모라고 생각할 수 있다.

삼한 사회의 기본구성단위였던 '邑落'도 이와 같은 맥락에서 『三國史記』 초기기사에서는 '縣'으로 기록되었다고 볼 수 있다. 다만 『三國史記』의 '縣'은 당시의 용어가 아니라 '읍륵' 내지 '읍락'의 후대적인 표현으로 군현제가 마련된 이후 追記되었을 것이다.

이상의 추정이 받아들여진다면, 『三國史記』 地理志에서 각 '國'의 고지에 설치되었던 '縣'들이 바로 복속 전의 '國'을 구성하고 있었던 기존의 '邑落' 단위라고 이해할 수 있다.

그러나 邑落이 각 '國'을 구성하고 있던 단위집단의 전부라고 할 수

---

109) 武田幸男, 1980, 「六世紀における朝鮮三國の國家體制」 『日本古代史講座』 4, 52쪽.
110) 末松保和, 1954, 「梁書新羅傳考」 『新羅史の諸問題』, 東洋文庫, 379쪽.
111) 井上秀雄, 1974, 「新羅兵制考」 『新羅史基礎硏究』, 170쪽.
    武田幸男, 1980, 「朝鮮三國の國家形成」 『朝鮮史硏究會論文集』 17, 51쪽.
112) 金在弘, 1991, 「新羅 中古期의 村制와 地方社會構造」 『韓國史硏究』 72, 25쪽.
113) 朱甫暾, 1995, 앞의 논문, 60쪽.

는 없다. '國' 안에는 邑落을 이루지 못한 '聚落'이나 '自然村'[114] 상태의 소규모 지역집단들도 복수로 존재할 수 있으며, 또 일반적인 읍락 이외 '蘇塗'라고 불리는 '別邑'이 따로 존재하기도 했다.

이 별읍(소도)에서는 국읍의 '天君'이 주재하는 天神祭祀와 별도로 무당이 토착적인 鬼神祭祀를 행하고 있었다.[115] 별읍은 신앙적으로 독자성을 유지하고 있었지만, 정치적으로는 국읍의 지배세력에게 묶여 있는 이중적인 성격의 사회였다.[116]

어쨌든 이상의 검토를 통해 國의 邑落은 복속 이후 '縣'으로 편제된 정도의 규모를 가진 삼한의 일반적인 기본 사회단위라고 이해할 수 있을 것이다.

위의 이해에 입각해 사로국에 복속된 辰韓 諸國의 규모 차이를 정리해 보면, 사로국에게 '郡' 단위로 복속된 '國'(押督國, 悉直國, 骨伐國 등)의 자리에는 대체로 3~4개의 邑落(→縣)이 위치(→편제)하였고, '縣' 단위로 복속된 '國'(音汁伐國 등)은 1개의 邑落(→縣)으로 구성(→편제)되었던 규모라고 볼 수 있을 것이다.

반면 복속의 주체였던 斯盧國은 사로(진한) '6村'의 표현으로 보아 6개의 '邑落'으로 이루어졌던 것으로 이해된다.[117] 그렇다면 사로국, 군단위로 복속된 국, 현단위로 복속된 국 사이에 '6:3~4:1'이라는 규모 차이가 있었다는 사실이 드러나게 된다. 이러한 諸國 사이의 규모 차이 때문에『삼국지』에서는 '大國'과 '小國'이라는 용어를 차별적으로 사용했다고 생각된다.

---

114) 삼한 '國'의 구성에 대해서는 고고학적 발굴 자료를 토대로 "國(國邑)〉邑落〉聚落〉住居群〉個別住居"라고 세분해 보거나(權五榮, 1995,「三韓社會 '國'의 구성에 대한 고찰」『韓國古代史研究』10, 12쪽), 또는 "國〉村〉自然村"으로 파악하기도 한다(金龍星, 1989,「慶山·大邱地域 三國時代 階層化와 地域集團」『嶺南考古學』6, 48쪽).
115) 최광식, 1994,『고대한국의 국가와 제사』, 한길사.
116) 文昌魯, 2000, 앞의 책.
117) 李賢惠, 1984, 앞의 책, 108쪽.

요컨대 『三國史記』에 의해 볼 때 斯盧國은 상호간에 규모 차이가 있는 진한의 대·소 諸國들을 婆娑尼師今 때부터 전쟁을 통해 복속하기 시작하여, 沾解尼師今 때인 3세기 중엽(247~261년)에 복속을 완료하고 진한의 '王'으로 대두하게 된다고 정리할 수 있다. 그리고 이러한 사실은 『三國志』의 진한 12國이 '辰韓王'에게 속해 있었다고 한 기록과 아주 부합하는 내용인 것이다.

## 4. 신라의 국가형성과 '辰韓王'

삼한의 '國'은 대체로 평균 인구수 1만여 명으로 상정되며, 지금의 '군' 단위 정도의 크기로 추정되고 있다.[118] 삼한 '국'의 인류학적 정치 수준은 準國家 단계인 '君長社會'(chiefdom)로 이해되며,[119] 이 단계를 '城邑國家'라는 용어로 부르기도 한다.[120]

그러나 '성읍국가'는 '성읍' 즉 城郭의 존재를 전제로 한 것인데, 『삼국지』에 의하면 마한에는 '성곽이 없다'라고 명시되어 '성읍국가' 용어를 삼한에 적용해 보기가 어려워진다. 진한의 경우에 "城柵이 있다"고 하였지만, 이 성책은 국읍을 둘러싼 성곽(읍성)의 규모가 아니라 木柵과 土壘 정도로 이루어진 청동기시대 이래의 방어 시설이기 때문에,[121] 그것의 존재가 철기시대에 들어와 새롭게 등장한 삼한 '국'의 정치적 수준을 상징한다고 보기는 어렵다.

최근 고고학계에는 삼한 특히 진한지역 '국'의 크기를 놓고, 직경 10㎞

---

118) 金貞培, 1986, 『韓國古代의 國家形成과 起源』, 고려대 출판부.
    千寬宇, 1989, 『古朝鮮史・三韓史研究』, 一潮閣.
119) 金貞培, 1986, 앞의 책.
120) 千寬宇, 1989, 앞의 책.
121) 청동기시대 방어시설에 대해서는 "박대재, 2006, 「전쟁의 기원과 의식」, 『전쟁의 기원에서 상흔까지』(국사편찬위원회 편), 두산동아, 20~27쪽"을 참조하라.

정도의 '地區' 규모를 '국'으로 볼 것인가122), 아니면 '지구' 규모는 '읍락'이고 수 개의 읍락을 포괄한 30km 정도의 '地域' 규모를 '국'이라 볼 것인가123)에 대한 논쟁이 있다.

이것은 삼한에서 독자적인 정치세력 단위의 규모를 어떻게 상정할 것인가의 문제인데, 과거에 있었던 '읍락' 단계를 '추장사회'(chiefdom)로 볼 것인가124) 아니면 '국' 단계를 '군장사회'(chiefdom)로 볼 것인가125)에 대한 논쟁을 연상시키기도 한다.

그러나 어쨌든 『삼국지』에 의하면, 삼한의 각 '국'은 몇 개의 '읍락' 즉 취락단위로 구성된 것으로 나오고 있기 때문에, '국' 내부에 몇 개의 지구(읍락) 구분이 있었다고 보는 후자(지역 '국') 쪽이 더 사료에 부합한다고 판단된다. 그렇다면 직경 10km 정도의 규모는 '국'보다는 그 구성단위인 '읍락'의 일반적인 크기였다고 이해할 수 있을 것이다.126)

그러나 삼한의 '국' 가운데는 일반적이지는 않지만 상대적으로 크기가 작은 '지구' 규모의 '국'도 존재했다고 볼 수 있다. 그것은 『삼국지』에서 삼한에 '大國'과 '小國'의 구분이 보이기 때문이다. 마한에서 대국의 인구는 '10,000여 家' 소국은 '수천가', 진·변한에서는 대국이 '4,000~5,000가' 소국이 '600~700가'라고 하였다. 진·변한의 경우를 보면 대국과 소국 사이에 6~7배 정도의 인구 차이가 나고 있는데, 마한의 경우도 이와 비슷하였을 것이다.

이렇게 인구 차이가 많은 삼한의 대국과 소국을 일률적으로 동일한

---

122) 李淸圭, 2005, 「사로국의 형성에 대한 고고학적 검토」『國邑에서 都城으로-新羅王京을 중심으로』(新羅文化祭學術論文集 26).
123) 李熙濬, 2002, 「초기 진·변한에 대한 고고학적 논의」『진·변한사 연구』, 경상북도·계명대 한국학연구원.
124) 李鍾旭, 1982, 『新羅國家形成史硏究』, 一潮閣.
125) 金貞培, 1986, 앞의 책.
126) 文昌魯, 2000, 『三韓時代의 邑落과 社會』, 신서원.

단계라고 보기는 곤란하다. 그래서 소국은 '성읍국가' 단계이고 대국은 소국이 주위의 다른 소국 내지 읍락을 흡수한 '小聯盟國' 단계라고 상정하거나127), 또는 소국은 '단순 군장사회'(simple chiefdom) 대국은 '복합 군장사회'(complex chiefdom)라고 구분하거나128), 또는 소국은 군장사회 단계인 '수장사회'이고 대국은 '초기국가'라고 하여 발전단계에 차등을 두어 이해했던 것이다.129)

앞서 살펴보았듯이 『삼국사기』 신라본기에 의하면, 경주 중심의 초기 신라(사로국)가 확대되면서 진한지역의 여러 '국'들을 복속하는데, 안강 근처의 음즙벌국 같은 경우는 하나의 '현' 단위로 편제되는 반면 상주의 사벌국은 '군' 단위로 편제되고 있어 규모에 차이가 있다는 것을 분명히 확인할 수 있다. 『삼국사기』에 보이는 '현' 단위 '국'과 '군' 단위 '국'의 규모 차이는 『삼국지』에 보이는 '소국'과 '대국'의 차이이고, '읍차'와 '신지'의 차등도 같은 맥락이라고 볼 수 있다.130) 따라서 이러한 차등에 주의하지 않고 삼한의 '국'들을 일률적으로 '소국' 단계라고 처리하는 시각131)은 따르기 어렵다.

삼한의 '대국'도 애초에는 규모가 작은 '소국'에서 출발하였을 것이다. 삼한의 '소국'이 '대국'으로 발전하는 과정은 『삼국사기』의 초기기록을 통해 짐작할 수 있다.

---

127) 金杜珍, 1985, 「三韓 別邑社會의 蘇塗信仰」 『韓國古代의 國家와 社會』(역사학회 편), 일조각.
128) 金泰植, 1990, 「加耶의 社會發展段階」 『한국 고대국가의 형성』(한국고대사연구회 편), 민음사.
129) 崔光植, 1994, 『고대한국의 국가와 제사』, 한길사.
130) 박대재, 1997, 앞의 논문.
131) 李鐘旭, 1982, 앞의 책.
   李賢惠, 1984, 『三韓社會形成過程硏究』, 一潮閣.
   李熙濬, 2002, 앞의 논문.
   盧重國, 2002, 「辰・弁韓의 政治・社會구조와 그 운영」 『진・변한사 연구』, 경상북도・계명대 한국학연구원.

백제본기에서 十臣을 중심으로 형성된 위례지역(서울)의 '十濟'가 미추홀지역(인천)의 비류세력을 흡수하면서 '百濟'로 발전하는 과정이나, 신라본기에서 경주 일대의 서라벌(사로국)이 이서국(청도), 음즙벌국(안강), 실직국(삼척), 압독국(경산) 등을 차례로 복속하는 과정은 '소국'이 '대국'으로 발전해 가는 과정이라고 이해할 수 있을 것이다.[132]

이러한 과정을 거쳐 대국으로 성장한 斯盧國은 진한 諸國의 복속을 완료한 沾解尼師今代(247~261)에 이르면 다시 한 번 대내외적으로 커다란 변화의 전기를 맞이하게 된다.

대외적으로는 246년에 마한과 중국군현간의 崎離營 전쟁이 발발하여 대방태수 궁준이 전사하고 대방군을 침공했던 신분고국 등 마한 북부 諸國은 커다란 타격을 받아 멸망할 지경에 이르렀다.

이러한 전쟁의 틈을 이용해 백제는 고이왕 13년(246) 8월에 영서지역(낙랑변방)을 襲取하려 했다가 물러난 이후, 또 다시 영서지역을 경유하는 낙랑군과 진한 사이의 교통로를 장악하기 위해 255년, 266년, 278년, 283년 槐谷城(忠北 淸風), 烽山城(慶北 榮州) 등지를 침공하였다.[133]

진한의 입장에서 영서지역을 경유하는 교통로는 낙랑군과 연결되는 통로로써 빼앗길 수 없는 요충지였다. 첨해 2년(248) 2월에 사신을 파견하여 '高句麗'와 화친을 맺었다는 기록이 있는데,[134] 여기서의 高句麗는 앞서 살펴본 바와 같이 245년 진한의 北邊을 침입했던 '高句麗'와 같은 존재로써 바로 '領西貊' 세력이라고 추정된다. 사로국은 영서지역을 경유해 낙랑군으로 가는 교통로를 안전하게 확보하기 위해 그

---

132) 박대재, 2005, 『三韓의 '王'에 대한 硏究-전쟁과의 관계를 중심으로』, 고려대 박사학위논문.
133) 박대재, 1999, 「『三國史記』初期記事에 보이는 新羅와 百濟의 戰爭」『韓國史學報』 7.
134) 『三國史記』卷2, 新羅本紀 沾解尼師今 2년.

지역의 貊과 우호관계를 맺은 것이다.

 그리고 沾解 3년(249) 7월에는 王宮 남쪽에 南堂을 세우고, 5년(251) 정월에 처음 南堂에서 '聽政'을 실시했다.135) 백제 쪽의 남당은 고이왕 28년(261)에 처음 보이니 대략 10년 정도 앞서는 시기이다.

 남당이 신라 쪽에 먼저 나타나는 문제에 대해선 일찍이 강한 의구심이 제기되기도 했으나,136) 『삼국사기』의 기록을 존중한다면 3세기 중엽은 신라와 백제에서 南堂이 공통적으로 설립되던 시기라고 볼 수 있다. 앞 장에서 백제 古尒王代 지배체제의 중심에는 南堂이 있었다고 설명한 바 있다. 3세기 중엽 백제 고이왕은 마한과 중국군현간의 전쟁이라는 극한 外患을 적극적으로 타개하고 국가역량강화를 위해 南堂을 설립하여 內政을 주도하였다고 보았다.

 3세기 중엽 辰韓 諸國의 복속을 완료한 斯盧國이 南堂을 설치한 것도 바로 백제의 경우와 같은 맥락이라고 추정된다. 3세기 중엽 백제국과 사로국의 체제정비에서 중심적 기능을 했던 南堂에 대해 좀 더 자세히 살펴보기로 하자.

 기존 연구에서 南堂은 귀족회의의 장소로 주목되었으며 이에 초기의 귀족회의를 '南堂會議'라 이름 하기도 하였다.137) 그런데 근래 南堂을 귀족회의(和白會議)와 분리하여 이해하고, 君臣會議의 장소 내지 王의 政廳으로 강조하는 시각이 대두하고 있다.138) 『三國史記』에서 南堂 기사를 전부 뽑아 보면 아래와 같다.

---

135) 『三國史記』 卷2, 新羅本紀 沾解尼師今 3년, 5년.
136) 李丙燾, 1976, 「古代南堂考」 『韓國古代史研究』, 박영사, 629~631쪽.
137) 盧重國, 1988, 『百濟政治史研究』, 일조각, 106쪽.
138) 盧鏞弼, 1990, 「新羅 中古期 中央政治組織에 대한 研究史的 檢討」 『忠北史學』 3, 24~28쪽.
 朴南守, 2003, 「新羅 和白會議에 관한 再檢討」 『新羅文化』 21, 11~12쪽.

A-㉮ 秋七月 作南堂於宮南[南堂或云都堂](沾解 3년)
　㉯ 春正月 始聽政於南堂(沾解 5년)
　㉰ 春夏不雨 會群臣於南堂 親問政刑得失 又遣使五人巡問百姓苦患(味鄒 7년)
　㉱ 夏四月 養老於南堂 王親執食 賜穀帛有差(訥祇 7년)
　㉲ 春三月 旱 王避正殿 減常饍 御南堂 親錄囚(眞平王 7년)

B-㉮ 春正月 初吉 王服紫大袖袍青錦袴金花飾烏羅冠素皮帶烏韋履 坐南堂聽事(古尒王 28년)
　㉯ 十一月 宴群臣於南堂(東城王 11년)

　A-㉮는 신라가 첨해이사금 3년(249)에 南堂을 설치하는 기사이며, 이어서 A-㉯는 南堂에서 처음으로 '聽政'이 실시되었다는 기록이다. 여기서 南堂의 기능과 관련하여 주목되는 것은 A-㉯의 '聽政'이다. 백제 쪽의 최초 기록인 B-㉮에서도 古尒王이 南堂에서 '聽事'하였다고 하였다. 대개 聽政은 "政務를 보다", 聽事는 "國事를 듣고 是非曲直을 판결하다" 정도로 풀이된다.139) 聽政의 聽은 古漢語의 '聽'자 용례 중 '治理'의 의미에 해당하는 것으로 특히 '訴訟處理'를 가리킨다고 한다.140) 따라서 聽政이나 聽事나 모두 "政事를 처리한다" 정도의 의미로 보면 크게 틀리지 않을 것이다.

　한편 신라 쪽 기록에 의하면 비가 오지 않을 때(不雨, 旱), 남당에서 모종의 행사를 치르는 광경이 나타난다. A-㉰에서 비가 오지 않자 남당에 群臣을 모아 놓고 왕이 政刑의 득실을 묻고 또 使 5인을 파견하여 백성들을 위문하고 있다. 이와 마찬가지로 A-㉲에서도 가뭄이 들자 正殿을 피하고 음식을 줄이고 남당에 나가 왕이 錄囚를 행하였다. 錄囚는 拘禁囚에 대한 특별한 보살핌[恩典]을 뜻하니 넓게 보아 A-㉰의 政刑에 포함되는 것이다. A-㉰ 기록에서 왕이 일반 政刑을 처리하

---

139) 『大漢和辭典』 卷9, 235쪽.
140) 王力, 2000, 『王力古漢語字典』, 中華書局, 985쪽.

는 것처럼 보이지만, 사실 祈雨 儀式의 일부분으로 남당에 행차하여 정사를 돌보는 것이다. 즉 비를 바라는 의식의 일환으로 남당에 행차하여 政刑의 득실을 물어 백성들의 노고를 덜어주고 구금된 죄수들에게 특별한 은전을 베풀었던 것이다. 이런 사실은 남당이 政事 이외에 祈雨祭와 같은 모종의 儀式과도 연계되는 공간임을 시사한다.

또한 남당에서의 養老 행사가 신라 쪽에 기록되어 있고(A-㉣), 백제 쪽에서는 잔치(宴)가 열린 기록이 있다(B-㉯). B-㉯ 기사는 東城王 11년(489) 가을에 대풍이 들어 10월에 왕이 祭壇을 쌓아 天地에 제사하고 '11월에는 群臣들을 남당에 불러 잔치를 베풀었다'는 기록의 일부이다. 여기서 남당이 잔치와 같은 행사가 열리던 공간이기도 했음을 확인할 수 있다.

국왕이 남당에서 베푼 잔치는 예사와 다른 남다른 정치적 의미를 가지고 있었을 것이다. 이것은 고대의 君王이 베푸는 '재분배 잔치'[141]나 '공공의 식사'[142]와 같은 통치행위 차원의 행사가 아니었는가 한다. 이런 잔치를 통해 왕은 施惠者로서의 권위를 확대했을 것이며, 국왕의 정치적 위상도 따라서 확고해졌을 것이다. 이런 면에서 남당의 잔치는 단순한 행사를 넘어 지배이데올로기를 관철시키는 통치행위의 마당인 셈이다. 또한 남당에서 열린 잔치는 왕과 群臣들 사이의 정치적 의사소통의 계기가 되기도 했을 것이다.

신라 쪽의 養老 행사 역시 이와 같은 통치행위의 차원에서 생각해 보아야 한다. 고대 중국에서 皇帝가 실시한 養老 의례는 帝位의 정통성을 주장하고 일련의 정책 전환을 기도하는 통로였다고 이해된다.[143] A-㉣의 養老 행사는 訥祇麻立干 7년(423)에 이루어진 것인데,

---

141) 마빈 해리스, 1995, 『식인과 제왕』, 한길사, 185~208쪽.
142) 퓌스텔 드 쿨랑주, 2000, 『고대도시-그리스·로마의 신앙, 법, 제도에 대한 연구』, 아카넷, 217~222쪽.
143) 渡部武, 1973, 「漢代養老儀禮における三老五更の問題」『東方學』46, 15~16쪽.

이것이 訥祇의 비정상적인 왕위계승 과정(前王弑害)이나 또는 麻立干 호칭의 최초 사용 사실144)과 어떤 연관이 있는지도 모르겠다. 어쨌든 남당이 祈雨, 養老, 잔치와 같은 모종의 국가 의식과 관련된 공간인 점만은 충분히 인정될 듯하다.

이상의 『三國史記』에 나타난 남당 기록을 검토해 본 결과, 남당에서 政事가 실시되고 아울러 각종 儀式이 거행된 사실을 알 수 있었다. 남당 관련 기록에서 주체는 대부분 왕으로 나타나며, 群臣은 주로 儀式과 관련한 客으로 보인다. 그러나 南堂은 왕이 상주하며 정사를 처리하는 후대의 便殿과 같은 기구도 아닌 것 같다.

『三國史記』에 의하면 일단 南堂이 분명히 王宮의 남쪽에 위치했다고 하였고(A-㉮), 祈雨, 養老, 잔치와 같은 특별한 의식이 있을 때 왕이 남당에 행차하는 듯한 인상을 받는다. 특히 A-㉣의 "早 王避正殿 減常膳 御南堂" 중의 正殿은 왕의 거실로 일상 정무를 처리하던 후대의 便殿에 해당한다.145)

그러므로 南堂은 왕이 특별한 경우에 일상의 正殿(후대의 便殿)을 벗어나 행차하는 별도의 전각이었던 것이다. 그 특별한 경우란 『三國史記』에 의하면 祈雨, 養老, 잔치 등의 의식으로 나타난다.

의식을 제외하고 왕이 남당에 행차한 기록은 A-㉡와 B-㉮의 정사와 관련한 것인데, B-㉮에서 古尒王이 새해 첫날 盛裝을 하고 남당에 앉아 聽事하는 광경은 흡사 시무식을 연상케 한다. 그리고 A-㉡의 聽政도 '정월'에 이루어졌다는 점에서 새해 벽두라는 특별한 시점과 관련되어 있는 듯하다. 그러므로 남당의 정사는 왕의 일상적인 국사가 아니라 특별한 때의 의식과 관련된 정사가 아닌가 한다.

이와 관련하여 신라 남당의 후신을 중대 이후 공식적인 국가의례를 거행하던 朝元殿으로 파악하는 견해146)를 주목해 보고자 한다. 기존

---

144) 『三國史記』 卷3, 新羅本紀3 訥祇麻立干 卽位年.
145) 李丙燾, 1976, 앞의 책, 625쪽.

제4장 辰韓의 왕과 諸國 복속 전쟁  195

까지는 남당의 후신을 하대의 平議殿으로 생각했으나,147) 王宮 배치에 대한 연구를 통해 볼 때 上古期의 '正殿-南堂' 체계가 중대 이후 '正殿-朝元殿' 체계로 변화되는 양상이 확인된다.148) 이러한 왕궁 배치의 변화상은 상고기의 남당이 중대의 朝元殿과 같은 국가의 중심적인 의례 공간이었을 가능성을 제고시키는 것이다.

요컨대『三國史記』에 보이는 남당은 왕이 특별한 때에 행차하여 政事를 보고 儀式을 베풀던 공간이었다고 할 수 있다. 남당의 정사가 일상이 아닌 특별한 때와 관련된다는 점은 정사 역시 넓은 의미에서 儀式과 관련된다고 판단된다. 따라서 남당은 넓게 보아 왕의 '儀式을 통한 정치'가 구현되던 공간이었다고 정리할 수 있다.

'의식을 통한 정치'란 정치 제도의 강제력 대신 일상과 관련된 문화적 의례와 도덕적 권위의 상징을 통해서 다른 정치세력을 관할하는 방식이다.149) 남당은 국왕이 祈雨, 양로, 잔치 등의 의식을 통해 정치를 펴는 '儀式政治'의 장소였던 것이다.

이처럼 南堂이 국왕의 儀式을 통한 정치가 실현되던 공간이었다는 점에서 고대 중국의 '明堂'에 비유150)될 수 있는 존재가 아닌가 하는데, 일반적으로 明堂은 군주의 政廳이자 祭場으로 '祭政'이 실현되던 공간으로 이해되고 있다.151) 그 구체적인 내용 면에서는 明堂과 南堂

---

146) 여호규, 2003,「新羅 都城의 儀禮空間과 王京制의 성립과정」『新羅王京 調査의 成果와 意義』, 문화재연구 국제학술대회 자료집, 79쪽. 한편 신라에서 南堂의 의례적 기능이 中代의 '成典'으로 계승되었다고 보는 입장도 있다.(尹善泰, 2000,「新羅의 寺院成典과 衿荷臣」『韓國史研究』108, 32쪽)
147) 李丙燾, 1976, 앞의 책, 641쪽.
148) 여호규, 2003, 앞의 논문, 79쪽 참조.
149) 박대재, 2003, 앞의 책, 30쪽.
150) 李丙燾, 1976, 앞의 책, 635쪽.
   鄭璟喜, 1990,『韓國古代社會文化研究』, 일지사, 416~417쪽.
151) 三品彰英, 1973,「新羅の古代祭政」『古代祭政と穀靈信仰』, 平凡社, 396쪽.

사이에 차이가 있었을 것이지만, 그 기능 면에서는 상호 통하는 부분이 많았던 것 같다.

그렇다면 사로국왕이 남당에서 펼치는 의식정치의 대상은 누구일까. 『삼국사기』는 그들을 南堂의 잔치나 聽政에 참석했던 '群臣'들로 표현하고 있다. 그들은 바로 沾解王代까지 복속되었던 辰韓 諸國의 首長세력(臣智, 邑借)들이었을 것이라 추정된다. 앞서 살펴본 바와 같이 『삼국지』진한조에선 진한 12국이 '辰韓王'에게 '屬'해 있었다고 하였다. 이 '屬'의 관계가 실제로 연출되던 공간이 바로 남당이었다고 생각된다.

辰韓 諸國이 斯盧國에 복속되었다 하더라도 토착세력이 완전히 해체된 것이 아니라 재지세력의 자립성은 상당부분 유지되고 있었다. 앞서 본 바와 같이 悉直國, 押督國, 伊西國은 복속 이후 叛亂을 일으키는데, 이것은 그 지역의 재지세력이 온존해 있음을 시사해주는 것이다.

『三國志』韓條에 보이는 '屬'의 의미는 帶方郡에 韓과 倭가 '屬'해 있었던 것처럼, 세력기반을 완전히 해체하고 편입된다는 의미가 아니라 각 세력의 기반을 유지한 채 入貢과 그에 대한 頒賜 등을 관할하는 창구를 중심으로 '屬'한다는 것이다.[152] 다시 말해 '屬'은 여러 하위집단들이 자립성을 유지한 채 단일한 상위집단을 중심으로 느슨하게 묶여 있는 상태이다. '屬'의 관계는 하위집단의 半自立性이 유지되며 중앙의 통제력이 하부집단까지 완전히 미치지 못하는 '분권적인 구조'인 것이다.

韓 諸國이 중국에 入貢하기 위해서 帶方郡이나 樂浪郡을 창구로 이용했듯이, 辰韓 諸國이 郡縣에 入貢하기 위해서는 斯盧國을 창구로 이용했던 것이다. 이런 對外交涉上의 統屬 관계를 『三國志』韓條에서 '屬'이라 표현한 것이며, 『三國史記』에 보이는 辰韓 諸國과 斯盧國의

---

152) 『三國志』 魏志 東夷傳의 '屬'의 의미에 대해서는 西嶋定生, 1999, 「'倭韓これに屬す'の解」 『倭國の出現』, 東京大學出版會, 155~159쪽을 참조하라.

관계도 바로 이러한 대외교섭상의 통속관계에 기초하고 있다고 생각된다.

예컨대, 沙伐國이 沾解王代에 홀연히 百濟에 귀속하였다는 기록[153]은 바로 尙州의 세력이 斯盧國을 거치던 기존 對外交涉體系를 벗어나 伯濟國 중심의 交涉體系로 속했다는 사실을 의미하는 것이다.

斯盧國과 복속된 諸國 사이의 관계가 이러한 '屬'의 상태였기 때문에『三國史記』에서는 복속 이후에도 상당기간 그 지역을 '國' 단위로 파악하고 있었으며,『三國志』에서도 12國이 '辰韓王'에게 '屬'해 있었다고 하면서도 다른 한편으로 각 國의 이름을 일일이 열거하여 자립성을 띤 것처럼 기록한 것이다.『三國志』辰韓條의 진한 12국이 속해 있었던 辰韓王의 성격은 바로 이 '屬'의 개념과 관련이 깊은 것이다.

한편 辰韓王의 성격은『晉書』辰韓條의 遣使 기록을 통해 더욱 한층 뚜렷이 확인할 수 있다.

武帝太康元年 其王遣使獻方物 二年復來朝貢 七年又來[154]

太康 원년(280), 2년(281), 7년(286) 晉에 사신을 보내 방물을 바친 주체로 '其王' 즉 辰韓王이 나오고 있다. 280년대 晉에 사신을 파견한 辰韓은『三國志』에서 언급되었던 辰韓 별도의 辰王에게 속해 있던 12국을 가리킨다.[155]

이를 미루어 보면『三國志』辰韓條의 辰王이 바로『晉書』辰韓條의 '其王'(辰韓王)과 일맥 상통한 존재라는 것을 알 수 있다. 그리고『三國史記』新羅本紀의 복속 기사를 통해 보면, 3세기 중엽 이후 辰韓 諸國이 속해 있던 중심은 다름 아닌 斯盧國이라는 것을 알 수 있다.[156]

---

153)『三國史記』卷45, 列傳 昔于老.
154)『晉書』卷97, 東夷傳 辰韓.
155) 李賢惠, 1988,「4세기 加耶社會의 交易體系의 변천」『韓國古代史研究』1 ; 1998,『韓國 古代의 생산과 교역』, 일조각, 294쪽.

이런 이해에 바탕 한다면 280년에 晉에 사신을 파견한 辰韓王은 바로 斯盧國(新羅)의 味鄒王(262~283)이라는 결론이 나올 수 있다.157)

『晉書』의 기록처럼 辰韓王은 辰韓 12국과 西晉의 교섭에서 중심 역할을 하던 진한의 대표자였다. 이것은 대외 교섭상 진한 12국이 '辰韓王'에게 '屬'해 있던 관계라는 사실을 시사한다.

앞의 사료 검토에 의하면, 진한 12국과 진한왕 사이에 屬의 관계가 등장한 것은 『晉書』 이전의 『三國志』 단계 즉 3세기 중엽부터라고 볼 수 있다. 따라서 진한왕은 서진과의 통교가 개시된 280년에 처음 등장한 것이 아니라, 진한 12국이 진한왕에게 복속을 완료한 3세기 중엽 첨해왕대(247~261년)에 이미 등장한 것이다. 그리고 『삼국사기』에 의해 보면 3세기 중엽의 '辰韓王'은 바로 斯盧國의 沾解王인 것이다.158)

斯盧國의 沾解王이 辰韓王으로 등장한 시점은 남당이 설치되던 249년 무렵부터로 추정된다. 그것은 앞서 살펴본 바와 같이 南堂이 辰韓 諸國의 首長을 소집하여 聽政과 儀式을 실시하던 공간으로 추정되기 때문이다. 또한 280년대 西晉에 遣使했던 또 다른 辰韓王인 味鄒王도 '南堂'에서 群臣을 모아놓고 政事를 親問한 사실이 있다.159) 이러한 사실들은 辰韓王과 南堂의 관련성을 시사해주는 대목이다.

그리고 사로국의 경우를 미루어 본다면, 백제 古尒王이 馬韓王으로 등장한 시점도 '南堂'의 聽事가 처음 보이는 古尒王 28년(261)과 관련

---

156) 박대재, 1997, 앞의 논문.
157) 千寬宇, 1989, 앞의 책, 343쪽.
158) 千寬宇, 1989, 앞의 책, 234쪽. 그러나 氏는 『三國志』 辰韓條의 辰王과 『晉書』 辰韓條의 辰韓王을 연결해 인식하지 못한 한계가 있다. 『三國志』의 辰韓 관계 기사를 검토해 보면, 辰韓條의 '辰王'은 辰韓王의 착오라고 판단되며, 『晉書』의 辰韓王과 연결되는 존재이다. 즉 辰韓의 王者는 『三國志』 단계부터 '辰韓王'으로 등장하는 것이다.
159) 이와 관련하여 미추왕대 신라의 국가적 성장을 南堂을 통한 왕권강화정책과 연결해 본 시각(박순교, 1993, 「신라 미추왕대 정치세력과 남당정치」, 『大丘史學』 46, 33~41쪽)도 참고해 볼 만하다.

이 있지 않을까 생각해 볼 수도 있다. 그러나 270년대 마한의 西晉 遣使에서 馬韓王이 직접 주체로 나오지 않아, 261년부터 고이왕이 마한 지역의 對外交涉權者로 등장한 것인지는 불확실해 보인다.

마한 지역은 진한과 달리 錦江유역의 王者인 '目支國' 辰王, 韓·魏 戰爭의 주도국이었던 '臣濆沽國', 加優呼 臣智의 大國이었던 '臣雲新國' 등 우세한 세력이 진한에 비해 상대적으로 많았고 또 중국군현과 지리적으로 인접하여 정치적 견제를 받았을 여지가 더 크기 때문에, 馬韓王은 辰韓王보다 다소 늦게 등장하게 된 것이 아닌가 생각된다.

# 弁韓의 왕과 浦上八國 전쟁

## 1. 변한의 집합 정체성 문제

 弁韓은 가야의 모태가 된 사회로 馬韓, 辰韓과 함께 삼한을 구성하고 있었다. 진한과 서로 혼재하며 분포하였기 때문에 사료에서는 흔히 '弁辰'이라고도 많이 표기되어 있다. 『三國志』 및 『晉書』 東夷傳에 의하면 변한은 서기 300년 전후 무렵까지 존속하였고, 그 위치는 대략 낙동강 서쪽 유역과 남해안지역 등 지금의 경상도 서·남부 일대로 비정된다.
 변한은 진한과 의복·거처 등이 동일하고 언어·법속 등도 유사하여 문화적으로 아주 가까운 관계였다. 이것은 변한과 진한이 서로 섞여서 분포하던 지리적 상황과도 밀접한 관련이 있을 것이다. 이런 배경에서 변한도 진한과 마찬가지로 북쪽에서 내려온 유이민 세력 및 그 문화와 관련이 있을 것으로 이해되었다.[1]

---

1) 千寬宇, 1989, 『古朝鮮史·三韓史硏究』, 一潮閣.

그러나 이와 달리 변한은 북방 유이민의 남하와 직접 관련되기보다는 지석묘 등 청동기문화를 기반으로 한 토착세력이 활발한 대외교역을 통해 철기문화를 수용 발전시킨 결과라고 보는 시각도 있다.[2]

변한 지역인 낙동강 하류 및 경상도 남해안지역은 기원전 3~2세기 이전부터 경주·대구지역의 진한지역과 달리 지석묘계 토착집단을 주축으로 다수의 소규모 정치집단이 성립되어 있었으며, 기원전 3~2세기경이 되면 옹관묘계 집단이 지배집단으로 대두되는 등 새로운 문화요소와 주민들이 혼입되지만, 진한지역에서 있었던 衛滿朝鮮系 유민과 문화의 적극적인 유입과 같은 정치·문화적인 전환계기가 잘 확인되지 않는다는 것이다.[3]

그런데 1990년대 이후 창원 다호리, 김해 양동리 등 변한지역에서도 기원전 2세기~기원전 1세기의 서북한 계통 木棺墓 유적이 확인되면서,[4] 변한의 문화 및 주민 계통도 진한과 대동소이하였을 것이라는 인식이 확산되게 되었다.

1990년대 이후 고고학에서 영남지역은 기원전 1세기 후반~기원 3세기 사이 하나의 '瓦質土器' 문화권을 이루고 있었던 것으로 이해되고 있다.[5] '와질토기'의 계통 및 중부지역으로 확대 적용하는 문제 등에 대해서는 비판적 시각이 있지만,[6] 어쨌든 대체로 영남지역을 '와질토

---

    朱甫暾, 2000,「辰·弁韓의 成立과 展開」『진·변한사 연구』, 경상북도·계명대 한국학연구원.
    申鉉雄, 2003,「三韓 起源과 '三韓'의 成立」『韓國史硏究』122.
2) 白承忠, 1995,「弁韓의 成立과 發展」『韓國古代史硏究』10(三韓의 社會와 文化).
3) 李賢惠, 1984,『三韓社會形成過程硏究』, 一潮閣.
4) 林孝澤, 1993,「洛東江 下流域 土壙木棺墓의 登場과 發展」『三韓社會와 考古學』, 제17회 한국고고학전국대회 자료집.
5) 申敬澈, 1995,「瓦質土器文化論-그 성과와 과제」『韓國考古學의 半世紀』, 제19회 한국고고학전국대회 자료집.
    崔鍾圭, 1995,『三韓考古學研究』, 서경문화사.
6) 崔秉鉉, 1998,「原三國土器의 系統과 性格」『韓國考古學報』38.

기' 문화권으로 묶어보는 데는 고고학계의 공감이 형성되어 있다.

'와질토기'는 영남지역의 무덤 유적에서 주로 출토되는 低火度 室內 窯 燒成의 토기로써, 전기(기원전 1세기 후반~기원후 2세기 전반, 목관묘 단계)에는 '組合式牛角形把手附壺'와 '주머니호'가, 후기(2세기 후반~3세기 후반, 목곽묘 단계)에는 '臺附壺'와 '爐形土器'가 대표적인 기종이었다.[7]

변한은 지리적으로 진한에 비해 해양과 깊은 관련이 있는 사회로 이해되고 있다. 倭와 근접한 변한지역의 주민들이 '文身'을 하였다거나, 김해 예안리 무덤 유적을 통해 고고학적으로도 확인되었지만 변한 사람들의 '扁頭' 풍습은 그 주민계통이 해양을 통해 남방아시아와 연결될 가능성이 있다고 이해된다.[8]

『삼국지』에는 토착사회인 마한에서도 '남자들이 때때로 문신을 하였다'는 기록이 있다. 문신 풍속을 통해 보면 변한은 종족적으로 토착사회인 마한과 연결될 가능성도 엿보인다. 마한과 변한은 서해안과 남해안의 해안선을 통해 연결된다는 점에서도 양자 주민의 관계는 앞으로 주의 깊게 검토해 보아야 할 과제이다.

변한의 성립시기를 구체적으로 가늠할 만한 문헌 자료는 거의 없다고 해도 과언이 아니다. 그래서 기왕의 연구에서는 간접적이나마 김해 狗邪國(駕洛國)의 성립을 통해 변한의 성립과정을 유추해 보았다.

『駕洛國記』에 의하면 가락국의 首露王이 '서기 42년'에 즉위했다고 하였는데, 이 연대를 가락국의 성립시기로 그대로 받아들이는 입장이 있는가 하면,[9] '기원전 2세기'[10] 내지 '기원전 1세기~기원후 1세기'[11]

---

7) 申敬澈, 1995, 앞의 논문 ; 崔鍾圭, 1995, 앞의 책.
8) 金廷鶴, 1990, 『韓國上古史研究』, 범우사.
9) 金廷鶴, 1990, 앞의 책 ; 李賢惠, 1984, 앞의 책 ; 白承忠, 1995, 앞의 논문.
10) 李丙燾, 1976, 『韓國古代史研究』, 博英社.
    李鍾旭, 1982, 『新羅國家形成史研究』, 一潮閣.
11) 丁仲煥, 2000, 『加羅史研究』, 혜안.

로 상향 조정해 보거나, 또는 '기원후 2세기'[12]로 하향 조정해 보기도 하였다.

그런데 다른 사료에 의하면 변한 사회는 수로왕의 즉위 이전에 이미 형성되어 있었던 것으로 나타난다. 먼저 『위략』의 염사치 기록에 의하면, 20~23년 사이에 '弁韓布'라 하여 변한의 특산물로 포가 보이고 있으며, 『삼국사기』 혁거세 19년(기원전 39)에는 "卞韓國이 항복해 왔다"고 하였고, 또 혁거세 38년(기원전 20)에도 '변한'의 존재가 확인되고 있다. 이상의 기록을 참조해 보면 변한은 기원전 1세기 후반 이전에 성립해 있었던 것이다.

『삼국지』에서 변한은 정치·문화·지리 등의 다방면에서 진한을 기준으로 그에 대비되어 서술되고 있다. 『삼국지』의 관점은 중국계 유이민 사회이면서 낙랑과 친연관계에 있었던 진한에 맞춰져 있고, 마한과 변한은 그 '주변적 존재'(Others)처럼 서술되어 있다는 인상을 받는다. 이러한 점은 변한의 성립과정에서도 앞서 보았던 마한과 마찬가지로 기원전 2세기 말 이후에 위만조선 유민들이 진한을 성립한 것이 직접적인 계기가 된 것이 아닌가 생각하게 한다.

청동기시대 이래 영남지역에 거주하고 있던 선주민들이 기원전 2세기 말 이후 위만조선 계통의 유이민들과 접촉하게 되면서, 기존 토착사회의 정체성을 '변한'이라는 이름으로 세워나간 것이 아닌가 추정되는 것이다. 그리고 그 시기는 위만조선의 멸망이 있던 기원전 2세기 말에서 『삼국사기』에 '변한' 기록이 확인되는 기원전 1세기 후반 사이 즉 '기원전 1세기 전반'으로 볼 수 있을 것이다.[13]

---

李永植, 2000, 「문헌으로 본 가락국사」 『가야 각국사의 재구성』(부산대 한국민족문화연구소 편), 혜안.
12) 千寬宇, 1989, 앞의 책.
　　金泰植, 1990, 「加倻의 社會發展段階」 『한국 고대국가의 형성』, 민음사.
13) 박대재, 2005, 『三韓의 '王'에 대한 硏究―戰爭과의 관계를 중심으로』, 고려대 박사학위논문.

다만 변한 사회는 유이민 사회인 진한과 직접 '雜居'하였기 때문에 지리적으로 격리되어 있던 마한에 비해 상대적으로 빨리 토착성을 잃고 그 문화에 동화되어 갔을 것으로 보인다. 변한을 '弁辰'이라고도 부른 것도 바로 이러한 지리적·문화적 사정 때문이라고 볼 수 있다.

최근 학계에서는 변한과 가야의 관계를 둘러싸고 이른바 '前史論'과 '前期論'의 논의14)가 활발하게 전개되고 있다. 대체로 4세기를 기준으로 그 전후를 '변한'과 '가야'로 구분해 보는 시각을 '전사론'이라고 한다면, 4세기 전후를 연결하여 아울러 가야사로 이해하면서 그 안에서 4세기까지를 '前期加耶(加耶前期)'로 보는 시각을 '전기론'이라 부르고 있다.15)

그런데 이른바 '전사론'과 '전기론'의 내용을 들여다보면, 실제로는 '변한'과 '전기가야(가야전기)'의 개념이 확연히 구분되지 않고 병용되고 있다. 예를 들어 '전사론'으로 분류된 대표적인 연구에서 4세기 이전을 '변한연맹국가' 단계라고 보는 동시에 그 시대구분에서는 '가야전기'라고 명명하고 있다.16)

또한 '전기론'의 대표적인 연구에서도 3세기 전반에 변진 12국은 김해의 구야국(가야국)을 중심으로 통합되어 '변한소국연맹' 즉 '전기가야연맹'을 이루고 있었다고 이해하고 있다.17)

이처럼 실제 내용에서는 '변한'과 '전기가야(가야전기)'의 개념이 병용되고 있기 때문에 이들을 간단히 '전기론' 내지 '전사론'이라고 양분해 보기 어렵다.

---

14) 朱甫暾, 1995, 「序說—加耶史의 새로운 定立을 위하여」『加耶史研究—대가야의 政治와 文化』, 경상북도, 13~21쪽.
15) 노중국, 2001, 「가야사 연구의 어제와 오늘」『한국 고대사 속의 가야』(부산대 한국민족문화연구소 편), 혜안, 38~40쪽.
16) 金廷鶴, 1983, 「加耶史의 研究」『史學研究』37 ; 1987, 「加耶의 國家形成段階」『정신문화연구』32 ; 1990, 『韓國上古史研究』, 범우사, 206~237쪽.
17) 金泰植, 1993, 『加耶聯盟史』, 一潮閣, 68쪽 ; 1997, 「가야연맹의 형성」『한국사』7, 국사편찬위원회, 326쪽.

'변한'은 당대의 문헌 사료에서 직접 보이기 때문에 역사적 의미가 있고, '가야전기'는 한국고대사의 전체 흐름 위에서 가야사의 전후 맥락을 밝혀주고 있기 때문에 시대구분상 의미 있는 개념이다. 마치 진한과 신라초기, 마한과 백제초기가 겹치듯이 '변한'과 '가야전기'는 양자택일적인 개념이 아니라, 역사서술의 중심을 어디에 두느냐에 따라 함께 병용할 수 있는 개념이다.

'전기가야'라고 하면 일단 가야의 모태인 狗邪國(가락국)에 초점이 맞춰진 용어로 전반적인 시대구분을 염두에 둔 '통시대적 개념'이며, '변한'은 구야국 이외 동시에 존재하고 있던 나머지 10여 개 국까지 포괄하는 '동시대적 개념'이라 할 수 있다.

따라서 가야사 전체 맥락 속에서 통시대적으로 고찰한다면 '전기가야'라는 개념이 더 합당해 보이고, 만약 3세기와 같은 특정시기의 동시대 상황을 김해의 구야국뿐만 아니라 나머지 주변국과의 관계까지 포함하여 포괄적으로 살펴보고자 할 때에는 '변한'이란 개념이 더욱 적당해 보이는 것이다.

이 글은 가야사 전체 흐름을 조망하기보다 3세기를 중심으로 변한 '왕'의 존재양태와 변한사회의 전반적인 구조를 밝히고자 하는 데 주목적이 있다. 그러므로 이 글에서는 통시대적 개념인 '전기가야'보다 '변한'이란 용어를 사용하는 것이 더 적당할 듯하다.

『삼국지』 동이전에는 변한을 구성한 '국'으로 弁辰彌離彌凍國, 弁辰接塗國, 弁辰古資彌凍國, 弁辰古淳是國, 弁辰半路國, 弁(辰)樂奴國, 弁辰彌烏邪馬國, 弁辰甘路國, 弁辰狗邪國, 弁辰走漕馬國, 弁辰安邪國, 弁辰瀆盧國 등 12국의 이름이 진한의 국명과 혼재하여 열거되어 있다.

『삼국지』 기록에 의하면 변한(변진)은 지리적으로 진한과 '雜居'하고 있었으며 문화적으로도 서로 구별하기 힘들 정도로 유사한 관계에 있었다. 이런 상황임에도 진한 12국과 구별하여 그 국명에 공통적으로 '弁辰'을 붙인 것은, 당시 변한 12국을 묶을 수 있는 모종의 基調 관계가 내재해 있었음을 시사해주는 것이다.

이처럼 변한 12국을 묶을 수 있었던 모종의 기조 관계에 대해서 이 글에서는 '집합 정체성(collective identity)'의 개념을 통해 접근해 보고자 한다. '집합 정체성'이란 행위단위에 의해 조절된 정체성이 단위간에 동일한 목적을 위해 공유될 때 형성되는 것으로,[18] 위협이나 강요와 같은 武力이 아니라 문화적 요소가 행위단위의 정체성과 이익을 집단적으로 구성하게 된다.[19]

행위단위에 의해 내재적으로 조절되고 집합화한 정체성은 행위단위간의 협력과정으로 현실화된다. 만일 권력이나 이익의 갈등과 같은 경쟁원리가 생성되면 집합적 정체성이 동요될 수 있지만, 이러한 동요 현상 역시 국제질서 자체의 위기와 같이 외생적으로 주어지는 것이 아니라 주관적인 위협인식과 같은 내재적인 속성에서 비롯된다. 따라서 행위단위간에 공유할 수 있는 문화적 기반을 확장함에 따라 복수 단위체간의 조화적 집합 정체성도 확대되며, 이렇게 형성된 공동체적 정체성이 단위체간의 질서를 유지하는 데 요긴한 필요조건이 된다.

이러한 '집합 정체성'의 非暴力的, 상호작용적(interactional), 內在的, 文化的 측면은 그동안 단일연맹, 지역연맹 등과 같이 단위체간의 집합적 개념으로 해석되어 왔던 변한 12국의 공동체적 필요조건과 관련하여 상당히 시사해주는 바가 많다고 생각한다.

변한의 집합적 정체성은 우선적으로 지리적으로 잡거하고 있던 진한과의 구분에서 선명하게 확인할 수 있을 것이다. 『삼국지』가 중국인(외부인)의 관점에서 편찬된 기록이라는 점을 감안하면, 변한과 진

---

[18] Alexander Wendt, 1994, "Collective Identity Formation and the International State", *American Political Science Review,* vol.88 no.2, pp.384-396.

[19] Alexander Wendt, 1999, *Social Theory of International Politics,* Cambridge: Cambridge Univ. Press, pp.266-278.

한 사이의 구분은 미시적인 차이보다는 더욱 표면적이고 거시적인 집합 정체성의 차이에 의한 것이라고 추정된다.

일찍이 19세기 초 정약용이 김해의 金官國을 변진(변한)의 '總王'으로 파악하여 변한 12국이 모두 금관국의 수로왕에게 예속되어 있었다고 보았다.[20] 이러한 시각은 현대에까지 계승되어 김해의 구야국(가락국)을 중심으로 하나의 '연맹체'가 형성되어 있었다고 보는 '弁韓聯盟'설[21] 내지 '前期加耶聯盟'설[22] 등 이른바 단일연맹체설로 정립하게 되었다.[23] 단일연맹체설은 변한 12국의 집합적 정체성을 김해 구야국(맹주) 중심의 '연맹' 관계로 파악하는 것이다.

그러나 이에 대해 변한은 김해 구야국을 중심으로 '연맹체'를 이루지 못하였고 각 지역의 '諸國'이 개체성을 유지하며 분립하고 있었다고 보는 비판적인 시각[24]도 있다.

한편 최근에는 김해 구야국이 변한 전체에 영향력을 미치지 못했고, 김해 구야국을 중심으로 하는 '지역연맹체', 함안 안야국을 중심으로 하는 '지역연맹체' 등 복수의 '지역연맹체'로 나뉘어 있었다고 보는 이른바 '지역연맹체설'[25]이 제기되기도 하였다.

---

20) 『疆域考』弁辰別考 "弁辰十二國 皆隸金官首露之國 金官者 弁辰之總王也".
21) 金廷鶴, 1990, 앞의 책, 206~237쪽.
22) 金泰植, 1993, 앞의 책; 1997, 앞의 논문, 324~331쪽.
23) 북한학계에서는 "4세기까지를 김해의 금관가야국이 중심 주도세력으로 전체 가야를 대변하던 '전기 가야봉건국가(련합체)' 단계"라고 파악하고 있다.(조희승, 1994, 『가야사연구』, 사회과학출판사, 53쪽) '연합체'라는 용어를 쓰고 있으나 기본적으로 '단일연맹체설'과 동일한 내용이라 할 수 있다.
24) 李賢惠, 1984, 『三韓社會形成過程硏究』, 一潮閣, 182~183쪽.
  李永植, 1985, 「加耶諸國의 國家形成問題-'加耶聯盟說'의 再檢討와 戰爭記事分析을 중심으로」, 『白山學報』 32, 59~95쪽.
25) 白承忠, 1995, 「弁韓의 成立과 發展-弁辰狗邪國의 성격과 관련하여」, 『三韓의 社會와 文化』(『韓國古代史硏究』 10), 신서원, 205~218쪽 ; 2005, 「加耶의 地域聯盟論」, 『지역과 역사』 17, 5~41쪽.

이처럼 기존의 단일연맹체설을 부정하는 이른바 '諸國'설이나 '지역연맹체'설은 김해 구야국 중심의 시각을 벗어나 여타 지역 세력의 상황을 다각도에서 복합적으로 바라보았다는 점에서 의미가 있다.

그렇지만 '지역연맹체'나 '諸國'의 개별성(개체성)만을 강조하고 이들을 포괄하는 변한 전체의 기조 관계를 고려하지 않을 경우 변한사의 전반적인 복원은 어렵게 된다. 특히 '지역연맹체'에 포함되지 않았던 '國'이나 '諸國' 사이에 산재하고 있던 '小別邑'의 존재를 고려한다면, 변한 전체를 하나로 묶어주었던 집합적 정체성이 무엇이었는지를 생각하지 않을 수 없다.

이러한 문제의식에서 변한 전체를 김해 구야국 중심의 '단일연맹체'로 보면서도 그 내부에 '지역연맹체'가 형성되어 맹주국과 일정한 관계를 맺고 있었다고 보는 절충적인 견해26)가 나오기도 하였다.

이 글에서는 변한 12국의 집합적 정체성과 관련하여 『삼국지』의 "(변한) 12국에도 또한 왕이 있다"(十二國亦有王)는 기록을 새롭게 주목해 보고자 한다. 이 부분의 『삼국지』 기록을 살펴보면 다음과 같다.

> 변진은 진한과 섞여 있으며 또한 성곽도 있다. 의복·거처는 진한과 동일하며 언어와 법속은 서로 비슷하나, 귀신 제사에서는 차이가 있다. 부뚜막을 출입문의 서쪽에 설치한다. 그 독로국은 倭와 인접해 있다. 12국에 또한 왕이 있다. 그 사람들의 형체는 모두 크고 의복이 정결하고 머리를 길게 길렀다. 또 폭이 넓고 올이 가는 포를 만들며, 법속은 특히 엄격하다.27)

---

白承玉, 2001, 「전기 가야 小國의 성립과 발전」, 『한국 고대사 속의 가야』 (부산대 한국민족문화연구소 편), 154~190쪽 ; 2003, 『加耶 各國史 硏究』, 혜안, 63~119쪽. '지역연맹체설' 안에서도 '浦上 8국'을 '지역연맹체'로 설정할 것인가(백승옥) 아니면 일시적으로 결집되었다가 사라진 '소국연합'으로 보아 제한적으로 파악할 것인가(백승충)를 두고 입장 차이가 있다.
26) 盧重國, 2002, 「辰·弁韓의 政治·社會구조와 그 운영」, 『진·변한사 연구』, 경상북도·계명대 한국학연구원, 232~247쪽.
27) 『三國志』 卷30, 東夷傳 韓.

위 기록에 따르면 진한과 마찬가지로 변한 12국에도 '왕'이 존재하였다는 것이다. 『삼국지』 동이전 韓 부분에는 '왕'이 모두 3번 등장한다. 마한 月支國(目支國)에 치소를 두고 있었던 마한의 '辰王'과 진한 12국이 屬해 있었던 진한의 '辰王'(辰韓王),28) 그리고 위에서 언급한 변진(변한)의 '왕'이다.

그동안의 연구는 주로 마한과 진한의 진왕에 초점이 맞춰져 있었으며, 변한의 '왕'에 대해서는 그다지 주목하지 못했다. 『삼국지』에 보이는 변한의 '왕'을 어떻게 이해할 것인가는 변한의 집합 정체성과 나아가 변한 전체 구조를 이해하는 데 중요한 문제라고 할 수 있다. 그러나 기존 연구에서는 이에 대한 천착이 미진하였고, 그 결과 변한의 전반적인 구조 내지 집합 정체성을 밝히는 데 한계를 드러내게 되었다.

## 2. 변한의 왕과 渠帥

기존 연구에서는 변한의 '왕'에 대해 단편적으로만 언급하고 넘어간 경우가 많았는데, 그것이나마 분류해보면 크게 3가지 정도로 입장이 구분된다. 첫째, 변진(변한) 12국 전체를 대표하는 단수의 '弁韓王(弁辰王)'으로 보는 입장,29) 둘째, 변진 12국 각각의 거수 즉 각국 수장으

---

28) 박대재, 2002, 「『三國志』 韓傳의 辰王에 대한 재인식」, 『韓國古代史硏究』 26, 33~73쪽 참조.

29) 那珂通世, 1895, 「朝鮮古史考－三韓考」, 『史學雜誌』 6-6 ; 1958, 『外交繹史』, 岩波書店, 130쪽.
白鳥庫吉, 1912, 「漢の朝鮮四郡疆域考」, 『東洋學報』 2-2 ; 1986, 『朝鮮史硏究』, 岩波書店, 317~318쪽.
安在鴻, 1947, 「三韓國과 그 法俗考」, 『朝鮮上古史鑑』 ; 1991, 『民世安在鴻選集』 3, 지식산업사, 187쪽.
栗原朋信, 1964, 「邪馬台國と大和朝廷」, 『史觀』 70 ; 1978, 『上代日本對外關係の硏究』, 吉川弘文館, 114~127쪽.
岡田英弘, 1976, 『倭國の時代』 ; 1994, 朝日文庫, 285쪽.

로 보는 입장,30) 셋째,『삼국지』"十二國亦有王" 기록의 근거를 의심하여 '왕'의 존재 자체를 부정하는 입장31) 등이다.

이 가운데 변한 '왕' 기록 자체를 부정하는 입장은,『삼국지』魏書(魏志)의 전거 사료인『魏略』에서 "十二國亦有王" 기록이 확인되지 않는다는 점에 착안하여,『삼국지』의 찬자인 陳壽(233~297년)가 이것을 지어냈다고(所爲) 보는 것이다.

현재『위략』의 원서는 유실되어 전하지 않고 그 逸文만 배송지의『三國志注』,『翰苑』,『太平御覽』등에 인용되어 남아 있다. 문제가 되는『위략』일문은『한원』에 인용되어 전하는 것인데 이것을『삼국지』의 해당 원문과 대조해 보면 다음과 같다.

『魏略』
魏略曰 辰韓俗喜歌舞彈瑟 瑟形似筑 兒生欲其頭扁 便以名[石]押其頭 今辰韓人皆扁頭 亦文身 施竈皆在戶西 其續[瀆]盧國與倭界接 其人形皆大 衣服潔淨也32)

『三國志』魏書(魏志)
俗喜歌舞飮酒 有瑟 其形似筑 彈之亦有音曲 兒生 便以石厭其頭 欲其褊 今辰韓人皆褊頭 男女近倭 亦文身 便步戰 兵仗與馬韓同 其俗 行者相逢 皆住讓路 弁辰與辰韓雜居 亦有城郭 衣服居處與辰韓同 言語法俗相似 祠祭鬼神有異 施竈皆在戶西 其瀆盧國與倭接界 十二國亦有王 其人形皆大 衣服絜淸 長髮 亦作廣幅細布 法俗特嚴峻33)

---

盧重國, 2002, 앞의 논문, 239쪽.
30) 金廷鶴, 1990,「加耶와 日本」『古代韓日文化交流研究』, 한국정신문화연구원, 225쪽.
權五榮, 1996,『三韓의 '國'에 대한 硏究』, 서울대 박사학위논문, 186쪽.
武田幸男, 1996,「三韓社會における辰王と臣智(下)」『朝鮮文化研究』3, 8쪽.
文昌魯, 2000,『三韓時代의 邑落과 社會』, 신서원, 140쪽.
31) 成合信之, 1974,「三韓雜考-『魏志』韓傳にみえる韓の帶方郡攻擊事件をめぐって」『學習院史學』11(末松保和先生退任記念號), 17쪽.
32)『翰苑』卷30, 蕃夷部 三韓 注.
33)『三國志』卷30, 東夷傳 韓.

위에서 확인되듯이 『한원』의 『위략』 일문에는 『삼국지』의 "十二國亦有王" 부분이 보이지 않는다. 이런 배경에서 『삼국지』 찬자인 진수가 특별한 선행 전거도 없이 "十二國亦有王"을 자기 나름대로 기록해 넣었다고 보았던 것이다.[34]

『한원』은 唐 高宗 顯慶 5년(660) 무렵 張楚金(?~689년)이 찬술한 책으로 거의 동시대에 雍公叡가 注를 달았다.[35] 옹공예가 『한원』에 注를 달던 7세기 중엽까지는 아직 『위략』이 散逸되기 전이므로[36] 당시 『위략』 원서를 직접 보았을 가능성이 높다. 그러나 현재 원서가 남아있지 않기 때문에 원래부터 『위략』에 "十二國亦有王" 기록이 없었다고 속단하기는 어렵다. 『한원』과 같은 類書류의 사서에서 자주 나타나는 현상으로, 옹공예가 『위략』을 轉寫하는 과정에서 원문을 '節文'하거나 '漏落'했을 가능성이 있기 때문이다.

다른 한편으로 『위략』과 『삼국지』 위지의 서술 대상 시기가 달라서 기록 내용에 차이가 나타날 수도 있다. 즉 『위략』의 서술 시대에는 변한에 왕이 존재하지 않았으나, 『삼국지』 위지의 시대에는 존재하였을 가능성이 있는 것이다.

일찍이 劉知幾(661~721년)는 『위략』의 서술 하한에 대해 '事止明帝'라 하여 魏 明帝시대(226~239년)까지 기록되었다고 하였다.[37] 그러나 현존하는 『위략』 일문을 확인해 보면 魏의 마지막 황제 元帝 景元 4년(263)의 기사까지 확인된다.[38] 또한 『위략』에서는 魏의 마지막 해인 咸熙 2년(265) 9월에 追贈된 司馬昭의 諡號(晉文王)가 발견된다.[39] 이

---

34) 成合信之, 1974, 앞의 논문, 17쪽.
35) 尹龍九, 2003, 「『翰苑』 蕃夷部의 基礎的 硏究」, 동양사학회 추계학술대회 위진수당사부 발표요지.
36) 『魏略』은 南宋代에 散逸된 것으로 추정된다.(神田信夫·山根幸夫 編, 1989, 『中國史籍解題辭典』, 燎原書店, 57쪽)
37) 『史通』 卷12, 古今正史(增井經夫 譯, 1981, 硏文出版, 198쪽).
38) 伊藤德男, 1935, 「魏略の製作年代に就いて」 『歷史學硏究』 4-1, 72쪽.
39) 江畑武, 1981, 「『魏略』の成立年次について-「晉書限斷」論と關連して」 『村

러한 상황을 종합해 보면 『위략』의 서술 시대는 유지기의 인식과 달리 사실상 魏의 말년(265년)까지 이르렀음을 알 수 있다.[40]

이처럼 『위략』의 서술 하한을 魏가 멸망한 265년으로 보면, 『삼국지』의 三韓 기록 하한인 '景元 연간(260~264)'[41]과 서로 일치하게 된다. 따라서 두 사서의 서술대상 시기가 서로 달랐기 때문에 변한 '왕' 기록에 차이가 났다고 보기는 어렵다.

사실 앞서 제시한 『위략』 일문과 『삼국지』 위지의 원문을 대조해 보면 많은 부분에서 차이가 남을 쉽게 알 수 있다. 만약 현재의 『위략』 일문을 근거로 『삼국지』 기록의 신빙성을 의심한다면, 변한 '왕' 기록뿐만 아니라 다른 많은 기록도 믿지 못하게 된다.

설사 『위략』의 원서부터 "十二國亦有王" 기록이 없었다고 할지라도, 『삼국지』의 편찬 당시 어떤 전거도 없이 임의로 기록하였다고 보기는 곤란하다. 『삼국지』 위지를 편찬할 때 『위략』을 참조한 것은 분명하지만, 다른 한편으로 『위략』 외의 다른 전거 사료도 이용했다고 보아야 한다.

『삼국지』 동이전의 전거 사료에 대해서는 그동안 『魏略』,[42] 魏政府

---

上四男博士 和歌山大學退官記念 朝鮮史論文集』, 開明書院, 55쪽.
40) 다른 한편 『史通』의 "事止明帝"는 3가지 각도에서 달리 평가되기도 한다. 첫째, 『魏略』에 明帝 이후의 기사가 있기는 하지만 수적으로 매우 적으므로 "事止明帝"라고 한 것은 정확하지는 않으나 일리가 있다.(全海宗, 1983, 「『魏略』과 『典略』」 『歷史學報』 99·100합 ; 2000, 『동아시아사의 비교와 교류』, 지식산업사, 366쪽) 둘째, "事止明帝"는 『魏略』의 本紀기사에만 해당되는 것이다.(全海宗, 1991, 「『魏略』과 『翰苑』」 『第四屆中國域外漢籍國際學術會議論文集』 ; 앞의 책, 370쪽) 셋째, 『魏略』이 明帝 직후인 240년대에 일단 한번 편찬되고 일부 기사가 그 후 보완된 것이다.(공명성, 1994, 「『위략』의 편찬년대에 대하여」 『력사과학』 1994-1, 49~52쪽)
41) 千寬宇, 1976, 「『三國志』 韓傳의 再檢討」 『震檀學報』 41 ; 1989, 『古朝鮮史·三韓史研究』, 一潮閣, 213~214쪽.
42) 內藤虎次郎, 1910, 「卑弥呼考」 『藝文』 1-4 ; 1970, 『內藤湖南全集』 7, 筑摩書房.

의 기록,[43] 王沈의 『魏書』,[44] 『冊丘儉記』[45] 등이 거론되어 왔다.[46] 이 가운데 왕침의 『위서』는 현존하는 그 일문을 종합해 보면 동이에 대한 별도의 傳은 원래부터 없었던 것으로 이해되고 있다.[47] 왕침이 처해 있던 정치적 상황에서 동이전의 편찬은 사실상 어려웠을 것으로 추정되기 때문이다.[48] 따라서 『삼국지』 동이전의 전거 사료에서 왕침의 『위서』는 배제되어야 할 것이다.

그렇다면 『삼국지』의 찬자인 진수는 무엇에 근거하여 "(弁辰) 十二國亦有王"이란 기록을 남긴 것일까? 여러 전거 자료 가운데 우선 변한지역을 경유하여 倭에 갔던 중국 魏나라 사신들의 기록에 기초하였을 가능성이 가장 높다.

『삼국지』 倭人條에는 중국군현에서 왜에 갈 때 이용했던 '帶方郡→서·남해안→狗邪韓國→對馬島→倭'로 이어지는 여정이 상세히 기록되어 있다. '황해도→서·남해안→경남 김해→대마도→일본'로 이어지는 해상교통로에서 김해의 구야국은 중계항으로 중요한 역할을

---

    高柄翊, 1960, 「中國正史의 外國列傳 – 朝鮮傳을 중심으로」『大東文化研究』 2 ; 1970, 『東亞交涉史의 研究』, 서울대 출판부.
    金廷鶴, 1975, 「魏志 韓傳 小考」『文理科大學 論文集 – 人文·社會科學篇』 14, 부산대.
    全海宗, 1980, 『東夷傳의 文獻的 研究 – 魏略·三國志·後漢書 東夷關係 記事의 檢討』, 일조각.
43) 榎一雄, 1966, 『邪馬台國』, 至文堂.
    角林文雄, 1973, 「倭人傳考證」『續日本紀研究』 166 ; 1983, 『倭と韓』, 學生社.
44) 山尾幸久, 1967, 「魏志倭人傳の史料批判」『立命館文學』 260 ; 1972, 『魏志倭人傳』, 講談社.
45) 山尾幸久, 1983, 「魏志倭人傳と邪馬台國」『日本古代王權形成史論』, 岩波書店.
46) 尹龍九, 1998, 「3세기 이전 中國史書에 나타난 韓國古代史像」『韓國古代史研究』 14 참조.
47) 角林文雄, 1983, 앞의 책, 74쪽.
48) 박대재, 2001, 「『三國遺事』古朝鮮條 인용 『魏書』論」『韓國史研究』 112, 10~12쪽.

하게 된다. 중국군현에서 출발한 중국의 사신들은 남해안을 경유하면서 그 일대의 변한 諸國에 대해서 많은 정보를 수집하였을 것이다.

이처럼 『삼국지』의 변한 기록 중 상당 부분은 남해안의 변한지역을 경유해 간 위나라 사절들의 답사기록에 기초하였을 가능성이 높다. 따라서 『위략』이 『삼국지』의 유일한 전거가 아닌 이상 거기에 보이지 않는다고 하여 사료적 근거가 없는 기록이라고 할 수 없다.

결국 현존하는 『위략』 일문에 보이지 않는다고 하여 변한 '왕' 기록을 부정할 수 없으며, 남해안지역을 왕래하던 중국 사신들이 남긴 기록을 근거로 하여 『삼국지』의 찬자가 『위략』에 없는 변한 '왕' 관련 기록을 추가하였다고 이해할 수 있는 것이다.

이상의 사료적 검토에 의하여 일단 『삼국지』에 보이는 변한 '왕' 기록의 사료적 가치를 인정한다고 하면, 그 다음으로 변한의 '왕'이 12개 각국의 수장을 가리키는 것인지 아니면 변한 12국 전체를 대표하는 이른바 '변한왕'을 의미하는 것인지 살펴보아야 할 것이다.

12개 각국의 '수장'이라고 보는 입장에서는 '왕'의 의미를 각 지역에 산재해 있던 여러 국의 지배자에 대한 중국 측의 일반적인 호칭이라고 이해한다.[49]

그러나 『삼국지』에서는 변한 12국의 거수(수장) 칭호에 대해 臣智・險側・樊濊・殺奚・邑借 등으로 5단계 차등을 두어 기록하고 있다. 이와 같이 각국 수장 칭호는 다섯 가지의 칭호로 이미 나타나고 있기 때문에, '왕'을 각국 수장에 대한 일반적인 칭호로 볼 수는 없으며 12국을 대표하는 변한의 '맹주=연맹장'을 가리키는 것으로 보아야 한다는 반론[50]이 제기되는 것이다.

『삼국지』에는 변한의 12국과 그 거수들 사이에 분명한 규모 차이와 세력 차이가 있었던 것으로 나타난다.

---

49) 武田幸男, 1996, 앞의 논문, 8쪽.
50) 盧重國, 2002, 앞의 논문, 239쪽.

> 변한과 진한은 합하여 24국인데, 大國은 4,000~5,000家 小國은 600~700家이다.[51]

> 변진도 역시 12국으로 또 여러 개의 작은 別邑들이 있다. 각각 거수가 있는데 큰 자는 臣智라 하고 그 다음은 險側, 다음은 樊濊, 다음은 殺奚, 다음은 邑借가 있다.[52]

이에 따르면 변한의 대국은 4,000~5,000가, 소국은 600~700가라고 했으니, 인구 규모에서 대국과 소국은 약 7배의 차이가 난다. 또 변한의 거수층은 "臣智-險側-樊濊-殺奚-邑借" 등의 5단계로 세력에 차등이 있었다고 한다. 따라서 변한의 12국 사이에는 '大國'과 '小國'이라는 인구 규모 차이뿐만 아니라, 거수의 위상에 따라 정치적으로도 차등이 존재하고 있었던 것이다.[53]

위의 아래 사료에서 보이는 바와 같이 벼진 12국에는 "各有渠帥"라고 하여 각 국에 신지 이하 5단계의 거수가 존재하고 있었다. 만약 이들 5단계의 '渠帥'층을 변한 12국의 '왕'과 동일한 실체로 본다면 같은 사서에서 하나의 존재를 한 곳에서는 '거수'라 명명하고 또 다른 곳에서는 '왕'이라고 기록한 셈이 된다. 그러나 위에서 본 바와 같이 변한 12국 사이에 인구 면에서는 7배의 차이가 나고 거수의 위상 면에서는 5단계의 차등이 있었다는 사실을 고려하면, 변한 12국의 거수들을 차별 없이 하나로 얼버무려 '왕'이라고 일률적으로 불렀다고 보기는 어렵다.

『삼국지』와 『후한서』에는 外夷의 거수를 '加'(夫餘·高句麗), '單于'(匈奴), '精夫'(南蠻·西南夷), '卑狗'(倭) 등과 같이 그 지역의 토착어로 부르는 경우가 자주 보인다.[54] 삼한의 臣智 이하 거수 칭호도 『삼국

---

51) 『三國志』 卷30, 東夷傳 韓 "弁辰韓合二十四國 大國四五千家 小國六七百家".
52) 『三國志』 卷30, 東夷傳 韓 "弁辰亦十二國 又有諸小別邑 各有渠帥 大者名臣智 其次有險側 次有樊濊 次有殺奚 次有邑借".
53) 박대재, 1997, 「辰韓 諸國의 규모와 정치발전단계」 『韓國史學報』 2, 12~13쪽.

지』마한조에서 밝혔듯이,55) 그들 스스로 부르던 토착적인 칭호였다. 이러한 토착적인 거수 칭호는 각지에 분포하고 있던 재지 세력들의 토착성을 드러내기 위한 것으로, 중국의 입장에서는 아직 그들을 원시적인 단계의 수장 수준으로 파악하고 있음을 시사해준다.

한편 『삼국지』 등 중국사서에서 '王'이란 용어는 토착적인 거수 칭호와 구별하여 특별한 존재에 한정하여 쓰고 있다. 夫餘의 '王', 高句麗의 '王', 濊의 '不耐濊王', 馬韓의 '辰王', 辰韓의 '辰王', 倭의 '女王' 등은 앞서 보았던 加, 臣智 등의 토착적인 거수 칭호와 구별되는 중국식 왕호들이다. 이처럼 『삼국지』 동이전에 보이는 왕호들은 복수의 토착적인 거수층과 구별되는 특정 지역의 王者를 가리키는 단칭의 용어로 사용되었다.56)

『삼국지』 동이전 동옥저조를 보면, "큰 군왕은 없고 대대로 읍락에 각각 장수가 있다"(無大君王 世世邑落各有長帥)라는 기록이 나온다. 이 기록을 통해 보면 '군왕'과 읍락에서 대대로 내려오던 토착적인 '長帥'는 서로 구별되어 인식된 존재임을 알 수 있다.

물론 '왕'도 초기에는 가, 신지 등의 토착 지역 거수의 형태로 존재하다가 그 후에 광역의 王者로 발전하였을 것이다. 재래의 토착 칭호의 '渠帥(長帥)' 세력과 거기서 한 단계 더 발전한 중국식 왕호 세력의 위상에 차이가 뚜렷해지면서 후자를 '王'이라 표기하여 기존의 '거수' 세력과 구별해 기록한 것이다.57)

---

54) 鄭早苗, 1981,「中國周邊諸民族의 首長號-『後漢書』『三國志』より」『村上四男博士和歌山大學退官紀念 朝鮮史論文集』, 開明書店, 1~42쪽.
55) 『三國志』卷30, 東夷傳 韓 "各有長帥 大者自名爲臣智 其次爲邑借".
56) 박대재, 2002, 앞의 논문, 57~58쪽.
57) 『三國志』東夷傳 濊에는 "大君長이 없고 漢나라 이래로 그 官에 侯, 邑君, 三老가 있었다. (중략) (正始 6년에) 不耐侯가 읍락을 들어 항복하고 正始 8년(247년)에는 중국 조정에 찾아와 朝貢하므로 그를 '不耐濊王'으로 책봉하였다"라고 하여, '후→왕'의 발전과정이 나타나고 있다. 물론 '불내예왕' 칭호는 중국에서 책봉한 왕호라는 점에서 토착세력의 내재적인 발전

『삼국지』동이전에 보이는 '왕'과 '거수'의 성격을 이와 같이 구별해 본다면, 유독 변한에서만 '왕'을 각국의 '거수'와 동일한 의미에서 혼용했다고 보기는 어렵다. 동이지역의 다른 왕호와 마찬가지로 변한의 '왕' 역시 일반적인 토착 거수들과 구분되는 변한의 '王者'라는 의미에서 사용된 용어로 보는 것이 순리일 것이다. 따라서 『삼국지』변한조에 보이는 '王'을 각 국의 지배자들 즉 변한 12국의 각 '거수'들을 가리키는 것으로 보는 시각은 받아들일 수 없다.

변한에서 왕의 존재는 진한의 왕과 비교해 생각해 보면 더욱 이해하기가 쉽다. 『삼국지』와 『진서』 동이전에는 진한의 12국이 '진왕' 즉 '진한왕'에게 '屬'해 있었다고 하였는데, 이 진한의 진왕(진한왕)은 진한 12국 가운데 斯盧國의 통치자를 가리키는 것으로 이해된다.[58] 즉 사로국이 진한을 대표하는 王者의 역할을 하였던 것이다.

『삼국지』에서는 진한의 경우와 마찬가지로 변한의 12국 가운데 어느 하나의 국이 변한을 대표하는 왕자 역할을 하면서 그 지배자를 변한의 '왕'이라고 이해한 것이다.

그렇다면 변한의 '왕'은 어느 국의 지배자였을까? 이를 밝히기 위해서는 변한 12개 국 가운데 어느 국이 가장 큰 세력이었고 주변국에 가장 많은 영향력을 행사하였는지를 살펴보아야 할 것이다.

『삼국지』에는 변한의 12국 가운데 경남 김해의 狗邪國과 경남 咸安의 安邪國이 비교적 우세한 세력이었음을 시사해주는 기록이 있다.

---

을 직접적으로 보여주는 것은 아니지만, '후-읍군-삼로' 등의 일반 거수 칭호와 구별되는 최상위 칭호라는 점에서는 기타 동이지역의 왕호와 공통된다고 할 수 있다. 예에 '王-侯-邑君-三老' 등의 중국식 관호체계가 그대로 적용된 것은 예가 낙랑군(東部都尉)의 직접적인 관할 아래 있었기 때문으로 추정된다.

58) 千寬宇, 1976, 「三韓의 國家形成」 『韓國學報』 2·3 ; 1989, 『古朝鮮史·三韓史研究』, 一潮閣.
李賢惠, 1988, 「4세기 加耶社會의 交易體系의 변천」 『韓國古代史研究』 1.
박대재, 2002, 앞의 논문.

삼한의 신지 가운데 특별히 우대해 불렀던 이른바 '加優呼' 신지 중에 구야국과 안야국의 존재가 다음과 같이 보이는 것이다.

> 신지 가운데 혹 더 우대해 부르는 경우가 있는데, 臣雲遣支報, 安邪踧支, 瀆臣離兒不例, 拘邪秦支廉의 호칭이 그것이다.[59]

위의 기록은 삼한의 신지 가운데 간혹 더 우대해 불렀던 신지들의 호칭에 대한 기록이다. 대체로 이 해석하기 어려운 기록에 대해서는 '臣雲遣支報'는 馬韓 臣雲(新)國의 遣支(險側)報(人名)란 것이고, '安邪踧支'는 弁辰安邪國의 踧支(臣智), '瀆臣離兒(臣瀆活)不例'는 馬韓 臣瀆活(兒)國의 不例(樊濊), '拘邪秦支廉'은 弁辰狗邪國의 秦支(臣智)廉(人名)"이라고 풀이되어 오고 있다.[60]

여기서 거론된 4개 국 가운데 安邪國과 拘邪國(狗邪國)이 변한의 국으로, 이들이 바로 변한에서 가장 세력이 강했던 '有力國' 내지 '大國'이라고 보는 데는 학계에 이견이 없다.[61] 변한의 여러 국 가운데 함안의 安邪國과 김해의 拘(狗)邪國이 상대적으로 우세했기 때문에 그 신지들을 다른 국의 거수보다 더 우대하였다고 보는 것이다.

이처럼 함안의 安邪國과 김해의 狗邪國이 변한에서 상대적으로 우세했던 '大國'이었음은 이미 기존의 여러 연구에서 지적되어 왔다. 그러나 안야국과 구야국 2국 사이에 어느 쪽이 더 우세하였는지에 대해

---

59) 『三國志』 卷30, 東夷傳 韓 "臣智或加優呼 臣雲遣支報 安邪踧支 瀆臣離兒不例 拘邪秦支廉之號".
60) 李丙燾, 1976, 『韓國古代史研究』, 博英社, 279쪽.
61) 武田幸男, 1996, 앞의 논문, 7쪽.
白承忠, 1998, 「문헌에서 본 가야·삼국과 왜」 『韓國民族文化』 12, 14쪽.
田中俊明, 1998, 「加耶と倭」 『古代史の論點 4-權力と國家と戰爭』(都出比呂志·田中琢 編), 小學館, 284쪽.
李永植, 2000, 「문헌으로 본 가락국사」 『가야 각국사의 재구성』(부산대 한국민족문화연구소 편), 혜안, 27쪽.
박대재, 2002, 앞의 논문.

서는 그동안 크게 논의되지 못했다. 양국 사이의 우열관계를 말해주는 직접적인 자료가 보이지 않기 때문이었다.

다만 『삼국사기』 신라본기의 초기기록에 가야국(또는 금관국)이 신라의 주요 경쟁상대로 나타나는 점, 김해지역에 1~4세기의 유물·유적이 풍부하게 출토된 점 등으로 보아 안야국보다는 구야국이 좀 더 우월하였을 것으로[62] 이해하였다.

그러나 역설적이게도 김해의 구야국을 가장 우세한 세력으로 보는 입장에서조차 변한의 '왕'을 '長帥·渠帥' 등과 같은 각 국의 '長'에 대한 일반적 지칭으로 해석하여,[63] 구야국의 위상과 변한의 '왕' 기록을 유기적인 관계에서 연결해 인식하지는 못했다.

이처럼 기존의 연구를 통해서 변한 12국 가운데 김해의 구야국과 함안의 안야국이 가장 우세하였다는 것은 대체로 공감되고 있으나, 2국 가운데 어느 쪽이 더 우세하였가에 대해서는 구체적으로 논의되지 못했고, 나아가 이것을 변한의 '왕' 기록과 관련하여 유기적으로 검토하지 못했다.

이에 아래에서는 안야국과 구야국 가운데 어느 국이 변한의 중심국 역할을 했는지를 『삼국사기』와 『삼국유사』에 보이는 포상 8국 전쟁의 양상을 통해 구체적으로 살펴보고자 한다.

## 3. 변한의 '大國'과 浦上八國의 전쟁

앞서 살펴본 바와 같이 弁韓 諸國의 지배자 사이에는 왕과 거수의 위상 차이가 있었으며, 이것은 『三國志』의 '大國'과 '小國'이라는 표현의 차등과 관련이 있는 것으로 생각된다.

---

62) 金泰植, 1990, 앞의 논문, 69쪽 ; 1997, 앞의 논문, 326쪽.
63) 金泰植, 1990, 앞의 논문, 61쪽.

## 제5장 弁韓의 왕과 浦上八國 전쟁

　弁韓 諸國 가운데 安邪國(지금의 咸安)과 狗邪國(지금의 金海)이 弁韓의 大國이었다는 사실은 앞서 본 바와 같이 여러 연구자들에 의해 지적되었다. 그런데 대부분의 연구자들은 安邪國과 狗邪國을 大國으로 거론할 뿐 2國 사이의 우열에 대해서는 그다지 주목하지 않았다.
　그동안 『三國史記』 新羅本紀의 초기기록에 의하면 加耶國(또는 金官國)이 신라의 주요 경쟁 상대로 나타나는 점, 김해 지역에 '原三國時代'의 유물·유적이 풍부하게 출토된 점 등으로 보아 安邪國보다는 狗邪國이 좀 더 우월하였고, 2~3세기 당시에 弁韓 12國은 金海의 狗邪國을 중심으로 통합되어 小國聯盟을 이루고 있었다고 파악된 바 있다.[64] 19세기 초 丁若鏞의 『疆域考』에서 金海의 狗邪國王을 弁韓의 '總王'으로 파악한 이래 弁韓(前期加耶)을 狗邪國 중심의 일원적인 '聯盟體' 단계로 보는 입장이 최근까지 주류를 이루고 있는 것이다.[65]
　한편 『삼국사기』에 의하면 김해 구야국의 상대적 우위를 엿볼 수 있는 중요한 기록이 있다. 『삼국사기』 신라본기 내해이사금(196~229년)조에 보이는 '浦上八國'이 연합하여 '加羅'를 공격하였다는 기록이 바로 그것이다.

　　　　가을 7월에 포상의 8국이 모의하여 가라를 침공하니 가라왕자가 와서 구원을 요청하였다. 이에 왕이 태자 于老와 이벌찬 利音에게 명을 내려 6부 병사를 이끌고 가 구원하여 8국의 장군을 격살하고 그들에게 포로로 잡혔던 6,000명을 빼앗아 돌려보냈다.[66]

　내해이사금 14년(209) 7월에 포상의 8국이 모의하여 加羅를 침공하자 신라가 그를 도와 8국을 퇴치했다는 것이다. 일반적으로 포상 8국

---
64) 金泰植, 1990, 앞의 논문, 69쪽.
65) 金泰植, 1993, 앞의 책.
66) 『三國史記』 卷2, 新羅本紀 奈解尼師今 14年 "秋七月 浦上八國謀侵加羅 加羅王子來請救 王命太子于老與伊伐湌利音 將六部兵 往救之 擊殺八國將軍 奪所虜六千人 還之".

은 경남 창원-고성-사천 일대의 남해안 지역에 위치했던 변한의 海上國들로 이해되고 있다.67)

그동안 '포상팔국의 난'이라고 불리기도 했던 이 전쟁 기록은 여러 가지 논쟁을 불러왔다. 그 가운데 가장 큰 문제점은 포상 8국이 침공했던 대상이 같은 책인『삼국사기』의 勿稽子 열전에는 '加羅'가 아니라 함안지역에 있었던 '阿羅國'로 나온다는 점이다.68)

『삼국사기』 본기와 열전 사이의 기록 차이로 인해 그 동안 포상 8국의 침공 대상에 대해, 加羅(狗邪國)설,69) 阿羅(安邪國)설,70) 加羅-

---

67) 포상팔국 전쟁에 대한 연구사 검토는 南在祐, 1997,「浦上八國 戰爭과 그 性格」『伽倻文化』10, 183~230쪽을 참조하라.
68)『三國史記』卷48, 列傳 勿稽子 "勿稽子 奈解尼師今時人也 家世平微 爲人 倜儻 少有壯志 時八浦上國同謀伐阿羅國 阿羅使來 請救 尼師今使王孫㮈音率近郡及六部軍往救 遂敗八國兵 是役也 勿稽子有大功 以見憎於王孫 故不記其功 或謂勿稽子曰 子之功莫大 而不見錄 怨乎 曰 何怨之有 或曰 盍聞之於王 勿稽子曰 矜功求名 志士所不爲也 但當勵志 以待後時而已 後三年 骨浦柒浦古史浦三國人 來攻竭火城 王率兵出救 大敗三國之師 勿稽子斬獲數十餘級 及其論功 又無所得 乃語其婦曰 嘗聞爲臣之道 見危則致命 臨難則忘身 前日浦上竭火之役 可謂危且難矣 而不能以致命忘身聞於人 將何面目以出市朝乎 遂被髮携琴 入師彘山 不反".
69) 李永植, 1985, 앞의 논문, 75쪽.
　李賢惠, 1998,『韓國 古代의 생산과 교역』, 일조각, 130쪽.
　白承忠, 1989,「1~3세기 가야세력의 성격과 그 추이」『釜大史學』13, 30쪽.
　權珠賢, 1993,「阿羅加耶의 成立과 發展」『啓明史學』4, 21쪽.
　金泰植, 1994,「咸安 安羅國의 成長과 變遷」『韓國史研究』86, 56~57쪽.
70) 丁仲煥, 1962,「加羅史草」, 부산대 한일문화연구소 ; 2000,『加羅史研究』, 혜안, 170쪽.
　三品彰英, 1962,『日本書紀朝鮮關係記事考證(上)』, 吉川弘文館, 174쪽.
　田中俊明, 1992,『大加耶連盟の興亡と任那』, 吉川弘文館, 30쪽.
　宣石悅, 1993,「浦上八國의 阿羅加耶 侵入에 관한 考察-6세기 중엽 남부 가야제국 동향과 관련하여」『加羅文化』14 ; 2001,『新羅國家成立過程研究』, 혜안, 73~78쪽.
　조희승, 1994, 앞의 책, 120쪽.
　南在祐, 2000,「文獻으로 본 安羅國史」『가야 각국사의 재구성』(부산대 한

阿羅 2국설71) 등이 제기되어 왔다. '加羅'설은 열전보다 본기의 사료 가치를 높게 평가하는 입장에서 '阿羅'를 '加羅'의 오기라고 이해하는 것이고, '阿羅'설은 본기의 '加羅'는 김해의 狗邪國만을 지칭하는 용어가 아니라 가야 諸國에 대한 일반적인 通稱으로 열전에서는 그 대상을 더욱 구체적으로 '阿羅'라 밝힌 것이라고 보는 입장이다. 한편 '가라-아라'설은 포상 8국이 가라(狗邪國)와 아라(安邪國) 양국을 시차를 두고 각각 따로 침공했다는 것이다.

그런데『삼국사기』내에서 加羅-阿羅 기록상의 차이가 나는 것은 일단『三國史記』의 傳存 과정에서 발생한 書誌的 문제는 아닌 것 같다. 현재 우리가 일반적으로 보는『三國史記』의 通行本은 조선 中宗 7년(1512)에 간행된 목판본(이른바 '壬申本' 또는 '正德本')이다. 이 壬申本에 앞서 조선 太祖 3년(1394)에 板刻된 '鮮初本'72)이 있었다고 하나 현재 전하는 바가 없다. 그런데 1970년 무렵 高麗代에 板刻된 '高麗本'의 零本(誠庵古書博物館 所藏本, 보물 제722호)으로 추정되는73) '誠庵本' 殘卷(卷44~卷50, 7卷 1册)이 알려지면서, 通行本과 高麗本 사이의 '阿羅' 기록을 비교 확인할 수 있게 되었다.

현존 零本 高麗本(誠庵本) 殘卷48의 勿稽子傳에 의하면 通行本(壬申本)과 마찬가지로 '阿羅'라 기록되어 있다. 그렇다면 誠庵本(高麗本)-鮮初本-壬申本의 계승 관계를 고려할 때,74) 중간의 鮮初本에도 '阿羅'

---

국민족문화연구소 편), 혜안, 176쪽.
71) 白承玉, 2001, 앞의 논문, 185~186쪽.
72) '鮮初本'의 板刻에 대해서는 壬申本『三國史記』의 말미에 실려있는 金居斗의 「跋」을 참조하라.
73) 千惠鳳·黃天午, 1981,『三國史記調査報告書』, 4~7쪽.
鄭求福, 1986, 「解題」『增修補註 三國史記』(趙炳舜 編), 誠庵古書博物館(再版).
『三國史記』의 판본에 대한 최근까지의 諸論議는 "李康來, 2003, 「三國史記論, 그 100년의 궤적」『강좌 한국고대사』1, 가락국사적개발연구원, 97~108쪽"을 참조하라.

로 되어 있었을 가능성이 매우 높다. 誠庵本은 初刊本의 復刻本으로 추정되는바,[75] 이를 통해 初刊本의 '阿羅' 기록도 유추할 수 있을 것이다.

결국 現存 版本의 상태를 미루어 보아 勿稽子傳의 '阿羅' 기록은 高麗代의 初刊本으로부터 1512년의 壬申本을 거쳐 1711년에 印刊된 鑄字本(顯宗實錄字本)[76]에 이르기까지 공통된 것이다. 따라서 勿稽子傳의 '阿羅' 기록은 『三國史記』의 傳存 과정에서 생긴 書誌的 오류가 아니라 『三國史記』 原本상의 문제라고 보아야 할 것 같다.

덧붙여 『三國史記』 勿稽子傳의 '阿羅' 기록과 관련한 書誌的 문제로 丁若鏞(1762~1836)의 『疆域考』 弁辰別考 所引 勿稽子傳 중의 '柯羅'가 거론되곤 하는데, 『疆域考』가 편찬(1811년 완료)될 당시 어떤 판본의 『三國史記』를 참조하였는지 알 수 없으나, 1711년에 印刊된 鑄字本에 '阿羅'라 되어 있는 점이나, 안정복이 『東史綱目』 편찬(1759년 완료) 때 이용한 『三國史記』에도 '阿羅'라 나오므로,[77] 대체로 茶山이 '弁辰別考'를 집필하던 1800년 전후 당시의 通行本에도 '阿羅'라 되어 있었을 것으로 추정된다.

이런 書誌的 맥락에서 보자면 『疆域考』 所引의 '柯羅'를 근거로 『三國史記』의 '阿羅' 기록을 부정 또는 의심하기는 힘들며, '柯羅'는 茶山의 錯誤 내지 의도적인 改書가 아니라면 『疆域考』 자체의 書誌的 오류가 아닌가 한다. 결국 현존 『三國史記』 諸版本의 양태로 미루어 봐서는, 浦上八國의 침공 대상이 加羅(狗邪國)인지, 阿羅(安邪國)인지 판명할 만한 서지학적 근거는 없다고 생각된다.

---

74) 鄭求福, 1996, 「三國史記 解題」 『譯註 三國史記』 1(校勘 原文篇), 한국정신문화연구원, 546~557쪽 참조.
75) 千惠鳳, 1982, 「새로 발견된 古版本 三國史記에 대하여」 『大東文化研究』 15 ; 1991, 『古山千惠鳳教授定年紀念選集 韓國書誌學研究』, 605쪽.
76) 末松保和, 1986, 「三國史記(鑄字本) あとがき」 『三國史記(鑄字本)』, 東京: 學習院大學 東洋文化研究所 참조.
77) 安鼎福, 『東史綱目』 第二上 己丑年[新羅奈解王十四年] "秋七月 … 加羅[加羅駕洛也 三國史本紀作加羅 列傳作阿羅]".

포상 8국의 침공 대상이 '가라'였는지 '아라'였는지를 분석하는 문제는 당시 변한의 중심세력이 어느 쪽이었는가를 추정하는 문제와도 깊이 관련되어 있다. 변한의 8개국이 연합하여 1개국을 침공하였다는 것은 공격을 받은 그 국이 당시로선 이해관계상 변한의 '최상위국'이었음을 반증하는 것이 아닌가 생각한다. 따라서 포상 8국이 연합하여 침공한 나라가 김해의 '가라'였는지 아니면 함안의 '아라'였는지를 가려낸다면 3세기 전반 변한에서 가장 유력했던 국이 어디였는지를 추정할 수 있을 것이다.

『삼국사기』에는 포상 8국이 침공한 나라로 '가라'와 '아라'가 병존하고 있어 그 가운데 어느 한 쪽을 선택하기 매우 어려운 상황이다. 그런데 아래의『三國遺事』勿稽子조를 살펴보면 이 문제와 관련하여 많은 시사를 주는 기록이 있다.

> 제10대 내해왕 즉위 17년 임진년에 保羅國, 古自國(지금 固城), 史勿國(지금 泗州) 등 8국이 힘을 합쳐 변경을 침입해 왔다. 왕이 태자 㮈音과 장군 一伐 등에게 명하여 병사를 이끌고 가 막게 하니 8국이 모두 항복하였다. (중략) 20년 을미에 骨浦國(지금의 合浦다) 등 3국의 왕이 각각 병사를 이끌고 와 竭火(아마도 屈弗인 듯하며 지금의 蔚州)를 침공하였는데 왕이 친히 병사를 이끌고 막으니 3국이 모두 패하였다.[78]

위의 기록에 따르면 포상 8국이 침공한 지역은 신라의 '변경'으로 나온다. 사실 기존의 연구에서는 포상 8국의 침공에 왜 신라가 출병하였는지에 대해 적절히 설명하지 못하였다.

신라가 왕자까지 보내며 출병한 배경에는 화친관계 이상의 실리적인 이해관계가 있었던 것 같다.『삼국유사』에 기록된 바와 같이 포상

---

78)『三國遺事』卷5, 避隱8 勿稽子 "第十奈解王卽位十七年壬辰 保羅國古自國[今固城]史勿國[今泗州]等八國 幷力來侵邊境 王命太子㮈音將軍一伐等 率兵拒之 八國皆降 (중략)「二」十年乙未 骨浦國[今合浦也]等三國王 各率兵來攻 竭火[疑屈弗也 今蔚州] 王親率禦之 三國皆敗".

8국이 침공한 지역이 바로 신라의 '변경'이었기 때문에 신라에서도 수수방관할 수 없었던 것이다.

『삼국사기』물계자열전과『삼국유사』물계자조에는 포상 3국(骨浦・柒浦・古史浦國)의 2차 침공 지역에 대해 공통적으로 '竭火'를 기록하고 있는데, 이 지역은『삼국유사』에서 밝혀 놓았듯이 蔚州 즉 지금의 경남 울산에 해당한다. 포상 8국이 1차로 침공했던 신라의 '변경' 지역도 아마 蔚州(울산)와 해안선으로 연결된 동・남해안 일대였을 것이다.

『삼국유사』의「駕洛國記」에서 가야의 동쪽 경계로 '黃山江'을 기록하고 있으며, 또『삼국사기』신라본기의 초기기록에 가야와 신라 사이의 주요 戰場으로 '黃山津口', '黃山河' 등이 나타나는데, 황산하(강)는 지금의 경남 양산군 원동면 원동리 부근으로부디 낙동강 하구 을숙도 부근까지의 낙동강 하류에 해당한다.79) 따라서 신라가 가야(가라)와 접하고 있었던 '변경'은 울주(울산) 이남에서 낙동강 하류 동안에 이르는 지금의 '機長-東萊' 일대라고 보면 크게 틀리지 않을 것이다.80)

『삼국유사』물계자조 기록에 의하자면, 포상 8국이 침공한 지역은 함안의 '아라'(안야국)보다는, 낙동강 하류에 위치하면서 신라의 변경과 접해 있는 김해의 '가라'(구야국)일 가능성이 더욱 높다. 함안지역은 신라의 변경과 거리상으로 멀 뿐만 아니라 포상 3국이 재차 침공한 갈화(울산)지역과도 멀리 떨어져 있어 포상 8국의 침입과 지리적으로 무관해 보인다. 결국 포상 8국의 침공지역은 신라의 변경과 직접적으로 접해 있는 낙동강 하류 김해지역의 '가라'(구야국)였던 것으

---

79) 金泰植, 1993, 앞의 책, 69~70쪽.
80)『三國史記』居道列傳에 전하는 脫解王代 于尸山國(蔚山)・居柒山國(東萊) 침공 기록을 미루어 보면 울산~동래 지역이 일찍부터 신라와 가야 사이의 접전 지역이었음을 알 수 있다.

로 파악할 수 있을 것이다.[81]

　남해안과 낙동강이 교차하는 요충 지역에 위치해 있었던 구야국이 남해안의 포상 8국에게 침공당한 일은 낙동강 수로 및 동·남해안 해로를 이용하는 신라에게도 매우 중요한 사건이었을 것이다. 더욱이 전쟁 지역이 신라의 남쪽 변경과 붙어 있어서 그 파장이 신라에게도 직접적으로 파급될 수 있었다. 이런 실리적인 관계에 의해 신라는 왕자와 대군을 파견하여 김해의 구야국을 원조하였던 것으로 추정된다.

　3세기 초 포상 8국과 가라 및 신라 사이의 전쟁이 '남해안(포상 8국) − 김해(구야국) − 울산(갈화)'을 연결하는 동·남해안선상에서 일어난 점으로 보아, 이 전쟁은 해상의 이권과 관련된 '海上戰'의 성격을 띤다고 할 수 있다.

　그동안 3세기 초 포상 8국이 전쟁을 일으킨 원인에 대해 낙랑군의 일시적인 쇠퇴와 그로 인해 김해 구야국 중심의 해상교역체계에 차질이 생기면서 포상 8국이 그에 도전한 것이라고 이해되어 왔다. 즉 2세기 후반 이후 낙랑군과 구야국을 축으로 하는 해상교역체계에 균열이 생기자 포상 8국이 구야국의 交易權에 도전하였다는 것이다.[82]

　그러나 다른 한편에서는 1~3세기 김해의 구야국이 낙랑군과의 교역에서 중심축 역할을 하지 못했다고 보는 입장도 있다. 낙랑군과 변한의 교역로가 남해안의 제주도, 해남, 거문도, 삼천포, 마산, 창원, 김해 등의 주요 포구를 거쳐 가는 연안 해로였기 때문에 김해세력이 특별히 해상교역의 이권을 독점할 수 있는 중심적인 조건은 아니었다고 보는 것이다. 그래서 경남 해안 일대의 '소국'들은 모두가 거의 동일한 조건에서 지리적으로 외부세력과의 접촉이 용이한 개방 상태에 놓

---

81) 이와 관련하여 『三國史節要』, 『東國通鑑』, 『東史綱目』 등의 조선시대 사서들이 포상 8국의 침공대상을 모두 '加羅'로 기록하고 있다는 점도 고려해 보아야 할 것이다.
82) 白承忠, 1989, 앞의 논문, 30~31쪽.
　　李永植, 2000, 앞의 논문, 26쪽.

여 있었던 그 자체 개별적인 '關門社會'(gateway community)로 기능했을 가능성이 크다고 보는 것이다.83)

포상 8국과 가라(가야), 신라 등 여러 나라가 이 전쟁에 참여하였고, 또 해상교역과도 관련이 있다는 점에서 3세기 초 동아시아 국제환경을 살펴 볼 필요가 있다.

포상 8국이 전쟁을 일으킨 209년은 遼東지역의 公孫康 정권에 의해 낙랑군 남쪽 즉 지금의 황해도 일대에 帶方郡이 설치된 직후의 시점이다.84)

『삼국지』에 의하면 대방군이 설치되자 韓과 倭가 마침내 대방군에 귀속하였다고 하였다. 韓·倭와 대방군의 교통이 帶方郡－서해안(마한)－남해안(변한)－狗邪國－對馬島－倭로 이어지는 해로를 따라 전개되었음은 앞서 살펴보았다. 대방군－한－왜로 이어지는 해상교통로에서 김해의 구야국이 중계항으로 중요한 거점 역할을 하였다는 것은 널리 공감되고 있는 사실이다. 따라서 3세기 초 대방군의 설치는 김해의 구야국을 중심 거점으로 하는 해상교통로의 발달을 불러왔다고 볼 수 있다.

변한 지역에서 중국군현 및 일본열도로부터 들어온 외래교역품(銅鏡, 銅鼎, 銅鍑, 鐵鍑, 유리장신구 등)이 가장 많이 출토된 곳이 구야국이 위치해 있던 김해와 그 인근지역이다.85)

그동안 구야국의 발전 배경으로 대외교역이 여러 번 지적되어 왔기 때문에 여기서 새삼 재론할 필요가 없을 것이다. 김해의 狗邪國은 중국군현과 왜를 연결하는 해상교통상의 우위를 통해 여타 國에 비해 우월한 교역기반을 확보하게 되었고 그에 힘입어 변한의 중심국으로

---

83) 李賢惠, 1998, 앞의 책, 299쪽.
84) 대방군은 204년~207년 사이에 설치된 것으로 이해되고 있다.(林起煥, 2000, 「3세기~4세기 초 위(魏)·진(晉)의 동방정책」, 『역사와 현실』 36, 7쪽)
85) 이현혜, 2001, 「加耶의 交易과 經濟－낙동강 하구지역을 중심으로」, 『한국고대사 속의 가야』(부산대학교 한국민족문화연구소 편), 혜안, 300쪽.

발전하게 되었을 것이다.

이상과 같이 이해한다면 3세기 초에 들어와 동북아시아 해상교통로의 중심 거점으로 대두하는 김해 구야국에 맞서 남해안의 포상 8국이 연합하여 그 이권에 도전한 것이 바로 포상 8국 전쟁이라고 파악할 수 있을 것이다. 즉 3세기 초 구야국의 지위는 포상 8국의 합공을 받을 정도로 변한지역의 이해관계에서 牛耳를 잡고 있었던 최상위 세력이었다고 볼 수 있는 것이다.

포상 8국의 침공이 수포로 돌아가면서 김해 가라(구야국)의 위상은 한층 더 제고되었을 것이다. 이에 따라 포상 8국의 도전을 물리친 구야국은 전쟁 이후에는 낙동강 하류지역뿐만 아니라 남해안지역까지 영향력을 행사하는 변한의 대표자 즉 '왕'으로 대두하게 되는 것이다.

## 4. '弁韓王'의 존재양태와 '은하정치체'

일반적으로 김해 狗邪國 발전의 경제적 기반에 대해 대외교역 외에 낙동강 하류의 충적평야를 기초로 한 농업생산력이 거론되어 왔다.[86]

그런데 고대 김해지역에 대한 지형학적 조사에 의하면 B.P. 약 1,700년(서기 250년) 무렵에는 현재와 같은 김해 충적평야지대가 거의 해수면 아래에 있었기 때문에 현재의 농경지 면적과는 비교할 수 없을 정도로 아주 협소하였다고 한다.[87]

현재의 김해평야는 1930년대 초에 들어와 낙동강의 대규모 제방이 구축되면서 농경지로 개발·확장된 것이며, 그 전의 낙동강 하류는 염분침투와 홍수피해로 인해 농경에 적합하지 못한 환경이었다는 것이다. 이런 지리적 환경으로 인해 변한-가야시대 낙동강 하류지역 주

---

86) 文暻鉉, 1977, 「加耶聯盟 形成의 經濟的 考察」, 『大丘史學』 12·13합, 40~44쪽.
87) 潘鏞夫·金元經, 1991, 「金海地域의 地形과 聚落」, 『伽倻文化研究』 2, 12~14쪽.

민의 생업경제는 古金海灣을 근거로 하는 어로였으며, 古金海灣이 淺海化하고 차차 三角洲가 확장되면서 김해의 고분문화는 오히려 쇠퇴하게 되었다고 한다.[88]

따라서 김해 구야국의 경제적 기반으로 낙동강 하류지역의 충적평야나 그것을 기반으로 하는 농업생산력을 거론하는 것은 당시의 정황과 맞지 않다고 할 수 있다.

구야국이 위치했던 김해지역의 古環境은『삼국유사』에서 首露王이 가락국의 지세를 평가하는 다음 대목에서도 확인된다.

> 좌우를 둘러보며 말하길, 이 땅은 좁기가 여뀌 풀잎과 같다. 그러나 뛰어난 남다른 점이 있어 16나한의 거주지가 될 수 있는 곳이다.[89]

위 기록은 수로왕이 치지하고 있던 사락국(김해)의 지세가 가늘고 길쭉한 여뀌 풀잎처럼 협소하다는 비유다. 그러나 수로왕은 이어서 김해지역은 뛰어난 남다른 점도 가지고 있다고 하였는데, 이것은 바로 김해지역이 대외교통로상 차지하고 있던 요충지로서의 장점을 가리키는 것으로 추정해 볼 수 있다.

김해지역은 남해안의 연안해로와 내륙의 낙동강 수로를 연결할 수 있는 교통로상의 결점지역이라는 데서 지정학적인 강점이 더욱 배가된다. 그러나 김해의 협소한 지형 때문에 취락의 밀집과 인구 압력은 상대적으로 더 조속히 진행되었을 것이며, 이에 狗邪國은 영역한계를 해결하기 위해 대외적인 팽창 정책을 기도하였을 것이다.

2세기 말 김해지역에서 철제 무기류의 副葬이 눈에 띄게 증가하면서 環頭大刀・長莖式長劍・有莖式鐵鏃 등과 같은 새로운 무기체계가

---

[88] 潘鏞夫・郭鍾喆, 1991,「洛東江河口 金海地域의 環境과 漁撈文化」『伽倻文化研究』2, 59~86쪽.

[89] 『三國遺事』卷2, 紀異2 駕洛國記 "顧左右曰 此地狹小如蓼葉 然而秀異 可爲十六羅漢住地".

출현하는 현상90)도 이러한 제한된 영역을 극복하기 위한 팽창 정책의 맥락에서 이해할 수 있다. 김해의 구야국이 대외교역체계에서 우위를 차지하게 된 것도 바로 이러한 '영역한계'를 극복하기 위한 대외팽창 정책의 결과라고 볼 수 있다.

또 한편으로 김해 구야국의 발전기반으로 2세기 후반 이후 鐵製農器具의 보급에 의한 농업생산력의 증가와 그에 따른 정치권력의 성장이 거론되기도 했다.91)

하지만 변한에서 철제농기구는 정치권력의 경제적 기반과 직결시켜 볼 정도로 크게 보급되지 않았으며, 철제농기구의 보급이 농업생산력의 발달로까지 이어지는 시기는 대체로 '4세기 이후'로 이해되고 있다.92)

변한의 철제농기구는 특권층의 무덤에서 제한적으로 부장되고 있기 때문에 이를 근거로 전반적인 농업생산력의 증대를 말하기는 곤란할 것이다. 더욱이 농업생산력의 증대는 우선적으로 비옥한 농경지가 확보될 때 나타날 수 있는 효과이기 때문에 비옥한 충적평야의 존재가 의심되는 상황에서는 이를 기대하기 어렵다.

狗邪國이 3세기에 들어와 변한의 '왕' 즉 중심국으로 성장할 수 있었던 경제적 기반은 무엇보다도 帶方郡-倭를 연결하는 해상교역체계상의 중계권과 그를 통해 얻은 교역상의 이익이라고 보아야 할 것이다.

---

90) 金斗喆, 2003,「무기·무구 및 마구를 통해 본 가야의 전쟁」『가야 고고학의 새로운 조명』(부산대 한국민족문화연구소 편), 혜안, 144쪽.
91) 李賢惠, 1990,「三韓社會의 농업생산과 철제농기구」『歷史學報』126 ; 1998, 앞의 책, 104~132쪽 ; 2001, 앞의 논문, 314쪽.
92) 全德在, 1990,「4-6세기 농업생산력의 발달과 사회변동」『역사와 현실』4. 金在弘, 2000,「農業生産力의 발전단계와 戰爭의 양상-철제농기구의 발달과 소유를 중심으로」『百濟史上의 戰爭』, 충남대 백제연구소 ; 2003,「大加耶地域의 鐵製農器具-小型鐵製農器具와 살포를 중심으로」『大加耶의 成長과 發展』, 고령군·한국고대사학회.

김해 구야국이 주도했던 교역상의 이익 가운데 가장 중요한 부분은 중국군현과 왜, 예 및 기타 삼한지역에 鐵을 수출·유통시키는 것이었다. 널리 알려져 있듯이 『삼국지』에는 변한지역에서 생산되는 철이 동북아시아 교역에서 차지하고 있던 중요성에 대해 다음과 같이 기록되어 있다.

> 나라에서 철이 나오는데, 한·예·왜 모두가 여기서 철을 얻는다. 여러 시장에서 물건을 살 때 모두 철을 사용하는데 중국에서 돈을 사용하는 것과 같다. 또한 2군(낙랑·대방군)에도 철을 공급한다.[93]

『삼국지』에서는 철의 생산지가 어디인지 구체적으로 나와 있지 않으나, 『삼국지』의 저본이었던 『위략』에서는 "변진국에서 철이 나온다(弁辰國出鐵)"[94]라고 되어 있는 점을 미루어 보면 철의 주요 생산지역은 변진 즉 변한이었다고 할 수 있다.

위 기록에서 철이 韓과 濊뿐만 아니라 바다 건너 倭와 낙랑·대방 2군까지 공급되었다는 정황으로 보아, 변한에서 생산되는 철의 수출과정에서 김해의 狗邪國이 주도적인 역할을 했던 것으로 추정할 수 있다. 철은 소재의 重量으로 인해 대체로 水運을 통해 유통되므로 당시 남해안과 낙동강을 연결하는 교역체계상의 중간 요충지였던 김해의 狗邪國이 철 유통에서 중심적 기능을 했을 것이다.

변한에서는 2세기 후반 이후 자체적인 철 생산이 시작되었고 새로운 철기제작기술과 제련기술이 유입되면서 본격적인 철 생산 체계가 확립되었다고 한다.[95] 이런 맥락에서 3세기 전반 김해는 板狀鐵斧 형

---

93) 『三國志』卷30, 東夷傳 韓 "國出鐵 韓濊倭皆從取之 諸市買皆用鐵 如中國用錢 又以供給二郡".
94) 『太平御覽』卷813, 珍寶部12 鐵 "魏略曰 弁辰國出鐵 韓穢皆從市之 諸市買皆用鐵 如中國用錢也".
95) 孫明助, 1998, 「弁辰韓 鐵器의 初現과 展開」 『伽倻文化』 11, 253~260쪽.

태의 철소재를 馬韓・濊・倭・樂浪郡・帶方郡 등지에 공급하는 국제적인 교역도시로 이해되고 있는 것이다.[96]

앞서 보았듯이『삼국지』동이전 왜인조에서 倭로 가는 해상교통로의 거점 가운데 '狗邪韓國'이 特記된 이유는 바로 김해지역이 차지하고 있던 지정학적 비중 때문이었다. 당시 倭로 가는 해로의 母港이 김해 狗邪國이었다면 倭로 들어가는 철도 狗邪國에서 '舶載'되어 건너갔을 것이다.

3세기 일본열도는 아직 철을 생산하지 못해 수입에 의존하던 단계였으므로,[97] 倭의 입장에서 狗邪國은 절대적으로 중요한 교역 창구였다. 이처럼 김해지역의 狗邪國은 대외교역체계상의 이점과 국제적인 철 교역의 이익을 기반으로 변한의 중심세력으로 성장하게 되었다.

남해안의 연안 해로와 낙동강의 수로가 교차하는 김해지역에 위치해 있던 구야국은 해로와 수로를 겸비한 요충지라는 점에서 변한의 다른 國에 비해 훨씬 유리한 조건을 가지고 있었다. 이런 배경에서 구야국이 자리 잡았던 김해지역은 고대 중국・한국・일본 사이의 국제 상업활동의 중심지 이른바 고대 '동아시아의 경제센터'[98]로까지 평가되며, 구야국을 거점으로 하던 '변한왕'의 존재양태는 낙동강을 위아래로 왕래하며 변한 12국을 순회하던 '商人王'에 비유[99]되기도 하는 것이다.

그런데 진한의 12국은 辰王[辰韓王]에게 '屬'했다고 한데 반해 변진 12국에는 왕이 '있다(有)'라고 하여 표현에 차이가 난다. 여기서 屬과 有의 차이는 양자가 가지고 있던 존재양태상의 차이를 시사해주는 표현이 아닌가 생각된다.

---

96) 東潮, 2000,「弁韓の鐵」『古代東アジアの鐵と倭』, 溪水社, 45~63쪽.
97) 武末純一, 1997,「考古學からみた弁韓・辰韓と倭」『新羅文化』14, 90쪽.
98) 菅谷文則, 1991,「倭と大陸-朝鮮半島の古代貿易基地を通じて」『古代の日本と東アジア』(上田正昭 編), 小學館, 284쪽.
99) 岡田英弘, 1994, 앞의 책, 285쪽.

산간 내륙지역으로 둘러싸여 있던 진한과 비교해 변한은 남해안과 낙동강의 해・수로에 인접하여 분포하고 있었기 때문에 각 국이 각 지역에서 어느 정도 대외교역의 창구 역할을 할 수 있었다. 변한을 교통로를 따라 분포하고 있던 개별 '관문사회'의 집합으로 보는 시각100) 도 바로 이러한 지리적 환경을 고려했기 때문이었다.

'관문사회'는 지리적으로 배후의 오지에 있는 다수 집단들이 특정한 물자를 얻고자 할 때 거치지 않을 수 없는 관문에 위치함으로써, 교역과 분배를 통해 통제력을 행사하는 사회형태. 이러한 사회형태는 남해안과 낙동강의 포구에 위치하며 배후지로 가는 교통로의 창구역할을 했던 주요 거점의 '諸國'들에 적용해 볼 수 있을 것이다. 이처럼 교통로상의 주요 거점에 '諸國'이 포진해 있으면서 각자의 정체성을 가지고 있게 되면, 이로 인해 변한 내부에서는 진한과 비교해 遠心性이 상대적으로 강하게 작용하게 된다. 즉 변한왕은 진한왕에 비해 그 구성 '국'에 직접적인 영향력을 덜 행사하는 존재였던 것이다.

이처럼 진한과 비교해 변한이 원심성을 띠게 된 배경으로 대외교역의 발달을 생각해 볼 수 있다. 최근 인류학의 새로운 연구에 의하면 고대사회에서 무역의 발달이 오히려 물류의 중앙통제를 곤란하게 만들어 통치체제의 집중화보다는 '遠心化'의 결과를 가져온다고 이해하고 있다.101) 물론 근세 유럽국가의 중상주의에서 보듯이 무역의 발달이 중앙집권체제의 발달을 유도하기도 하지만, 중앙 집권력이 완전히 확립되지 못한 고대사회에서는 다양한 루트를 통한 대외교역의 발달이 각 지역 세력에 대한 중앙의 통제를 어렵게 만드는 측면이 있는 것이다.

기존 연구에서는 변한사회의 기조 관계로 '연맹'의 개념이 자주 적

---

100) 李賢惠, 1998, 앞의 책, 298~299쪽.
101) 박대재, 2003, 『의식과 전쟁-고대 국가를 바라보는 새로운 시각』, 책세상, 37~38쪽 참조.

용되어 왔다. 초기의 연맹론자들이 사용한 '연맹'의 개념 속에는 정치형태로서의 의미보다는 국가형성론에서 말하는 발전단계로서의 뜻을 더 강하게 띠고 있었다.

그런데 언제부터인가 '연맹'을 점차 발전단계보다는 하나의 정치형태를 가리키는 개념으로 사용하기 시작하였다. 그래서 연맹의 개념 자체를 선명히 규정하지는 않지만 대체로 독립된 국가들로 이루어진 일종의 연합체로서 정치 군사 외교적인 면에서 공동의 보조를 취하는 정치형태 정도로 단순하게 이해하고 있는 듯하다.[102]

최근에는 '연맹'이란 '동일한 군사 외교적 처지에서 공동의 이익을 위해 결합 구조를 가지는 것'[103] 정도로 파악하기도 하는데, 이처럼 최근에는 '연맹'을 발전단계로서보다는 정치형태의 개념으로 사용하는 추세다.

'연맹'의 개념이 중심부 '소국'에 의한 주변부 '소국'의 통제 형식이거나 하나의 정치형태를 의미하는 것이라면, 그것은 마땅히 고대국가의 하위 개념인 통치체제 부분에서 언급할 일이지 하나의 정치발전단계로 설정할 수는 없다.[104]

최근의 정의처럼 '연맹'을 '독립된 정치체들로 이루어진 일종의 연합체로서 정치 군사 외교적인 면에서 공동의 보조를 취하는 정치형태' 정도로 이해한다면, 이것은 앞서 살펴본 변한사회의 구조와 다소 차이가 난다. 포상 8국과 가라(구야국) 사이의 몇 년에 걸친 전쟁에서 확인되듯이, 변한을 구성하던 '국' 사이에 대규모 전쟁이 있었다는 것은 변한이 적어도 공동의 군사적 이익을 추구하는 '연맹체'는 아니었다는 것을 시사해주기 때문이다.[105]

---

102) 朱甫暾, 1995, 앞의 논문, 34~35쪽.
103) 白承玉, 2003, 앞의 책, 80쪽.
104) 金瑛河, 1995, 「고대국가의 형성과 사회성격」, 『한국역사입문』① 원시·고대편(한국역사연구회 엮음), 풀빛, 125쪽.
105) 李永植, 1985, 앞의 논문.

'연맹'은 '도시국가 대 도시국가'와 같은 '대등한 정치체'(peer polities) 간에 공동의 대외전쟁과 같은 특수한 상황에서 공동의 이익을 위해 형성한 임시적인 관계로, 그 원인이 해소되면 다시 그 전의 대등한 질서를 회복하는 속성을 갖고 있다.106)

따라서 200~300년에 걸친 오랜 기간 동안 '변한연맹체' 내지 '전기가야연맹체'가 존재했다고 보기 위해서는, 그만큼 오랜 기간 동안 공동의 이익을 위한 특수한 상황이 지속되었다는 점을 밝혀야 한다.

3세기 초 포상 8국이 연합하여 가라(구야국)를 침공할 때 포상 8국 사이에 공동의 군사적 목적을 위한 '연맹'이 일시적으로 형성되었을 것이다. 또 포상 8국의 침공을 막기 위한 가라와 신라의 군사적인 공동대응도 한시적인 '연맹' 관계라고 볼 수 있다.

그러나 변한(전기가야)의 전시기·전공간에 걸쳐 단일한 '연맹체'가 지속될 수 있는 공동의 조건이 확인되지 않는 상황에서 '변한연맹체'('전기가야연맹체')라고 이해하는 것은 받아들이기 어렵다.

앞서 살펴본 바에 의하면 변한사회는 대외교역체계상의 중심에 구야국(왕)이 존재(有)하지만 각 지역 교통로의 주요 거점에 일정한 독자성 내지 원심성을 가지는 '諸國'들이 포진하고 있는 구조였던 것으로 보인다.

변한과 같이 눈에 띄는 중심국이 존재하고 있지만 각 지역에 일정한 독자성을 가지는 '諸國'들이 포진하고 있으면서 때로는 이해관계에 따라 중심국을 공격하기도 하는 복합적이고 분산적인 구조는 이른바 '은하정치체(galactic polity)'107)의 모델에 견주어 생각해 볼 수 있지 않

---

南在祐, 1995, 「加耶史에서의 '聯盟'의 의미」 『昌原史學』 2, 193~224쪽.
106) R. Griffeth & C. G. Thomas (eds.), 1981, *The City-State in Five Cultures*, Santa Barbara: ABC-Clio, p.185.
107) S. J. Tambiah, 1977, "The Galactic Polity: The Structure of Traditional Kingdoms in Southeast Asia", *Annals of The New York Academy of Sciences*, vol.293(Anthropology and the Climate of Opinion) (ed.) S. A.

나 한다.

'은하정치체'란 커다란 하나의 은하가 자체 운동성을 가진 여러 크고 작은 행성들의 복합으로 구성되듯이, 복수의 단위체들로 구성된 복합 구조의 정치체를 말하는 것이다. '은하정치체'는 중심부에서 멀어져 주변부로 갈수록 그 外延이 불명확해지는데, 이것은 주변부의 원심성에서 기인하는 특징이다. 일반적으로 '은하정치체'에서 왕은 구성 단위체들을 대표하는 이데올로기적인 '상징성'을 가지고 있으나, 주변부 지배자들의 '원심적(centrifugal)'인 '세속성'에 의해 중앙집권체제와 같은 일원적인 위계 구조를 형성하지는 못한다. 이러한 구조적 특징으로 인해 '은하정치체'에서는 왕의 상징적 헤게모니에 도전하는 반란이 부단히 일어나곤 한다.

특히 '은하정치체'는 지리적으로 대외교역이 번성하는 큰 하천의 河口 내지 해안 지역에서 발달하는 특성을 가지고 있는데, 하구와 해안의 수로망을 따라 형성된 개방적 네트워크가 '은하정치체'의 분산적(segmentary) 구조에 영향을 미치기 때문이다. 변한의 '諸國'이 지리적으로 낙동강 유역과 남해안 일대에 분포하며 대외교역에 의존하고 있었다는 사실은 '은하정치체'의 특성과 관련하여 시사해주는 바가 크다.

변한에 대표자로서 '왕'이 존재(有)하면서도 각지의 諸國이 단위정치체로 온존하고 있는 모습이라던가, 또 국과 국 사이의 여러 小別邑이 산재해 있는 방만한 구조도 '은하정치체'의 분산적인 네트워크 구조와 흡사한 측면을 보여주고 있다. 또한 포상 8국이 중심국인 가라(구야국)를 협공했던 사실도 정치적으로 안정되어 있지 못하고 구성단위체의 반란이 자주 일어나는 '은하정치체'의 특징과 연결해 볼 수 있다.

요컨대 김해의 구야국이 3세기 초 대방군의 설치 이후 중국군현과 왜를 연결하는 대외교역체계상의 중간 거점으로 우위를 점하게 되었

---

Freed, New York: The New York Academy of Sciences, pp.69-97.

고 곧이어 그에 도전한 포상 8국의 침공까지 막아내면서, 3세기 전반에는 동북아시아의 '철' 유통을 주도하는 변한의 중심국 즉 변한의 '왕'으로 존재하였던 것이다. 그리고 3세기 전반 김해의 구야국(왕)을 중심으로 주요 거점의 '諸國'이 분산적으로 구성되어 있던 변한사회의 전반적인 구조는, 상징적인 중심부과 원심성이 강한 주변부로 구성되었던 '은하정치체'의 모델에 근접해 있다고 할 수 있다.

진한 12국이 속해 있던 '辰王'(辰韓王)과 별개로 변한에도 12국을 대표하는 왕이 있었다는 것은, 진한과 변한 사이의 기조에 두 왕을 중심으로 하는 정치적 구분이 있었음을 시사해준다. 진한과 변한은 지리·문화적으로 매우 가까운 관계에 있었지만, 두 사회는 '진한왕'과 '변한왕'이라는 두 개의 상징적인 구심점을 기준으로 구분되어 있었던 것이다.

3세기 전반에 대두한 변한의 '왕' 즉 구야국은 철의 교역 등 대외교역체계상 중심적인 역할을 하는 존재였다. 3세기 초 대방군이 신설되면서 동이세계의 교통체계는 "대방군-서해안-남해안-狗邪韓國-대마도-왜"로 이어지는 해상교역체계로 발전하게 된다. 지정학적으로 해상교통로상의 중간 거점 역할을 한 김해의 狗邪國이 교역체계상 높은 비중을 차지하게 되면서, 구야국은 변한 諸國의 대외교섭을 대표할 수 있는 창구로 부상하게 된다. 이렇게 김해의 구야국을 중심으로 하는 대외교역체계가 강화되자, 포상(남해안)의 8국이 구야국 중심의 해상교역체계에 반기를 들고 일으켰던 전쟁이 바로 이른바 '포상 8국의 난'이다.

그러나 구야국이 신라의 군사 지원으로 포상 8국의 도전을 성공적으로 극복함에 따라, 그 후 변한의 대외교역체계는 더욱 구야국 중심으로 확고해지게 되었다. 특히 구야국은 변한지역의 주요 산물인 철을 중국군현과 한, 예, 왜 등에 수출하는 중심 교역창구의 역할을 하면서 대외교역의 대표권자로서의 위상을 더욱 강화해 나갔다. 이러한 해상교통로상의 중계권과 철의 유통을 통한 대외교역상의 이익을 기반으로 3세기 전반 김해의 구야국이 변한의 '왕'으로 존재하게 된 것이다.

이 글에서는 3세기 전반 김해의 구야국을 중심으로 하면서도 각지의 諸國(관문사회)이 분산적으로 연결된 변한사회의 전체 구조를 '은하정치체'의 모델에 견주어 보았다. '은하정치체'에서 왕은 각 구성 단위체들을 대표하는 구심적인 상징성을 가지고 있으나, 주변부 지배자들의 원심적인 세속성에 의해 중앙집권체제와 같은 위계 구조를 성립하지는 못한다. 이러한 구조적 특징으로 인해 '은하정치체'에서는 왕의 상징적 헤게모니에 도전하는 반란이 자주 일어난다. 특히 '은하정치체'는 지리적으로 대외교역이 번성한 큰 하천의 하구나 해안 지역에서 발달하는 특성을 가지고 있는데, 큰 하천과 해안을 따라 형성된 개방적 네트워크가 '은하정치체'의 분산적 구조에 영향을 미치는 것이다. 변한이 지리적으로 낙동강 유역과 남해안 일대에 분포하며 대외교역에 주로 의존하고 있었다는 사실과, 또 구야국의 지위에 도전하는 포상 8국의 연합침공이 있었다는 사실 등은 '은하정치체'의 특징과 관련하여 주목되는 것이다.

그런데 변한의 '왕'은 3세기 후반의 상황을 전하는 『晉書』 동이전 단계에 이르면 그 존재가 확인되지 않는다. 『진서』 동이전에서 마한의 '主', 진한의 '王'은 확인되지만 변한의 '왕'은 더 이상 발견되지 않는 것이다.

이러한 문헌사료상의 변화는 3세기 후반 김해지역의 고고학적인 발전 양상과 잘 부합하지 않는 문제점을 던져주기도 한다. 어쨌든 『진서』 동이전은 3세기 후반에 김해 구야국을 중심으로 하던 기존 대외교역체계에 변화가 일어났음을 시사해준다고 할 수 있다.

문헌 기록에서 3세기 후반~5세기 초 동안 중국과 왜 사이의 왕래가 확인되지 않는데, 이러한 동북아시아 해상교통상의 변화를 3세기 후반 변한 '왕'의 소멸과 관련이 있을 것으로 추정해 볼 수도 있다.

3세기 후반에 일어난 김해 구야국의 위상 약화 내지 변한 '왕'의 소멸 문제는, 4세기 이후 가야의 정치적 발전과정을 이해하는 데 중요한 관건이라 할 수 있다. 진한의 사로국이 신라로 발전하여 일원적인 국가체제를 확대 정비해 나간 것과 달리 변한의 구야국은 왜 이후에 파행적인 변화과정을 보였던 것일까?

진한(신라)과 비교되는 변한(가야)의 특수한 발전과정을 이해하는 데, 3세기 후반에 일어난 동북아시아 대외교역체계상의 변화와 그로 인한 변한 '왕'의 존재 문제는 중요한 시사점을 줄 것이라 생각한다.

3세기 후반이 되면서 대방군을 중심으로 하던 기존의 해상교역체계가 쇠퇴하고, 낙랑군을 중심으로 하는 내륙교역체계가 발달하게 된다는 점은 앞의 마한 부분에서 살펴보았다. 이러한 대외교역체계상의 변화가 낙동강하류-남해안에 위치하고 있던 변한왕(구야국)의 대외적 입지에 커다란 타격을 주었던 것이다.

특히 3세기 후반 이후 중국과 왜 사이의 해로를 통한 장거리 교역이 끊기게 되면서 변한왕(구야국)의 대외적 위상에 결정적 차질이 생기게 된다. 이러한 변화로 인해 3세기 후반에 이르러 김해의 구야국은 '변한왕'의 지위를 상실하게 된다고 추정된다.

# 결 론

　인류학적으로 왕의 등장은 전쟁과 밀접한 관련이 있는 것으로 밝혀지고 있다. 고대 정치권력의 토대에는 제사와 전쟁이라는 2대 동인이 기능하고 있었으며, 여기에 대외 교역이라는 외래적·광역적 동기가 결부되면서 대외 교역체계의 주도권을 장악하기 위한 각 지역세력 간의 전쟁이 격화되고, 여기에서 승리한 정치권력은 왕의 단계(국가)로 발전하게 되는 것이다.
　일반적으로 '왕(king)'이라 칭해지는 국가(state) 단계의 최고 권력자는 이전 원시사회의 수장(제사장, 군사지도자)과는 다르게 祭祀權과 軍事權을 함께 독점하게 된다. 국가 단계의 왕은 제사를 통한 도덕적 권위(moral authority)와 군사를 통한 강제적 권력(coercive power)을 동전의 양면처럼 함께 가지고 있는 최고 권력자인 것이다. 祭祀權과 軍事權이 따로 구분되어 '대칭'을 이루던 단계를 국가 이전 원시사회라고 본다면, 제사와 군사의 권한이 한 사람의 권력자 왕에게 집중(독점)된 단계를 국가라고 보면 될 것이다.
　이처럼 '왕'은 고대 국가를 상징하는 공권력의 결정체이자 국가의 지표라고 볼 수 있다. 따라서 왕은 고대 국가(state)의 불가결한 전제조건으로 주목되며, 왕권의 형성과정은 다른 한편으로 국가의 형성과정이라고 이해되고 있다.

이러한 인식을 바탕으로 고대한국의 초기국가인 고조선과 삼한에서 '王'이 출현하는 과정을 정리해 보면 다음과 같다.

古朝鮮은 기원전 323년 무렵 燕의 침략 계획에 대해 스스로 '왕'을 칭하면서 전쟁도 불사하는 강경 조치로 대응한다. 당시 고조선의 정치·군사적 역량이 연을 압도하고 있었던 것이다.

기원전 4세기 후반에 齊·燕 등 戰國時代 大國의 稱王은 단순한 호칭의 변경만은 아니고 각 제후가 국내체제 안정 및 국력신장을 확보함으로써 명실상부한 領域國家의 전제군주로서 권위와 권력을 과시하고 더 나아가 王天下의 열망을 표출한 결과라고 이해된다.

이와 마찬가지로 고조선이 기원전 4세기 말 燕과 대결하는 과정에서 왕호를 칭했던 것도 명실상부한 영역국가의 군주로서 그 권위와 권력을 드러낸 결과라고 볼 수 있다. 따라서 기원전 4세기 말은 고조선에 왕이 등장한 시기로 정치발전과정에서 보자면 국가의 조건을 갖추기 시작한 시점이라고 할 수 있다.

그리고 고조선은 '조선왕'이 등장한지 얼마 되지 않아 실제로 燕과 전쟁을 벌이게 된다. 기원전 314년 연에서 일어난 子之의 난과 그로 인한 燕의 대혼란, 그리고 그 틈을 탄 齊의 침공과 燕王 噲의 사망 등으로 燕은 거의 멸망 상태에 이르게 되었다. 『史記』 燕世家에 의하면 燕에 왕이 없는 극심한 혼란 상태는 그 후 2년간 지속되었다고 하는데, 바로 이 무렵에 朝鮮이 燕의 동쪽 땅을 침공했던 것으로 추정되는 기록이 『염철론』과 『박물지』에 보이고 있다.

기원전 314~312년 무렵 朝鮮이 燕의 동쪽을 침공한 것은 齊가 燕을 대파하여 큰 혼란에 빠진 시기를 이용한 전략적인 군사 행동이었다. 朝鮮과 齊는 지리적으로 직접 경계를 접하고 있지 않기 때문에 군사적으로 충돌할 계기가 많지 않았다. 오히려 朝鮮과 齊는 춘추시대인 기원전 7세기부터 요동반도와 산동반도 사이의 廟島列島를 경유하는 해상교통로를 이용해 상호 교역하던 우호관계를 유지하고 있었다.
　齊와 朝鮮의 입장에서는 양국이 서로 국경을 직접 접하고 있지 않았고, 또 중간의 燕을 배후에서 서로 견제할 수도 있다는 지정학적 이점 등으로 인해 비교적 우호 관계를 유지하기 쉬운 상황이었다. 기원전 314년 燕의 대혼란을 틈타 齊와 朝鮮이 거의 비슷한 시기에 燕을 남쪽과 동쪽에서 각각 침공한 것도 바로 이러한 양국의 친연관계와 궤를 같이 하는 것으로 보인다. 이처럼 고조선에 왕이 등장한 시점은 제와의 상호관계 속에서 연과 전쟁을 벌이고 있던 시대였다.
　『魏略』에 따르면 고조선에는 기원전 323년 이후 적어도 3명 이상의 朝鮮王이 계승하였으며, 특히 否王과 準王은 부자관계임을 명시하여 왕위의 부자상속체계가 이루어졌음을 알려주고 있다.
　한국사의 초기 정치체들을 기록한 중국 문헌들은 각 정치체의 지도자에 대해 王, 侯, 君長(渠帥) 등으로 칭호를 구분해 쓰고 있다. 이러한 호칭의 구분이 절대적 기준이라고 볼 수는 없지만, 정치발전의 과정을 추적하는 데 하나의 실마리를 제공해 준다.
　기원전 4세기 말 "朝鮮侯→朝鮮王"의 변화는 중국과의 전쟁 과정에서 성장한 고조선의 정치적 역량을 시사해주는 좋은 자료다. 특히 중국사서에서 기원전 4세기 말 朝鮮王이 등장한 이래 왕위가 否王－準王으로 세습되었다고 한 것은, 당시 고조선의 역량이 국가 수준을 이루었음을 객관적으로 보여주는 것이다.
　기원전 4세기 말 '朝鮮王'은 군사통수권자로서의 國王(king)에 상정해도 무리가 없는 존재다. 특히 齊와의 상호관계를 절묘히 이용해 燕을 공격한 고조선의 정치・군사적 수준은 국가로서의 면모를 역동적으로 보여주고 있다. 기존 연구에선 고조선의 국가적 성격에 대해 부정적이거나 아니면 다소 소극적인 입장을 보여 왔으나, 연과의 전쟁을 통한 조선왕의 등장 과정을 통해 살펴보면 기원전 4세기 말 고조선은 본격적인 국가(state) 단계로 발전하였다고 파악해도 좋을 것이다.

한편 한반도 서남부지역에 위치해 있던 마한에서는 240년대 중국군현(낙랑·대방군)과의 전쟁(기리영 전투)이라는 외적 긴장관계와 戰後(3세기 중엽) 동이지역의 국제관계를 전략적으로 이용한 백제국이 좌장제, 남당정치, 관품정비, 풍납토성의 축조 등 일련의 체제정비와 소백산맥 일대의 내륙 교통로 확보를 위한 대외적 전쟁(신라와의 초기 전쟁)을 통해 크게 성장해 가다가, 결국 『晉書』 단계인 270~80년대에 이르러서는 西晉과의 교역을 계기로 마한의 대외교섭권을 장악하면서 백제의 고이왕이 '마한왕'의 지위로 부상하게 된다.

'마한왕'에 앞서 존재하였던 辰王은 마한 전체를 統制한 존재가 아니라, 그 명칭에서 드러나듯이 과거 辰國의 고지였던 錦江 유역 일대의 '小國'들을 통제하고 있던 지역적 王者였다. 辰王이 마한 전체의 대표자 내지 조정자의 지위에 있지 않았다는 점은 246년에 마한 북부의 諸國과 중국군현 사이에 벌어진 崎離營 전쟁을 통해서도 확인할 수 있다.

그동안 기리영 전쟁의 주체 문제를 둘러싸고 많은 논란이 있었으나 전쟁의 배경과 결과에 대한 검토를 통해 볼 때 마한 북부의 臣濆沽國(臣濆活國)이 주도한 전쟁이라고 판단된다. 이 전쟁에 신분고국의 영향력 아래에 있었던 마한 북부의 소국이 참여하였을 가능성은 있지만 辰王이 참여한 흔적은 보이지 않는다.

특히 기리영 전쟁 등 3세기 전반에 팽배한 전쟁의 위기를 적극적으로 활용한 伯濟國이 지배체제를 정비하며, 국가역량을 강화함에 따라 진왕의 입지는 더욱 좁아들게 되었을 것이다. 대체로 261~276년 사이 辰王은 소멸한 것으로 보이며, 늦어도 280년 무렵에는 백제국의 고이왕이 마한의 대외교섭권을 장악한 '馬韓王'으로 등장한 것으로 판단된다. 이처럼 백제국(고이왕)이 마한지역의 대외교섭권을 장악하며 '마한왕'으로 대두하는 3세기 중·후반은, 百濟史의 관점에서 보자면 바로 국가형성기에 해당한다고 할 수 있을 것이다.

한편 한반도 동남부지역에 위치하던 辰韓의 '王'은 『三國志』단계인 260년대 초에 등장하게 되는데, 편찬자인 陳壽의 진한에 대한 오해로 인해 '辰韓王'이라 해야 할 것을 '辰王'이라고 한 착오가 생기게 된 것으로 보인다. 즉 『삼국지』 진한조의 '辰王'은 『魏略』『晉書』『梁書』 등의 역대사서와 대조해 볼 때 '辰韓王'의 원전적 착오라고 판단된다.

『三國志』에 진한의 '진왕' 즉 辰韓王에게 '屬'했다는 12국은 『三國史記』의 기록과 비교해 볼 때, 3세기 중엽까지 斯盧國이 전쟁을 통해 복속한 音汁伐國~沙伐國 등의 諸國이었다. 따라서 3세기 중엽 당시 진한 12국이 속해 있었다고 한 『三國志』 韓傳의 '辰韓王'은 바로 『三國史記』 新羅本紀에서 諸國에 대한 복속 전쟁을 완료시킨 '沾解王'으로 이해할 수 있다.

『삼국지』 동이전에 보이는 '屬'의 의미는, 韓과 倭가 帶方郡에 屬하게 되었다는 표현에서 알 수 있듯이, 대외교섭을 통괄할 수 있는 관할 창구의 소재를 밝힌 것이다. 다시 말해 한과 왜가 대방군이라는 창구를 통해 일원적으로 중국과 교섭하는 체계였다면, 진한 12국이 진한왕에게 '屬'한다는 것도 당시 진한 諸國의 대외교섭시 斯盧國이 교섭을 통괄하는 창구 역할을 했으며, 그로 인해 중국군현과 진한의 여타 諸國은 사로국을 '진한왕'이라 인식하게 된 것이다.

사로국이 주변 제국 복속 전쟁을 통해 진한지역의 대외교섭권을 하나씩 장악해 가면서 자연히 진한의 대외교섭권자인 '진한왕'으로 대두하게 된 것이다. 삼한의 교역체계는 246년 기리영 전쟁 이후 기존의 해상로 체계가 쇠퇴하고, 낙랑군-영서지역-진한을 연결하는 내륙로 체계가 발달하게 된다. 260년대 초에 대두한 진한왕은 바로 이러한 내륙로 체계상의 교섭권자라고 할 수 있다. 『삼국사기』에 첨해왕의 시대가 소백산맥의 내륙 교통로와 연관되어 자주 보이는 것도 바로 이러한 맥락과 관련이 깊다고 할 수 있다.

이후 사로국의 진한왕은 270~80년대에 '마한왕'과 마찬가지로 西晉

과의 장거리 교역에 종사하게 되면서 한층 위상을 강화하게 된다. 3세기 후반 서진과의 대외교섭권을 장악한 진한왕은 바로 『삼국사기』의 미추왕으로 비정할 수 있다.

『삼국지』와 『진서』에서 각각 '진한왕'으로 확인되는 첨해왕과 미추왕은, 모두 南堂을 통해 儀式政治를 실시한 '왕'이라는 공통점을 가지고 있다. 이런 면에서 보자면 남당은 '진한왕'의 성격과 관련이 깊은 정치 기구로 추정된다.

또한 '마한왕'으로 대두한 백제의 고이왕 역시 백제사에서 처음으로 남당을 통한 의례정치를 시행한 군주였다. 따라서 남당이 '마한왕'과 '진한왕'의 체제에서 핵심적인 역할을 한 정치 기구였을 가능성이 높은 것이다. 그리고 3세기 중·후반 진한왕의 남당정치는 백제의 경우를 미루어 보자면 신라의 국가적 성장을 시사해주는 지표라고 파악해 볼 수 있을 것이다.

마지막으로 낙동강 하류지역과 남해안 일대에 위치해 있던 弁韓(弁辰)의 '왕'은 변한과 진한을 대외적으로 구분해주는 정치적 기준이 되는 존재였다. 진한왕의 성격과 마찬가지로 '변한왕'도 변한 12국을 대표하는 대외교섭체계상의 王者로 보인다. 3세기 초 帶方郡이 신설되면서 동이세계의 교통체계는 "대방군-마한 서해안-변한 남해안-狗邪韓國-대마도-倭"로 이어지는 해상교역체계로 발전하게 된다. 지정학적으로 해상교통로의 중개 역할을 담당한 김해지역이 교역체계상 높은 비중을 차지하면서, 구야국은 변한 諸國의 대외교섭을 통괄할 수 있는 대표자로 부상하게 된다.

구야국과 浦上八國의 전쟁은 바로 3세기 초 구야국 중심으로 형성되어 가던 대외교역체계에 반기를 들었던 변한 小國들의 군사 도발이었다고 할 수 있다. 그러나 구야국이 포상팔국의 도전을 성공적으로 극복함에 따라, 戰後 변한의 대외교섭체계는 더욱 구야국 중심으로 구성되게 되었다. 오히려 구야국에게는 포상팔국 전쟁이 확고한 '변한왕'의 지위로 대두하는 데 결정적인 계기가 되었던 것이다.
 특히 구야국은 철을 中國郡縣과 倭에 수출하는 창구의 역할을 하면서, 더욱 대외교섭권자로서의 국제적 위상을 강화해 나갔다. 이러한 해상교통로상의 중개권과 철의 무역을 통한 교역상의 이익이 바로 구야국이 변한왕으로 대두하게 된 세력 기반이었던 것이다.
 그러나 3세기 중·후반 대방군을 중심으로 하던 기존의 해상교역체계가 쇠퇴하고, 樂浪郡을 중심으로 하는 내륙교역체계가 발달하게 되면서 '변한왕'(구야국)의 대외적 입지는 커다란 타격을 받게 된다. 특히 3세기 후반 이후 중국과 왜 사이의 해로를 통한 장거리 교역이 끊겼다는 것도 변한왕의 대외적 위상에 결정적 타격을 주었을 것이다. 이러한 교역체계상의 변화로 인해 3세기 후반 김해의 구야국은 '변한왕'으로서의 위상을 상실하게 되어, 『晉書』 동이전에서도 존재가 보이지 않게 되었다.
 이처럼 변한왕은 지나치게 대외 교역관계에만 세력의 기반을 두고 있었다는 데 한계가 있었으며, 이러한 변한왕의 성격으로 인해 변한 사회의 전체적인 구조도 각 국의 원심력이 작용하여 '은하정치체(galactic polity)'와 같은 분산적인 구조를 띠게 되었다고 추정된다.
 '은하정치체'란 커다란 하나의 은하가 자체 운동성을 가진 여러 크고 작은 행성들의 복합으로 구성되듯이, 복수의 단위체들로 구성된 복합 구조의 정치체를 말하는 것이다. '은하정치체'는 중심부에서 멀어져 주변부로 갈수록 그 外延이 불명확해지는데, 이것은 주변부의 원심성에서 기인하는 특징이다. 일반적으로 '은하정치체'에서 왕은 구성 단위체들을 대표하는 이데올로기적인 '상징성'을 가지고 있으나, 주변부 지배자들의 '원심적(centrifugal)'인 '세속성'에 의해 일원적인 위계 구조를 형성하지는 못한다. 이러한 구조적 특징으로 인해 '은하정치체'에서는 왕의 상징적 헤게모니에 도전하는 반란이 부단히 일어나곤 한다. 특히 '은하정치체'는 지리적으로 대외교역이 번성하는 큰 하천의 河口 내지 해안 지역에서 발달하는 특성을 가지고 있는데, 하구와 해안의 수로망을 따라 형성된 개방적 네트워크가 '은하정치체'의 분산적(segmentary) 구조에 영향을 미치기 때문이다. 변한의 '諸國'이 지리적으로 낙동강 유역과 남해안 일대에 분포하며 대외교역에 의존하고 있었다는 사실은 '은하정치체'의 특성과 관련하여 시사해주는 바가 크다.

이상에서 살펴 본 바와 같이 고대한국 초기국가-고조선·삼한에서 '王'이 등장하는 과정은 '전쟁'과 밀접한 관련이 있다.

먼저 고조선의 조선왕은 기원전 4세기 말 燕과의 전쟁 관계 속에서 등장 성장하였다. 그리고 백제는 3세기 전반 마한 북부의 諸國과 중국 군현간의 전쟁을 전략적으로 이용해 대내적인 체제정비와 대외적인 교통로 확보 전쟁(신라와의 초기 전쟁)을 통해 결국 280년 무렵에는 '馬韓王'으로 대두하게 된 것이다. 斯盧國도 1세기 말부터 진행해 온 주변 '국'에 대한 복속 전쟁을 3세기 중엽에 완료하게 되면서, 3세기 후반에는 진한 12국의 대외교섭을 일원화한 '진한왕'으로 대두할 수 있었다. 그리고 변한의 구야국도 3세기 초 浦上八國의 군사 도발을 성공적으로 극복한 것이 결정적 계기가 되어, 변한 諸國의 대외교섭권을 장악하고 '변한왕'으로 대두하게 되었다.

이상과 같이 고대한국의 초기국가에서는 공통적으로 전쟁을 직접 또는 간접적인 계기로 하여 새로운 통치자인 '왕'이 대두하게 된다. 이러한 '왕'들에 대해 그동안 학계에서는 본격적인 '국가(state)' 단계에 도달하지 못한 '연맹'(연맹체, 연맹왕국) 단계의 지배자 대표(연맹장)로 보는 경향이 많았다.

'연맹'의 성격을 단일한 '연맹체' 또는 '연맹왕국'으로 볼 것인가 아니면 몇 개의 '지역연맹체'로 구성된 구조로 볼 것인가에 대해서는 연구자마다 세부적인 입장 차이는 있으나, 이 '연맹론'들은 모두 새롭게 등장한 '왕'의 존재를 '국가' 단계와 연결시켜 이해하지 않는다는 데 공통점이 있다고 할 수 있다.

반면 이 책에서는 새롭게 등장한 광역의 통치자인 왕의 존재를 인류학계의 연구 성과를 참조하면서 '국가'와 연결시켜 보았다.

이른바 '연맹론'에 서있는 연구자들은 3세기까지를 '삼한시대'라고 하여 4세기 이후의 삼국시대와 구분해 보거나, 또는 삼국시대의 '前史'로써 삼한을 따로 떼어 보고 있다.

고고학에서도 3세기 말~4세기 초 사이에 삼한 문화의 종말을 비정하면서, 경주 구정동 목곽묘나 김해 대성동 29호분의 자료를 통해 볼 때 이 시기에 기존 '와질토기' 문화의 소멸과 새로운 '도질토기'의 등장, 목곽묘의 대형화(副槨의 존재) 및 지역화(경주형, 김해형), 탁월한 입지를 보이는 '王墓'와 중심 고분군의 등장, '古墳'의 발생 등 정치체의 통합을 상징하는 획기적인 변화가 일어났다고 보고 있다.

이러한 시기구분은 1990년대 이후 고고학계에서 대두하고 있는 '삼한시대론'의 논리다. 1980년대 말 고고학에서 '原三國時代' 용어의 문제점을 지적하면서, 그 대신 『삼국지』 동이전 기록을 원용하여 '기원전 2세기부터 기원후 3세기까지'를 '삼한시대'로 체계화하자는 제안이 나온 이래, 최근에는 점토대토기 단계의 세형동검문화기까지 소급해 보아 '기원전 3세기~기원후 3세기'(600년간)를 '삼한시대'로 상정하고 있다.

그러나 '삼한시대'란 용어는 무엇보다도 동시대 북쪽의 고조선(위만조선)과 고구려를 포함하지 못할 뿐만 아니라, 삼한과 혼재하던 영서·영동의 예맥 세력도 담아내지 못하는 점에서 한국사의 보편적인 시대구분 용어로는 적절치 못하다.

삼한시대론에 따르면, "삼한시대의 폭은 철기의 사용, 목관묘의 채용이라는 고고학적인 근거에서 후기무문토기시대(세형동검문화기)에서 와질토기시대까지로 간주한다."고 하였다. 그러나 앞서 보았듯이 영남지역에서 철기와 목관묘는 '기원전 2세기'에 등장하여 '기원전 1

세기'가 되어야 집단적으로 채용되게 된다. 이 때문에 최근 고고학에서는 '기원전 1세기'를 새로운 철기 문화와 와질토기(타날문토기) 문화가 본격화된 삼한(원삼국) 문화의 실질적인 개시기로 보고 있다.

그리고 마한의 경우는 4세기 중엽 백제에 병합되기까지 영산강 유역에서 그 세력을 온존하였던 것으로 이해되고 있으며, 고고학에서는 마한이 5세기 말까지도 영산강 유역에서 대형 옹관고분(분구묘)을 조영하며 독자적인 세력을 유지했다고 보기도 한다. 따라서 마한의 하한을 진·변한과 같이 일률적으로 '3세기 말'로 못 박아 '삼한시대'에 묶는 것도 큰 문제점이다.

삼한시대론에서는 서기 300년을 삼한시대에서 삼국시대로 넘어가는 중요한 획기로 파악하고 있다. 그러나 삼한의 역사와 문화는 그 시작과 끝을 획일적으로 볼 수 없는 다기한 면을 가지고 있다. 따라서 시·공간적으로 복잡하게 얽혀 있는 삼한을 하나의 단위로 묶어 '삼한시대'라고 명명하는 것은 무리가 따른다고 생각된다.

이상에서 살펴본 '연맹론'과 '삼한시대론'은 사료상 4세기에 들어가면 신라, 백제 등 3국으로 전환된다는 점과 313년에 낙랑군이 한반도에서 축출된다는 점을 획기적인 계기로 보고 있다. 그러나 백제, 신라, 가야가 삼한의 백제국, 사로국, 구야국에서 '잉태'된 만큼 양자의 관계를 단절시켜 볼 수는 없으며 연속선상에서 국가의 발전 과정을 이해해야 한다고 본다.

'연맹론'이나 '삼한시대론'과 같은 4세기 분기론에 입각한 연구들은 기본적으로 1~3세기는 『삼국지』 동이전에, 4세기 이후는 『삼국사기』의 기록을 중심으로 사료를 분리해서 바라보고 있다. 즉 『삼국사기』의 초기 기록이 전하는 1~3세기의 사실은 중국 정사인 『삼국지』의 기록과 모순된다고 보기 때문에, 1~3세기를 서술한 『삼국사기』의 연대를 그대로 신뢰하지 않고 주로 4세기 이후의 기록을 중심으로 삼국의 역사를 구성한다.

그러나 『삼국지』 동이전과 『삼국사기』의 초기 기록 사이에 나타나는 차이점은 다른 시각에서 이해할 필요가 있다. 기본적으로 『삼국지』는 중국인의 시각에서 他邦의 역사를 서술한 것이고, 『삼국사기』는 전래되는 본국의 古記에 기초해 자국의 역사, 즉 국사를 기록한 것이다. 따라서 『삼국지』 동이전은 '외부자의 관점'(Etics)에 입각해서 기록한 반면, 『삼국사기』의 초기 기록은 '내부자의 관점'(Emics)에서 삼국의 역사를 기술한 것이다.

외부자의 시점은 마치 조감도처럼 거시적이고 전체적인 구조를 설명하는 데는 적합하지만 내부의 자세한 사정을 파악하는 데는 한계가 있다. 다시 말해 외부자의 시점은 외면적인 형태에 대해서는 객관적인 서술이 가능하지만 대상의 내면적인 실정은 제대로 파악하기 힘들다. 예컨대 외부자의 시점으로는 상대의 눈이 윙크할 때와 경련할 때의 차이를 제대로 구분할 수 없다. 외부자의 시점으로는 대상의 내면을 제대로 파악할 수 없으며 다만 관찰자로서 주변 정황에 따라 판단할 뿐이다.

반면 내부자의 시점은 투시도처럼 미시적인 내부 사정을 파악할 수는 있지만 거시적인 전체 구조를 파악하는 데는 어느 정도 한계를 가진다. 또한 내부자의 시점은 내면을 상세히 전달한다는 장점은 있지만 다소 주관적인 입장에서 설명한다는 문제가 있다.

그러나 날조된 것이 아닌 이상 객관적이지 않다고 해서 쓸모없는 사료가 되는 것은 아니며, 관찰자의 입장에서 객관적으로 기록한 사료라고 해서 항상 대상에 대해 사실만을 전달하는 것은 아니다. 관찰자 역시 자신의 주관에 입각해 객체를 설명하는 것이며, 주관과 객관의 차이는 관점의 차이일 뿐, 어느 한 쪽이 참이고 나머지는 거짓이 되는 양자택일의 관계는 아닌 것이다.

『삼국지』 동이전의 기록이 외부자의 시점에서 1~3세기의 전체적인 사회 구조를 서술한 것이라면, 『삼국사기』의 초기기록은 내부자의 시점에서 1~3세기의 내부 사정, 특히 삼국의 각 중심지에서 벌어지고 있던 사실들을 중심으로 기술한 것이다. 이런 측면에서 보면『삼국지』동이전은 1~3세기의 전체적인 사회 구조를 설명하는 데 유효한 사료이고,『삼국사기』의 초기기록은 1~3세기 삼국 초기의 내부적인 정치상황을 파악하는 데 더 적합한 사료라고 할 수 있다.

따라서『삼국지』동이전과『삼국사기』초기기록에 다른 점이 있는 것은 어느 하나의 사료가 잘못된 사실을 기록했기 때문이 아니라, 외부자와 내부자 사이의 관점의 차이에서 오는 결과라고 보아야 한다.

이처럼『삼국지』동이전과『삼국사기』초기기록의 관계를 서술 관점의 차이에서 파악하면 연속된 歷史像을 4세기를 분기로 잘라볼 수는 없다. 오히려 1~3세기의 실제적인 연구를 위해서 내부자와 외부자의 관점을 종합해야 할 필요성이 제기된다. 그러므로『삼국지』동이전과『삼국사기』의 초기기록은 배타적인 관계가 아니라 거시와 미시의 관점을 상호 보완하는 조화의 관계에서 접근해야 하는 것이다.

이 책에서는 이러한 관점에 입각해『삼국지』동이전과『삼국사기』초기기록을 종합적으로 이해하려고 노력했다. 그 결과 기존의 통설과 다르게 4세기 이전의 초기국가 시대에서 고대한국의 국가 원형을 '왕'의 존재를 통해 확인할 수 있었다. 여기서 확인한 고대한국의 국가 원형은 기존의 중앙집권적 국가의 모습과는 분명히 많은 차이점을 보이고 있다.

특히 남당의 의식정치를 통해 지방의 수장세력에 대한 지배체제를 정비해 나간 마한의 백제와 진한의 신라는 분권국가의 발전적 측면을 보여주고 있었다. 반면 분권국가의 유형인 은하정치체의 모델에 근접한 구조의 변한은, 3세기 후반 대외교역체계의 변화에 따라 중심국(구야국)의 위상이 약화되면서 더 이상 분권국가나 중앙집권국가의 영역국가로 발전하지 못하고 각 지역의 '국'단위로 다시 분립하는 파행적인 진화과정을 보여주고 있다.

이러한 고대한국 초기국가들의 특징적인 발전과정에 대한 논지전개는 다음의 연구 과제로 남기고자 한다.

# 참고문헌

## Ⅰ. 原 典

### 1. 국 내

『(壬申本) 三國史記』(民族文化推進會, 1982)
『(鑄字本) 三國史記』(學習院大學東洋文化硏究所, 1986)
『(趙炳舜 增修補註) 三國史記』(誠庵古書博物館, 1986)
『三國遺事』(民族文化推進會, 1973)
『三國史節要』(亞細亞文化社, 1973)
『東國通鑑』(세종대왕기념사업회, 1996)
『東史綱目』(民族文化推進會, 1978)
『海東繹史』(民族文化推進會, 1996)
『疆域考』(文獻編纂委員會, 1960, 『丁茶山全書』所收)
『增補文獻備考』(古典刊行會, 1957; 國學資料院, 1996)

### 2. 國 外

『二十五史』(中華書局, 1997)
『呂氏春秋』(中華書局, 1989)
『韓非子』(中華書局, 1989)
『戰國策』(中華書局, 1989)
『太平御覽』(中華書局, 1995)
『册府元龜』(中華書局, 1994)
『宋本册府元龜』(中華書局, 1989)
『十七史商榷』(北京市中國書店, 1987)
『二十二史箚記』(王樹民, 2001, 『(訂補本)廿二史箚記校證』, 中華書局)
『玉函山房輯佚書補編』(上海古籍出版社, 1995, 『續修四庫全書』所收)
『潛夫論』(中華書局, 1997, 『潛夫論箋校正』)
『尙書正義』(中華書局, 1979, 『十三經注疏』所收)
『山海經』(袁珂, 1996, 『山海經校注』, 巴蜀書社)

『博物志』(中華書局, 1989)
『通典』(中華書局, 1996)
『左傳』(中華書局, 1989)
『資治通鑑』(中華書局, 1996)
『翰苑』(東京帝國大學文學部, 1922)
『通志』(中華書局, 1987)
『太平寰宇記』(臺北文海出版社, 1993)
『文獻通考』(中華書局, 1999)
『史通』(增井經夫 譯, 1981, 東京: 硏文出版)
『中國歷代經籍典』(臺灣中華書局, 1985)

## Ⅱ. 著 書

### 1. 國 文

姜鍾薰, 2000,『신라상고사연구』, 서울대 출판부.
國立慶州博物館, 2002,『國立慶州博物館敷地內 發掘調査報告書』.
國史編纂委員會 編, 1995,『韓國古代金石文資料集』.
國史編纂委員會 編, 1987,『中國正史朝鮮傳-譯註(1)』.
權五重, 1992,『樂浪郡硏究-中國 古代邊郡에 대한 事例의 檢討』, 一潮閣.
金起燮, 2000,『百濟와 近肖古王』, 학연문화사.
金吉植, 1993,『송국리 Ⅴ-목책(1)』, 국립공주박물관.
金炳坤, 2003,『신라 왕권 성장사 연구』, 학연문화사.
金瑛河, 2002,『韓國古代社會의 軍事와 政治』, 고려대 민족문화연구원.
金貞培, 1972,『韓國民族文化의 起源』, 고려대 출판부.
_____, 1986,『韓國古代의 國家起源과 形成』, 고려대 출판부.
_____, 2000,『韓國古代史와 考古學』, 신서원.
金廷鶴, 1990,『韓國上古史硏究』, 범우사.
金鍾完, 1995,『中國南北朝史硏究-朝貢·交聘關係를 중심으로』, 一潮閣.
金泰植, 1993,『加耶聯盟史』, 一潮閣.
_____, 2002,『미완의 문명 7백년 가야사』, 푸른역사.
나카자와 신이치, 2003,『곰에서 왕으로: 국가, 그리고 야만의 탄생』, 동아시아.
나희라, 2003,『신라의 국가제사』, 지식산업사.

盧重國, 1988,『百濟政治史研究』, 일조각.
盧泰敦 편저, 2000,『단군과 고조선사』, 사계절.
루이스 헨리 모건, 2000,『고대사회』, 문화문고.
리지린, 1963,『고조선연구』, 평양: 과학원출판사.
리햐르트 반 뒬멘, 2001,『역사인류학이란 무엇인가』, 푸른역사.
린 헌트 편, 1996,『문화로 본 새로운 역사』, 소나무.
마빈 해리스, 1995,『식인과 제왕』, 한길사.
文昌魯, 2000,『三韓時代의 邑落과 社會』, 신서원.
박대재, 2003,『의식과 전쟁-고대 국가를 바라보는 새로운 시각』, 책세상.
朴淳發, 2001『漢城百濟의 誕生』, 서경문화사.
白承玉, 2003,『加耶 各國史 研究』, 혜안.
傅樂成(辛勝夏 역), 1981,『(增訂新版)中國通史』, 宇鍾社.
부산대학교박물관, 1995,『울산 검단리 마을유적』.
사회과학원력사연구소, 1991,『조선전사』2(개정판), 과학백과사전종합출판사.
三韓歷史文化研究會 편, 1997,『三韓의 歷史와 文化-馬韓篇』, 자유지성사.
宣石悅, 2001,『新羅國家成立過程研究』, 혜안.
宋鎬晸, 2003,『한국 고대사 속의 고조선사』, 푸른역사.
沈奉謹, 1998,『양산평산리유적』, 동아대학교 박물관.
아더 훼릴, 1990,『전쟁의 기원』, 인간사랑.
安承周·李南奭, 1987『公山城 百濟推定王宮址發掘調査報告書』, 公州師範大 博物館.
兪元載, 1995,『中國正史 百濟傳 研究』(增補版), 學研文化社.
유 엠 부찐, 1990,『고조선-역사·고고학적 개요』, 소나무.
尹乃鉉, 1994,『古朝鮮研究』, 일지사.
윌리엄 맥닐, 2005,『전쟁의 세계사』, 이산.
李基東, 1996,『百濟史研究』, 일조각.
_____, 1997,『新羅社會史研究』, 일조각.
李基白, 1996,『韓國古代政治社會史研究』, 일조각.
李道學, 1995,『百濟古代國家研究』, 일지사.
李丙燾, 1959,『資料韓國儒學史草稿』, 서울大 國史研究室.
_____, 1959,『韓國史-古代篇』, 乙酉文化社.
_____, 1976,『韓國古代史研究』, 박영사.
_____, 1986,『韓國儒學史略』, 亞細亞文化社.
李鍾旭, 1982,『新羅國家形成史研究』, 일조각.

李鍾旭, 1993, 『古朝鮮史研究』, 일조각.
_____, 1999, 『한국 고대사의 새로운 체계-100년 통설에 빼앗긴 역사를 찾아서』, 소나무.
李春植, 1986, 『中國 古代史의 展開』, 신서원.
李春植 主編, 2003, 『中國學資料解題』, 신서원.
李賢惠, 1984, 『三韓社會形成過程研究』, 一潮閣.
_____, 1998, 『韓國 古代의 생산과 교역』, 一潮閣.
李炯佑, 2000, 『新羅初期 國家成長史 硏究』, 영남대 출판부.
張光直, 1989, 『商文明』, 민음사.
田溶新, 1993, 『韓國古地名辭典』, 고려대 민족문화연구소.
全海宗, 1980 『東夷傳의 文獻的硏究-魏略·三國志·後漢書 東夷關係 記事의 檢討』 (1995년 重版), 一潮閣.
鄭璟喜, 1990 『韓國古代社會文化硏究』, 일지사.
鄭寅普, 1946, 『朝鮮史硏究』, 서울신문사.
丁仲煥, 2000, 『加羅史研究』, 혜안.
제임스 G. 프레이저, 1983, 『황금의 가지』, 을유문화사.
조한욱, 2000, 『문화로 보면 역사가 달라진다』, 책세상.
조희승, 1994, 『가야사연구』, 평양: 사회과학출판사.
존 키건, 1996, 『세계전쟁사』, 까치.
_____, 2004, 『전쟁과 우리가 사는 세상』, 지호.
朱甫暾, 1998, 『新羅 地方統治體制의 整備過程과 村落』, 신서원.
千寬宇 편, 1975, 『韓國上古史의 爭點』(新東亞 심포지엄), 일조각.
千寬宇, 1989, 『古朝鮮史·三韓史研究』, 일조각.
千惠鳳·黃天午, 1981, 『三國史記調査報告書』.
崔光植, 1994, 『고대한국의 국가와 제사』, 한길사.
최몽룡·김경택, 2005, 『한성시대 백제와 마한』, 주류성.
崔夢龍·崔盛洛 편저, 1997, 『韓國古代國家形成論-考古學上으로 본 國家』, 서울대 출판부.
崔鍾圭, 1995, 『三韓考古學研究』, 서경문화사.
프랑수아 도스, 1998, 『조각난 역사: 아날학파의 신화에 대한 새로운 해부』, 푸른역사.
프리드리히 엥겔스, 1991, 『가족 사유재산 국가의 기원』, 아침.
퓌스텔 드 쿨랑주, 2000, 『고대도시-그리스·로마의 신앙, 법, 제도에 대한 연구』,

아카넷.
한국고대사연구회 편, 1990, 『한국 고대국가의 형성』, 민음사.
許進雄, 1991, 『중국고대사회-文字와 人類學의 透視』, 東文選.

## 2. 日 文

角林文雄, 1983, 『倭と韓』, 學生社.
榎一雄, 1960, 『邪馬台國』 : 1966, 至文堂.
尾崎康, 1989, 『正史宋元版の研究』, 汲古書院.
江上波夫, 1965, 『アジア文化史研究:要說篇』, 山川出版社.
岡田英弘, 1976, 『倭國の時代』, 文藝春秋 : 1994, 朝日文庫.
今西龍, 1970, 『朝鮮古史の研究』, 國書刊行會.
金子修一, 2001, 『古代中國と皇帝祭祀』, 汲古書院.
瀧川龜太郎, 1933, 『史記會註考證』, 東方文化學院 東京研究所.
三品彰英, 1962, 『日本書紀朝鮮關係記事考證(上)』, 吉川弘文館.
渡邊信一郎, 2003, 『中國古代の王權と天下秩序』, 校倉書房.
都出比呂志, 1989, 『日本農耕社會の成立過程』, 岩波書店.
藤田勝久, 1997, 『史記戰國史料の研究』, 東京大學出版會.
白川靜, 1984, 『字統』, 平凡社.
山尾幸久, 1972, 『魏志倭人傳』, 講談社.
神田信夫・山根幸夫 編, 1989, 『中國史籍解題辭典』, 燎原書店.
田中俊明, 1992, 『大加耶連盟の興亡と任那』, 吉川弘文館.
井上秀雄, 1972, 『古代朝鮮』, 日本放送出版協會.
_____, 1978, 『古代朝鮮史序說-王者と宗敎』, 寧樂社.
竹內理三 校訂·解說, 1977, 『翰苑』, 吉川弘文館.
湯淺幸孫, 1983 『翰苑校釋』, 國書刊行會.
興膳宏・川合康三, 1995, 『隋書經籍志詳攷』, 汲古書院.

## 3. 中 文

鄧瑞全・王冠英 主編, 1998, 『中國僞書綜考』, 黃山書社.
馬大正・李大龍・耿鐵華・權赫秀, 2003, 『古代中國高句麗歷史續論』, 中國社會科學出版社.
謝保成, 1995, 『隋唐五代史學』, 厦門大學出版社.
孫進己, 1989, 『東北民族源流』, 黑龍江人民出版社.

孫進己, 1989, 『東北歷史地理』 제1권, 黑龍江人民出版社.
孫進己 等, 1987 『女眞史』, 吉林文史出版社.
宿　白, 1999, 『唐宋時期的雕版印刷』, 文物出版社.
吳澤・楊翼驤 主編, 1984, 『中國歷史大辭典-史學史』, 上海辭書出版社.
王　力, 2000, 『王力古漢語字典』, 中華書局.
王綿厚, 1994, 『秦漢東北史』, 遼寧人民出版社.
王綿厚・李健才, 1990, 『東北古代交通』, 瀋陽出版社.
王輯五, 1975, 『中國日本交通史』, 臺北: 臺灣商務印書館.
楊昭全・韓俊光, 1992, 『中朝關係簡史』, 遼寧民族出版社.
楊家駱 主編, 1979, 『正史全文標校讀本 史記附札記』, 臺北: 鼎文書局.
楊　寬, 2002, 『戰國史料編年輯證』, 臺北: 臺灣商務印書館.
李德山 等, 2003, 『中國東北古民族發展史』, 中國社會科學出版社.
李學勤 主編, 1997, 『中國古代文明與國家形成研究』, 雲南人民出版社.
張博泉, 1985, 『東北地方史稿』, 吉林大學出版社.
蔣非非・干小甫 等, 1998, 『中韓關係史-古代卷』, 社會科學文獻出版社.
張元濟, 1999, 『百衲本二十四史校勘記-三國志校勘記』, 商務印書館.
張玉春, 2001, 『『史記』版本研究』, 商務印書館.
張政烺・呂宗力, 1994, 『中國歷代官制大辭典』, 北京出版社.
鄭之洪, 1997, 『史記文獻研究』, 巴蜀書社.
陳長琦, 2002, 『中國古代國家與政治』, 文物出版社.
陳　平, 1995, 『燕事紀事編年會按』, 北京大學出版社.

## 4. 英　文

A. Giddens, 1977, *Studies in Social and Political Theory*, New York: Basic Books.

＿＿＿＿＿, 1984, *The Constitution of Society: Outline of a Theory of Structuration*, Berkeley: Univ. of California Press.

A. Wendt, 1999, Social *Theory of International Politics*, Cambridge: Cambridge Univ. Press.

A. W. Johnson and T. K. Earle, 1987, *The Evolution of Human Societies*, Stanford: Stanford Univ. Press.

A. W. Southall, 1998, *The City in Time and Space*, Cambridge: Cambridge Univ. Press.

B. G. Trigger, 1993, *Early Civilizations: Ancient Egypt in Context*, Cairo: The American Univ. in Cairo Press.

C. Geertz, 1980, *Negara: The Theatre state in nineteenth-century Bali*, Princeton: Princeton Univ. Press.

C. Renfrew, 1972, *The Emergence of Civilization*, London: Methuen.

C. Renfrew and J. F. Cherry (eds.), 1986, *Peer Polity Interaction and Socio-political Change*, Cambridge: Cambridge Univ. Press.

C. Renfrew and E. B. W. Zubrow (eds.), 1994, The ancient mind: Elements of cognitive archaeology, Cambridge: Cambridge Univ. Press.

E. Cassirer, 1946, *The Myth of the State*, New Heaven: Yale Univ. Press.

E. M. Brumfiel and T. K. Earle (eds.), 1987, *Specialization, Exchange and Complex Societies*, Cambridge: Cambridge Univ. Press.

E. R. Service, 1962, *Primitive Social Organization: An Evolutionary Perspective*, New York: Random House; 1971, *Primitive Social Organization: An Evolutionary Perspective* (2nd ed.), New York: Random House.

_____, 1975, *Origins of the State and Civilization : The Process of Cultural Evolution*, New York: W. W. Norton & Co.

_____, 1985, *A Century of Controversy*, Orlando: Academic Press.

H. I. Pai, 2000, *Constructing "Korean" Origin: A Critical Review of Archaeology, Historiograohy, and Racial Myth in Korean State Formation Theories*, Cambridge: Harvard Univ. Press.

G. Himmelfarb, 1987, *The New History and the Old*, Cambridge: The Belknap Press of Harvard Univ. Press.

G. N. Barnes, 2001, *State Formation in Korea: Historical and Archaeological Perspectives*, Richmond: Curzon.

I. Hodder, 1991, *Reading the past*, Cambridge: Cambridge Univ. Press.

J. Haas, 1982, *The Evolution of the Prehistoric State*, New York: Columbia Univ. Press.

J. H. Steward, 1955, *The theory of culture change: the methodology of multilinear evolution*, Urban: Univ. of Illinois Press.

J. W. Fox, 1987, *Maya Postclassic state formation*, Cambridge: Cambridge Univ. Press.

K. A. Wittfogel, 1957, *Oriental despotism*, New Heaven: Yale Univ. Press.

K. C. Chang, 1983, *Art, Myth, and Ritual: The Path to Political Authority in Ancient China*, Cambridge: Harvard Univ. Press.

L. H. Keeley, 1996, *War Before Civilization: The myth of the peaceful savage*, New York: Oxford Univ. Press.

M. H. Fried, 1967, *The Evolution of Political Society*, New York: Random House.

M. P. Nichols, 1992, *Citizens and Statesmen: A Study of Aristotle's Politics*, *Savage*: Rowman & Littlefield Publishers.

M. Shanks and C. Tilley, 1988, *Social Theory and Archaeology*, Albuquerque: Univ. of New Mexico Press.

M. Weber, 1947, *The Theory of Social and Economic Organization*, (trans.) A. R. Henderson and T. Parsons, London: William Hodge and Company.

N. Yoffee and A. Sherratt (eds.), 1997, *Archaeological theory: who sets the agenda?*, Cambridge: Cambridge Univ. Press.

P. Burke, 1997, *Varieties of Cultural History*, Ithaca: Cornell Univ. Press.

P. Brewer, 1999, *Warfare in the Ancient World: History of Warfare*, Austin: Raintree Steck-Vaughn Publishers.

R. G. Fox, 1977, *Urban anthropology: Cities in their cultural setting*, Englewood Cliffs: Prentice-Hall.

R. Griffeth and C. G. Thomas (eds.), 1981, *The City-State in Five Cultures*, Santa Barbara: ABC-Clio.

R. Hassig, 1985, *Trade, Tribute, and Transportation*, Norman: Univ. of Oklahoma Press.

R. M. Carmack, 1981, *The Quich Mayas of Utatlan*, Norman: Univ. of Oklahoma Press.

S. K. Sanderson, 1999, *Social Transformations : A General Theory of Historical Development*, Lanham: Rowman & Little-field Publishers.

S. N. Eisenstadt et al.(eds.), 1988, *Early state in African Perspective*, Leiden: E. J. Brill.

T. K. Earle (ed.), 1991, *Chiefdoms: Power, Economy, and Ideology*, New York: Cambridge Univ. Press.

T. K. Earle, 1997, *How Chiefs come to Power: The Political Economy in Prehistory*, *Stanford*: Stanford Univ. Press.

Y. Garlan, 1975, *War in the Ancient World: A Social History*, New York: W·W· Norton & Company.

## Ⅲ. 論 文

### 1. 國 文

姜鳳龍, 1997,「百濟의 馬韓 倂呑에 대한 新考察」『韓國上古史學報』26.
姜奉遠, 2000,「고분 분석을 통한 신라 정치 사회 발전 단계의 연구-국가형성시기와 관련하여」『慶州文化硏究』3.
姜銀英, 2001,「漢鏡의 제작과 辰·弁韓 지역 유입 과정」『韓國史論』46, 서울대.
姜鍾薰, 1991,「新羅 上古紀年의 再檢討」『韓國史論』26, 서울대.
_____, 1995,「『三國史記』初期記錄에 보이는 '樂浪'의 實體-辰韓聯盟體의 공간적 범위와 관련하여」『韓國古代史研究』10.
高柄翊, 1966,「中國正史의 外國列傳-朝鮮傳을 中心으로」『大東文化研究』2.
공명성, 1994,「『위략』의 편찬년대에 대하여」『력사과학』1994-1.
權五榮, 1988,「考古資料를 중심으로 본 百濟와 中國의 文物交流」『震檀學報』66.
_____, 1991,「중서부지방 백제 토광묘에 대한 시론적 검토」『百濟研究』22.
_____, 1995,「백제의 성립과 발전」『한국사』6, 국사편찬위원회.
_____, 1995,「三韓社會 '國'의 구성에 대한 고찰」『韓國古代史研究』10.
_____, 1996,『三韓의 '國'에 대한 研究』, 서울대 박사학위논문.
_____, 2001,「백제국(伯濟國)에서 백제(百濟)로의 전환」『역사와 현실』40.
_____, 2002,「풍납토성 출토 외래유물에 대한 검토」『百濟研究』36.
權五重, 1995,「前漢時代의 遼東郡」『人文研究』29, 영남대.
_____, 2000,「方格規矩四神鏡의 流轉」『東아시아 歷史의 還流』(서강대 동양사연구실 편), 지식산업사.
權珠賢, 1993,「阿羅加耶의 成立과 發展」『啓明史學』4.
金光億, 1985,「국가형성에 관한 인류학적 이론과 한국고대사」『韓國文化人類學』17.
金起燮, 1991,「『三國史記』百濟本紀에 보이는 靺鞨과 樂浪의 位置에 대한 再檢討」『淸溪史學』8.
金吉植, 2001,「삼한지역 출토 낙랑계 문물」『낙랑』, 국립중앙박물관.
金南中, 2002,「燕·秦의 遼東統治의 限界와 古朝鮮의 遼東 回復」『白山學報』62.

金杜珍, 1985, 「三韓時代의 邑落」『韓國學論叢』7.
_____, 1985, 「三韓 別邑社會의 蘇塗信仰」『韓國古代의 國家와 社會』(역사학회 편), 일조각.
金斗喆, 2003, 「무기·무구 및 마구를 통해 본 가야의 전쟁」『가야 고고학의 새로운 조명』(부산대 한국민족문화연구소 편), 혜안.
金庠基, 1948, 「韓濊貊移動考」『史海』창간호.
金聖昊, 1991, 「任那·三韓·三國論 硏究」『崔在錫敎授停年紀念論叢』, 일지사.
金壽泰, 1998, 「3세기 중·후반 백제의 발전과 馬韓」『馬韓史硏究』, 忠南大 出版部.
_____, 2001, 「百濟의 對外交涉權 掌握과 馬韓」『百濟硏究』33.
金恩淑, 1993, 「日本 王權의 成立에 관한 諸硏究」『東亞史上의 王權』(동양사학회 편), 한울아카데미.
金元龍, 1967, 「三國時代의 開始에 關한 一考察-三國史記와 樂浪郡에 대한 再檢討」『東亞文化』7.
金英心, 1997, 『百濟의 地方統治體制 硏究』, 서울대 박사학위논문.
_____, 1998, 「百濟 官等制의 成立과 運營」『國史館論叢』82.
金瑛河, 1991, 「新羅의 發展段階와 戰爭」『韓國古代史硏究』4.
_____, 1995, 「고대국가의 형성과 사회성격」『한국역사입문』①(한국역사연구회 엮음), 풀빛.
_____, 1997, 「高句麗의 發展과 戰爭」『大東文化硏究』32.
_____, 2002, 「三國時代 王과 權力構造」『韓國史學報』12.
金龍星, 1989, 「慶山·大邱地域 三國時代 階層化와 地域集團」『嶺南考古學』6.
金在弘, 1991, 「新羅 中古期의 村制와 地方社會構造」『韓國史硏究』72.
_____, 1995, 「농경사회의 형성과 고대의 촌락」『역사비평』28.
_____, 1996, 「신라(사로국)의 형성과 발전」『역사와 현실』21.
_____, 2000, 「農業生產力의 발전단계와 戰爭의 양상-철제농기구의 발달과 소유를 중심으로」『百濟史上의 戰爭』, 충남대 백제연구소.
_____, 2003, 「大加耶地域의 鐵製農器具-小型鐵製農器具와 살포를 중심으로」『大加耶의 成長과 發展』, 고령군·한국고대사학회.
金貞培, 1968, 「三韓位置에 대한 從來說과 文化性格의 檢討」『史學硏究』20.
_____, 1968, 「'辰國'과 '韓'에 관한 考察」『史叢』12·13합.
_____, 1973, 「韓國古代國家起源論」『白山學報』14.
_____, 1976, 「準王 및 辰國과 三韓正統論의 諸問題」『韓國史硏究』13.
_____, 1977, 「衛滿朝鮮의 國家的 性格」『史叢』21·22합.

金貞培, 1978, 「蘇塗의 政治史的 意味」『歷史學報』 79.
_____, 1979, 「三韓社會의 '國'의 解釋問題」『韓國史研究』 26.
_____, 1979, 「'魏志東夷傳'에 나타난 古代人의 生活風俗」『大東文化研究』 13.
_____, 1983, 「辰國의 政治發展段階」『領土問題研究』 창간호.
_____, 1984, 「古朝鮮의 再認識」『韓國史論』 14, 국사편찬위원회.
_____, 1985, 「目支國小攷」『千寬宇先生還曆紀念 韓國史學論叢』, 正音文化社.
_____, 1997, 「고조선의 국가형성」『한국사』 4, 국사편찬위원회.
_____, 1997, 「초기국가의 성격」『한국사』 4, 국사편찬위원회.
金廷鶴, 1975, 「魏志 韓傳 小考」『文理科大學 論文集: 人文·社會科學篇』 14, 부산대.
_____, 1983, 「加耶史의 研究」『史學研究』 37.
_____, 1987, 「加耶의 國家形成段階」『정신문화연구』 32.
_____, 1990, 「加耶와 日本」『古代韓日文化交流研究』, 한국정신문화연구원.
_____, 1990, 「古朝鮮의 起源과 國家形成」『韓國上古史研究』, 범우사.
全鍾國, 1997, 「馬韓의 形成과 變遷에 關한 考察」『韓國 古代의 考古와 歷史』(姜仁求 編), 학연문화사.
金鍾萬, 1999, 「馬韓圈域出土 兩耳附壺 小考」『考古學誌』 10.
金哲埈, 1964, 「韓國古代國家發達史」『韓國民族文化史大系』 I, 高麗大 民族文化研究所; 1975, 『韓國古代國家發達史』, 한국일보사.
_____, 1973, 「『魏志東夷傳』의 諸問題-韓國古代社會의 性格」『다리』 1973년 9월호.
_____, 1979, 「魏志東夷傳에 나타난 韓國古代社會의 性格」『大東文化研究』 13.
金泰坤, 1970, 「서낭당 연구」『漢坡李相玉博士回甲記念論文集』, 교문사.
金泰植, 1990, 「加耶의 社會發展段階」『한국 고대국가의 형성』(한국고대사연구회 편), 민음사.
_____, 1994, 「咸安 安羅國의 成長과 變遷」『韓國史研究』 86.
_____, 1997, 「가야연맹의 형성」『한국사』 7, 국사편찬위원회.
_____, 2003, 「초기 고대국가론」『강좌 한국고대사』 2, 가락국사적개발연구원.
金澤均, 1985, 「春川 貊國說에 關한 研究」『白山學報』 30·31합.
南在祐, 1995, 「加耶史에서의 '聯盟'의 의미」『昌原史學』 2.
_____, 1997, 「浦上八國 戰爭과 그 性格」『伽倻文化』 10.
_____, 2000, 「文獻으로 본 安羅國史」『가야 각국사의 재구성』(부산대 한국민족문화연구소 편), 혜안.

羅喜羅, 1990, 「新羅初期 王의 性格과 祭祀」『韓國史論』 23.
盧鏞弼, 1990, 「新羅 中古期 中央政治組織에 대한 硏究史的 檢討」『忠北史學』 3.
盧重國, 1987, 「馬韓의 成立과 變遷」『馬韓·百濟文化』 10.
_____, 1988, 「韓國古代의 邑落의 構造와 性格」『大丘史學』 38.
_____, 1990, 「鷄林國攷」『歷史敎育論集』 13·14합.
_____, 1990, 「目支國에 대한 一考察」『百濟論叢』 2, 百濟文化開發硏究院.
_____, 1995, 「중앙통치조직」『한국사』 6, 국사편찬위원회.
_____, 2001, 「가야사 연구의 어제와 오늘」, 『한국 고대사 속의 가야』(부산대 한국민족문화연구소 편), 혜안.
_____, 2002, 「辰·弁韓의 政治·社會구조와 그 운영」『진·변한사연구』, 경상북도·계명대 한국학연구원.
_____, 2003, 「馬韓과 樂浪·帶方郡과의 군사충돌과 目支國의 쇠퇴 – 正始 연간 (240-248)을 중심으로」『大丘史學』 71.
盧泰敦, 1982, 「三韓에 대한 認識의 變遷」『韓國史硏究』 38.
_____, 1990, 「고조선 중심지의 변천에 대한 연구」『韓國史論』 23.
_____, 2000, 「衛滿朝鮮의 政治構造-官名 분석으로 중심으로」『단군과 고조선사』, 사계절.
東亞大博物館, 1999, 「上村里遺蹟 B」『남강유역문화유적발굴도록』.
_____, 2003, 「진주 상촌리 유적」『발굴유적과 유물』.
柳佑相, 1966, 「胎峰寺出土 晉鏡에 대한 小考」『湖南文化硏究』 4.
리지린, 1963, 「진국(삼한)에 대한 고찰」『고조선연구』, 평양: 과학원출판사.
文暻鉉, 1977, 「加耶聯盟 形成의 經濟的 考察」『大丘史學』 12·13합.
文安植, 1996, 「百濟의 對中國郡縣關係 一考察」『傳統文化硏究』 96.
_____, 1998, 「『三國史記』 羅濟本紀 靺鞨 史料에 대하여」『韓國古代史硏究』 13.
文昌魯, 1997, 「'三韓社會' 硏究의 成果와 課題」『韓國史硏究』 96.
_____, 2005, 「『三國志』 韓傳의 伯濟國과 '近郡諸國'」『韓國學論叢』 28.
閔德植, 1994, 「삼국시대 이전의 성곽에 관한 시고」『한국상고사학보』 16.
朴廣春, 2002, 「歷史考古學」『歷史學報』 175(韓國 歷史學界의 回顧와 展望, 2000~2001).
朴南守, 2003, 「新羅 和白會議에 관한 再檢討」『新羅文化』 21.
朴大在, 1997, 「辰韓 諸國의 규모와 정치발전단계」『韓國史學報』 2.
_____, 1998, 「百濟初期 對新羅 侵攻地域 再攷」『空士論文集』 42.
_____, 1999, 「『三國史記』 初期記事에 보이는 新羅와 百濟의 戰爭」『韓國史學報』 7.

朴大在, 1999, 「『三國史記』高句麗本紀의 馬韓에 관한 一考察」『史學硏究』58·59 합.
_____, 2001, 「『三國遺事』古朝鮮條 인용 『魏書』論」『韓國史硏究』112.
_____, 2002, 「『三國志』韓傳의 辰王에 대한 재인식」『韓國古代史硏究』26.
_____, 2004, 「백제 초기의 회의체와 南堂」『韓國史硏究』124.
_____, 2005, 「古朝鮮의 王과 國家形成」『北方史論叢』7.
_____, 2005, 「三韓의 기원에 대한 사료적 검토」『韓國學報』119.
_____, 2005, 『三韓의 '王'에 대한 硏究-戰爭과의 관계를 중심으로』, 고려대 박사학위논문.
_____, 2006, 「삼한의 기원과 국가형성」『한국고대사입문』1(김정배 편), 신서원.
_____, 2006, 「전쟁의 기원과 의식」『전쟁의 기원에서 상흔까지』(국사편찬위원회 편), 두산동아.
_____, 2006, 「弁韓의 王과 狗邪國」『韓國史學報』26.
_____, 2006, 「古朝鮮과 燕·齊의 상호관계」『史學硏究』83.
朴方龍, 1985, 「新羅-都城·城址」『韓國史論』15, 국사편찬위원회.
박선미, 2000, 「기원전 3~2세기 요동지역의 고조선문화와 명도전유적」『先史와 古代』14.
_____, 2005, 「戰國~秦·漢初 화폐사용집단과 고조선의 관련성」『北方史論叢』7.
朴性鳳, 1990, 「馬韓認識의 歷代變化」『馬韓·百濟文化』12.
朴淳敎, 1993, 「신라 미추왕대 정치세력과 남당정치」『大丘史學』46.
朴淳發, 1998, 「前期 馬韓의 時·空間的 位置에 대하여」『馬韓史硏究』, 忠南大 出版部.
_____, 1999, 「漢城百濟의 對外關係」『百濟硏究』30.
_____, 2001, 「馬韓 對外交涉의 變遷과 百濟의 登場」『百濟硏究』33.
_____, 2002, 「熊津 遷都 背景과 泗沘都城 造成 過程」『백제 도성의 변천과 연구상의 문제점』, 국립부여문화재연구소.
박영태, 1994, 「역사 인류학의 방법에 대한 연구」『成大史林』10.
박준형, 2004, 「古朝鮮의 대외 교역과 그 의미-春秋 齊와의 교역을 중심으로」『北方史論叢』2.
_____, 2006, 「古朝鮮의 海上交易路와 萊夷」『北方史論叢』10.
朴燦圭, 1989, 「馬韓勢力의 分布와 變遷」『龍巖車文燮敎授華甲紀念 史學論叢』, 신서원.
_____, 1995, 『百濟의 馬韓征服過程 硏究』, 단국대 박사학위논문.

潘鏞夫·金元經, 1991,「金海地域의 地形과 聚落」『伽倻文化研究』 2.
潘鏞夫·郭鍾喆, 1991,「洛東江河口 金海地域의 環境과 漁撈文化」『伽倻文化研究』 2.
方龍安, 1987,「悉直國에 대한 考察」『江原史學』 3.
裵眞永, 2003,「燕昭王의 政策과 '巨燕'의 成立」『中國史研究』 25.
_____, 2005,「燕國의 五郡 설치와 그 의미-戰國時代 東北아시아의 勢力關係」『中國史研究』 36.
白承玉, 2001,「전기 가야 小國의 성립과 발전」『한국 고대사 속의 가야』(부산대 한국민족문화연구소 편), 혜안.
白承忠, 1989,「1~3세기 가야세력의 성격과 그 추이」『釜大史學』 13.
_____, 1995,「弁韓의 成立과 發展」『韓國古代史研究』 10(三韓의 社會와 文化).
_____, 1998,「문헌에서 본 가야·삼국과 왜」『韓國民族文化』 12.
_____, 2005,「加耶의 地域聯盟論」『지역과 역사』 17.
사회과학원 력사연구소, 1991,「진국사」『조선전사』 2, 평양: 과학백과사전종합출판사.
徐永大, 1997,「韓國古代의 宗教職能者」『韓國古代史研究』 12.
徐榮洙, 1988,「古朝鮮의 위치와 강역」『韓國史市民講座』 2.
_____, 1999,「古朝鮮의 對外關係와 疆域의 變動」『東洋學』 29.
徐榮一, 2003,「斯盧國의 悉直國 倂合과 東海 海上權의 掌握」『新羅文化』 21.
徐毅植, 1991,「新羅 '上古' 初期의 辰韓諸國과 領土擴張」『李元淳敎授停年紀念 歷史學論叢』, 교학사.
宣石悅, 1993,「『三國史記』新羅本紀 加耶關係記事의 檢討」『釜山史學』 24.
_____, 1993,「浦上八國의 阿羅加耶 侵入에 관한 考察-6세기 중엽 남부가야제국 동향과 관련하여」『加羅文化』 14.
_____, 1995,「斯盧國의 小國征服과 그 紀年」『新羅文化』 12.
_____, 1997,「古代 銘文의 해독과 분석」『유물에 새겨진 古代文字』, 부산광역시립박물관 복천분관.
成正鏞, 2000,『中西部 馬韓地域의 百濟領域化過程 硏究』, 서울대 박사학위논문.
成正鏞·南宮丞, 2001,「益山 蓮洞里 盤龍鏡과 馬韓의 對外交涉」『考古學誌』 13.
손량구, 1990「료동지방과 서북조선에서 드러난 명도전에 대하여」『고고민속론문집』 1, 사회과학출판사.
孫明助, 1998,「弁辰韓 鐵器의 初現과 展開」『伽倻文化』 11.
宋桂鉉, 2000,「辰·弁韓 文化의 形成과 變遷」『고고학으로 본 변·진한과 왜』, 영남고고학회·구주고고학회 합동고고학대회 자료집.

宋桂鉉, 2001,「전쟁의 유형과 사회의 변화」,『고대의 전쟁과 무기』, 제5회 부산복천박물관 학술발표대회 자료집.
宋知娟, 2004,「帶方郡의 盛衰에 대한 硏究」,『史學硏究』 74.
申敬澈, 1989,「삼한시대의 부산」,『釜山市史』(第一卷), 부산직할시.
_____, 1995,「三韓時代의 東萊」,『東萊區誌』, 부산광역시 동래구.
_____, 1995,「瓦質土器文化論-그 성과와 과제」,『韓國考古學의 半世紀』, 제19회 한국고고학전국대회 자료집.
申福龍, 1982,「城隍의 軍事的 意味에 관한 硏究」,『學術誌』 26(인문·사회 과학편), 건국대.
神志(申采浩), 1921,「考古編-辰王」,『天鼓』 1-3 ; 崔光植, 2001「자료소개『天鼓』考古篇」,『韓國古代史硏究』 22.
申采浩, 1925,「前後三韓考」,『朝鮮史硏究草』; 1995,『改訂版 丹齋申采浩全集』(中), 형설출판사.
申鉉雄, 1993,「『三國志』韓傳에 대한 一考察(上)」,『慶州史學』 12.
_____, 2003,「三韓 硏究의 現況과 管見」,『新羅文化』 21.
_____, 2003,「三韓 起源과 '三韓'의 成立」,『韓國史硏究』 122.
申瀅植, 1984,「三國時代 王의 性格과 地位」,『韓國古代史의 新硏究』, 일조각.
申熙權, 2001,「風納土城의 築造技法과 性格에 대하여」,『風納土城의 發掘과 그 成果』;『風納土城』 I, 국립문화재연구소.
沈奉謹, 1990,「三韓·原三國時代의 銅鏡」,『石堂論叢』 16.
沈載勳, 1989,「中國 古代國家 形成의 普遍性과 特殊性」,『史學志』 22.
安承周, 1978,「公州 鳳安出土 銅劍 銅戈」,『考古美術』 136·137합(樹默秦弘燮博士華甲紀念論文集).
安在晧, 1994,「三韓時代 後期 瓦質土器의 編年」,『嶺南考古學』 14.
安在鴻, 1947,「三韓國과 그 法俗考」,『朝鮮上古史鑑』; 1991,『民世安在鴻選集』 3, 지식산업사.
梁起錫, 1995,「百濟 扶餘隆 墓誌銘에 대한 檢討」,『國史館論叢』 62.
余昊奎, 2003,「新羅 都城의 儀禮空間과 王京制의 성립과정」,『新羅王京調査의 成果와 意義』, 문화재연구소 국제학술대회 자료집.
俞元載, 1994,「『晉書』의 馬韓과 百濟」,『韓國上古史學報』 17.
_____, 1999,「백제의 마한정복과 지배방법」,『榮山江流域의 古代社會』, 학연문화사.
尹乃鉉, 1989,「目支國과 月支國」,『龍巖車文燮敎授華甲紀念 史學論叢』, 신서원.

尹武炳, 1973, 「"魏率善韓佰長" 청동 도장 발견의 뜻」『서울신문』 1973년 7월 17일.
尹善泰, 2000, 「新羅의 寺院成典과 衿荷臣」『韓國史研究』 108.
_____, 2001, 「馬韓의 辰王과 臣濆沽國-領西濊 지역의 歷史的 推移와 관련하여」『百濟研究』 34.
尹龍九, 1998, 「『三國志』韓傳 對外關係記事에 대한 一檢討」『馬韓史研究』, 忠南大出版部.
_____, 1998, 「3세기 이전 中國史書에 나타난 韓國古代史像」『韓國古代史研究』 14.
_____, 1999, 「三韓의 對中交涉과 그 性格:曹魏의 東夷經略과 관련하여」『國史館論叢』 85.
_____, 1999, 「三韓의 朝貢貿易에 대한 一考察」『歷史學報』 162.
_____, 2003, 「『翰苑』 蕃夷部의 基礎的 研究」, 동양사학회 추계학술대회 발표요지.
_____, 2005, 「고대중국의 동이관(東夷觀)과 고구려 동이교위(東夷校尉)를 중심으로」『역사와 현실』 55.
尹容鎭, 1974, 「大邱의 初期國家 形成過程」『東洋文化研究』 1.
李康來, 2002, 「『三國史記』의 마한 인식」『全南史學』 19.
_____, 2003, 「三國史記論, 그 100년의 궤적」『강좌 한국고대사』 1, 가락국사적개발연구원.
李健茂, 1990, 「扶餘 合松里遺蹟 出土 一括遺物」『考古學誌』 2.
_____, 1991, 「唐津 素素里 遺蹟 出土 一括遺物」『考古學誌』 3.
_____, 1992, 「한국 청동의기의 연구」『한국고고학보』 28.
_____, 2000, 「青銅器·原三國時代의 文字와 記號遺物」『한국 고대의 문자와 기호유물』, 국립청주박물관.
李基東, 1982, 「貴族國家의 形成과 發展」『韓國史講座-古代篇』, 일조각.
_____, 1984, 「新羅 上古의 戰爭과 遊戲」『素軒 南都泳博士 華甲記念 史學論叢』.
_____, 1985, 「于老傳說의 世界」『韓國古代의 國家와 社會』, 역사학회.
_____, 1987, 「馬韓領域에서의 百濟의 成長」『馬韓百濟文化』 10.
_____, 1989, 「韓國 古代國家形成史 研究의 現況과 課題-新進化論의 援用問題를 중심으로」『汕耘史學』 3.
_____, 1990, 「百濟國의 成長과 馬韓 併合」『百濟論叢』 2.
_____, 1992, 「騎馬民族說에서의 韓·倭연합왕국론 비판」『韓國史市民講座』 11.

李基東, 2003,「新羅 王權 연구의 몇 가지 前提」『新羅文化』22.
李基白, 1988,「古朝鮮의 國家形成」『韓國史市民講座』2.
_____, 1994,「3세기 東아시아諸國의 政治的 發展-魏의 東侵과 관련하여」『古代 東亞細亞史의 再發見』, 호암미술관.
李均珉, 2002,「3世紀 前半 曹魏의 對外政策」『中國史研究』19.
李南珪, 1993,「三韓 鐵器文化의 成長過程-樂浪地域과의 比較的 視角에서」『三韓 社會와 考古學』, 제17회 한국고고학전국대회 자료집.
李道學, 1997,「古代國家의 成長과 交通路」『國史館論叢』74.
_____, 1998,「새로운 摸索을 위한 檢討, 目支國 研究의 現段階」『馬韓史研究』, 忠南大 出版部.
_____, 2002,「古朝鮮史의 몇 가지 문제에 관한 재검토」『東國史學』37.
李東注, 2002,「蔚山 屈火里 遺蹟」『考古歷史學志』17·18합(又軒丁仲煥博士追慕論叢).
李萬烈, 1974,「十七·八世紀의 史書와 古代史認識」『韓國史研究』10.
李富五, 2004,「1~3세기 辰王의 성격 변화와 三韓 小國의 대외교섭」『新羅史學報』창간호.
李丙燾, 1934~1937,「三韓 問題의 新考察」(1~6)『震檀學報』1·3~7.
_____, 1954,「古代南堂考-原始集會所와 南堂」『서울大論文集-人文社會科學』1.
_____, 1983,「文獻上으로 본 古代韓國像-특히 古朝鮮·漢四郡 및 三韓問題를 中心으로」『韓國學文獻研究의 現況과 展望』(亞細亞文化社創立十周年紀念論文集), 아세아문화사.
李相吉, 2000,『청동기시대 의례에 관한 고고학적 연구』, 대구효성가톨릭대 박사학위논문.
李成九, 1989,「春秋戰國時代의 國家와 社會」『講座 中國史(Ⅰ)-古代文明과 帝國의 成立』, 지식산업사.
李成珪, 1984,「蘇秦(?~286 B.C?) 活動의 재검토-『史記』재평가를 위한 一試論」『歷史와 人間의 對應』(高柄翊先生回甲紀念史學論叢), 한울.
李盛周, 1998,「한국의 환호취락」『환호취락과 농경사회의 형성』, 영남고고학회·구주고고학회 제3회 합동고고학대회 자료집.
_____, 2000,「기원전 1세기대의 진·변한지역」『전환기의 고고학Ⅲ-歷史時代의 黎明』, 제24회 한국상고사학회 학술발표대회 자료집.
_____, 2000,「考古學을 통해 본 阿羅伽耶」『考古學을 통해 본 加耶』, 한국고고학회.

李松來, 1989, 「국가의 정의와 고고학적 판단 기준」, 『한국상고사』, 민음사.
李永植, 1985, 「加耶諸國의 國家形成問題」, 『白山學報』 32.
_____, 1994, 「新羅와 加耶諸國의 戰爭과 外交」, 『新羅文化祭學術發表會論文集』 15.
_____, 1999, 「古代의 戰爭과 國家形成」, 『韓國古代史研究』 16.
_____, 2000, 「문헌으로 본 가락국사」, 『가야 각국사의 재구성』(부산대 한국민족문화연구소편), 혜안.
李佑成, 1966, 「李朝後期 近畿學派에 있어서의 正統論의 展開」, 『歷史學報』 31.
李鎔賢, 2001, 「가야의 대외관계」, 『한국 고대사 속의 가야』, 혜안.
李仁哲, 2003, 「斯盧國의 진한소국 정복과 국가적 성장」, 『仁荷史學』 10.
李在賢, 1995, 「弁·辰韓 社會의 발전과정」, 『嶺南考古學』 17.
_____, 2000, 「加耶地域出土 銅鏡과 交易體系」, 『韓國古代史論叢』 9.
_____, 2003, 『弁·辰韓社會의 考古學的 硏究』, 부산대 박사학위논문.
李鍾旭, 1978, 「百濟의 佐平-『三國史記』를 중심으로」, 『震檀學報』 45.
_____, 1979, 「斯盧國의 成長과 辰韓」, 『韓國史研究』 25.
_____, 1996, 「『三國志』 韓傳 정치관계 기록의 사료적 가치와 그 한계」, 『吉玄益敎授停年紀念 史學論叢』.
_____, 1999, 「한국고대사연구 100년」, 『韓國史研究』 105.
_____, 2000, 「풍납토성과 『삼국사기』 초기기록」, 『풍납토성(백제왕성) 보존을 위한 학술회의』, 동양고고학연구소.
李柱憲, 2000, 「阿羅加耶에 대한 考古學的 檢討」, 『가야 각국사의 재구성』(부산대 한국민족문화연구소 편), 혜안.
李淸圭, 2003, 「韓中交流에 대한 考古學的 접근」, 『韓國古代史研究』 32.
_____, 2005, 「사로국의 형성에 대한 고고학적 검토」, 『國邑에서 都城으로-新羅王京을 중심으로』(新羅文化祭學術論文集 26).
李漢祥, 2004, 「三國時代 環頭大刀의 製作과 所有方式」, 『韓國古代史研究』 36.
李賢惠, 1983, 「崔致遠의 歷史認識」, 『明知史論』 창간호.
_____, 1988, 「4세기 加耶社會의 交易體系의 변천」, 『韓國古代史研究』 1.
_____, 1988, 「韓半島 靑銅器文化의 경제적 배경」, 『韓國史研究』 56.
_____, 1989, 「三韓研究의 方法論의 問題」, 『韓國上古史-연구현황과 과제』(韓國上古史學會 편), 민음사.
_____, 1990, 「三韓社會의 농업생산과 철제농기구」, 『歷史學報』 126.
_____, 1994, 「1~3세기 韓半島의 對外交易體系」, 『古代 東亞細亞의 再發見』, 호암

미술관.

李賢惠, 1994,「三韓의 對外交易體系」『李基白先生古稀紀念 韓國史學論叢』(上), 一潮閣.

_____, 1997,「3세기 馬韓과 伯濟國」『百濟의 中央과 地方』, 忠南大 百濟硏究所.

_____, 1997,「삼한의 정치와 사회」『한국사』 4, 국사편찬위원회.

_____, 2001,「加耶의 交易과 經濟」『한국 고대사 속의 가야』(부산대 한국민족문화연구소 편), 혜안.

李炯佑, 1988,「伊西國考」『韓國古代史硏究』 1.

_____, 1991,「斯盧國의 성장과 주변소국 - 西北쪽 진출과 관련하여 -」『國史館論叢』 21.

_____, 1993,「斯盧國의 동해안 진출」『建大史學』 8.

李熙濬, 1997,「新羅考古學 方法論 序說」『韓國考古學報』 37.

_____, 2000,「삼한 소국 형성 과정에 대한 고고학적 접근의 틀」『韓國考古學報』 43.

_____, 2002,「초기 진·변한에 대한 고고학적 논의」『진·변한사 연구』, 경상북도·계명대 한국학연구원.

林起煥, 2000,「3세기~4세기 초 위(魏)·진(晉)의 동방정책」『역사와 현실』 36.

任昌淳, 1959,「辰韓位置考」『史學硏究』 6.

林孝澤, 1993,「洛東江 下流域 土壙木棺墓의 登場과 發展」『三韓社會와 考古學』, 제17회 한국고고학전국대회 자료집.

張志勳, 1997,「古代國家의 統治理念에 대한 一考察-샤머니즘을 중심으로」『韓國史硏究』 98.

全京秀, 1988,「新進化論과 國家形成論-人類學理論의 올바른 적용을 위하여」『韓國史論』 19(金哲埈博士停年紀念號), 서울대.

全德在, 1990,「4-6세기 농업생산력의 발달과 사회변동」,『역사와 현실』 4.

全榮來, 1985,「百濟南方境域의 變遷」『千寬宇先生還曆紀念 韓國史學論叢』, 正音文化社.

_____, 1987,「錦江流域 靑銅器文化圈 新資料」『馬韓·百濟文化』 10.

全鍾國, 1997,「馬韓의 形成과 變遷에 關한 考察」『韓國 古代의 考古와 歷史』(姜仁求 編), 학연문화사.

全海宗, 1983,「『魏略』과 『典略』」『歷史學報』 99·100합.

_____, 1991,「『魏略』과 『翰苑』」『第四屆中國域外漢籍國際學術會議論文集』; 2000,『동아시아사의 비교와 교류』, 지식산업사.

鄭求福, 1986, 「解題」『增修補註 三國史記』(趙炳舜 編), 誠庵古書博物館(再版).
_____, 1996, 「三國史記 解題」『譯註 三國史記』 1(校勘 原文篇), 한국정신문화연구원.
鄭義道, 2002, 「南江流域의 環濠遺蹟」『晉州 南江遺蹟과 古代日本』(인제대 가야문화연구소 편), 신서원.
鄭仁盛, 1996, 「韓半島 出土 (靑銅)鼎의 性格」『古文化』 48.
鄭載潤, 2001, 「魏의 對韓政策과 崎離營 전투」『中原文化論叢』 5.
丁仲煥, 1956, 「辰國·三韓及加羅의 名稱考」『開校十周年紀念論文集』, 부산대.
_____, 1980, 「韓傳에 관한 考說」『譯註考說 中國史料抄(上)』.
鄭夏賢, 1989, 「皇帝 支配體制의 成立과 展開」『講座 中國史』 1(中國古代社會의 研究), 지식산업사.
_____, 1997, 「戰國末-漢初의 鄕村社會와 豪傑」『古代中國의 理解』 3(서울대 동양사학연구실 편), 지식산업사.
趙法鍾, 1994, 「삼한사회의 형성과 발전」『한국사-원시사회에서 고대사회로(2)』, 한길사.
조영훈, 2003, 「三韓 사회의 발전 과정 고찰-辰王의 위상변화와 삼한사회의 분립을 중심으로」『梨花史學研究』 30(申瀅植教授 停年紀念 特輯號).
趙源昌, 2000, 「三國時代 鉞에 대한 인식」『百濟文化』 29.
趙由典, 1990, 「慶北地方 三國時代 前期의 考古學 研究現況」『韓國考古學報』 24.
曺佐鎬, 1973, 「『魏志東夷傳』의 諸問題-그 史料的 價値」『다리』 1973년 9월호; 1979, 「魏志東夷傳의 史料的 價値」『大東文化研究』 13.
朱甫暾, 1995, 「三韓時代의 大邱」『大邱市史』 제1권, 대구광역시.
_____, 1995, 「序說-加耶史의 새로운 定立을 위하여」『加耶史研究-대가야의 政治와 文化』, 경상북도.
_____, 2002, 「辰·弁韓의 成立과 展開」『진·변한사연구』, 경상북도·계명대 한국학연구원.
中央文化財研究院, 2001, 「論山 院北里遺蹟 發掘調查」, 현장설명회자료.
池健吉, 1990, 「長水 南陽里 出土 靑銅器·鐵器 一括遺物」『考古學誌』 2.
_____, 1990, 「南海岸地方 漢代貨幣」『昌山金正基博士華甲紀念論叢』.
千寬宇, 1975, 「三韓의 成立過程」『史學研究』 26.
_____, 1976, 「三韓의 國家形成」『韓國學報』 2·3.
_____, 1976, 「『三國志』韓傳의 再檢討」『震檀學報』 41.
_____, 1979, 「目支國考」『韓國史研究』 24.

참고문헌 275

千寬宇, 1979, 「馬韓諸國의 位置試論」『東洋學』 9.
千惠鳳, 1982, 「새로 발견된 古版本 三國史記에 대하여」『大東文化研究』 15.
崔光植, 1981, 「『三國史記』所載 老嫗의 性格」『史叢』 25, 1981.
_____, 1987, 「古代 國家形成에 대한 理論的 檢討」『新羅文化』 3·4합.
_____, 1994, 「新羅 大祀·中祀·小祀의 祭場 研究」『歷史民俗學』 4.
_____, 1995, 「新羅 上代 王京의 祭場」『新羅王京研究』, 신라문화선양회.
_____, 2001, 「자료소개『天鼓』考古篇」『韓國古代史研究』 22.
_____, 2006, 「한국의 고대국가형성론」『한국고대사입문』 1, 신서원.
崔南善, 1937, 「朝鮮常識-南堂」『每日申報』; 1973,『六堂崔南善全集』 3, 현암사.
崔夢龍, 1983, 「韓國古代國家形成에 대한 一考察-衛滿朝鮮의 例」『金哲埈博士華甲紀念史學論叢』.
_____, 1987, 「韓國考古學의 時代區分에 대한 약간의 提言」『崔永禧先生華甲紀念韓國史學論叢』.
_____, 1991, 「馬韓-目支國 研究의 諸問題」『百濟史의 理解』, 學研文化社.
_____, 1997, 「衛滿朝鮮」『韓國古代國家形成論』(崔夢龍·崔盛洛 편저), 서울대 출판부.
_____, 1997, 「고조선의 문화와 사회경제」『한국사』 4, 국사편찬위원회.
_____, 2000, 「풍납토성의 발굴과 문화유적의 보존」『흙과 인류』, 주류성.
崔炳云, 1982, 「西紀 2世紀 頃 新羅의 領域擴大」『全北史學』 6.
崔秉鉉, 1998, 「原三國土器의 系統과 性格」『韓國考古學報』 38.
崔盛洛, 1992, 「鐵器文化를 통해 본 古朝鮮」『國史館論叢』 33.
_____, 2001, 「馬韓論의 實體와 問題點」『博物館年報』 9, 목포대 박물관.
崔完奎, 2002, 「百濟의 成立과 발전기의 금강유역」『삼국의 성립과 발전기의 남부지방』, 제27회 한국상고사학회 학술발표대회 자료집.
崔鍾圭, 1991, 「무덤에서 본 三韓社會의 構造 및 特徵」『韓國古代史論叢』 2.
_____, 1993, 「東洋의 防禦集落」『松菊里 V-木柵(1)』, 국립공주박물관.
_____, 1993, 「三韓의 裝身具」『素軒南都泳博士古稀紀念歷史學論叢』.
_____, 1996, 「韓國 原始의 防禦集落의 出現과 展望」『韓國古代史論叢』 8.
崔海龍, 1997, 「辰韓聯盟의 形成과 變遷」『大丘史學』 53.
祝恩斌, 1992, 「中國 古代의 皇權問題에 관하여」『中國의 歷史와 文化』(朴元熇 편), 고려대 출판부.
韓昌均, 1992, 「고조선의 성립배경과 발전단계 시론」『國史館論叢』 33.
咸舜燮, 1998, 「天安 淸堂洞遺蹟을 통해 본 馬韓의 對外交涉」『馬韓史研究』, 忠南

大出版部.
許萬成, 1995,「伽倻初期 對新羅關係에서 본 境域에 대한 考察」『釜山史學』28.
洪思俊, 1960,「全北 益山出土 六朝鏡」『考古美術』1-1.
黃義敦, 1956,「詩經의 解說」『東國史學』4.

## 2. 日 文

角林文雄, 1973,「倭人傳考證」『續日本紀研究』166 : 1983,『倭と韓』, 學生社.
岡崎敬, 1971,「日本の古代金石文」『古代の日本9 研究資料』(岡崎敬·平野邦雄 編), 角川書店.
江上波夫, 1965,「日本における民族の形成と國家の起源」『東洋文化研究所紀要』32, 東京大學.
_____, 1982,「扶餘隆の墓誌銘」『對論 騎馬民族說』, 德間書店.
江畑武, 1976,「研究ノート『魏略』の成立年次について」『大阪女子學園短期大學紀要』20.
_____, 1982,「『魏略』の成立年次について-'晉書限斷'論と關連して」『村上四男博士和歌山大學退官紀念 朝鮮史論文集』, 開明書院.
岡田英弘, 1977,『倭國:東アジア世界の中で』, 中央公論新社.
_____, 1978,「『魏志東夷傳』を評す」『古代東アジア史論集(下卷)』(末松保和博士古稀記念), 吉川弘文館.
岡村秀典, 1992,「先史時代中國東北地方の集落と墓地」『東北亞文化의 源流와 展開』, 제11회 馬韓·百濟文化 국제학술회의 자료집.
_____, 1995,「樂浪出土鏡の諸問題」『考古學ジャーナル』392.
菅谷文則, 1991,「倭と大陸-朝鮮半島の古代貿易基地を通じて」『古代の日本と東アジア』(上田正昭 編), 小學館.
高久健二, 1997,「樂浪郡과 三韓과의 交涉形態에 대하여-三韓地域 出土의 漢式 遺物과 非漢式 遺物의 檢討를 중심으로」『文物研究』창간호, 동아시아문물연구학술재단.
高久健二, 1999,「樂浪古墳出土의 銅鏡」『考古歷史學志』15(蓮峯李容珐先生停年退任記念 特輯 東北아시아의 古代銅鏡).
高久健二, 2002,「樂浪郡と三韓」『韓半島考古學論叢』(西谷正 編), すずさわ書店.
高倉洋彰, 1993,「前漢鏡にあらわえた權威の象徵性」『國立歷史民俗博物館研究報告』55.
今西龍, 1916,「眞番郡考」『史林』1-1 ; 1970,『朝鮮古史の研究』, 國書刊行會.

今西龍, 1921, 「百衲本史記の朝鮮傳に就きて」『藝文』12-3; 1970, 『朝鮮古史の研究』, 國書刊行會.
_____, 1922, 「箕子朝鮮傳說考」『支那學』2-10·11; 1970, 『朝鮮古史の研究』, 國書刊行會.
吉田廣, 1993, 「銅劍生產の展開」『史林』76-6.
那珂通世, 1895, 「朝鮮古史考-三韓考」『史學雜誌』6-6; 1958, 『外交繹史』, 岩波書店.
內藤虎次郎, 1910, 「卑弥呼考」『藝文』1-4; 1970, 『內藤湖南全集』7, 筑摩書房.
大庭脩, 2001, 「率善中郎將·率善校尉」『(增補新版) 親魏倭王』, 學生社.
渡部武, 1973, 「漢代養老儀禮における三老五更の問題」『東方學』46.
都出比呂志, 1997, 「都市の形成と戰爭」『考古學研究』173.
稻葉君山, 1914, 「眞番郡の位置」『歷史地理』24-6.
東潮, 1990, 「馬韓文化と鐵」『馬韓·百濟文化』12.
_____, 2000, 「弁韓の鐵」『古代東アジアの鐵と倭』, 溪水社.
鈴木俊, 1948, 「倭人傳の史料的研究」『東亞論叢』6.
末松保和, 1954, 「新羅建國考」『新羅史の諸問題』, 東洋文庫; 1995, 『新羅の政治と社會(上)』(末松保和朝鮮史著作集1), 吉川弘文館.
_____, 1954, 「梁書新羅傳考」『新羅史の諸問題』, 東洋文庫; 1995, 『新羅の政治と社會(上)』(末松保和朝鮮史著作集1), 吉川弘文館.
_____, 1986, 「三國史記(鑄字本) あとがき」『三國史記(鑄字本)』, 學習院大學 東洋文化研究所.
武末純一, 1997, 「考古學からみた弁韓·辰韓と倭」『新羅文化』14.
武田幸男, 1967, 「魏志東夷傳にみえる下戶問題」『朝鮮史研究會論文集』3.
_____, 1980, 「六世紀における朝鮮三國の國家體制」『日本古代史講座』4.
_____, 1980, 「朝鮮三國の國家形成」『朝鮮史研究會論文集』17.
_____, 1990, 「魏志東夷傳における馬韓-辰王と臣智に關する一試論」『馬韓·百濟文化』12.
_____, 1995~1996, 「三韓社會における辰王と臣智」『朝鮮文化研究』2~3.
_____, 1997, 「高句麗と三韓」『隋唐帝國と古代朝鮮』(世界の歷史6), 中央公論社.
白鳥庫吉, 1912, 「漢の朝鮮四郡疆域考」『東洋學報』2-2; 1986, 『朝鮮史研究』, 岩波書店.
寺澤薫, 2000, 「王權の誕生」『王權誕生』, 講談社.
山尾幸久, 1967, 「魏志倭人傳の史料批判」『立命館文學』260; 1972, 『魏志倭人傳』, 講談社.

山尾幸久, 1983,「魏志倭人傳と邪馬台國」『日本古代王權形成史論』, 岩波書店.
三上次男, 1954,「南部朝鮮における韓人部族國家の成立と發展-古代の南朝鮮」『邪馬臺國』(古代史談話會編); 1966,「南部朝鮮における韓人部族國家の成立と發展-韓諸國の發展と辰王政權の成立」『古代東北アジア史研究』, 吉川弘文館.
三品彰英, 1944,「史實と考證-魏志東夷傳の辰國と辰王」『史學雜誌』 55-1.
_____, 1973,「新羅の古代祭政」『古代祭政と穀靈信仰』, 平凡社.
西嶋定生, 1984,「三世紀前後の東アジアと日本-親魏倭王册封の背景」『歷史讀本』 1984-9.
_____, 1994,「'親魏倭王'册封の背景-三世紀の東アジア」『邪馬臺國と倭國-古代日本と東アジア』, 吉川弘文館.
_____, 1999,「'倭韓これに屬す'の解」『倭國の出現-東アジア世界のなかの日本』, 東京大學出版會.
成合信之, 1974,「三韓雜考-「魏志」韓傳にみえる韓の帶方郡攻擊事件をめぐって」『學習院史學』11(末松保和先生退任記念號).
松木武彦, 1998,「'戰い'から'戰爭'へ」『古代國家はこうして生まれた』(都出比呂志 編), 角川書店.
水野祐, 2001,「三角緣神獸鏡と卑彌呼の'銅鏡百枚'」『日本古代史の謎』, 自由國民社.
植木武, 1996,「初期國家の理論」『國家の形成』, 三一書房.
窪添慶文, 1981,「樂浪郡と帶方郡の推移」『東アジア世界における日本古代史講座』 3, 學生社.
王震中, 2000,「中國における古代國家の起源-研究の回顧と視點」『國學院雜誌』 101-10.
栗原朋信, 1964,「邪馬台國と大和朝廷」『史觀』 70; 1978,『上代日本對外關係の研究』, 吉川弘文館.
伊藤德男, 1935,「魏略の製作年代に就いて」『歷史學研究』 4-1.
長山泰孝, 1992,「國家形成史の一視覺」『古代國家と王權』, 吉川弘文館.
田中俊明, 1998,「加耶と倭」『古代史の論點4-權力と國家と戰爭』(都出比呂志·田中琢 編), 小學館.
田村專之助, 1940,「魏略·魏志東夷傳の性質(上)」『歷史學研究』 79.
田村晃一, 1994,「樂浪郡設置前夜の考古學(1)-淸川江以北の明刀錢出土遺跡の再檢討」『東アジア世界史の展開』, 汲古書院.
井上幹夫, 1978,「『魏志』東夷傳にみえる辰王について」『續律令國家と貴族社會』(竹

　　　　　內理三博士古稀紀念), 吉川弘文館.
＿＿＿, 1983,「三國志の成立とそのテクストについて」『季刊 邪馬臺國』18, 梓書店.
井上秀雄, 1974,「新羅兵制考」『新羅史基礎研究』, 同出版.
＿＿＿, 1989,「中國の歷史書に現れた二,三世紀の韓國と倭國」『東アジアの古代文化』61.
鄭早苗, 1981,「中國周邊諸民族の首長號-『後漢書』『三國志』より」『村上四男博士和歌山大學退官紀念 朝鮮史論文集』, 開明書店.
鳥越憲三郎, 1992,『古代朝鮮と倭族』(1999년 重版), 中央公論新社.
佐原眞, 1988,「初め戰爭はなかった-考古學からみた戰爭の歷史」『戰爭と平和と考古學』, 反核考古學研究者の會.
朱紹侯, 1986,「『三國志』東夷傳を讀む-魏晉時期の中國と朝鮮·日本の文化交流について」『東アジア世界史探究』, 汲古書院.
池內宏, 1951,「曹魏の東方經略」『滿鮮史硏究』上世第一册, 吉川弘文館.
＿＿＿, 1951,「眞番郡の位置について」『滿鮮史硏究』上世第一册, 吉川弘文館.
津田左右吉, 1922,「三國史記高句麗紀の批判 附錄 眞番郡撤廢·玄菟郡移轉の事情及び高句麗建國の年代について」『滿鮮地理歷史研究報告』9 ; 1946,『津田左右吉全集』제12권, 岩波書店.
村上正雄, 1976,「'辰國'臆斷」『朝鮮學報』81.
＿＿＿, 1978,「『三國志』魏志韓傳の一考察」『古代東アジア史論集(下卷)』(末松保和博士古稀記念), 吉川弘文館.
坂田隆, 1989,「三韓に關する一考察」『東アジアの古代文化』59.
豐田久, 1980,「周王權の君主權の構造について:'天命の膺受'者を中心に」『西周靑銅器とその國家』(松丸道雄 編, 東京, 東京大學出版會).

## 3. 中 文

羅繼祖, 1995,「辰國三韓考」『北方文物』1995-1.
文崇一, 1958,「濊貊民族文化及其史料」『民族學研究所集刊』5, 臺北: 中央研究院.
吳金華, 2000,「『三國志』待質錄」『三國志叢考』, 上海古籍出版社.
吳其昌, 1936,「金文名家疏證(一)」『武大文史哲季刊』5卷 3期.
汪文, 1991,「漢書」『二十五史導讀辭典』, 華齡出版社.
王綿厚, 2004,「關于漢"四郡"中眞番臨屯二郡地望的再考察」『高句麗與濊貊研究』, 哈爾濱出版社.

王保頂, 2000, 「『三國志』評價」『史著英華(2)』(中國典籍精華叢書 第6卷), 中國青年出版社.
李慶發·張克擧, 1987, 「遼寧西部漢代長城調查報告」『北方文物』 1987-2.
林澐, 1965, 「說王」『考古』 1965年 6期.
張軍, 1998, 「辰國小考」『北方文物』 1998-2.
張博泉, 2004, 「明刀幣研究續說」『北方文物』 2004-4.
張元濟, 1999, 「三國志校勘記整理說明」『百衲本二十四史校勘記－三國志校勘記』, 商務印書館.
張連城, 1991, 「三國志」『二十五史導讀辭典』, 華齡出版社.
倉修良, 2000, 「鄭樵和『通志』」『史家·史籍·史學』, 山東敎育出版社.
項春松, 1981, 「昭烏達盟燕秦長城遺址調查報告」『中國長城遺蹟調查報告集』, 文物出版社.

## 4. 英 文

A. Dirlik, 2000, "Is There History after Eurocentrism? Globalism, Postcolonialism, and the Disavowal of History", *History after the Three Worlds: Post-Eurocentric Historiographies*, (eds.) A. Dirlik et al., Lanham: Rowman & Littlefield Publishers.

A. Giddens, 1977, "Notes on the Theory of Structuration", *Studies in Social and Political Theory*, New York: Basic Books.

A. Gilman, 1981, "The development of social stratification in Bronze Age Europe", *Current Anthropology*, vol.22.

A. Southall, 1974, "State formation in Africa", *Annual Review of Anthropology*, vol.3.

_____, 1991, "The Segmentary State: From the Imaginary to the Material Means of Production", *Early State Economics*, (eds.) H. J. M. Claessen and P. van de Velde, New Brunswick: Transaction Publishers.

A. Wendt, 1994, "Collective Identity Formation and the International State", *American Political Science Review*, vol.88 no.2.

B. G. Trigger, 1986, "Ethnohistory: The Unfinished Edifice", Ethnohistory, vol.33.

_____, 1993, "The State-Church Reconsidered", *Configurations of Power*, (eds.) J. S. Henderson and P. J. Netherly, Ithaca: Cornell Univ. Press.

B. Stein, 1977, "The segmentary state in South Indian history", *Realm and*

*region in traditional India*, (ed.) R. G. Fox, Durham: Duke Univ. Press.
C. C. W. Taylor, 1999, "Politics", *The Cambridge Companion to Aristotle*, (ed.) J. Barnes, Cambridge: Cambridge Univ. Press.
C. K. Maisels, 1987, "Model of social evolution: trajectories from the Neolithic to the State", *MAN*, vol.22(new series).
C. Renfrew, 1986, "Introduction: peer polity interaction and socio-political change", *Peer polity interaction and socio-political change*, (eds.) C. Renfrew and J. Cherry, Cambridge: Cambridge Univ. Press.
C. Renfrew and P. Bahn, 1991, "What did they think? cognitive archaeology, art, and religion", *Archaeology: theories, methods, and practice*, New York: Thames and Hudson.
D. Webster, 1998, "Warfare and Status Rivalry: Lowland Maya and Polynesian Comparisons", *Archaic States*, (eds.) G. M. Feinman and J. Marcus, Santa Fe: School of American Research Press.
E. R. Service, 1993, "Political Power and the Origin of Social Complexity", *Configurations of Power*, (eds.) J. S. Henderson and P. J. Netherly, Ithaca: Cornell Univ. Press.
F. Braudel, 1980, "Toward a Serial History: Seville and the Atlantic, 1504~1650", *On History*, Chicago: The Univ. of Chicago Press.
F. M. Watkins, 1968, "State: The Concept", *International Encyclopedia of the Social Sciences*, (ed.) D. L. Sills, New York: The Macmillan Company & The Free Press.
F. R. Ankersmit, 1994, "The Origins of Postmodernist Historiography", *Historiography Between Modernism and Postmodernism: Contributions to the Methodology of the Historical Research*, (ed.) J. Topolski, Amsterdam: Rodopi B. V..
G. Stein, 1994, "Segmentary States and Organizational Variation in Early Complex Societies: A Rural Perspective", *Archaeology Views from the Countryside: Village communities in early complex societies*, (eds.) G. M. Schwartz and S. E. Falconer, Washington: Smithsonian Institution Press.
H. Bowden, 1993, "Hoplites and Homer: Warfare, hero cult, and the ideology of the polis", *War and society in the Greek world*, (eds.) J. Rich and G. Shipley, London: Routledge.

J. A. Henretta, 1979, "Social History as Lived and Written", *The American Historical Review*, vol.84.

J. C. Barrett, 2002, "Agency, the Duality of Structure, and the Problem of the Archaeological Record", *Archaeological Theory Today*, (ed.) I. Hodder, Cambridge: Polity.

J. Friedman, 1975, "Tribes, states, and transformations", *Marxist Analyses and Social Anthropology*, (ed.) M. Bloch, New York: John Wiley and Sons.

J. Friedman and M. J. Rowlands, 1978, "Notes towards an epigenetic model of the evolution of 'civilisation'", *The Evolution of Social System*, (eds.) J. Friedman and M. J. Rowlands, Pittsburgh: Univ. of Pittsburgh Press.

J. Gledhill, 1995, "Introduction: the comparative analysis of social and political transitions", *State and Society: The Emergence and Development of Social Hierarchy and Political Centralization*, (eds.) J. Gledhill et al., New York: Routledge.

J. Gledhill and M. Larsen, 1982, "The Polanyi Paradigm and a Dynamic Analysis of Archaic States", *Theory and Explanation in Archaeology*, (eds.) C. Renfrew et al., New York: Academic Press.

J. Le Goff, 1985, "Mentalities: a history of ambiguities", *Constructing the Past: Essays in Historical Methodology*, (eds.) J. Le Goff and P. Nora, Cambridge: Cambridge Univ. Press.

J. W. Fox, 1995, "Hierarchization in Maya segmentary states", *State and society: The Emergence and Development of Social Hierarchy and Political Centralization*, (eds.) J. Gledhill et al., New York: Routledge.

J. W. Fox et al., 1996, "Questions of Political and Economic Integration: Segmentary versus Centralized States among the Ancient Maya", *Current Anthropology*, vol.37.

Bong-won Kang, 1995, "The Role of Warfare in the formation of the State in Korea: Historical and Archaeological Approaches", a dissertation to the Univ. of Oregon.

K. Ekholm, 1978, "External exchange and the transformation of Central African social systems", *The Evolution of Social System*, (eds.) J. Friedman and M. J. Rowlands, Pittsburgh: Univ. of Pittsburgh Press.

K. G. Hirth, 1996, "Political economy and archaeology: Perspectives on exchange

and production", *Journal of Archaeological Research*, vol.4 no.3.
K. Polanyi, 1971, "The Economy As Instituted Process", *Trade and Market in the Early Empires: Economies in History and Theory*, (eds.) K. Polanyi, C. M. Arensberg, and H. W. Pearson, Chicago: Henry Regnery Company.
K. Raaflaub, 1991, "City-State, Territory, and Empire in Classical Antiquity", *City-States in Classical Antiquity and Medieval Italy*, (eds.) A. Molho et al., Ann Arbor: Univ. of Michigan Press.
K. V. Flannery, 1972, "The Cultural Evolution of Civilizations", *Annual Review of Ecology and Systematics*, vol.3.
K. F. Otterbein, 1999, "A Histoiry of Research on Warfare in Anthropology", *American Anthropologist*, vol.101.
M. C. Webb, 1975, "The Flag Follows Trade: An Eassy on the Necessary Interaction of Military and Commercial Factors in State Formation", *Ancient Civilization and Trade*, (eds.) J. A. Sabloff and C. C. Lamberg-Karlovsky, Albuquerque: Univ. of New Mexico Press.
M. H. Fried, 1961, "Warfare, Military organization, and the Evolution of Society", *Anthropologica*, vol.3.
_____, 1968, "State: The Institution", *International Encyclopedia of the Social Sciences*, (ed.) D. L. Sills, New York: The Macmillan Company & The Free Press.
M. Howard, 1984, "The Influence of Clausewitz", *On War*, (eds. and trans.) M. Howard and P. Paret, Princeton: Princeton Univ. Press.
M. N. Cohen, 1981, "The Ecological Basis of New World State Formation: General and Local Model Building", *The Transition to Statehood in the New World*, (eds.) G. D. Jones and R. R. Kautz, New York: Cambridge Univ. Press.
M. Stuart-Fox, 1999, "Evolutionary Theory of History", *History and Theory*, vol.38.
P. B. Roscoe, 1993, "Practice and Political Centralisation: A New Approach to Political Evolution", *Current Anthropology*, vol.34.
P. Cartledge, 1983, "'Trade and Politics' revisited: Archaic Greece", *Trade in the Ancient Economy*, (eds.) P. Garnsey et al., London: The Hogarth Press.

P. H. Hutton, 1981, "The History of Mentalities: The New Map of Cultural History", *History and Theory*, vol.20.

P. L. Kohl, 1992, "State Formation: Useful Concept or Idée Fixe?", *Power Relations and State Formation*, (eds.) T. C. Patterson and C. W. Gailey, Salem: Sheffield Publishing Company.

P. R. Campbell, 1998, "The new history: the Annales school of history and modern historiography", *Historical controversies and historians*, (ed.) W. Lamont, London: UCL Press.

P. Skalník, 1983, "Questioning the Concept of the State in Indigenous Africa", *Social Dynamics*, vol.9.

_____ 1989, "Outwitting the State: An Introduction", *Outwitting the State*, (ed.) P. Skalník, New Brunswick: Transaction Publishers.

R. A. Gould, 1978, "From Tasmania to Tucson: New Directions in Ethnoarchaeology", *Explorations in Ethnoarchaeology*, (ed.) R. A. Gould, Albuquerque: Univ. of New Mexico Press.

_____, 1990, "The Emics and Etics of Ethnoarchaeology", *Recovering the Past*, Albuquerque: Univ. of New Mexico Press.

R. D. S. Yates, 1999, "Early China", *War and Society in the Ancient and Medieval Worlds*, (eds.) K. Raaflaub and N. Rosenstein, Cambridge: Harvard Univ. Press.

R. L. Carneiro, 1970, "A Theory of the Origin of the State", *Science*, vol.169.

_____, 1988, "The Circumscription Theory", *American Behavioral Scientist*, vol.31 No.4.

R. Pearson, 1979, "The role of Lolang in the rise of Korean chiefdoms and states", *Journal of the Hong Kong Archaeological Society*, vol.7.

S. H. Rudolph, 1987, "Presidential Address: State Formation in Asia - Prolegomenon to a Comparative Study", *The Journal of Asian Studies*, vol.46.

S. J. Tambiah, 1977, "The Galactic Polity: The Structure of Traditional Kingdoms in Southeast Asia", *Annals of The New York Academy of Sciences*, vol.293(Anthropology and the Climate of Opinion), (ed.) S. A. Freed, New York: The New York Academy of Sciences.

T. H. Charlton and D. L. Nichols, 1997, "The City-State Concept: Development and Applications", *The Archaeology of City-States: Cross-Cultural Approaches*, (eds.) D. L. Nichols and T. H. Charlton, Washington: Smithsonian Institution Press.

T. Fararo and J. Skvoretz, 2002, "Theoretical Integration and Generative Structuralism", *New Directions in Contemporary Sociological Theory*, (eds.) J. Berger and Jr. M. Zelditch, Oxford: Rowman & Littlefield Publishers.

V. Steponaitis, 1997, "Contrasting patterns of Mississippian development", *Chiefdoms: Power, Economy, and Ideology*, (ed.) T. Earle, New York: Cambridge University Press.

W. L. Rathje and R. H. McGuire, 1982, "Rich Men Poor Men", *American Behavioral Scientist*, vol.25.

# 찾아보기

## ㄱ

加　216, 217
加羅　221~226, 235, 237
柯羅　224
駕洛國　176, 181, 203, 206, 230
『駕洛國記』　203, 226
加賜　99
加城　180
加召城　180
가야　177, 205, 240
加耶前期　205, 206
加優呼　96~99, 133, 199, 219
賈耽의『古今郡國志』　128
加號　95, 99
干　183
馯　90
諫官　52
갈등론　36
竭火　225, 227
甘文國　178, 179, 182
『疆域考』　221, 224
강제설(갈등설)　2, 36
강제적 권력(coercive power)　38, 241
개방적 네트워크　237, 239
居道　180
渠帥　100, 101, 105, 106, 183, 184, 210, 215, 216, 218, 220, 243
居柒山國　180
遣使　150, 197
계림　176

계열사　17
高句麗　85, 124~127, 129, 130~133, 190
高句麗의 王　217
古金海灣　230
고대 국가의 유형　12
고대 국가의 진화　12
고대의 교역　35
고대의 祭場　179
古墳　249
古史浦國　226
古尒王　142, 143, 148, 149, 153, 154, 191, 198, 244
古朝鮮　45
고조선의 국가형성　56
고조선의 발전단계　46
骨伐國　178, 179, 182, 183, 186
骨伐國王　179
骨浦　226
공공의 식사　42, 147, 193
公權力　36, 241
공동의 이익　236
公民(citizen)　10
公孫康　131, 228
公孫氏　131, 132, 136, 137
公孫度　78
公州 公山城 출토 虺龍文鏡　110
공주 공산성　158
공주 봉안리　86, 158
과도기의 지배자　44
毌丘儉　84, 123, 126, 130, 148

『冊丘儉記』 214
關門社會(gateway community) 228, 234, 239
關門城石刻 176
官服制 144, 148
觀射 141, 142
『管子』 65
官品制 144, 148
광역의 정치권력 32
廣域的 왕 117
槐谷城 143, 190
交易權 36, 227
교역도시 233
拘邪國 100
狗邪國 96, 131~133, 138, 203, 205, 206, 208, 209, 214, 218, 219, 221~224, 226, 228, 229, 230~233, 235~237, 239, 240, 246, 247
狗邪韓國 214, 233, 238, 246
구조화(structuration) 4
國 182, 188
國家(王權)의 형성 30
국가(state) 1~3, 5, 6, 12, 13, 36~39, 43, 44, 241, 243, 248
국가와 종교 6
국가의 진화 13
국가의 출현 29
국가이론 6
국가형성의 조건 37
국민국가(nation-state) 1, 6
國邑 184, 186, 187
국의 크기 187
國人 10
國人制(politeia) 10, 11
郡 단위로 복속된 國 182, 186

軍事權 38, 39, 40, 44, 241
군사수장 42, 52
군사지도자 38, 42, 43, 44, 44, 241
군사통수권 43
君臣會議 146, 191
郡으로 복속되는 國 182
君長(chief) 44, 243
君長社會(chiefdom) 8, 16, 57, 187, 188
君主制(monarchy) 10
鬼神祭祀 186
貴族制(aristocracy) 10
귀족회의 장소 146, 147
귀족회의 144, 146, 191
극장국가(theatre state) 8
近接戰 31
金官國 208, 220, 221
기능설(통합설) 2
기리영 118
崎離營 전쟁 117, 126, 138, 139, 140, 148, 153, 154, 190, 244, 245
기리영 전쟁의 발발 시기 123
기리영 전쟁의 배경 134
祈雨 193, 194
箕子朝鮮 45, 48, 87, 88, 91
김해 양동리 202
김해 예안리 203
김해지역의 古環境 230
김해평야 229

ㄴ

낙동강 수로 230, 233
洛東江 178, 233, 234

낙랑군 중심의 군현체제 137
낙랑군 중심의 내륙 루트 133
樂浪郡 31, 85, 87, 112~114, 123~
　126, 129, 131~134, 135~138, 14
　1~143, 159, 162, 190, 196, 227,
　228, 233, 240, 247
낙랑군과 변한의 교역로 227
樂浪郡 南部都尉 129
樂浪邊民 140, 141, 143
낙랑태수 鮮于嗣 129
南宮 145
南堂 144~148, 191~196, 198, 246,
　252
南堂의 잔치 147, 193, 196
南堂의 정사 194, 195
南堂政治 145, 148, 244, 246
남당정치체제 148
南堂聽事 144
南堂會議 144, 191
내륙교역체계 240, 247
내부자의 관점(Emics) 251
爐形土器 203
錄囚 192
농경 23
농경과 전쟁 27, 29
累石壇 29

## ㄷ

多伐國 177, 179
다선 진화(multilinear evolution) 13
短頸壺 116
단군신화 46
檀君朝鮮 45

單單大領 125, 127
단선 진화 13
단순 군장사회 189
단일연맹 207~209
단조철기 163
達句火 178
대구 팔달동 유적 163
大國 99, 186, 188, 189, 190, 199,
　216, 219, 220, 221
大國의 稱王 51, 55
大君長 100
대등한 정치체(peer polity)간의 상
　호작용(interaction) 60
대등한 정치체 13, 236
大樂浪郡體制 131, 132
對馬島 214, 228, 238, 246
대방군 중심의 해상 교통로 133
帶方郡 31, 80, 117, 118, 123, 131~
　138, 141~143, 152, 190, 196, 214,
　228, 231, 233, 237, 240, 246, 247
대방군의 설치 228
帶方太守 弓遵 123
帶方太守 劉昕 129
大夫 52
臺附壺 203
大祀 179
대외교역 44, 234, 237, 238, 241,
　252
대외교섭권 244
大人 183
대칭 241
대형 옹관고분(분구묘) 250
都堂 145
도덕적 권위(moral authority) 38,
　42, 44, 241

도덕적 신비성  39
『道里記』  67
都市國家(city-state)  11~14, 47, 236
독점  241
銅鍑  228
銅鏡  34, 113, 228
東部都尉  125, 131
東北工程  48
동양적 전제주의(oriental despotism)  7
東濊  130
東沃沮  126
東夷校尉  149, 152, 153
東夷王號  106
銅鼎  34, 228
東胡  72, 73, 74, 76, 77, 79
杜佑  169

## ㄹ

렉스  44

## ㅁ

馬技  180
馬端臨  169
馬頭城  180
馬頭柵  130
麻立干  194
馬叔  180
마키아벨리즘(Machiavellism)  5
馬韓 國邑  94, 116
馬韓  87
馬韓聯盟體 聯盟長(盟主)  116
馬韓聯盟體  93, 102, 164
馬韓王  93, 94, 102, 103, 116, 117, 149, 151, 153, 154, 172, 198, 199, 244, 246, 248
馬韓王의 등장 시점  154
馬韓王의 입공  153
馬韓의 辰王  217
馬韓의 對晉交涉  151
馬韓의 등장 시점  86
馬韓의 성립  86
馬韓의 辰王  171, 172
馬韓人  172
馬韓主  149, 151
蠻貊  62
滿番汗  74~79, 82
靺鞨  137
貊  62, 126~129, 191
貊國  128, 129
貊人  128, 140, 152
明堂  195
明刀錢  32, 35, 74, 75, 81
冒姓韓氏  89
木槨墓  92, 203, 249
木棺墓  163, 202, 203
目支國  93, 94, 97, 98, 101~105, 107, 108, 111, 114~117, 119, 140, 164, 171, 172, 199, 210
目支國의 臣智  97, 98
目支國의 위치  104
木柵  23, 24, 25, 26, 187
夢村土城  153
廟島列島  60, 67, 68, 242
巫王(shaman-king)  41
文身  203
문학의 사회학  19

『文獻通考』 169
文縣 75
문화사 지향의 새로운 역사학 18
문화사 18, 19
문화적 다양성 7, 17
物流 31
미시사 17
味鄒王 198, 246
민족고고학(ethnoarchaeology) 17
민족역사학(ethnohistory) 17
민족학적 방법론(ethnological methodology) 7, 9, 17, 20

ㅂ

바실레우스 44
『博物志』 59, 65, 91, 127, 242
반란 237, 239
頒賜 196
防禦施設 23
방어취락 23, 24, 25, 26
裵松之 167
百衲本『三國志』 118, 121
百濟 94, 119, 190
伯濟國 105, 138, 139, 149, 150, 152, 154, 191, 197, 244
樊濊 215, 216
番汗縣 75
伐 182
伐國 182
邊郡 49, 50, 51
弁辰 12국 205
弁辰 201, 205, 206
弁辰狗邪國 96

弁辰安邪國 96
弁辰王 210
변한 왕의 소멸 240
弁韓 12國 206～210, 215, 216, 221
弁韓 201, 204, 206
변한소국연맹 205
弁韓聯盟 208, 236
弁韓王 210, 215, 234, 238, 240, 246, 247, 248
변한왕의 존재양태 233
弁韓의 總王 221
변한의 대외교역체계 238
변한의 성립과정 204
변한의 성립시기 203
변한의 중심국 238
弁韓布 204
別邑 186
寶菓 152
寶器 34
服虔 158, 159, 159
복합 군장사회 189
복합 정치체 14
봉건제(Feudalism) 9
烽山城 143, 190
不耐濊王 137
不耐侯 126, 135, 137
部落 184
負兒嶽 146, 147
부여 송국리 유적 26
부여 합송리 86, 158
夫餘 124, 127
扶餘隆墓誌銘 114
夫餘의 王 217
否王 53, 56, 243
斧鉞 43

部族國家  16
部從事  123
部體制  16
『北史』新羅傳  167
分權國家(segmentary/decentralized state)  7~9, 12~14, 252
분권적인 구조  196
분산적(segmentary) 구조  236, 237, 239
卑狗  216
卑彌呼  132
比斯伐  178
比子伐  178
比自火  178
比只國  177, 178

【入】

『史記』通行本  155
『史記』北宋本  155
『史記』의 판본  156
沙梁伐國  180, 182
四靈地  146
斯盧(진한) 6村  186
斯盧國  165, 166, 173, 17~179, 180, 181, 182, 186, 187, 189~191, 196, 197, 198, 218, 240, 245
四方의 甸有者  39
沙伐國  180, 181, 189, 197
4세기 분기론  250
『謝承의 後漢書』  83, 84
司祭王(priest-king)  38, 41
사회사  15, 18, 19
山戎  65

『山海經』의 韓鴈  90
殺奚  215, 216
『三國史記』高麗本  223
『三國史記』鑄字本(顯宗實錄字本)  224
『三國史記』通行本  223
『三國史記』의 馬韓  94
『三國史記』의 貊  128
삼국시대의 '前史'  249
『三國志』東夷傳의 底本  54
『三國志』동이전의 전거 사료  213
『三國志』삼한 기사의 하한  173
『三國志』倭人條  214
『三國志』의 판본  171
『三國志注』  167
三山  179
三晉  61
三韓(馬韓)正統論  88
三韓  83
三韓과 중국의 왕래  85
삼한시대  249, 250
삼한시대론  249, 250
삼한의 교역체계  245
삼한의 國  187
삼한의 기원  161
삼한의 읍락  183, 184
三韓總王說  87, 88, 165
上谷郡  72
『尙書孔氏傳』  90
『尙書孔氏傳』의 駧  91
商人王  233
상징성  237, 239
상징적 헤게모니  237, 239
象徵品(symbolic objects)  33
상호작용(interaction)  4

새로운 문화사  18, 19
생활사  17
徐那伐  159, 164, 180, 182
서낭  29
西晉  31, 152, 245
西晉과의 교역  244
西晉製 陶器  153
西韓王  94, 102
石棺墓  115
石器  27
『釋名』  85
石堆  28
鮮國師  91
鮮卑  73
선사시대  14
單于  85, 216
城邑國家  16, 47, 187, 189
城柵  187
세속성  237, 239
細形銅劍  115
細形銅劍文化  109
小國  16, 186, 188~190, 216, 220
小國聯盟  221
蘇塗  186
蘇馬諟  85
召文國  178, 179, 182
소백산맥  245
小別邑  209, 237
小聯盟國  189
蘇秦  63, 64, 68~71
屬國  48, 50, 51, 57
屬民  48, 50, 51, 57, 81
屬의 의미  196, 245
屬의 해석  49
宋  71

首露王  175, 176, 203, 208, 230
수장  38, 241
수장사회  16, 189
『詩經』韓奕篇  90
新羅  143, 177, 198, 225, 227, 240
新羅의 변경  226
新文化史  18
新彌國  150
臣濆沽國  100, 120, 122, 132, 134~
　　138, 140~143, 148, 190, 199, 244
臣濆活國  96, 119
新史學  15, 16, 19, 20
신석기시대  29
臣雲新國  96, 100, 132, 138, 199
臣智  96~99, 105, 106, 119, 133,
　　134, 184, 189, 196, 215, 216, 219
臣智加優呼  132
신진화론  15
悉直谷國  174
悉直國  174~176, 179, 183, 186,
　　190, 196
深鉢形土器  116
심성(mentality)  4
심성사(history of mentalities)  4
十臣會議  146
十濟  190
씨족제도  36

ㅇ

아날학파(Annales)  15
阿羅  223, 225, 226
阿羅國  222
阿音夫  178

阿殘　162
安邪國　96, 100, 132, 133, 138, 208, 218, 219, 221~224, 226
押督國　174, 176, 177, 179, 182, 183, 186, 190, 196
押梁　176
押啄　176
邪馬臺國　132, 134
略屬의 의미　81
養老　193, 194
『梁書』新羅傳　167
兩耳附壺　115, 116
襄平　72, 76
魚夋　170
歷谿卿　157
역사시대　14
역사인류학　18, 19
역사적 맥락　7, 17
역사적 사회과학　19
燕 昭王　69, 70, 79
燕 長城　72, 76, 77
燕　49, 51, 55, 56, 58~60, 62~82, 160, 242, 243
燕代의 遼東郡　50
연맹　57, 208, 235, 236, 248
연맹론　248, 249, 250
연맹왕국　57, 248
연맹의 개념　235
聯盟體　208, 221, 235, 236, 248
연안 해로　230, 233
연역적 방법론　19
燕의 伐齊　72
燕의 國喪　65
燕의 전성기　66, 79
연합집단의 조직(organization of corporate groups)　9
연합체　208, 235
연회　147
閱兵　141, 142
廉斯鑡　85, 131, 159, 204
廉斯國　96
『鹽鐵論』　59, 65, 69, 73, 77, 242
領東濊　125, 127~129, 130, 131
領西貊　129, 131, 190
領西濊　126, 127, 137
領域國家(territorial state)　10~13, 55, 242, 252
영역한계　230, 231
瓔珠　35
永川菁堤碑－貞元銘　176
영해권　176
獩貊　127
獩貊國　126
濊(不耐濊)　127
濊(穢)貊朝鮮　62
濊　31, 62, 92, 100, 123, 125~134, 137, 158, 232, 233
濊貊　125~127, 130~138, 139, 140
濊의 不耐濊王　217
濊族　175
吳　84, 85
吳林　123
烏桓(丸)　73
沃沮　130, 132, 133, 183, 184
雍公叡　212
옹관묘　202
瓦質土器　92, 202, 250
王(king)　32, 38, 43, 44, 217, 218, 241, 243, 248
왕권(kingship)　5, 39, 40, 43, 241

왕권의 독점성　39
왕권의 양면성　39
王墓　249
王의 政廳　191
왕의 탄생　42
王沈의 『魏書』　54, 214
倭　31, 114, 131~134, 136, 196, 203, 214, 228, 231~233, 237~239, 246
倭의 女王　217
외래계 위세품　36
外來系 유물　34
외래교역품　228
외부자의 관점(Etics)　251
遼東國　50
遼東郡　49, 72, 75~78, 152
姚思廉　167
右渠王　155
于老　130, 180
于尸山國　180
울산 검단리 마을유적　25
원거리 전투　31
원거리교역　32
原三國時代　249
원시사회　241
원시전쟁　21
遠心性　234, 236, 238
月支國　93, 101, 172, 210
魏　51, 61, 71, 84, 85
魏鏡　112
『魏略』　50, 107, 157, 170, 211~213, 232
『魏略』의 서술 하한　212
衛滿　54
衛滿朝鮮 유민　87
衛滿朝鮮　110, 160~163, 202, 204

威勢品(prestige goods)　32, 35, 42, 113, 114, 158
魏率善官　101
魏率善邑君　95
魏率善韓佰長 銘 銅印　100
威信財　34
魏의 동방정책　135
魏政府의 기록　214
魏志　170
유리장신구　228
유이민 사회　87
劉知幾　212
은하정치체(galactic polity)　8, 236~248, 252
邑汁伐國　174~176, 182, 183, 186, 189, 190
邑君　100, 132
邑落　183~185, 188, 217
邑落國家　16, 47
挹婁　183, 184
邑勒　184, 185
邑長　132
邑借　184, 189, 196, 215, 216
醫巫閭山　76, 77
儀式(宴)政治　148
儀式(ritual)　4, 8, 9
儀式　9, 21, 29, 42, 146, 147, 194, 195
의식과 전쟁　22
儀式을 통한 정치　195
儀式的인 전쟁(ritual war)　21
儀式政治　195, 196, 246, 252
儀仗　27
儀仗品　32
伊都國　134

伊西古國　179
伊西國　179, 180, 190, 196
益山 平章里 출토 蟠螭文鏡　110
익산 평장리　158
인류학적 방법론(anthropological methodology)　7, 17, 20
인자(agent)　3, 4, 6, 9, 19
인지고고학(cognitive archaeology)　4
一大率　134
『日知錄』　85
入貢　85, 149, 151, 153, 196

ㅈ

自支國　101
子之의 亂　63~65, 70, 242
紫貝　67
잔치(宴)　193, 194
『潛夫論』　89
장거리 교역(long-distance trade)　30, 31
장수 남양리　86, 158
長帥　106, 183, 217, 220
張楚金　212
張華　127, 150
재분배 잔치　42, 147, 193
赤南 長城　72, 76
戰國系 철기　162
戰國系-朝鮮系 遺民　162
戰國時代　61
『戰國縱橫家書』　64
前期加耶　205, 206
前期加耶聯盟　205, 208, 236
前期論　205

全北 益山 金馬面 출토 後漢鏡　111
全北 益山 三箕面 蓮洞里 출토 銅鏡　111
全北 長水 南陽里　109
前史論　205
傳世品　112
전쟁(war)　21, 22, 42, 43
전쟁과 교역　30
전쟁과 왕　43
전쟁과 제사의 동반관계　142
전쟁시의 수장　38
전쟁의 기원　22
전쟁의 심화　30
전쟁지도자　52
전제주의(absolutism)　5
전통 역사학　15
前漢鏡　110, 111, 158
粘土帶土器文化　86
貞觀연간의 사서　169
정복국가　46, 56
精夫　216
政事嵓　146, 147
丁若鏞　208, 221, 224
正殿　192, 194, 195
定着農耕　22, 23, 27, 29
齊　51, 55, 59~72, 78, 79, 82, 160, 242, 243
諸國　208, 209, 234, 236, 237, 238, 239
제사　29, 42, 141, 147, 179
祭祀權　38~41, 44, 241
제사와 군사　38, 39
제사와 전쟁　40, 241
제사장　38, 44, 241
諸臣智　101

齊의 보배조개　67
祭政　195
祭政 분리　41, 145
祭政一致　38
祭天　41, 142
祭天祀地　142
趙　59, 61, 66, 71
朝貢　113, 136, 150
朝鮮-燕-齊 3국의 상호관계　60
朝鮮과 遼東　68, 69
朝鮮王　51, 53, 56, 57, 242, 243, 248
朝鮮遺民　87, 159~161, 164
朝鮮의 文皮　67
朝鮮의 약화　82
朝鮮의 遼東　68, 69
朝鮮侯　56, 243
造陽　72
朝元殿　194, 195
組合式牛角形把手附壺　203
種落　184
左將　141
左將制　142~144, 148, 244
주구토광묘　115
주머니호　203
主帥　184
주조철기　86, 163
竹嶺　143, 178, 179
準王　53~56, 86~90, 92, 93, 243
중계교역　135
중계권　231, 239
중국 망명인　161
衆國　90, 155, 156, 157
중국계 외래물품　115
중국계 유민　161
中山　51

중심국　236, 237
중앙집권국가　7~9, 12, 14
『增補文獻備考』　108
지석묘　202
지역 정치체　14
지역연맹　207~209
地域的 왕　117
지역적 결속　37
支侵國　105
秦　49, 59, 61, 71, 77, 86, 162, 163, 166
晉　61, 62, 149, 150, 151, 197, 198
秦開　58, 59, 61, 66, 72, 74, 76, 77, 79, 82
辰國　90, 93, 106~111, 114, 154, 155~158, 161, 166, 171, 244
辰國과 前漢의 교섭　110
辰國王　93
辰國의 위치　108, 157, 158
秦代의 遼東郡　50
眞番　80, 81, 157
眞番辰國　157
辰弁韓의 辰王　165, 169
『晋書』 동이전　239
『晉書』 장화전　150
『晉書』 韓傳　168
陳壽　166, 171
辰言　165
辰王　93~108, 111, 114~117, 104, 119, 140, 141, 143, 154, 164~173, 199, 210, 218, 233, 238, 244, 245
辰王의 消滅　140
辰王의 통치범위　165
辰王의 통치지역　107
秦人　160

辰人　165
辰朝　115
晉州 大坪里 玉房 유적　26
晉州 上村里 유적　24, 28
辰韓 12국　173, 181, 187, 196~198, 206, 210, 238
辰韓 8國　123, 124, 126, 133, 135~137
辰韓 諸國 복속 과정　181
辰韓 諸國의 규모 차이　186
辰韓　87, 131, 134, 138, 142, 143, 158, 159, 161, 166, 204, 234, 240
秦韓　166
辰韓과 帶方郡의 교통　133
辰韓王　166~173, 181, 187, 196, 197, 198, 199, 210, 218, 233, 234, 238, 245, 246, 248
辰韓王의 성격　197
辰韓王의 입공　153
辰韓王의 출신　172
辰韓六部　160
辰韓의 辰王　217
辰韓의 기원　160
진한의 성립　87, 159, 161, 162, 164
辰韓의 辰王　172
辰韓人　160, 170, 172
辰韓主　170
집합 정체성(collective identity)　207

### ㅊ

창원 다호리　202
責稽　152
册封　49, 85, 100, 101

『册府元龜』　108, 151
天君　184, 186
天命의 膺受者　39
天神祭祀　186
天安 淸堂洞　115, 116
철 교역　233
鐵鍑　228
鐵　31, 135, 232, 238, 247
철기시대　29, 30
철의 교역　238
철의 생산지　232
鐵製 武器類　31, 230
鐵製 農器具　231
沾解尼師今　187, 190
沾解王　165, 198, 245
청동기시대　29
청동제 무기　27
청동제 儀器類　27
聽事　192
聽政　192
청천강　74, 75
체계이론(system theory)　2, 37
初期 馬韓　94, 104, 116
초기국가　14, 20, 189
초기철기　86, 163
草八國　177, 178, 182
村落　184
촌락국가(village state)　11, 12
崔致遠　160
추장사회　16, 188
秋風嶺　178, 179
春川貊國說　128
春秋時代의 燕　65
忠南 公州 鳳安里　109
忠南 唐津 素素里　109

忠南 扶餘 場岩面 출토 後漢鏡　111
忠南 扶餘 合松里　109
취락　23
치프덤(chiefdom)　16
親魏倭王　132
柴浦　226
稱王　242

### ㅌ

타날문토기　250
脫解　175, 176
『太平御覽』　83, 156
土壙墓　115
土壘　25, 187
토착인 사회　87
『通典』　151, 169
『通志』　120, 122, 151
통합설　37

### ㅍ

婆娑尼師今　187
板狀鐵斧　232
扁頭　203
便殿　194
평상(평화)시의 수장　38
平議殿　195
포상 3국　226
浦上八國　221, 223~229, 235~239, 246
포상 8국 전쟁　220, 229, 246
포상 8국의 난　222, 238

포상 8국의 침공 대상　225
폴리스(polis)　10, 11
禀主　146
風納土城　148, 149, 153, 244

### ㅎ

何薨　153
下戶　117, 141
韓　51, 61, 71, 92, 129, 131
漢鏡　111, 112, 113, 114
韓鷄　85
한계이론(circumscription theory)　3
韓那奚　126
『漢書音訓』　159
韓城　90
韓氏　88~90
韓氏王　89
韓羊　85
韓王　88~90, 92, 93
『翰苑』　98, 170, 211, 212
韓地　89~92
韓兎　85
韓侯　90
합동국가(congruent state)　8
합법적 권력　37
合從說　69
合從策　63, 70
해상교역체계　227, 238, 240, 246, 247
해상교통로　228, 233, 243
海上權　176
海上戰　227
海中　91

행위능력(agency)  3, 4, 9
險側  215, 216
縣 단위로 복속된 國  182, 186
玄菟太守 王頎  130
혈연  5
혈연적 유대  37
豪傑  51
和白會議  144, 191
環濠  23~26, 29
환호취락  24
黃江  178

黃山江  226
黃山津口  226
黃山河  177, 226
會議(聽事)政治  148
橫岳  146, 147
侯  100, 243
후기구조주의  4, 9
後期史學(post-history)  17, 19, 20
後漢鏡  112
匈奴  73

박대재 朴大在

1971년 충북 제천 출생
고려대학교 한국사학과 졸업 및 동 대학원 사학과 졸업(문학박사)
공군사관학교 역사철학과 교수요원
미국 남가주대학(Univ. of Southern California) 한국학연구소 객원연구원
고려대학교 한국사학과 강사
현, 국사편찬위원회 편사연구사
주요저서 : 『의식과 전쟁-고대 국가를 바라보는 새로운 시각』(2003, 책세상)
『한국 문화의 기원과 국가형성』(2006, 신서원, 공저)
『전쟁의 기원에서 상흔까지』(2006, 두산동아, 공저)

고려사학회 연구총서 ⑯

## 고대한국 초기국가의 왕과 전쟁

정가 : 15,000원

2006년 12월  9일   초판인쇄
2006년 12월 20일   초판발행

저　　자 : 朴 大 在
회　　장 : 韓 相 夏
발 행 인 : 韓 政 熙
발 행 처 : 景仁文化社
편　　집 : 申 鶴 泰
　　　　서울특별시 麻浦區 麻浦洞 324-3
　　　　電話 : 718-4831~2, 팩스 : 703-9711
　　　　www.kyunginp.co.kr / 한국학서적.kr
　　　　E-mail : kyunginp@chol.com
　　　　登錄番號 : 제10-18호(1973. 11. 8)

ISBN : 89-499-0456-X   93910
ⓒ 2006, Kyung-in Publishing Co, Printed in Korea
* 파본 및 훼손된 책은 교환해 드립니다.